Helmut Merklein

Die Jesusgeschichte – synoptisch gelesen

Helmut Merklein

DIE JESUSGESCHICHTE –
SYNOPTISCH GELESEN

Verlag Katholisches Bibelwerk GmbH, Stuttgart

Die Deutsche Bibliothek – CIP-Einheitsaufnahme

Merklein, Helmut:
Die Jesusgeschichte – synoptisch gelesen /
Helmut Merklein. – Stuttgart: Verl. Kath. Bibelwerk, 1995
ISBN 3-460-33061-9

ISBN 3-460-33061-9
© 1995 Verlag Katholisches Bibelwerk GmbH, Stuttgart
Gesamtherstellung: Friedrich Pustet

Titelfoto: Meister Bertram, Jesu Einzug in Jerusalem (Passionsaltar),
          Niedersächsisches Landesmuseum Hannover

Umschlaggestaltung: Neil McBeath, Kornwestheim

Inhaltsverzeichnis

Vorwort

Die ersten drei Evangelien nennen wir „Synoptiker", weil man sie, wenn man sie in einer „Synopse" in Spalten nebeneinander druckt, zusammenschauen und vergleichend lesen kann. Synoptisches Lesen ist reizvoll und theologisch zudem fruchtbar. Dies jedenfalls ist die Erfahrung, die ich durch eigene Beschäftigung und durch die Arbeit in Bibelkreisen und Seminaren vielfach gemacht habe. Meist fehlt nur ein konkreter Anreiz zu synoptischer Lektüre. Eben dies ist Sinn und Zweck des vorliegenden Buches: Es möchte anregen, die Jesusgeschichte synoptisch zu lesen. Vorausgesetzt ist die sogenannte Zweiquellentheorie. Sie besagt, daß das Markusevangelium das älteste Evangelium ist und von Matthäus und Lukas bei der Abfassung ihrer Evangelien als (erste) Quelle verwendet wurde. Matthäus und Lukas benutzten daneben noch eine zweite Quelle, die nicht mehr erhalten ist. Sie läßt sich aber mit relativer Sicherheit aus den Überlieferungsstoffen rekonstruieren, die Matthäus und Lukas gegen Markus gemeinsam sind. Da diese Quelle überwiegend aus Sprüchen bzw. Logien besteht, wird sie Logienquelle genannt und mit dem wissenschaftlichen Sigel Q bezeichnet. Unter Voraussetzung dieser Zweiquellentheorie dürfte es nicht allzu schwer fallen, einen Zugang zum Gebrauch einer Synopse zu finden. Eine eigene Einführung in die technische Handhabung einer Synopse wird daher nicht gegeben. Dem vorliegenden Band geht es in erster Linie um die inhaltliche Seite des synoptischen Lesens. Er will sensibilisieren für die Eigenheiten der synoptischen Evangelien. Im Vordergrund stehen literarische und vor allem theologische Befunde, die für das Verständnis des jeweiligen Evangeliums grundlegend sind. Soweit eine dreifache (von allen Synoptikern bezeugte) Überlieferung vorliegt, wird zunächst der Markustext betrachtet. Vor diesem Hintergrund werden dann die Besonderheiten der beiden Seitenreferenten Matthäus und Lukas herausgestellt. Insgesamt ist das Verfahren nicht ganz einheitlich. Nicht zuletzt aus didaktischen Gründen werden bei den Eingangskapiteln etwas mehr Einzelheiten genannt, während in späteren Kapiteln zum Teil mit gröberen Überblicken gearbeitet wird. Aufmerksame Leser werden bald selbst feststellen, daß die Einteilung in (siebzehn) Kapitel nicht ohne Probleme ist. Hier und da kommt es zu Überschneidungen mit den internen Gliederungen der Evangelien, die nicht immer parallel laufen. Auf Literaturangaben wurde bis auf ganz wenige Ausnahmen verzichtet, da es zu jeder Einzelperikope eine solche Fülle von Titeln gibt, daß selbst eine Auswahl den Rahmen gänzlich gesprengt hätte. Für Interessierte sind in den Literaturhinweisen am Ende des Buches einige Kommentare angegeben, in denen sich vertiefende Ausführungen und weiterführende Literatur finden. Selbstverständlich läßt sich der vorliegende Band auch ohne Zuhilfenahme einer Synopse lesen und gewissermaßen als Kurzkommentar zu einzelnen Perikopen benutzen. Zu wünschen und zu empfehlen ist allerdings schon der nachvollziehende Blick in eine Synopse, der dann hoffentlich bald zu eigenen Entdeckungen fähig sein wird. Bei den Literaturhinweisen sind einige Synopsen genannt, die für diesen Zweck hilfreich sind. Ganz bewußt habe ich mich auf das Wagnis theologischer Interpretation eingelassen. Auch hierbei ist das Vorgehen nicht einheitlich. Manche Texte sprechen eine so deutliche Sprache, daß sie unmittelbar zu verstehen sind und keiner eigenen Interpretation bedürfen. Bei anderen Texten wird der historische Abstand zum Hindernis des Verstehens. Hier gilt es, Brücken zu schlagen über nahezu zweitausend Jahre. Patentantworten, wie solche Brücken zu bauen sind, gibt es nicht. Zum Teil wird schmerzlich bewußt, wie sehr sich die wissenschaftliche Exegese vor dieser (hermeneutischen) Frage drückt. Hilfreich schienen mir alle Einsichten zu sein, die Aussagen des Textes mit Gegebenheiten der menschlichen Existenz und mit Erfahrungen der heutigen Lebenswelt vermitteln, sei es im individuellen, gesellschaftlichen oder kirchlichen Bereich. Hermeneutische Übersetzungen müssen nicht unbedingt dasselbe sagen wie der Text, dürfen aber auch nicht gegen die ursprüngliche Aussage und Intention des Textes sein. Dieses Kriterium scheint mir nicht nur wegen der Historizität der neutestamentlichen Texte, sondern auch wegen der geschichtlichen Bindung christlichen Glaubens unabdingbar. Insofern ist das Fremde des Textes zunächst auszuhalten, statt ihn gleich den eigenen Denkkategorien zu unterwerfen. Nur so lassen sich neue Erkenntnisse gewinnen, die das Leben verändern oder wenigstens neue Perspektiven eröffnen.

Meine Sekretärin, Frau Gudrun Theuerkauff, hat das Manuskript durch alle Stadien hindurch – vom ersten Rohentwurf, den sie vom Band geschrieben hat, bis zur Endfassung – mit Umsicht und Sorgfalt betreut. Meine Assistentin, Frau Dr. Marlis Gielen, hat nicht nur die Mühe des Korrekturlesens auf sich genommen, sondern auch sachdienliche Hinweise gegeben, die dem Buch zugute gekommen sind. Beiden danke ich sehr herzlich.

Bonn, im November 1993   Helmut Merklein

1 Johannes der Täufer und die Taufe Jesu

1.1 Die markinische Darstellung Mk 1,1–13

Johannes der Täufer Mk 1,1–8

V. 1 ist die Überschrift, und zwar wohl des ganzen Evangeliums. „Anfang" (ἀρχή) ist nicht nur zeitlich als „Beginn", sondern auch sachlich als „Grundlage" zu interpretieren. Der Vers thematisiert das literarische und theologische Vorhaben des Markus, der mit seiner Vita Jesu den sachlichen Grund des Evangeliums legen will. Unter dieser Rücksicht ist es nicht unwahrscheinlich, daß der „Anfang" ganz bewußt an Gen 1,1 anknüpfen will. Umstritten ist, ob „Jesu Christi" ein genitivus subjectivus oder objectivus ist. Im ersteren Fall wäre Jesus der *Verkünder* des Evangeliums, im anderen Fall der *Inhalt* des Evangeliums. Diejenigen, die einen genitivus subjectivus postulieren, verweisen auf Mk 1,14f, wo Jesus das „Evangelium Gottes" verkündet. Andererseits gibt es aber auch Stellen im Markusevangelium, an denen Evangelium und Jesus parallel gesetzt sind (Mk 8,35; 10,29), so daß man – auch angesichts des sonstigen urchristlichen Sprachgebrauchs (vgl. Paulus) – besser doch von einem genitivus objectivus ausgeht (vgl. auch 13,10; 14,9). Markus will also das Evangelium darlegen, das Jesus Christus zum *Inhalt* hat. Mk 1,14.15 ist dann wohl so zu interpretieren, daß das „Evangelium Gottes", das Jesus verkündet hat (= die Botschaft von der Nähe der Gottesherrschaft), selbst integraler Bestandteil der Heilsverkündigung *von* Jesus Christus ist. Dann würde sich von daher noch einmal bestätigen, daß „Anfang" sachlich zu verstehen ist: Markus will darlegen, daß die Vita Jesu – wozu ganz wesentlich die Verkündigung Jesu gehört – die Grundlage des (nachösterlichen) „Evangeliums von Jesus Christus" ist. Textkritisch nicht einwandfrei zu klären ist, ob „des Sohnes Gottes" zum ursprünglichen Text gehört. Die meisten Erklärer gehen allerdings davon aus. Zur sachlichen Bedeutung der Titel beziehungsweise Bezeichnungen „Christus" und „Sohn Gottes" ist später noch etwas zu sagen. Insgesamt ist V. 1 eine Art Programmsatz über das ganze Evangelium: Anfang, Grundlegung der Heilsbotschaft von Jesus Christus, dem Sohn Gottes.
Am Übergang zu VV. 2 und 3 gibt es ein syntaktisches Problem: Worauf bezieht sich „wie geschrieben steht"? Handelt es sich um einen Rückverweis auf V. 1 oder um einen Vorverweis auf V. 4? Daß in den VV. 2 und 3 mit den Schriftzitaten aus Maleachi und Jesaja das Wirken Johannes des Täufers intoniert werden soll, steht sachlich außer Frage. Von daher entscheiden sich die meisten Übersetzer – wohl zu Recht – für einen Vorverweis. Es bleibt allerdings das Problem, daß „wie" im Markusevangelium ansonsten immer rückverweisend ist. Ob man sich so oder so ent-

scheidet, in jedem Fall wird durch VV. 2f deutlich, daß das Evangelium nicht unabhängig vom Alten Testament zu lesen ist. Das läßt sich verallgemeinern. Man kann das Neue Testament nicht verstehen, wenn man das Alte Testament (die „Schrift") nicht kennt. Interessant ist, daß wir in VV. 2f eigentlich zwei Zitate haben (Mal 3,1 und Jes 40,3), die der Evangelist oder vielleicht schon die Tradition vor ihm zu *einem* zusammenfassen und als Jesaja-Zitat einführen (V. 2a). Möglicherweise hat sich schon Jesus selbst im Lichte von Jesaja, vorwiegend von Deuterojesaja, gesehen. Das gilt ganz sicher für die nachösterliche Gemeinde. In V. 2b wird Mal 3,1 mit kleinen Änderungen zitiert: anstatt von „vor *mir*" bzw. von „*meinem* Weg" ist von „vor *dir*" bzw. von „*deinem* Weg" die Rede; das ist kontextbedingt. Der Bote, der vor dem Angesicht des Herrn einhergehen und ihm den Weg bereiten soll, ist in der Redaktion des Maleachi-Buches mit Elija identifiziert worden (vgl. Mal 3,23f). Dahinter steckt die Erwartung des frühen Judentums, daß vor dem endgültigen Kommen des „Herrn", der bei Maleachi Gott selbst ist, Elija wiederkommen wird: Elias redivivus. V. 2b ist demnach ein Indiz dafür, daß die frühe Christengemeinde Johannes den Täufer als den erwarteten wiederkehrenden Elija gesehen hat. Doch bleibt dieser Aspekt hier im Hintergrund. Das Hauptinteresse liegt auf Jes 40,3 (= V. 3). Bemerkenswert ist, daß die Qumrangemeinde, die sich zeitlich mit dem frühen Christentum überschneidet, auf die gleiche Schriftstelle rekurriert, wobei sie in der syntaktischen Ordnung dem masoretischen Text folgt: „In der Wüste bereitet den Weg des Herrn ..." (1 QS 8,14). Mit dieser Lesart kann man sehr gut begründen, warum die Gemeinde sich von Jerusalem abgewendet und in der Wüste am Toten Meer, in Chirbet Qumran, ihr neues Zentrum errichtet hat. Die christliche Wiedergabe von Jes 40,3 schließt sich der griechischen Bibel (LXX) an: „Stimme eines Rufenden in der Wüste: Bereitet den Weg des Herrn ..." Nicht zuletzt wegen der Bezugnahme auf die gleiche Schriftstelle hat man vermutet, daß Johannes der Täufer aus der Qumrangemeinde hervorgegangen sei. Doch ist diese Annahme sehr problematisch. Schwer zu sagen ist, ob Johannes selbst sich als Elias redivivus bzw. als Rufer in der Wüste verstanden hat. Für die christliche Rezeption ist entscheidend, daß die Referenzgröße nicht mehr Gott ist, sondern Jesus Christus, der Sohn Gottes (vgl. V. 1), das heißt, im christlichen Kontext dienen die Schriftzitate der Unterordnung des Täufers. Historisch gesehen wird man davon ausgehen müssen, daß Johannes der Täufer eine Bewegung neben der Bewegung Jesu von Nazaret ins Leben gerufen hat. Wir kennen aus der Apostelgeschichte noch Johannesjünger in Ephesus (Apg 19,1–7; vgl. 18,25). Die christliche Tradition ist daran interessiert, Johannes zum Vorläufer zu machen. Das ist nicht unbedingt eine Abwertung, denn auch für Mk 1,1f bleibt Johannes der eschatologische Prophet. Speziell bei Markus liegt der Akzent auf der

Wegbereitung. Deswegen hat auch das Jesaja-Zitat das Übergewicht. Wie diese Wegbereitung geschieht, ist in den folgenden Versen angedeutet. V. 4 ist „die Taufe der Umkehr zur Vergebung der Sünden" angesprochen. Wahrscheinlich ist damit noch die authentische Sicht Johannes' des Täufers festgehalten. Für die christliche Rezeption ist es ja keineswegs selbstverständlich, im Zusammenhang mit der Johannestaufe von Sündenvergebung zu sprechen. Das zeigt am besten ein Blick in die Matthäus-Parallele. Dort fehlt eine derartige Charakterisierung der Johannestaufe. Der Ausdruck „zur Vergebung der Sünden" taucht an ganz anderer Stelle wieder auf, nämlich bei der Einsetzung des Abendmahls (Mt 26,28). Das ist vom Standpunkt einer christologischen Systematik aus ja auch einleuchtend. Um so bemerkenswerter ist, daß Markus die heilswirksame bzw. sündenvergebende Kraft der Johannestaufe festhält. Zu den Eigentümlichkeiten des Markus gehört ferner, daß die Gerichtspredigt des Täufers zurücktritt. Diese Gerichtspredigt (aus der Logienquelle Q) werden wir bei Matthäus und Lukas noch intensiv zu hören bekommen. Doch für Markus ist Johannes in erster Linie nicht der Gerichtsprediger, sondern der Wegbereiter, wobei die Wegbereitung gerade durch die Taufe zur Vergebung der Sünden zustande kommt. Johannes und seine Taufe sind dazu da, um zunächst einmal tabula rasa zu schaffen, um die sündige Vergangenheit zu bewältigen und zum Nullpunkt zurückzuführen, also Heil im Sinne von Schuldbewältigung, von Aufarbeitung des Negativen, noch nicht im Sinne positiver Gabe. Insofern ist Johannes der Wegbereiter für den eigentlichen Heilsempfang, der dann mit Jesus verbunden ist. Entsprechend ist die Reaktion der Leute, die in V. 5 geschildert wird. Betont wird, daß *ganz* Judäa und *ganz* Jerusalem zu Johannes kommen, um ihre Sünden zu bekennen und sich taufen zu lassen. Man denkt sofort an die für Markus typische Polarität zwischen Galiläa und Jerusalem. Dabei ist Jerusalem eher der negative Pol. Die Feinde Jesu kommen in der Regel aus Jerusalem. In Jerusalem trachtet man Jesus nach dem Leben und tötet ihn. Die Erscheinungen finden nach Markus nicht in Jerusalem, sondern in Galiläa statt. Von daher mag es erstaunlich erscheinen, daß gerade die Leute aus Jerusalem und Judäa sich der Taufe des Johannes unterziehen. Für die Konzeption des Evangelisten ist wohl wichtig, daß Johannes zunächst einmal umfassend tabula rasa schafft. In V. 6 werden Gestalt und Lebensweise des Johannes vorgestellt. Er ist mit einem Gewand aus Kamelhaaren und mit einem ledernen Gürtel bekleidet. Als Nahrung dienen ihm Heuschrecken und wilder Honig. Damit soll weniger der Aszet als vielmehr der Prophet Johannes hervorgekehrt werden. Das Gewand gleicht Johannes an den Propheten Elija an (vgl. 2 Kön 1,8). Gepökelte Heuschrecken und wilder Honig sind noch heute die Nahrung von Beduinen. Johannes nimmt Wüstennahrung zu sich. Markus liegt daran, daß Johannes in der Wüste wirkt. Sie ist das adäquate Zeichen der tabula rasa, die Johannes schaffen soll.

In den VV. 7 und 8 folgt die von V. 1 her notwendige Verhältnisbestimmung. Man könnte so unterscheiden: In V. 7 wird das Verhältnis Johannes – Jesus von der christologischen Würde her bestimmt, in V. 8 nach der soteriologischen Funktion. In V. 7 betont der Täufer seine Unwürdigkeit und christologische Unterlegenheit. Wenn er in V. 8 sagt: „Ich taufe mit Wasser", dann soll seine Taufe nicht für wirkungslos erklärt werden. Sie hat Sünden vergebende Kraft. Das muß man festhalten. Aber sie ist nur Vorspiel für das eigentlich positive Heil, das im zweiten Teil von V. 8 angedeutet wird: „Er wird euch mit heiligem Geist taufen." Neues tritt auf den Plan. Was Markus damit anzielt, wird gleich anschließend in Mk 1,9–13 in den Blick gefaßt. Der paradiesische Zustand wird wiederhergestellt. Es geht also um Neuschöpfung. Johannes der Täufer hat die Aufgabe, das Übel der Vergangenheit zu beseitigen und einen Schlußstrich zu ziehen, der Stärkere nach ihm tauft mit heiligem Geist, der neue Schöpfung schafft.

Zur Erschließung der theologischen Bedeutung dieser acht Verse könnte man an vielen Punkten ansetzen. Hier soll nur der Gedanke aufgegriffen werden, daß Johannes der Täufer für Markus vor allem *Wegbereiter* ist. Von hier aus läßt sich leicht eine hermeneutische Brücke in jede christliche Gegenwart schlagen, da Wegbereitung des Heils immer christliche Aufgabe ist. Dies kann in verschiedener Weise geschehen. Eine Weise zur Wegbereitung des Heils ist direkt angegeben mit dem Stichwort „Umkehr". Später wird noch auszuführen sein, daß Johannes der Täufer wohl in der Traditionslinie der deuteronomistischen Gerichtspredigt steht, einer Theologie also, die davon ausgeht, daß Umkehr ständig von Israel verlangt ist, ja daß das Heil selbst letztlich mit Umkehr zu tun hat. Das ist eine Wahrheit, die für jeden Menschen und zumal für die christlichen Kirchen gilt. Umkehr ist nie abgeschlossen. Umkehr ist ständige Aufgabe. Umkehr braucht Mut. In Mk 1,1–8 ist mit der Umkehr das Bild und der Begriff der Wüste verbunden. Umkehren kann man nur, wenn man erst einmal abräumt, ausräumt, sich in die Wüste begibt. Meistens schließt man Kompromisse. Man spürt, daß man etwas bzw. sich ändern müßte. Das möchte man auch. Aber so ganz will man das Alte nicht drangeben. Johannes lehrt uns anderes über die Umkehr. Da gilt es erst einmal, wieder zum Nullpunkt zurückzukehren. Sündenvergebung – tabula rasa – Auszug aus dem Bisherigen – Wüste: nur so gibt es eine echte Möglichkeit des Neuanfangs. Johannes der Täufer ist nicht zufällig in der Wüste. Wo findet man solche Wüste? Christliche Gemeinschaften und Gemeinden könnten solche Orte sein, eine Art Wüste der Welt, wo Menschen wieder neu anfangen können. Die Leute kommen zu Johannes, um ihre Sünden zu bekennen. Sie können das offensichtlich in der Wüste, wo nichts anderes sie mehr hindert. Christen ist es aufgegeben, Gemeinschaften zu schaffen, wo Menschen sich anklagen können, ohne verurteilt zu werden, um so zum Nullpunkt zu finden, der neue Schöpfung – creatio ex nihilo – verheißt.

Die Taufe Jesu Mk 1,9–11

Die Taufe Jesu ist mit großer Sicherheit als historisches Faktum zu würdigen. Welches Interesse sollte die christliche Gemeinde haben, eine Taufe Jesu durch Johannes zu erfinden, wenn diese Taufe, wie aus Mk 1,4 hervorgeht, eine Taufe der Umkehr zur Vergebung der Sünden ist? Von der Christologie her ist es eher ein Problem, daß Christus, der, wie es in 2 Kor 5,21 heißt, ohne Sünde ist, sich einem von Sünden reinigenden Ritus unterzieht. In der späteren Tradition wird dieses Problem zuerst im Hebräerevangelium bedacht: „Da sagten die Mutter des Herrn und seine Brüder zu ihm: ,Johannes der Täufer tauft zur Vergebung der Sünden; wir wollen hingehen und uns von ihm taufen lassen.‘ Aber er erwiderte ihnen: ,Womit habe ich gesündigt, daß ich hingehen und mich von ihm taufen lassen soll?‘“ (Hieronymus, Contra Pelagium 3,2).
Markus und die Tradition, die er aufnimmt, sind an der Taufe als solcher nicht interessiert. Das Entscheidende sind die Begleitumstände, die zur theologischen Interpretation genutzt werden. Nicht unwesentlich für das Verständnis des Markusevangeliums ist es, daß Jesus „von Nazaret in Galiläa“ kommt. Diese Bemerkung muß man zusammensehen mit dem Schluß des Markusevangeliums, wo der Engel im Grab zu den Frauen sagt: „Ihr sucht Jesus, den Nazarener, den Gekreuzigten“ (16,6). Das Leben des Nazareners, das eben im Grab endet und doch – da Jesus als Auferstandener seinen Jüngern nach Galiläa vorausgeht (16,7) – der Anfang bzw. die Grundlage des Evangeliums ist (1,1), will Markus darstellen. Die Taufe Jesu selbst wird nur kurz erwähnt (V. 9 b). Sie wird zum Anlaß genommen, um die theologische Aussage des V. 10 zu transportieren, die sich alttestamentlicher Motive bedient. Die gespaltenen Himmel erinnern an das bekannte Adventslied „O Heiland, reiß’ die Himmel auf“, das seinerseits wieder Bezug nimmt auf Jes 63,19: „Uns geht es, als wärest du nie unser Herrscher gewesen, als wären wir nicht nach deinem Namen benannt, reiß doch den Himmel auf und komm herab, so daß die Berge zittern vor dir.“ Auf Jesus kommt der Geist herab; im Griechischen heißt es wörtlich „in ihn hinein“, so daß nicht nur an eine äußere Kontaktaufnahme zu denken ist, sondern daran, daß der Geist ihn erfüllt. Die Geistbegabung gehört alttestamentlich zum Standard messianischer Aussagen.

Man könnte an die Salbung Sauls in 1 Sam 10,1 denken, die mit einer Geistbegabung verbunden ist (1 Sam 10,6.10–12), oder an die klassischen Stellen, nach denen der künftige messianische Herrscher der Geistbegabte ist. Jes 11,2: „Der Geist des Herrn läßt sich nieder auf ihm, der Geist der Weisheit und der Einsicht, der Geist des Rates und der Stärke, der Geist der Erkenntnis und der Gottesfurcht." Jes 42,1: „Seht, das ist mein Knecht, den ich stütze, das ist mein Erwählter, an ihm finde ich Gefallen. Ich habe meinen Geist auf ihn gelegt, er bringt den Völkern das Recht." Geistbegabung und Königssalbung verschmelzen dann im prophetischen Kontext von Jes 61,1 zur Geistsalbung: „Der Geist Gottes, des Herrn, ruht auf mir, denn der Herr hat mich gesalbt. Er hat mich gesandt, damit ich den Armen eine frohe Botschaft bringe."

Unklar bleibt, warum der Geist „wie eine Taube" auf Jesus herabkommt. Die religionsgeschichtliche Herkunft des Motivs ist zumindest alles andere als klar. Soll hier an Gen 1 erinnert werden, wo der Geist Gottes über den Wassern schwebt? In der rabbinischen Exegese wird das Schweben des Geistes gelegentlich mit einer Taube verglichen. Oder soll man an die Taube Noachs denken (Gen 8,9)? Es wurde auch schon auf den ägyptischen Seelenvogel verwiesen oder auf Astarte, der die Taube heilig ist. In der rabbinischen Literatur erscheint die Taube als Symbol für Israel. Soll Jesus als der Repräsentant Israels dargestellt werden? Eine eindeutige Entscheidung läßt der Text nicht zu. Vielleicht will auch beachtet sein, daß der Text nur sagt, daß der Geist *wie* eine Taube auf Jesus herabgekommen ist. Wichtiger für das Verständnis der Geschichte ist die Himmelsstimme in V. 11: „Du bist mein Sohn, der geliebte, an dir habe ich Wohlgefallen." Eindeutig ist die Bezugnahme auf Jes 42,1. Insofern erscheint Jesus als der von Jesaja verheißene Gottesknecht. Die Frage ist, ob man mit dieser Stelle allein die Himmelsstimme erklären kann oder ob man weitere Stellen zu Hilfe nehmen muß. Viele Exegeten meinen, daß hier eine Kombination zweier alttestamentlicher Stellen vorliegt, nämlich von Jes 42,1 und Ps 2,7: „Mein Sohn bist du, heute habe ich dich gezeugt." Der Terminus „Sohn" fehlt bei Jes 42,1, es sei denn, man versteht das griechische παῖς (als Übersetzung des hebräischen ‚Ebed'), das sowohl „Knecht" als auch „Kind" bedeuten kann, als Synonym für „Sohn". Wahrscheinlicher ist aber doch eine Kombination. Schon das Ebionitenevangelium zitiert beide Stellen nebeneinander: „Als sich das Volk taufen ließ, kam auch Jesus und ließ sich von Johannes taufen. Und als er aus dem Wasser gestiegen war, da öffnete sich der Himmel, und er sah den Heiligen Geist in der Gestalt einer Taube, die herabkam und in ihn hineinging. Und eine Stimme aus dem Himmel sprach: Du bist mein geliebter Sohn, an dir habe ich Gefallen gefunden. Und ferner: Heute habe ich dich gezeugt" (Epiphanius, Adversus Haereses 30,13,7). Sachlich geht es der Himmelsstimme von V. 11 darum, die messianische Einsetzung bzw. Inthronisation Jesu zum Ausdruck zu bringen. Vom Sohnestitel her ist an die Natanweissagung von 2 Sam 7,14 zu erinnern. Dem David wird ein Sohn verheißen. Gott sagt:

„Ich will ihm Vater sein, und er wird mir Sohn sein." Der König erscheint als Sohn Gottes. Das wird in der späteren jüdischen Tradition eschatologisch ausgewertet, wie wir etwa aus den Qumranschriften wissen (vgl. 4 Q Flor 1,10–12). Hier setzt auch die christliche Tradition an. Interessant ist übrigens, daß die diesbezügliche Adaptation von 2 Sam 7,14 und Ps 2,7 ursprünglich von der Auferweckungsansage ausging. In Röm 1,3b.4a zitiert Paulus eine Tradition: „Der geworden ist aus dem Samen Davids dem Fleische nach, der eingesetzt wurde zum Sohn Gottes dem Geist der Heiligkeit nach aufgrund der Auferstehung von den Toten." Wie bei Mk 1,9–11 geht es um Einsetzung zum Sohn Gottes. Diese wird in Röm 1,3b.4a aber bezogen auf die Auferweckung, d. h., die himmlische Erhöhung wird als die Inthronisation des eschatologischen Messias-Königs gedeutet. Ähnlich verhält es sich in Apg 13,33, wo die Auferstehung direkt mit Ps 2,7 begründet wird. Das heißt, die Taufszene von Mk 1,9–11 ist traditionsgeschichtlich schon die zweite Stufe, eine Entfaltung einer urtümlicheren Christologie, wie sie in Röm 1,3b.4a noch durchscheint. Nach Röm 1,3b.4a ist der irdische Jesus als Nachkomme Davids der designierte Messias, der dann bei seiner Auferweckung inthronisiert wird. Unter dieser Voraussetzung wird man aber auch das irdische Wirken Jesu, sofern man es ins Auge faßt, kaum anders als messianisch qualifizieren können. Dies führt dazu, daß die messianische Inthronisation Jesu schon auf den Beginn seiner öffentlichen Wirksamkeit verlegt und mit seiner Taufe verbunden wird. Für Markus ist es jedenfalls wichtig, daß das gesamte öffentliche Wirken Jesu messianisches, d. h. vom Geist geleitetes Wirken ist. Was Wirksamkeit des Geistes bedeutet, wird in der nächsten Szene in den VV. 12 und 13 angedeutet und dann im Evangelium weiter entfaltet.

Um das Markusevangelium in seiner Gesamtheit zu verstehen, ist es vielleicht hilfreich, schon jetzt den Spannungsbogen ins Auge zu fassen, den Markus mit Hilfe des Sohn-Gottes-Titels über das Evangelium spannt. Hier, am Anfang, ist es *Jesus*, dem die messianische Proklamation der Himmelsstimme gilt. In der Mitte des Evangeliums, bei der Verklärung auf dem Berge in Mk 9,7, ertönt wiederum eine Himmelsstimme, die Jesus als den Sohn Gottes proklamiert, diesmal vor den *Jüngern*. Und schließlich, am Ende, steht das Bekenntnis des Hauptmanns unter dem Kreuz in 15,39: „Wahrhaftig, dieser Mensch war Gottes Sohn." Es geht um das Offenbarwerden des Sohnes Gottes – bis in die heidnische *Öffentlichkeit* hinein. Doch ist für Markus dieses Offenbarwerden an das Kreuz gebunden. Dies in seiner theologischen Bedeutung zu erschließen, dazu wird beim Durchgang durch das Markusevangelium noch mehrfach Gelegenheit sein.

Die hermeneutischen Überlegungen können daher zunächst bei einem Motiv anknüpfen, das auf den ersten Blick von untergeordneter Bedeutung ist bzw. nur der Inszenierung zu dienen scheint. Aber gerade die Inszenierung macht deutlich, worum es geht: nicht um die Wiedergabe von objektiven Fakten, sondern um die Proklamation und Provokation von Sinn. Sinn ist dem Menschen nicht einfach gegeben, er muß gewagt werden. V. 10 spricht vom gespaltenen Himmel. Es ist müßig, darüber zu diskutieren, wie man sich das vorzustellen hat. Damit ist die Dimension dieser Aussage nicht einzuholen. Der Himmel ist hier das Symbol einer in sich geschlossenen, abgeschlossenen Welt. Das entspricht der naturwissenschaftlichen Vorstellung des antiken Menschen. Das Firmament erhebt sich wie eine Halbkugel über der Erdscheibe bzw. umschließt die Erdkugel wie eine größere Kugel. Das sinnrelevante Moment dieser Vorstellung hat sich durch die moderne Naturwissenschaft kaum geändert. Es scheint sogar das Hauptcharakteristikum von Welt zu sein, daß sie ein in sich geschlossenes System ist. Natürlich können wir heute mit technischen und sonstigen Mitteln das Firmament überschreiten. Aber selbst wenn wir in neue Welträume aufbrechen, wohin wir auch kommen, wir bleiben in der Welt. Das ist das Problem der Welt, auch das Problem des menschlichen Lebens. Teile eines in sich geschlossenen Systems kann man nach ihrer Funktionalität bestimmen. Der Sinnfrage entziehen sie sich aber. Teile haben eine Funktion, die wieder dazu dient, die nächste Funktion zu ermöglichen. Aber ist das der Sinn des Lebens? Macht es Sinn, immer nur Funktion für das Nächste zu sein und dann schon wieder der Vergangenheit anzugehören? Sinn eröffnet sich letzlich, wenn sich eine Zukunft zeigt, die die Geschichte des Lebens oder die Geschichte der Welt als zielgerichtete Geschichte und damit eigentlich überhaupt erst als Geschichte begründet. Damit kommen wir fast schon in philosophische Erwägungen hinein. Nicht nur das Neue Testament, sondern auch schon die biblische Tradition gehen von sinnstiftender Zukunft aus. Sie wollen von Erfahrungen sprechen, die eine in sich geschlossene Welt aufsprengen und Zukunft eröffnen. Ohne Zukunft gibt es keinen Sinn. In dieser Hinsicht gibt es eine durchgehende Linie vom Alten Testament bis in das Neue Testament hinein. Für das Alte Testament und für das Judentum bis heute ist eine solche Grunderfahrung die Befreiung aus Ägypten, der Exodus aus der Knechtschaft. Für das Urchristentum und für die Christen bis heute ist die Grunderfahrung die Befreiung Jesu aus dem Tode. Jesus, der gekreuzigt und begraben wurde, aber von Gott aus der Nacht des Todes herausgerissen wurde, eröffnet Zukunft und damit bedeutsame und sinnvolle Geschichte. Wer nach Sinn fragt, braucht ein gespaltenes Meer und einen gespaltenen Himmel. Sinn konstituiert sich nur an Punkten bzw. in Lebensräumen, wo der Himmel die Erde erreicht. Das wird in der Taufperikope dargestellt. Aus christlicher Sicht ist Jesus der Punkt und der Lebensraum schlechthin, wo der Himmel die Erde erreicht, so daß in dem geschlossenen System der

Welt und der einzelnen Lebenswelten Sinn konstituiert wird. Und dies nicht allein deshalb, weil Jesus das Beispiel eines sinnvollen Lebens gegeben hat. Man könnte ja sagen: ein Leben der Liebe ist ein sinnvolles Leben. Das ist zumindest partiell richtig. Aber im rein zwischenmenschlichen Bereich kommt man sehr schnell wieder an Grenzen. Die Taufperikope will eine noch tiefere Dimension eröffnen. Ihr zufolge ist die Sinnfrage in Jesus gelöst, weil er der Träger des Geistes ist: Er ist der endzeitliche geistbegabte Mensch, die Zukunft des Menschen schlechthin, der Mensch der neuen Schöpfung, der die an ihn Glaubenden zu neuen Geschöpfen macht. Und das ist nach Überzeugung des Neuen Testaments nicht nur eine mystische Erfahrung, eine verborgene Wirklichkeit, sondern äußert sich in einer neuen Lebensordnung – oder besser gesagt – in einer neuen Lebensmöglichkeit. Wer auf diesen Sinn hin lebt, wer sich von diesem Sinn ergreifen läßt, der wird anders leben können. Natürlich muß man immer hinzufügen, daß hier keine glatte Erfahrung angeboten wird. Es wäre trügerisch, zu meinen, man müsse nur glauben, dann seien alle Probleme und Zweifel gelöst. Das Markusevangelium wird sehr deutlich herausstellen, daß der Himmel auf Erden gelegentlich auch das Kreuz sein kann, ja im Nichts des Kreuzes sogar seinen tiefsten Grund finden kann. Das Kreuz ist nicht einfach die Verneinung des Himmels, es kann sogar der Ort des Himmels sein. Jedenfalls hält Markus daran fest, daß am Kreuz, wo menschliche Erfahrung meint, Gottverlassenheit konstatieren zu müssen, Gott anwesend ist, so daß Jesus mit dem Ps 22 beten kann: „Mein Gott, mein Gott, warum hast du mich verlassen?" (Mk 15,34). Das ist nicht der Schrei des verzweifelten, am Sinn zweifelnden Menschen, sondern der Schrei des Geschöpfes, das in der Erfahrung der Sinnlosigkeit an Gott als dem Sinnstifter festhält. Die gespaltenen Himmel entführen also nicht in eine illusionäre Sinnwelt. Sie stiften vielmehr in *dieser* Welt Sinn, indem sie Raum schaffen für den Geist, der gerade am Kreuz seine schöpferische Kraft erweist.

Die Versuchung Jesu Mk 1,12f

Bei Matthäus und Lukas ist die Geschichte viel ausführlicher beschrieben. Sie bringen die aus der Logienquelle stammende Version von der dreifachen Versuchung Jesu (siehe dort). Für die markinische Geschichte ist zunächst wichtig, daß der Wüstenaufenthalt vom Geist bewirkt ist. Das ist die erste Wirkung der Geistbegabung, von der vorher die Rede war. Der Geist kommt auf Jesus herab, und der Geist treibt Jesus in die Wüste. Die Wüste ist als Ort des Satans gezeichnet. Insofern unterscheidet sich die „Wüste" hier semantisch von dem Aufenthaltsort Johannes des Täufers in 1,4. Dort war die „Wüste" eher ein Symbol des Nullpunktes, des Auszuges aus dem Bestehenden. Jetzt ist die Wüste durchaus nicht leer, sondern angefüllt von der Präsenz des Satan. Auffällig ist, daß die markinische Geschichte im Gegensatz zu der Geschichte aus der Logienquelle keine Angaben über den Inhalt der Versuchung macht und nicht von einem Fasten Jesu spricht. Markus liegt an der Gemeinschaft mit den wilden Tieren. Das ist wohl nicht anders zu interpretieren, als daß jetzt der Paradiesesfriede wieder einkehrt, wovon schon in Jes 11,6–8 die Rede war:

> Dann wohnt der Wolf beim Lamm, der Panther liegt beim Böcklein. Kalb und Löwe weiden zusammen, ein kleiner Knabe kann sie hüten. Kuh und Bärin freunden sich an, ihre Jungen liegen beieinander. Der Löwe frißt Stroh wie das Rind. Der Säugling spielt vor dem Schlupfloch der Natter, das Kind streckt seine Hand in die Höhle der Schlange.

Für die frühjüdische Tradition kann man auf die Apokalypse des Mose bzw. die Vita des Adam und der Eva verweisen. Dort wird gesagt, daß mit dem Sündenfall die Tiere zu Feinden des Menschen wurden. In der Endzeit wird der Paradiesesfriede wieder hergestellt. Eben das soll mit der Feststellung „er war mit den Tieren" zum Ausdruck gebracht werden. Zu beachten ist, daß die Wendung – ebenso wie die Schlußbemerkung „und die Engel dienten ihm" – im Griechischen im Imperfekt formuliert ist, also eine andauernde Handlung ausdrückt. Es ist nicht so wie in der Logienquelle, daß Jesus fastet und, als ihn am Ende hungert, zu essen bekommt. Hier ist vielmehr vorausgesetzt, daß mit der Anwesenheit Jesu sofort der Paradiesesfriede einkehrt, so daß die wilden Tiere zahm werden und Engel ihm dienen. Letzteres ist wohl ein Hinweis auf die Engelspeise, die nach der Apokalypse des Mose bzw. der Vita des Adam und der Eva den Menschen seit der Vertreibung aus dem Paradies verwehrt ist. Engelspeise ist Paradiesesnahrung. Jesus erscheint als der endzeitliche Mensch. Es wird deutlich, was die Geistbegabung bedeutet. Der Geist ist schöpferisch tätig. Wo der Geistbegabte auftritt, verändert sich die Welt, die Wüste wird zum Paradies.

Abschließend noch ein kurzer Rückblick auf die ersten dreizehn Verse des Markusevangeliums: Sie wollen nicht nur zeitlich den Anfang des Evangeliums markieren, sondern auch sachlich die Schrift des Markus als Grundlage der Frohbotschaft ausweisen und präludieren. Letztlich ist in diesem Proömium oder „Prolog" schon alles enthalten, was das Evangelium entfalten wird: Christologie, Soteriologie, Eschatologie. Und am Ende ist, zwar sehr verhalten, aber doch sehr eindrucksvoll das Ziel des Evangeliums angedeutet: Die Welt soll wieder zum Paradies werden. Wo Christus erscheint, weicht der Satan, da kehrt Friede ein, wird die gestörte Schöpfung wieder heil. Konsequenterweise setzt das Corpus des Evangeliums dann auch mit der Verkündigung Jesu ein: „Die Zeit ist erfüllt. Nahe gekommen ist die Gottesherrschaft" (1,14f). Die Zukunft und der Sinn der Welt sind offenbar geworden. Insofern ist der Paradiesesfriede, der hier präludiert ist, auch der Verantwortung und dem sinnstiftenden Handeln der Christen anheimgestellt.

1.2 Die matthäische Bearbeitung Mt 3,1 – 4,11

Das Auftreten des Täufers Mt 3,1–7

Gegenüber Mk gibt es einige kleinere Veränderungen und vor allen Dingen Umstellungen. Nur die wichtigsten seien hier erwähnt. Die Überschrift des Markusevangeliums Mk 1,1 kann Matthäus an dieser Stelle nicht übernehmen, weil er dem Auftreten Johannes' des Täufers schon die sogenannte Vorgeschichte vorgeschaltet hat. Die sachliche Parallele zu Mk 1,1 findet sich in Mt 1,1 (siehe dort). Bei dem Schriftzitat in V.3 fällt auf, daß Matthäus es auf den Jesajatext reduziert, also Mal 3,1 wegläßt. Das entspricht einerseits der (schon bei Mk 1,2 vorhandenen) Einleitung. Andererseits wird die Reduktion noch dadurch erleichtert, daß Matthäus das Maleachizitat auch aus der Logienquelle kennt und es dann in deren Gefolge in 11,10 bringt. Gegenüber Markus weist Mt 3,1.3 eine abweichende Reihenfolge auf, sofern Matthäus nicht wie Markus zuerst das Zitat bringt und dann vom Auftreten des Täufers berichtet, sondern das Zitat gleichsam als schriftgelehrte Begründung dem zuvor vermerkten Auftreten des Täufers folgen läßt. Auch bei Mt 3,4–6 ist die Reihenfolge der Verse gegenüber Markus umgedreht. Mt 3,4 entspricht Mk 1,6, während Mt 3,5f mit Mk 1,5 korrespondiert. Eine inhaltliche Veränderung ergibt sich daraus nicht.

Die theologisch markanteste Änderung findet sich gleich am Anfang in Mt 3,1.2. Matthäus beginnt dezidiert mit „In jenen Tagen". Das ist einerseits eine Anknüpfung an die vorausliegende Erzählung, andererseits ein bewußter Vorgriff auf Mk 1,9: „Und es geschah in jenen Tagen. Es kam Jesus von Nazaret in Galiläa ..." Markus schafft mit dieser Einleitungsbemerkung eine gewisse Zäsur zwischen dem Auftreten des Täufers und dem Auftreten Jesu. Matthäus hingegen läßt jenes denkwürdige Geschehen „in jenen Tagen" schon mit dem Auftreten Johannes' des Täufers beginnen. Johannes und Jesus werden dadurch enger zusammengerückt. Dieses Anliegen kommt dann ganz massiv in V.2 zum Ausdruck, wo der matthäische Johannes mit der Botschaft auftritt, die bei Markus erst Jesus verkündet: „Kehr um, nahe gekommen ist das Himmelreich." Eine „Taufe der Umkehr zur Vergebung der Sünden", wie sie in Mk 1,4 noch für Johannes festgehalten war, kennt Matthäus allerdings nicht. Der Ausdruck „zur

Vergebung der Sünden" taucht bei Matthäus an ganz anderer Stelle, im Rahmen der Abendmahlstradition (26,28), wieder auf. Damit ist das soteriologische Problem, das sich möglicherweise aus Mk 1,4 ergeben könnte, beseitigt. Nicht mit der Taufe des Johannes, sondern mit dem Tod Jesu wird die soteriologische Wirkung der Sündenvergebung verbunden. In der Verkündigung „Kehrt um, das Himmelreich ist nahegekommen" stimmen Johannes und Jesus jedoch überein. Die Linie, die schon Markus mit den Schriftzitaten vom Alten Testament zu Jesus gezogen hatte, wird bei Matthäus also noch verstärkt. Der letzte Prophet präludiert bereits die Botschaft Jesu. Damit will Matthäus in keiner Weise verdunkeln, daß Johannes der große Gerichtsprediger ist. Überhaupt gehören für Matthäus Gericht und Heil ganz eng zusammen. Die Heilsbotschaft ist für Matthäus keine beliebige Botschaft, sie fordert den menschlichen Einsatz, sonst führt sie ins Gericht. Von daher erklärt sich wohl auch, daß bei Matthäus anders als bei Markus das „Kehrt um" an der ersten Stelle steht. Im übrigen legt sich die Gerichtspredigt wie eine Art Klammer um das Corpus des Matthäusevangeliums. Die erste ausführliche Rede, die das Matthäusevangelium berichtet, ist die Gerichtspredigt Johannes' des Täufers in Mt 3,7–10, und die letzte ausführliche Rede ist die Gerichtspredigt Jesu in Mt 24 und 25.

Die Gerichtspredigt des Täufers Mt 3,7–10

Die Gerichtspredigt des Täufers hat Matthäus aus der Logienquelle Q übernommen, und zwar inhaltlich ohne jede Änderung. Was er neu formuliert hat, ist die Einleitung in V. 7 a. Dort werden als Adressaten die Pharisäer und Sadduzäer genannt (anders Lukas!). Darin spiegelt sich die spezifische Situation des Matthäusevangeliums. Ursprünglich war die Gerichtspredigt des Täufers wohl an das ganze Volk gerichtet. Matthäus greift die Pharisäer und Sadduzäer heraus, die in seinem Evangelium als die eigentlichen Gegner Jesu figurieren. Bei den Pharisäern kommt noch hinzu, daß sie – nach 70 n. Chr. – die Hauptkontrahenten der matthäischen Gemeinde sind. Matthäus unterscheidet also zwischen dem bekehrungswilligen Volk (vgl. V. 6!) und den eigentlichen Gegnern Jesu, nach seiner Sicht Sadduzäer und Pharisäer, die als Adressaten der Gerichtspredigt des Täufers negativ gewertet werden.

Es empfiehlt sich, an dieser Stelle zunächst einmal die Gerichtspredigt des *historischen Johannes* ins Auge zu fassen, die in der Tradition der Logienquelle relativ authentisch erhalten sein dürfte. Wovon Johannes ausgeht, ist der kommende Zorn. Er sagt nicht: „*Wenn* ihr nicht umkehrt, dann folgt das Gericht", sondern er sagt: „Wer hat euch gelehrt, daß ihr dem kommenden Zorn entrinnen könnt?" Das kommende Gericht ist der sichere Sachverhalt, von dem Johannes ausgeht. Angesichts dieses Gerichtes sieht er nur noch eine einzige Möglichkeit der Rettung: „Bringt würdige Frucht (Singular, nicht Plural, wie bei Lk 3,8!) der Umkehr." Diese Frucht der Umkehr ist im Sinne des Johannes wohl nichts anderes als die Taufe, die er anbietet. Das paßt zu der ungeheuer angespannten Naherwartung, die er vertritt: „Schon ist die Axt an die Wurzel der Bäume gelegt." Eine noch verbleibende Zeitspanne, um die Vergangenheit aufzuarbeiten und Umkehr in diesem Sinne zu vollziehen, ist für Johannes kein Thema mehr. Das Gericht steht unmittelbar bevor. Die einzige Möglichkeit, diesem Gericht noch zu entgehen, ist würdige Frucht der Umkehr, d. h. die Taufe der Umkehr zur Vergebung der Sünden, um die Formulierung aus Mk 1,4 aufzugreifen. In dieser Motivkonstellation von Gerichtsansage und Umkehrpredigt steht Johannes der Täufer in der Tradition der deuteronomistischen Gerichtspredigt. Sie ist eine Frucht des Exils, in dem man das Gericht Gottes erkannt und anerkannt hat. Die Gerichtspredigt wird aber auch nach dem Exil noch fortgesetzt, weil man davon ausgeht, daß die Gerichtssituation aufgrund der andauernden Sünden immer noch fortbesteht. In dieser negativen Perspektive hilft nur noch Umkehr. Sie erscheint in der deuteronomistischen Predigt fast schon als das erwartete Heil, wobei Umkehr nicht nur Tat des Menschen, sondern zugleich auch Gabe Gottes ist (vgl. Dtn 30,1-10). Insofern ist Johannes durchaus auf der Linie der deuteronomistischen Gerichtspredigt. Auch der Umstand, daß zur Taufe das Sündenbekenntnis gehört, paßt zu diesem Motivkomplex. Die Gerichtsexhomologese, d. h. das Bekenntnis, daß Gott im Recht ist, wenn er mit Israel ins Gericht geht, gehört konstitutiv zur deuteronomistischen Gerichtspredigt. An einem Punkt allerdings schert Johannes aus. Die deuteronomistische Gerichtspredigt begründet ihre Vision der Umkehr mit dem Väterbund. Weil Gott mit Abraham und den Vätern den Bund geschlossen hat, kann die Zukunft nicht heillos sein, wird es am Ende doch Umkehr geben. Es ist nahezu aufregend, daß Johannes gerade diesen Begründungszusammenhang durchtrennt: „Meint nicht, bei euch sagen zu können: Wir haben Abraham zum Vater!" Johannes läßt es nicht zu, daß man mit dem Väterbund eine Heilserwartung begründet. Sich auf die Abrahamskindschaft zu berufen, ist angesichts der offenkundigen Gerichtssituation aussichtslos. Diese These ist theologisch nicht unproblematisch. Wenn der Bundesgedanke nicht mehr trägt, kann man dann überhaupt noch von einer Treue Gottes sprechen? Johannes bewältigt das Problem mit der Gewißheit: „Ich sage euch: Gott kann aus diesen Steinen da dem Abraham Kinder erwecken." Insofern wird der Bundesgedanke theologisch nicht in Frage gestellt. Die schöpferische Macht Gottes wahrt die Kontinuität, auch wenn sie vom Menschen her zerbrochen ist bzw. nicht mehr beansprucht werden kann. Wenn das eigentliche Kennzeichen apokalyptischen Denkens darin besteht, daß die Kontinuität zwischen Geschichte und Heil aufgehoben ist bzw. nur noch theologisch hergestellt werden kann, dann gewinnt die Botschaft des Täufers apokalyptische Dimension. Insgesamt kann man dann sagen: Seine Predigt ist apokalyptisch verschärfte deuteronomistische Gerichtspredigt.

Vielleicht muß man aber bei der inhaltlichen Interpretation der Täuferbotschaft noch etwas weitergehen, als dies bisher geschehen ist. Dabei ist der in den beiden folgenden Versen 3,11.12 dargestellte Sachverhalt mit zu bedenken, also die Gegenüberstellung der beiden Taufen. In der Logienquelle war diese Gegenüberstellung wahrscheinlich so gestaltet, daß die Taufe des Johannes als Wassertaufe und die Taufe des Kommenden als Feuertaufe bezeichnet wurde. Meist wird das so gedeutet, daß die Taufe des Johannes, die Wassertaufe, die Funktion haben soll, vor dem kommenden Gericht zu bewahren. Aber paßt diese Sicht zur Gerichtsvorstellung des Täufers? Der erste Satz seiner Predigt lautet: „Wer hat euch gelehrt, daß ihr dem kommenden Zorn entgehen könnt?" Zumindest diesen Satz müßte man inhaltlich stark abschwächen, wenn man annimmt, daß Johannes selbst eine Möglichkeit anbietet, dem Gericht zu entgehen. Vielleicht liegt das Problem nur darin, daß wir uns angewöhnt haben, Gericht und Heil als Gegensätze zu denken, statt sie zusammenzudenken. Kann ein göttliches Gericht heillos sein? Ist Gericht nicht geradezu nötig, um Heil zu verwirklichen? Muß nicht der sündige Mensch vernichtet werden, damit er leben kann? Diese integrative Sicht von Gericht und Heil entspricht durchaus der biblischen Tradition. Nach Deuterojesaja schafft Gott Heil und Unheil (Jes 45,7). Nach Überzeugung der Propheten (bes. Hosea) vollzieht sich das Heil gerade und nur im Gericht. Unter dieser Voraussetzung läßt sich der erste Satz der Täuferpredigt uneingeschränkt ernst nehmen. Die Wassertaufe, die Johannes anbietet, will nicht vor dem Gericht bewahren, sondern führt in das Gericht hinein. Im Untertauchen wird symbolisch der Tod des Sünders vollzogen. In diesem Verständnis wurde der Taufritus dann auch christlich aufgegriffen (vgl. Röm 6). Für Johannes ist das Gericht also unausweichlich. Positiv verbleibt nur die Möglichkeit, sich dem Gericht zu stellen, d. h. die Sünden zu bekennen und den Tod als verdientes Gericht im symbolischen Akt der Taufe über sich ergehen zu lassen. Insofern ist die Taufe gnädige Gabe der Umkehr, die Gott durch Johannes anbietet. Wer diese Umkehr ablehnt, verfällt dem unauslöschlichen Feuer der kommenden Feuertaufe.

Beim Evangelisten Matthäus ist Umkehr wieder etwas anders verstanden als beim historischen Johannes. Sehr leicht läßt sich das spezifisch matthäische Verständnis im Vergleich mit Lukas verdeutlichen. Bei Lukas meint „Umkehr" ganz eindeutig die Bekehrung, und zwar als Voraussetzung für den nachfolgenden Heilsempfang. Das entspricht in einer bestimmten Weise der heidenchristlichen Perspektive des Lukas. Die Heiden müssen sich zuerst bekehren (vgl. 1 Thess 1,9f), was Juden nicht nötig haben. Für Matthäus hingegen ist Umkehr weit mehr als nur Bekehrung, weit mehr als nur Voraussetzung für den Heilsempfang. Die Forderung, die Matthäus mit Umkehr verbindet, ist das Tun der größeren Gerechtigkeit. Die Gerechtigkeit der Jesusjünger muß größer sein als die der Schriftgelehrten und Pharisäer (vgl. Mt 5,20), welch letztere ja auch von Johannes zur Umkehr aufgerufen werden (3,7a.8). Umkehr ist also nicht nur Voraussetzung für das Heil, sondern selbst schon Teil und Ausdruck des Heils. Auf den Zusammenhang von Tun und Heil wird bei der Bergpredigt einzugehen sein.

Die Taufe mit Wasser und die Taufe mit Feuer und Geist Mt 3,11f

V. 11 stellt eine Kombination von markinischer Tradition (Mk 1,7f) und Überlieferung der Logienquelle dar, während V. 12 ganz auf die Logienquelle zurückgeht. Ob die Taufe mit heiligem Geist ein Eintrag aus Mk 1,8 ist und die Logienquelle nur von einer Taufe mit Feuer sprach, ist umstritten. Wahrscheinlich ist letzteres der Fall. Dafür spricht auch der aus der Logienquelle stammende V. 12, der zwar den Heilsaspekt (das Sammeln des Weizens in die Scheune) nicht ausschließt, aber doch mit dem Gerichtsfeuer als dem beherrschenden Bild endet. Mk 1,7f ist wohl schon eine Weiterentwicklung der Tradition der Logienquelle, aus der möglicherweise noch das authentische Wort Johannes' des Täufers herauszulösen ist: „Ich taufe euch mit Wasser, der Kommende aber wird euch mit Feuer taufen." Die Redaktion der Logienquelle hat das Wort vom Stärkeren zur Verhältnisbestimmung eingefügt. Wenn Johannes nicht wert ist, dem Stärkeren die Schuhe auszuziehen, dann ist dies eine klare Unterordnung des Täufers. Der Kommende war ursprünglich entweder der Menschensohn oder Gott selbst. In der christlichen Übernahme des Täuferwortes wird der Kommende zu Jesus. Im Zuge dieser Identifizierung wird dann auch der heilige Geist zur Charakterisierung der Taufe des Kommenden eingefügt.

Für Matthäus sind zwei Dinge besonders wichtig. Zum einen: Johannes tauft mit Wasser *zur Umkehr*, und zum anderen: der Kommende (Jesus) wird taufen *mit heiligem Geist und Feuer*. Was bedeutet diese Gegenüberstellung? Die Umkehr, die die Johannestaufe zum Ziel hat, ist mehr als nur Voraussetzung für das nachfolgende Heil. Wie oben dargestellt (siehe zu Mt 3,7–10), ist sie einerseits selbst schon ein Teil bzw. ein Aspekt des Heils. Andererseits wäre die Taufe als die zu erbringende Frucht der Umkehr (3,8), wodurch der Täufling sich als Sünder (vgl. 3,6) dem Gericht Gottes stellt, nicht einmal heilsames Gericht, wenn sie nicht bezogen wäre und gleichsam Raum schaffen würde für die Umkehr, die Jesu Botschaft von der Nähe des Himmelreichs erfordert und ermöglicht. Eben deshalb vertritt bei Matthäus schon der Täufer die Botschaft: „Kehrt um, denn nahe gekommen ist das Himmelreich" (3,2). Insofern ist die Umkehr, die Johannes verlangt (3,8) und die er als Ziel seiner Taufe angibt (3,11), erst in der Beziehung zur Geisttaufe sinnvoll und letztlich auch erst durch sie ermöglicht. Es zeigt sich wieder, wie eng Johannes und Jesus bei Matthäus zusammenrücken. Ähnlich eng ist bei Matthäus das Verhältnis der beiden Komponenten, die die Taufe des Kommenden charakterisieren. Etwas vereinfachend könnte man sagen, daß der heilige Geist für das Heil und das Feuer für das Gericht stehen. Allerdings nicht so, daß zwei unvereinbare Größen gegenüberstehen. Beide sind vielmehr die zwei Seiten derselben Medaille. Es ist derselbe Kommende, nämlich Jesus, der mit heiligem Geist *und* mit Feuer tauft. Für Matthäus ist Jesus der Heilbringer, aber eben auch der Menschensohn, der diejenigen richten wird, die zur Umkehr nicht bereit sind (vgl. Mt 24. 25). Matthäus läßt keinen Zweifel, daß Gnade keine billige Gnade ist. Gnade ist Geschenk, das den Menschen aber auch anfordert, so daß das Gericht immer zu bedenken ist.

Die Taufe Jesu Mt 3,13–17

Im wesentlichen wird man sagen können, daß Matthäus den Markusstoff übernimmt und durch einige redaktionelle Einfügungen ergänzt. In V. 14 wird das Problem der Taufe Jesu aufgegriffen. Allerdings wird nicht auf die Sündlosigkeit Jesu abgehoben. Eine diesbezügliche Problemreflexion findet sich erst im Hebräerevangelium (siehe zu Mk 1,1–9). Hier wird die Taufe Jesu damit problematisiert, daß der Täufer von geringerer Würde ist, so daß eigentlich er von Jesus getauft werden müßte. Eine ganz matthäische Einfügung ist V. 15. Dabei fällt auch ein typisch matthäisches Wort: „Gerechtigkeit". „Gerechtigkeit" ist ein Leitbegriff für das Matthäusevangelium. Jesus ist gekommen, „die ganze Gerechtigkeit zu erfüllen". Mit der „ganzen Gerechtigkeit" kann die von Gott gesetzte und von Jesus voll zur Geltung gebrachte sittliche Ordnung gemeint sein, wie sie etwa in der Bergpredigt dargelegt wird (vgl. „erfüllen" in Mt 5,17!). Hier aber, auf Jesus selbst bezogen, ist wohl eher an die verheißene und von Jesus selbst zu erfüllende Ordnung des von Gott gesetzten Heils gedacht. Sie zielt letztlich auf den Tod Jesu, der „zur Vergebung der Sünden" geschieht (26,28). Eben diesen Tod nimmt Jesus, indem er die Taufe des Johannes empfängt, symbolisch vorweg. Insofern ist die Transposition der Wendung „zur Vergebung der Sünden" von Mk 1,4 nach Mt 26,28 eine konsequente christologische Interpretation der von Jesus empfangenen Johannestaufe. Selbstverständlich schließt das eben vorgeschlagene Verständnis von V. 15 nicht aus, das dort angesprochene „Erfüllen der ganzen Gerechtigkeit" auch exemplarisch zu deuten. Wie Jesus haben alle Menschen sich gehorsam dem Willen Gottes zu unterwerfen und insofern die ganze Gerechtigkeit zu erfüllen. Interessant ist schließlich: Während die Himmelsstimme bei Mk 1,11 Jesus in der 2. Person anredete: „Du bist mein Sohn", verwendet sie bei Matthäus die 3. Person: „Dieser ist mein Sohn, der geliebte, an ihm habe ich Wohlgefallen." Anders als bei Markus geht es bei Matthäus um die öffentliche Proklamation Jesu zum Messias und Sohn Gottes. Im übrigen folgt Matthäus dem Markusevangelium. Das dort Gesagte gilt mutatis mutandis auch hier.

Die Versuchung Jesu Mt 4,1–11

Mt 4,1–11 entspricht sachlich Mk 1,12f. Das Material, das weit über Markus hinausschießt, ist aus der Logienquelle übernommen. Textlich ergibt sich folgender Befund: Jesus ist wie bei Markus 40 Tage (und Nächte) in der Wüste. Anders als bei Markus wird ausdrücklich vermerkt, daß Jesus fastet. Nach diesen 40 Tagen erfolgt die Versuchung, die sich bei Markus wohl über die ganze Zeit erstreckt hat. Naheliegend – nach

40tägigem Fasten – ist die erste Versuchung: „Wenn du Gottes Sohn bist, sprich, daß diese Steine Brot werden!" (V. 3). Jesus erwidert mit einem Schriftwort: „Es steht geschrieben, der Mensch lebt nicht vom Brot allein, sondern von jedem Wort, das aus dem Munde Gottes kommt" (V. 4 = Dtn 8,3). Dann stellt der Teufel Jesus auf die Zinne des Tempels: „Wenn du Gottes Sohn bist, so stürz' dich hinab!" (V. 5). Nun gibt der Teufel sich schriftgelehrt: „Denn es steht geschrieben: Er wird seinen Engeln deinetwegen Befehl geben, und sie werden dich auf den Händen tragen, damit du deinen Fuß nicht an einen Stein stößt" (V. 6 = Ps 91,11 f). Die Antwort Jesu erfolgt wiederum mit einem Schriftzitat (V. 7 = Dtn 6,16). Bei der dritten Versuchung schließlich wird Jesus auf einen sehr hohen Berg gestellt, von dem aus man alle Reiche der Welt sehen kann. Und nun rückt der Teufel mit seinem eigentlichen Anliegen heraus: „All dies will ich dir geben, wenn Du niederfällst und mich anbetest" (V. 9). Jesus entgegnet wieder mit einem Schriftzitat: „Weiche, Satan, denn es steht geschrieben: Du sollst den Herrn, deinen Gott, anbeten und ihm allein dienen" (V. 10 = Dtn 6,13; 32,43 LXX; 5,9). Daraufhin gibt der Teufel auf. Engel kommen (vgl. Mk 1,13) und dienen Jesus.

Der Geschichte geht es (schon in der Logienquelle Q) um die Frage der Gottessohnschaft Jesu. Woran zeigt sich, daß Jesus Sohn Gottes ist? Die Antwort ist eindeutig: nicht an aufsehenerregenden Schauwundern, sondern am Gehorsam gegen Gottes Wort. Deswegen erwidert Jesus jeweils mit der Bibel. Auf den Gehorsam kommt es insbesondere Matthäus an. Jesus, der alle Gerechtigkeit erfüllt (3,15), hält sich an Gottes Wort. Nicht mit Schauwundern will er Gefolgschaft gewinnen, sondern durch Gehorsam gegen Gottes Wort.

Es wäre sicherlich eine Verkürzung, wenn man in der Geschichte nur die Ereignisse eines einzigen Tages sehen würde. Schon eher handelt es sich um eine Konzentration aller Versuchungen Jesu. Doch auch dies ist wohl noch zu kurz gegriffen. Wenn man die Geschichte in ihrer ganzen Tiefe verstehen will, muß man ihren mythologischen Charakter ernst nehmen. Leider hat es sich bei uns eingebürgert, mythologische Sprachspiele gegenüber „eigentlicher" (deskriptiver) Rede abzuqualifizieren. Dabei sind wir, wenn es um (ganzheitliche) Sinndeutung geht, auf mythologisches bzw. symbolisches Sprechen geradezu angewiesen. Auch in Mt 4,1–11 geht es um Sinndeutung. Es geht um die Frage, wer die Welt beherrscht und wie dies geschieht, wobei Herrschaft hier – als messianische Herrschaft – ein durchaus heilsames Geschehen meint, sowohl für den Herrschenden als auch für die Beherrschten. Für die Geschichte, wie sie erzählt wird, ist Jesus der Gottessohn, der Weltenherrscher. Aber, und das ist entscheidend, Jesus übt seine Herrschaft nicht aus nach dem Motto: panem et circenses, Wohlstand und Sensation, wie ihm die erste und die zweite Versuchung nahelegen. Das ist ein bewährtes Motto politischer Heilsprogramme bis auf den heutigen Tag. Jesus übt seine Herrschaft aus im Gehorsam gegen Gott, d. h. im Handeln nach Gottes Wort. Gehorsam gegen Gott ist die wahre Weltherrschaft. Das ist die Botschaft, die die Geschichte mitteilen will. Ein Regiment, das sich auf den Glanz der Welt stützt, wie die dritte Versuchung suggeriert, ist Knechtschaft, Kniefall (Proskynese) vor dem Teufel, der durch Unterwerfung herrschen will. Gerade so kommt es zur falschen Abhängigkeit, die bestenfalls ein (vorübergehendes) Leben vom Brot ermöglicht. Die Abgründe des Lebens braucht nur der nicht zu fürchten, der sich von Gott getragen weiß. Die Hände seiner Engel spürt allerdings nur der Gehorsame.

Blicken wir noch einmal auf Mt 3,1 – 4,11 zurück, so sind es vor allem zwei Punkte, die Matthäus wichtig sind. Zum einen will Matthäus darauf aufmerksam machen, daß Heil und Gericht zusammengehören. Matthäus wird nicht müde zu betonen, daß das Heil eine Chance ist, die man verpassen kann. Die Entscheidung für das Heilsangebot darf man nicht vor sich herschieben. Das Heil hat seine Zeit. Die Gnade, von der Matthäus spricht, ist keine billige Gnade. Das Heil – und damit sind wir schon beim zweiten Punkt, der für Matthäus wichtig ist – verurteilt den Menschen nicht zur Passivität, sondern fordert seine Verantwortung. Die entscheidende Reaktion des Menschen im Sinn des Matthäusevangeliums ist der Gehorsam. Jesus, der Gottessohn, ist der Gehorsame schlechthin. Es kommt eine ganz praktische bzw. pragmatische Christologie zum Vorschein, die für das Matthäusevangelium charakteristisch ist. Formal ist Matthäus darin mit Markus vergleichbar, wenngleich sich beide in der inhaltlichen Füllung unterscheiden. Für Markus ist das christologische Bekenntnis an die Praxis des Glaubens gebunden, den Markus als Kreuzesnachfolge bestimmt. Matthäus geht es um Gehorsam im Sinne der Erfüllung der von Gott gesetzten Lebensordnung. Sie wird in der Bergpredigt entfaltet.

1.3 Die lukanische Bearbeitung Lk 3,1 – 4,13

Das Auftreten des Täufers Lk 3,1–6

Ähnlich wie bei Matthäus sind auch bei Lukas Schriftzitat und Auftreten des Täufers gegenüber Markus umgedreht (Lk 3,3.4 f = Mk 1,4.2 f). Mk 1,5 verarbeitet Lukas in der Einleitung der nächsten Perikope (Lk 3,7 a), Mk 1,6 übergeht er. Dafür bringt er eine ausführliche Einleitung in den VV. 1 und 2. Der sogenannte Synchronismus verzeichnet, was zeitgleich (synchron) zu nennen ist. Genannt wird das 15. Jahr des Kaisers Tiberius; das ist das Jahr 27/28 oder 28/29. Genannt wird ferner Pilatus, der von 26 bis 36 bzw. 37 Präfekt war. Die übrigen Herrscher, die angeführt werden, werden als Tetrarchen bezeichnet (eigentlich Vierfürsten oder Viertelfürsten; das sind Inhaber kleinerer Herrschaften). Herodes ist nicht Herodes der Große, sondern dessen Sohn Herodes Antipas, der der Landesherr Jesu war. Philippus ist aus der nach ihm benannten Stadt Cäsarea Philippi bekannt (Mk 8,27). Lysanias taucht im Neuen Testament nur hier auf. Abilene liegt etwa zwischen Damaskus und dem Antilibanon. Als Hohepriester werden zwei genannt. Kajaphas hat das Amt von 17 oder 19 bis 37 ausgeübt, Hannas in den Jahren 6 bis 15. Letzterer war aber immer noch sehr einflußreich, deswegen wird er wohl neben Kajaphas als Hoherpriester genannt. Allerdings ist der Titel „Hoherpriester" nicht auf eine einzige Person beschränkt. Die Hohenpriester sind ein Gremium von fünf Leuten. Der Synchronismus klingt historiographisch. Wenn man Lk 1,1–4 berücksichtigt, dann hat Lukas ja auch durchaus ein historisches Interesse. Allerdings geht es Lukas nicht um reine Historiographie, sondern um Heilsgeschichte. Dabei liegt ihm sehr daran, daß die Geschichte Jesu mit der Weltgeschichte verzahnt ist und daß die beschriebenen Ereignisse nicht nur Episoden aus dem fernen Palästina, sondern für die Weltgeschichte relevant sind.

Anders als Matthäus übernimmt Lukas von Markus den Begriff „Taufe der Umkehr zur Vergebung der Sünden" (V. 3). Allerdings wird man „zur Vergebung der Sünden" bei Lukas wohl nicht auf die Taufe selbst beziehen dürfen. Der Johannestaufe soteriologische Wirkung beizumessen widerspräche dem lukanischen Konzept. Wahrscheinlich ist der Ausdruck so zu interpretieren: Taufe der Umkehr im Blick auf die *kommende*, d. h. mit Christus kommende Vergebung der Sünden. In diesem Sinn ist die Erweiterung des Jesajazitats in VV. 5 f zu verstehen. Lukas liegt sehr daran, das Ziel der Wirksamkeit des Täufers, nämlich seine Ausrichtung auf das kommende Heil, mit in den Blick zu fassen. Ähnlich wird man Lk 1,76–78 verstehen müssen, wo der Täufer als Prophet und Wegbereiter qualifiziert wird, während der „Aufgang aus der Höhe" wohl Christus selbst ist. Ganz eindeutig ist dies in V. 6: „Und alles Fleisch wird schauen das Heil Gottes." Damit ist im Sinn des Lukas das Heil gemeint, das sich durch das Auftreten Jesu verwirklicht. Deutlicher als Markus und noch deutlicher als Matthäus setzt Lukas eine Zäsur zwischen Johannes und Jesus. War Matthäus bemüht, Johannes und Jesus eng aneinanderzurücken (vgl. Mt 3,2!), so verläuft bei Lukas die Grenze zwischen Verheißungszeit und Erfüllungszeit zwischen Johannes und Jesus: Johannes ist der letzte Prophet, mit Jesus beginnt die Heilszeit. Johannes ist Umkehrprediger, Wegbereiter, Vorläufer, Jesus ist der Heilsbringer.

Die Bußpredigt des Täufers Lk 3,7–9

Die aus der Logienquelle Q stammende Gerichts- und Umkehrpredigt des Johannes paßt gut in das Konzept des Lukas. Allerdings ist für ihn das Gericht weniger die Kehrseite des Heils, wie es bei Matthäus der Fall ist. Entsprechend hat die Umkehr eine etwas andere Ausrichtung. Bei Matthäus gingen Umkehr und Heil fast ineinander über, waren nur die verschiedenen Aspekte ein und derselben Sache. Bei Lukas ist die Umkehr in erster Linie Bekehrung, Abkehr von den Sünden und insofern die *Voraussetzung* für den kommenden Heilsempfang. Diese Akzentuierung mag mit der spezifischen Adressatenschaft des Lukas zusammenhängen. Lukas wendet sich an die heidnische Welt, die es zunächst einmal nötig hat, sich von den Götzen zu dem einen Gott zu bekehren, wie es 1 Thess 1,9f ausdrückt. Für Lukas steht die Bekehrung vor allem unter sittlichem Aspekt. Es kommt zu einer Ethisierung des Umkehrbegriffes. Dem entspricht eine formal nur geringfügige, sachlich aber bedeutsame Änderung, die Lukas gegenüber der Vorlage der Logienquelle vornimmt: „Bringt also würdige Früchte (Plural!) der Umkehr!" (V. 8). Die Logienquelle hatte hier noch den Singular gelesen (so auch Mt 3,8) und mit der „Frucht der Umkehr" wahrscheinlich die Taufe gemeint. Selbstverständlich hat diese auch ethische Konsequenzen, als Akt der Umkehr ist sie jedoch weit mehr als nur sittliche Bekehrung. Für Lukas aber steht die sittliche Bekehrung im Vordergrund. Unter diesem Vorzeichen steht auch die nächste Perikope, die zum lukanischen Sondergut gehört.

Die sogenannte Standespredigt des Täufers Lk 3,10–14

Umstritten ist, ob die sogenannte Standespredigt der Tradition entstammt oder vom Evangelisten redaktionell gebildet wurde. Inhaltlich unterstreicht sie den eben geschilderten ethischen Charakter der Umkehr. Die Adressaten sind im Sinn des Lukas signifikativ. Die zunächst genannten Volksmassen sind ein Indiz für die Allgemeinheit der Botschaft. Die Zöllner und Soldaten gehören zu den verachteten Berufsgruppen. Insofern präludieren sie die künftige Zuwendung Jesu zu den Zöllnern und Sündern. Die Soldaten tauchen in der Person des Hauptmanns von Kafarnaum wieder auf. Intonierenden Charakter hat auch der Inhalt der Standespredigt. Was Johannes fordert, führt Jesus in der Feldrede fort. Es geht letztlich um das Liebesgebot, das hier allerdings nicht positiv, sondern in negativer Abgrenzung formuliert ist.

Die Taufe mit Wasser und die Taufe mit Geist und Feuer Lk 3,15–18

Die bei Markus und in der Logienquelle angelegte Unterordnung des Täufers wird bei Lukas weitergeführt, sofern Johannes die nun ausdrücklich gestellte Frage, ob er der Messias sei (V. 15), verneint. Im übrigen füllt Lukas die Markussequenz überwiegend durch Material aus der Logienquelle auf. Theologisch bedeutsam ist die Wartehaltung des Volkes. „Warten" ist die Haltung, zu der die Bußpredigt führen soll. Es ist die angemessene Haltung derer, die sich mit dem Heil beschenken lassen. Dazu paßt, daß der griechische Ausdruck für „Volk", den Lukas verwendet (λαός, im Unterschied zu ὄχλος), eine – nach lukanischem Verständnis – ekklesiologische Perspektive besitzt (siehe zu Lk 23,26–49).

Die Gefangennahme Johannes des Täufers Lk 3,19f

Gegen die Markusabfolge (Mk 6,17f) berichtet Lukas schon jetzt von der Gefangennahme des Täufers. Inhaltlich verstärkt er den prophetischen Charakter der Kritik des Johannes. Denn er läßt diesen den Herodes nicht nur wegen der verbotenen Heirat der Herodias tadeln (so auch Mk 6,17), sondern „wegen alles Bösen, das er getan hatte". Mit ähnlicher Motivation hatte sich schon Elija gegen Achab gestellt (3 Kön 20,20.25 LXX). Wahrscheinlich ist es historisch zutreffend, daß die Wirksamkeit Jesu erst nach der Gefangennahme des Johannes begann (vgl. Mk 1,14). Doch sind für die lukanische Umstellung wohl theologische Gründe entscheidend. Nach dem heilsgeschichtlichen Konzept des Lukas gehört Johannes noch zur Verheißungszeit, während mit Jesus die Heilszeit beginnt. So läßt Lukas Johannes erst abtreten, bevor Jesus auftritt. Die Taufe Jesu folgt gleichsam als Nachtrag (siehe die nächste Perikope). Am Tod des Täufers ist Lukas dann nicht mehr interessiert.

Die Taufe Jesu Lk 3,21f

Lukas kehrt wieder in die Markussequenz zurück. In einer Art Rückblende berichtet er von der Taufe Jesu (V. 21a). Johannes wird allerdings ausdrücklich gar nicht mehr genannt. Bezeichnend für Lukas ist, daß Jesus „betet", als er aus dem Wasser steigt. Was dann geschildert wird, ist nicht die Inthronisation und Geistbegabung des Gottessohnes (so Markus). Für Lukas ist Jesus von Anfang an der Geistgewirkte (Lk 1,35!). Es geht aber auch nicht nur um die (verbale) Proklamation (so Matthäus), sondern um die (augenfällige) Demonstration der Gottessohnwürde. Deshalb kommt der Geist „in leiblicher Gestalt wie eine Taube" auf Jesus herab. Was Lukas darstellen will, sind die metahistorischen Voraussetzungen und Gründe für das, was für ihn allerdings auch historisch evident ist: Jesus ist der geistge-wirkte Gottessohn. Als solcher ist er vom Beginn seines öffentlichen Auftretens an erkennbar.

Der Stammbaum Jesu Lk 3,23–38

Lukas fügt hier den Stammbaum Jesu ein. Er ist mit Mt 1,1–17 vergleichbar. Doch steht hinter den beiden Texten keine gemeinsame Tradition. Beide Stammbäume sind theologische Aussagen und historisch nicht harmoni-sierbar. Ihre Gemeinsamkeit besteht vor allem in der gleichen Funktion. Wie in allen biblischen Genealogien geht es um die Kontinuität und Zielgerichtetheit der Geschichte. Die Liste läßt sich in Siebener-Reihen gliedern: Dreimal sieben Generationen sind es zurück bis zum Exil (von Josef V. 23 bis Schealtiel V. 27), dreimal sieben Generationen sind es vom Exil bis David, zweimal sieben Generationen bis Abraham und schließlich dreimal sieben Generationen bis Adam. Doch ist diese Gliederung syntak-tisch von Lukas in keiner Weise betont. Theologisch nicht unproblema-tisch ist die letztendliche Rückführung des Stammbaums auf Gott (V. 38). Daß es jedoch Lukas nicht um die Begründung einer physischen Gottes-sohnschaft Jesu geht (dann wären alle Gottessöhne!), zeigt der Umstand, daß er die Abstammungslinie über Josef laufen läßt (V. 23), mit dem sich keine leibliche, sondern nur eine legitime Sohnschaft begründen läßt. Für Lukas hat der Stammbaum im wesentlichen heilsgeschichtliche Funktion. Das Auftreten und die Existenz Jesu sind von Gott geplant und geleitet. Näherhin soll erklärt werden, welche Funktion Jesus als der bei der Taufe öffentlich erwiesene Sohn Gottes hat: Er ist der Heilsbringer für Israel (Abraham) und darüber hinaus für alle Menschen (Adam). Doch geht es Lukas weniger darum, Jesus als den neuen Adam herauszustellen (so Paulus!); vielmehr soll die Sinngerichtetheit menschlicher Geschichte dar-gestellt werden, die in Jesus das von Gott gesetzte Heil erreicht. Das eingangs erwähnte Alter Jesu – „Jesus war, als er auftrat, etwa 30 Jahre alt" (V. 23) – ist entweder eine Anspielung auf die Davidsgeschichte (David wird mit 30 Jahren König: 2 Sam 5,4) oder allgemeine Angabe des Idealal-ters.

Die Versuchung Jesu Lk 4,1–13

Mit der Versuchungsgeschichte ist Lukas wieder in der Markussequenz, schließt sich in der Darstellung aber – ähnlich wie Matthäus – der Logien-quelle an. Gegenüber Matthäus erscheint die zweite und dritte Versuchung in umgekehrter Reihenfolge. Die mythologisch qualifizierte Geschichte (siehe zu Mt 4,1–11) wird bei Lukas stärker biographisch eingebunden (vgl.

V. 13). Die Erzählung, die in erster Linie ohnehin nicht paränetisch-exemplarisch, sondern christologisch gedacht war, wird dadurch noch stärker heilsgeschichtlich ausgerichtet. Die „gelegene Zeit" (καιρός), bis zu der der Teufel von Jesus abläßt (V. 13), kommt mit Lk 22,3 (der Satan fährt in Judas) bzw. mit Lk 22,53 (Jesus sagt bei seiner Gefangennahme: „... dies ist die Macht der Finsternis"). Insofern präludiert die von Lukas an dritter Stelle berichtete Versuchung in Jerusalem das Ende Jesu in Jerusalem. Die Wahrheit des Schriftwortes in Lk 4,10f (Ps 91,11f) erweist sich freilich nicht in der versucherischen Herausforderung Gottes (vgl. Lk 4,12 = Dtn 6,16), sondern in der Ergebung in die Hände des Vaters: „Vater, in deine Hände empfehle ich meinen Geist" (Lk 23,46 = Ps 31,6).

Im Rückblick auf Lk 3,1–4,13 zeigt sich, daß Lukas gegenüber Markus und Matthäus stärker die heilsgeschichtliche Linie herausgearbeitet hat. Lukas betont, daß die Heilsbotschaft gebunden ist an die historische Person Jesu, der in ganz bestimmter Zeit gelebt und gewirkt hat. Die ganze Menschheitsgeschichte hat ihr Ziel in dem Heil, das in der Geschichte Jesu bereits Wirklichkeit geworden ist. Lukas ist davon überzeugt: Wer wissen will, welchen Sinn Geschichte hat, tut gut, auf Jesus zu schauen. Wer glaubt, daß der Geist, der Jesus bewirkt und getrieben hat, noch weiter am Werke ist, wird selbst zum Träger des mit Jesus gekommenen Heils. Das gilt für den glaubenden Menschen auch heute noch.

2. Die Vorgeschichten

Im Markusevangelium beginnt die Geschichte Jesu mit der Taufe (Mk 1,9–11). Matthäus und Lukas schalten in ihren ersten beiden Kapiteln die sogenannte Kindheitsgeschichte vor. Obwohl Mt 1; 2 und Lk 1; 2 zum Teil verwandte Stoffe behandeln, sind sie traditionsgeschichtlich nicht von einander abhängig, auch nicht von einer gemeinsamen Vorlage.
Es empfiehlt sich, statt von „Kindheitsgeschichte" von „Vorgeschichte" zu sprechen. Damit wird zum Ausdruck gebracht, daß es in diesen Kapiteln nicht darum geht, das spätere Wirken Jesu entwicklungspsychologisch verständlich zu machen. Es handelt sich vielmehr um eine Art Proömium, welches das ganze Wirken Jesu in nuce bereits enthält und präludiert.

2.1 Die matthäische Vorgeschichte Mt 1; 2

Abgesehen von dem überschriftartigen Vers Mt 1,1, sind in der matthäischen Vorgeschichte zwei Texteinheiten zu unterscheiden, nämlich der Stammbaum und dann der Zyklus von Ankündigung, Verfolgung und Rettung des Jesuskindes. Mit ‚Zyklus' soll angedeutet werden, daß dieses Textstück wohl schon vor Matthäus eine Überlieferungseinheit war – mit der Einschränkung, daß Mt 1,18–25 möglicherweise erst vom Evangelisten gebildet wurde.

Eine Art Überschrift Mt 1,1

Der erste Vers des Matthäusevangeliums hat eine ähnliche Funktion wie der erste Vers im Markusevangelium: „Buch der Abstammung" (griech.: ‚biblos geneseōs') ist eine Anspielung auf den Abschluß der priesterschriftlichen Schöpfungsgeschichte in Gen 2,4: „Das ist die Abstammung (‚tōledōt' = LXX: ‚biblos geneseōs') von Himmel und Erde." Man könnte auch an Gen 5,1 erinnern: „Das ist das Buch der Nachkommen (‚tōledōt' = LXX: ‚biblos geneseōs') Adams." Vor diesem Hintergrund wird klar, was „Abstammung" (‚genesis') in Mt 1,1 meint. Es geht um ‚tōledōt', d. h. eigentlich „Zeugungen", dann „Geschlechter, Geschlechtergeschichte, Genealogie, Entstehungsgeschichte", wobei es dem biblischen Begriff nicht nur um die Auflistung der Geschlechter, sondern um deren Kontinuität mit dem Ursprung geht. Auch den Begriff „Buch" wird man durchaus im Sinn des hebräischen ‚sefær' als „Dokument, Urkunde" verstehen dürfen, so daß man den ganzen Ausdruck übersetzen könnte: „Urkunde vom Ursprung Jesu Christi". Umstritten ist, ob sich Mt 1,1 nur auf die Genealogie Mt 1,2–17 bezieht (so die Einheitsübersetzung: „Stammbaum Jesu Christi") oder auf das ganze erste Kapitel. Wenn man Mt 1,18 berücksichtigt, so ist das letztere wahrscheinlich. In Mt 1,18 taucht der Begriff ‚genesis' wieder auf. Konkret gemeint ist die Geburt Jesu, die anschließend in Mt 1,18–25 geschildert wird. Dabei geht es allerdings auch hier in einem qualifizierten Sinn um den Ursprung Jesu, und zwar im Sinne der heilsgeschichtlichen bzw. verheißungsgeschichtlichen Verwurzelung Jesu: Die Wurzeln bestimmen das Wesen. Das ganze Kapitel 1 schildert den Ursprung Jesu, und zwar in seiner doppelten – horizontalen und vertikalen – Dimension. Jesus ist der Christus, weil er seinen (horizontalen) Ursprung in David und Abraham und deren Geschlechterfolge hat (1,2–17). Das hindert in keiner Weise, daß er der Geistgewirkte ist (1,18–25). Dieser geistliche (vertikale) Ursprung macht ihn zur Erfüllung der Verheißung, die der Geschlechterfolge überhaupt erst einen zielgerichteten Sinn gibt.

In Mt 1,2–17 geht es zunächst um den horizontalen Ursprung. Die Genealogie, der Stammbaum Jesu, dürfte dem Evangelisten schon vorgegeben sein. Deutlicher als Lukas ist Matthäus an der Regelmäßigkeit interessiert. Das ergibt sich vor allem aus V. 17, der wohl Redaktion ist: „Alle Geschlechter von Abraham bis David sind vierzehn Geschlechter, von David bis zur Babylonischen Gefangenschaft sind vierzehn Geschlechter und von der Babylonischen Gefangenschaft bis zu Christus sind vierzehn Geschlechter." Schon bei Lukas ergab sich eine Siebener-Gliederung, die aber nicht betont war. Hier in V. 17 wird sie ausdrücklich betont: 3 × 14 Generationen. Was diese Periodisierung bezwecken will, ist nicht eindeutig. Ist die Zahl 14 eine Anspielung auf den halben (Mond-)Monat? Geht es bei 14 um 2 × 7? Interessanterweise spielt eine vergleichbare Ordnung schon in den ägyptischen Königsgenealogien eine gewisse Rolle, etwa beim Min-Fest in Theben-West (Medinet Habu), einem Erntefest im März / April, wo die Statuen der Vorgänger des Pharao gruppenweise in der Prozession mitgeführt wurden. Wie immer man die religionsgeschichtliche Herkunft des matthäischen Zahlenschemas beurteilen mag, für den Evangelisten ist entscheidend, daß im Stammbaum Jesu nicht zufälliger Geschichtsablauf, sondern planvolle Geschichte dargestellt wird.

Der Sache nach ist für Matthäus wichtig, daß Jesus der Sohn Davids und der Sohn Abrahams ist (vgl. V. 1). Als Sohn Davids ist Jesus der königliche Messias. Von daher könnte man fragen, warum Jesus Christus dann noch ausdrücklich als Sohn Abrahams bezeichnet wird. Für den Sohn Davids ist dies eigentlich selbstverständlich. Hier ist ein anderer Gedanke zu berücksichtigen: Nach jüdischer Überlieferung gilt Abraham auch als der Vater der Proselyten. Insofern ist der Hinweis auf Abraham für Matthäus ein Hinweis auf die Öffnung des Heils für die Heiden. Matthäus läßt zwar deutlich den jüdischen Hintergrund erkennen, läßt aber keinen Zweifel daran, daß das Heil des Evangeliums für alle da ist, auch und gerade für die Heiden. Man muß dafür nur an die letzten Worte des Matthäusevangeliums erinnern (Mt 28,19f). So wird man den Hinweis auf Abraham im Kontext der Heidenmission sehen müssen. Dies zeigt zugleich, wie Matthäus Heidenmission versteht, nämlich aus jüdischer Perspektive: Die Heiden werden zu Kindern Abrahams.

Auf die Öffnung des Heils für die Heiden weisen auch die ausdrücklich genannten Frauen. Es werden vier genannt: Tamar (V. 3), Rut (V. 5), Rahab (V. 5) und die Frau des Urija (V. 6). Alle sind nichtjüdische, heidnische Frauen. Tamar gilt jedenfalls nach der frühjüdischen Überlieferung im Buch der Jubiläen und im Testament des Juda als Aramäerin; Rut ist Moabiterin; Rahab gehört in das kanaanäische Jericho, und Batseba ist die

Frau des Hetiters Urija. Auffällig ist, daß die Stamm-Mütter Israels – Sara, Rebekka, Rahel – fehlen. Das unterstreicht noch einmal die Intention, die mit den tatsächlich genannten Frauen verbunden ist. Die Ausweitung des Heils zu den Heiden, die am Ende des Matthäusevangeliums klar ausgesprochen wird, ist schon im Ursprung Jesu grundgelegt. V. 16 scheint die über Josef laufende Davidsohnschaft Jesu wieder in Frage zu stellen: „Jakob zeugte Josef, den Mann Mariens, von der Jesus geboren wurde, der Christus genannt wird." Die nötige Antwort gibt die nächste Perikope.

Wenn man die Namen des Stammbaums für sich betrachtet, könnte man leicht den Eindruck von theologisch Unergiebigem gewinnen. So bemerkt etwa Martin Luther: „Da sihet sich's an, quasi sit unnutz, vergeblich schrifft, quod recensuit nomina der lieben veter, cum nos de illis nihil omnino sciamus und uns nichts damit geholffen." Dennoch, gerade mit dieser trockenen Reihung von Namen soll die Verwobenheit des Handelns Gottes mit menschlicher Geschichte zum Ausdruck gebracht werden. Gott ist es, der die Fäden der Geschichte in der Hand hält. Der erwartete Heilbringer ist nicht vom Himmel gefallen, sondern eingebettet in menschliche Geschichte, die als Erwählungsgeschichte vorgestellt wird. Gott hat Abraham, Isaak und Jakob erwählt, weil er Israel als sein Eigentumsvolk haben wollte. Diese Erwählung hat universale Bedeutung. Die Erwählung Israels erfolgt, um das Heil auch für die Völker zu ermöglichen. In diesem Sinn ist Jesus der Sohn Abrahams und der erwartete Sohn Davids, der – dies hat V. 16 schon angedeutet – als eschatologische Gestalt der Geistgewirkte ist.

Die Geburt Jesu Mt 1,18–25

Der primäre Skopus dieser Geschichte ist nicht die Jungfrauengeburt und auch nicht die Mariologie. Bezeichnenderweise endet die Geschichte mit der Namensgebung durch Josef (V. 25). Der primäre Skopus ist die Christologie, die sich hier über den Namen Jesus entfaltet: ‚Jeschua', d. h. „Gott ist Hilfe". Das wird in V. 21 sehr frei, wohl in hellenistisch-judenchristlichem Milieu, mit Anklang an Ps 129,8 LXX gedeutet: „Ihm sollst du den *Namen Jesus* geben; *denn* er wird sein Volk von seinen Sünden erlösen." „Gott ist Hilfe" wird als Erlösung von den Sünden interpretiert. Der Deutung im Sinne der Erlösung dient auch das Schriftzitat aus Jes 7,14 LXX (V. 23), das ausdrücklich als solches gekennzeichnet wird (V. 22). Auch hier ist die entscheidende Aussage der Name: „Immanuel", d. h. „mit uns ist Gott." Über den Namen wird also zweierlei klargemacht: Die Hilfe Gottes (Jesus) ist negativ Erlösung von den Sünden, darüber hinaus aber auch positiv Gemeinschaft mit Gott, die durch Jesus gewährt und aufrechterhalten wird. Daß dies von zentraler Bedeutung für die Sicht des Evangelisten ist, sieht man schon daran, daß das Matthäusevangelium mit dem Gedanken der Gemeinschaft, und zwar der bleibenden Gemeinschaft, schließt: „Ich bin bei euch alle Tage bis ans Ende der Welt" (Mt 28,20).

Die Aussage von der Jungfrauengeburt hat innerhalb der primär christologischen Ausrichtung der Geschichte dienende Funktion, wobei man noch darüber streiten könnte, ob die Aussage von der Jungfrauengeburt mit dem Zitat von Jes 7,14 unterstrichen wird oder aus dem Zitat erschlossen ist. In jedem Fall verweist das Zitat in dieser Bedeutung (Jungfrauengeburt) auf das hellenistische Judenchristentum. Denn nur in der Septuaginta erscheint der Begriff παρθένος („Jungfrau"), während der hebräische Text ‚ᶜalmah' („junge Frau") liest. Auf den religionsgeschichtlichen Hintergrund der Jungfrauengeburt ist im Zusammenhang mit Lk 1,26–38 zurückzukommen. Was die sachliche Seite der Aussage betrifft, so ist festzuhalten, daß mit der Vorstellung von der Jungfrauengeburt nicht die biologische Entstehung Jesu geklärt werden soll. Vielmehr soll zum Ausdruck gebracht werden, daß der Ursprung Jesu jenseits der biologischen Erklärungsmöglichkeiten liegt. Jesus ist geistgewirkt, d. h. neue Schöpfung. In gewisser Weise ist Mt 1,18–25 eine traditionsgeschichtliche Fortschreibung und narrative Entfaltung von Mk 1,9–11.12f. In der markinischen Taufperikope war Jesus als der Geistbegabte, als der eschatologische Geistträger, vorgestellt worden. Bei Matthäus und dann auch bei Lukas wird betont, daß Jesus nicht nur der Geistträger, sondern überhaupt geistgewirkt, d. h. seiner ganzen Existenz nach neue Schöpfung ist. Das Thema vom neuen Adam in der markinischen Versuchungsgeschichte (Mk 1,12f) hat diese Sicht eigentlich schon vorweggenommen. Mit Hilfe der Vorstellung von der Jungfrauengeburt soll also eine christologische Aussage gemacht werden. Jesus als Befreier von den Sünden und als Immanuel ist nicht ein Produkt menschlicher Fortpflanzung und Fortzeugung. Das ist die Gefahr, der man aufgrund einer Genealogie wie Mt 1,2–17 erliegen könnte. Genau das soll durch Mt 1,18–25 negiert werden. Der Immanuel steht in der menschlichen Geschichte und ist doch aus ihr nicht zu erklären. Er ist von Gott verheißen, von Gott in menschlicher Geschichte vorbereitet und von Gott durch heiligen Geist gewirkt. Der Ursprung Jesu ist nicht biologisch, sondern nur theologisch zu ergründen. Der eigentliche Ursprung Jesu liegt bei Gott, der die menschliche Geschichte lenkt und in ihr neue Schöpfung schafft. Zu betonen bleibt, daß der Gedanke der Geistzeugung auf der Linie der messianischen Christologie liegt. Eine Gottessohnschaft im metaphysischen Sinn ist nicht in den Blick gefaßt. Es geht also nicht um die Menschwerdung des von Anfang an bei Gott seienden Logos wie im Johannesprolog (Joh 1,1–18), sondern darum, daß der Mensch Jesus von

Nazaret seiner Geschichte und seiner Existenz nach von allem Anfang an das soteriologische Planziel Gottes ist. Dem gleichen Zweck dienen die sogenannten Reflexionszitate bei Matthäus, hier in V. 22: „Dies alles ist geschehen, damit sich erfüllte, was der Herr durch den Propheten gesagt hat." Für diese Reflexionszitate ist die zugrundeliegende Hermeneutik zu berücksichtigen, die sich nicht aus den Schriftzitaten als solchen, sondern aus der Christologie ergibt. Jes 7,14 ist an und für sich keine messianische Weissagung. Zu einer solchen wird die Stelle erst, wenn man sie von Jesus Christus her oder auf Jesus Christus hin liest. Eine Polemik gegen das Judentum, das Jes 7,14 nicht im Sinne des Matthäus versteht, läßt sich daher mit Jes 7,14 nicht rechtfertigen.

Über dem Thema der Jungfrauengeburt, auf das sich meist unser Interesse konzentriert, sollte eine andere Perspektive nicht vergessen werden. Ihr Thema ist der gerechte Josef. Überhaupt sollte man berücksichtigen, daß der eigentlich Handelnde in der Geschichte – anders als bei Lukas – nicht Maria, sondern Josef ist. Josef, ihr Mann, wird in V. 19 ausdrücklich als gerecht qualifiziert, und zwar deswegen, weil er überlegt, ob er Maria heimlich entlassen soll. Die konkrete Rechtslage, die dahintersteht, ist wohl die, daß Josef einen Prozeß wegen Ehebruchs anstrengen könnte; er aber will Maria heimlich entlassen – offensichtlich durch Ausstellung eines Scheidebriefes. Die Gerechtigkeit, die Josef praktizieren will, nimmt die Weisung Jesu vorweg, nicht Gleiches mit Gleichem zu vergelten und auf die Durchsetzung des Rechts zu verzichten (Mt 5,38–42). Josef weiß ja zunächst nicht, was wirklich geschehen ist. Er muß annehmen, daß Maria ihn hintergangen hat. Er wird als gerecht bezeichnet, weil er nicht den Rechtsweg geht, den er gehen könnte. Dieser Vorverweis bestätigt, was für Mt 1 und 2 insgesamt gilt: Es geht nicht um Kindheitsgeschichte, sondern um ein Präludium, in dem die Themen des nachfolgenden Corpus des Evangeliums bereits anklingen.

Die Huldigung der Magier Mt 2,1–12

Die Perikope war wahrscheinlich schon vor Matthäus mit der anschließenden Perikope Mt 2,13–23 verbunden. Jedenfalls ist Mt 2,13ff nicht ohne 2,1–12 denkbar. Ob auch schon 1,18–25 zu der vormatthäischen Überlieferungseinheit gehört hat, ist umstritten. In jedem Fall wird man davon ausgehen müssen, daß Matthäus das Ganze stark bearbeitet hat. Religionsgeschichtlich gesehen, ist das Grundmotiv der Geschichte, die Gefährdung und Rettung des Königskindes, in der Antike weit verbreitet. Am nächsten kommt wohl die Mosegeschichte aus der Bibel (Ex 1; 2). In der jüdischen Tradition begegnen Magier, die dem Pharao die Geburt des Mose weissagen; jener erschrickt und plant den Kindermord. Die Motive, die in der

Geschichte verarbeitet sind, sind also keineswegs neu. Nicht neu sind auch Stern- oder Lichterscheinungen, etwa in der haggadischen Überlieferung von der Geburt Abrahams, Isaaks oder Jakobs. Überhaupt ist es in der Antike nicht selten, daß bei der Geburt bedeutender Menschen Erscheinungen oder Veränderungen des Himmels zu beobachten sind. Im Zusammenhang mit Mt 2,1–12 wird oft auf Num 24,17, die sogenannte Bileam-Weissagung, verwiesen: „Ein Stern geht auf in Jakob, ein Zepter erhebt sich in Israel. Er zerschlägt Moab die Schläfen und allen Söhnen Sets den Schädel." Daß diese Bileam-Weissagung messianisch gedeutet wurde, ist nun durch die Qumran-Texte belegt (1 QM 11,6; CD 7,19). Entsprechende Assoziationen kann man sich auch in der matthäischen Geschichte vorstellen. Allerdings wird Jesus mit dem Stern nicht identifiziert. Insofern hat der Stern wohl doch nicht primär christologische Funktion, sondern will einfach die göttliche Führung unterstreichen.

Für das Verständnis der Geschichte im Sinn des Matthäus ist von Bedeutung, daß zwei Personen oder Personengruppen gegenübergestellt werden, nämlich die Magier aus dem Osten und Herodes. Beide suchen den neugeborenen König der Juden und wollen ihn anbeten. Allerdings, bei Herodes ist dieser Wunsch nur ein Vorwand. Es zeigt sich, daß die narrative Opposition ‚Magier vs Herodes' überlagert wird von der Opposition ‚wahrer vs falscher König der Juden'. In dieser Inszenierung, die von den beiden Oppositionen lebt, ist das Geschick Jesu und der Gang der Heilsgeschichte vorabgebildet: Jerusalem lehnt Jesus ab, die Heiden dagegen huldigen ihm. Letzteres ist für Matthäus die Erfüllung der alttestamentlichen Vision: „Zahllose Kamele strömen ins Land, Dromedare aus Midian und Efa. Ganz Saba kommt, bringt Weihrauch und Gold und verkündet den Ruhm des Herrn" (Jes 60,6). Aus diesem Motivzusammenhang (Völkerwallfahrt) sind die Gaben in V. 11 zu erklären. Für die Myrrhe ist vielleicht auf Hld 3,6 zu verweisen.

Beim Schriftzitat in V. 6 (Mi 5,1) kann man fragen, ob der Geburtsort Jesu aus dem Schriftzitat erschlossen ist oder ob der tatsächliche Geburtsort Betlehem das Schriftzitat angezogen hat. Für Matthäus soll das Schriftzitat die Messianität Jesu unterstreichen. Dabei ist von Bedeutung, daß nicht nur Mi 5,1 zitiert wird. Am Ende wird noch aus 2 Sam 5,2 angehängt: „der mein Volk Israel weiden soll". Das ist ein Rückgriff auf die Davidsgeschichte. Die ganze Erzählung ist messianische Erfüllung der mit David gegebenen Verheißung. Mit „mein Volk Israel" ist das eschatologische Israel gemeint, das sich gerade *gegen* den Widerstand der Schriftgelehrten und Hohenpriester formiert. Die Hohenpriester und Schriftgelehrten wissen zwar, wo der Messias geboren wird, sie ziehen daraus aber keine Konsequenzen, sie bleiben auf ihren Lehrstühlen sitzen und werden somit indirekt zu Handlangern und Komplizen des Herodes.

Mt 2,1–12 verfolgt vorwiegend christologische Interessen. Doch wäre die Perikope wohl unzulänglich beschrieben, wenn man nur die Christologie in dieser allgemeinen Weise als Skopus nennt. Die Messianität Jesu wird mehr vorausgesetzt als entfaltet.Vorgeführt wird im wesentlichen die heilsgeschichtliche Konsequenz, die sich aus der Messianität Jesu ergibt. Insofern ist gerade diese Perikope Präludium im strikten Sinn des Wortes. Es wird schon angespielt auf das, was hinterher im Corpus des Evangeliums erzählt wird: Die jüdischen Führer lehnen den Messias ab, die Heiden erkennen ihn an. Das entspricht dem Gang des Matthäusevangeliums. Jesus verkündet an Israel, und nur an Israel (Mt 10,5f), doch am Ende muß Jesus feststellen (im Winzergleichnis): „Das Reich Gottes wird euch genommen und einem Volk gegeben werden, das seine (d. h. die dem Reich Gottes entsprechenden) Früchte bringt" (Mt 21,43). Und am Ende des Evangeliums steht der Missionsbefehl an alle Völker: „Gehet hin und macht alle Völker zu Jüngern ..." (Mt 28,19f). Insofern ist Mt 2,1–12 das Präludium der heilsgeschichtlichen Konsequenzen der Christologie und letztlich auch das Präludium der matthäischen Ekklesiologie.

Man muß vielleicht doch schon in diesem Zusammenhang ein Wort zur Stellung des Matthäusevangeliums zum Judentum sagen. Es sieht ja sehr nach Schwarz-Weiß-Malerei aus, wenn Matthäus die jüdischen Führer als Ablehnungsfront der Anerkennungsfront der Heiden gegenüberstellt. Das ist in der Tat sehr grob und holzschnittartig dargestellt. Dennoch berechtigt die Darstellung des Matthäusevangeliums nicht dazu, daraus eine Ablehnung des Judentums abzuleiten. Man muß bei Matthäus zweierlei berücksichtigen: einmal seine spezifische Situation nach dem Jahr 70. Die entstehende christliche Gemeinde steht in Auseinandersetzung mit dem sich formierenden pharisäischen Judentum. Zwei formative Kräfte aus der gleichen Wurzel prallen aufeinander. Entsprechend scharf ist die jeweilige Reaktion. Hinzu kommt ein zweites, heutzutage vielleicht noch wichtigeres Moment, das es zu berücksichtigen gilt: Matthäus verwendet die (von ihm dargelegte) Heilsgeschichte nicht, um daraus ein Dogma zu machen, also etwa um daraus abzuleiten, daß das jüdische Volk verworfen ist und daß jetzt die Kirche das Gottesvolk ist. Vielmehr benützt Matthäus die Heilsgeschichte, um ekklesiale Gesetzmäßigkeiten zu verdeutlichen. Er will klarmachen, daß Erwählung eine Chance ist, die eine Antwort verlangt. Deswegen gilt das, was Matthäus in bezug auf seine zeitgenössischen Kontrahenten an Kritischem sagt, selbstverständlich auch in bezug auf die Kirche aller Zeiten. Man kann sich dies am besten an der matthäischen Bearbeitung des Gleichnisses vom Hochzeitsmahl (Mt 22,1–14) vor Augen führen. Jede Erwählung steht immer auf dem Spiel. Auch die Kirche kann ihre Erwählung nicht einfach aussitzen. Heilsgeschichtliche Kontinuität vollzieht sich immer nur im Aufbruch, in der Bereitschaft, auf den je neuen

Ruf Gottes zu antworten. Erwählung vollzieht sich im Exodus, im Aufbruch Abrahams oder im Aufbruch der Magier. Wer die Wahrheit nur verwaltet, wie die Schriftgelehrten in Jerusalem, daraus aber keine Konsequenzen zieht, verfehlt die Wahrheit. Von daher ist Mt 2,1–12 eine kritische Anfrage – auch und gerade an die Adresse der Kirche.

Flucht nach Ägypten, Kindermord und Rückkehr aus Ägypten Mt 2,13–23

Man kann diesen Abschnitt in drei Unterabschnitte einteilen, nämlich: die Flucht nach Ägypten (VV. 13–15), den Kindermord (VV. 16–18) und die Rückkehr nach Israel und nach Nazaret (VV. 19–23). Interessant und für das Arbeiten des Evangelisten bezeichnend ist, daß jeder dieser drei Abschnitte mit einem Zitat beendet wird. Die Herkunft dieser Zitate ist nicht ganz einfach zu bestimmen (hebräischer Text, LXX oder Kombination von beiden). Das dritte Zitat wird als Erfüllungszitat eingeführt: „damit erfüllt würde, was gesagt ist durch die Propheten: Er soll Nazoräer genannt werden." Dieses Zitat ist im Alten Testament nicht belegt. Man könnte höchstens an den ‚nāsir‘, den „Geweihten" (LXX: ‚naziraios‘), von Ri 13,5.7; 16,17 (Simson) denken. Doch geht man heute meistens davon aus, daß „Nazoräer" eine Variante von „Nazarener" ist. Möglicherweise haben die syrischen Christen, die sich selbst als „Nazaräer" bezeichneten, in dem Wort sich selbst wiedergefunden: „damit erfüllt werde: Er soll Nazaräer, d. h. Christ genannt werden". Jesus wäre dann der exemplarische Christ, das Vorbild aller an ihn Glaubenden. Beim zweiten Zitat in V. 17 ist eine kleine Abweichung gegenüber dem sonstigen Sprachgebrauch des Matthäus festzustellen. Sonst sagt Matthäus meist „Das ist geschehen, *damit* erfüllt werde". V. 17 hingegen stellt lediglich fest: „Damals wurde erfüllt, was durch den Propheten Jeremia gesagt worden ist." Möglicherweise hat das damit zu tun, daß Matthäus alles vermeiden will, was Gott für den Kindermord verantwortlich machen könnte, und sich daher mit einer konstatierenden Wendung zufrieden gibt. Im wesentlichen will der gesamte Abschnitt herausstellen, daß alles nach dem Plan Gottes verlaufen ist. Dagegen scheitert der Plan des Gegenspielers, des Herodes. Interessant ist vielleicht noch, daß für Matthäus Betlehem bereits so fest der Geburtsort Jesu ist, daß er von Nazaret als der eigentlichen Heimat Jesu nichts weiß. Er muß erst durch Schriftbeweis aufzeigen, wie der Messias nach Nazaret gelangt ist. Oder muß man davon ausgehen, daß Matthäus die historischen Fakten am besten bewahrt hat: Jesus ist in Betlehem geboren, und Nazaret ist erst später seine Heimat geworden, so daß die von Lk 1 vorausgesetzte Herkunft aus Nazaret eine sekundäre Schlußfolgerung ist? Das Problem besteht darin, daß die Perikopen der Vorgeschichte christologische Aussagen machen und nicht primär historische Protokolle vorlegen wollen.

2.2 Die lukanische Vorgeschichte Lk 1; 2

Das Vorwort Lk 1,1–4

Die vier Verse sind wie ein Programm, mit dem Lukas sein eigenes Unternehmen einleitend reflektiert. Es ist eindeutig: Lukas will *bewußt* Historiographie betreiben. Es tauchen auch die entsprechenden historiographischen Fachtermini der Antike auf: z. B. διήγησις, die „Erzählung", der „Geschichtsbericht", oder πράγματα, die „Ereignisse" (im Gegensatz zu den Reden). Die „Reden", so lehrt Thukydides (Historiae 1,22), kann der Historiograph der Situation nachempfinden, hier hat er Spielraum für die eigene Komposition; die „Ereignisse" hingegen muß er exakt – entweder aufgrund eigenen Erlebens oder aufgrund sorgfältiger Recherche – darstellen. Selbst wenn man voraussetzt, daß zur Zeit des Neuen Testaments die Kriterien schon etwas lockerer gehandhabt wurden, wird man tendenziell davon ausgehen dürfen, daß Lukas als Historiograph gerade die „Ereignisse" exakt berichten will.

Indirekt könnte man den ersten vier Versen eine gewisse Kritik des Lukas am Unternehmen seiner Vorgänger (Markusevangelium, Logienquelle Q) unterstellen. Lukas will die Ereignisse „von Anfang an" (V. 3) darstellen, anders als Markus und die Logienquelle, die keine Kindheitsgeschichte enthalten. Lukas will „allem" (V. 3) nachgehen. Hatte sich Markus auf die Taten Jesu beschränkt, so will Lukas auch die Taten (πράγματα) der Apostel mitteilen. Deswegen schließt er an das Evangelium noch die Apostelgeschichte an. Weiter beansprucht Lukas, alles aufgrund „sorgfältiger" Recherchen und „der Reihe nach" aufzuschreiben (V. 3). Lukas möchte eine *angemessene* Komposition herstellen. Offensichtlich hat er erkannt, daß bei Markus nicht alles der Reihe nach geschildert wird. Ob die Reihenfolge, die Lukas dann herstellt, über alle Zweifel erhaben ist, ist eine andere Frage. Lukas unterscheidet sich also ganz bewußt von seinen Vorgängern. Wenn man den Unterschied mehr konzeptionell in den Blick fassen will, könnte man vielleicht so formulieren: Markus will eine Schrift verfassen, die die Grundlage der Heilsbotschaft von Jesus Christus, dem Sohn Gottes, reflektiert (Mk 1,1). Dabei dient diese Schrift selbst der Proklamation Jesu Christi als Heilbringer. Im Vordergrund steht das Kerygma, die Verkündigung. Dies schließt den geschichtlichen Aspekt keineswegs aus, aber die Geschichte steht im Dienste der Verkündigung. Lukas hingegen will primär Geschichte schreiben. Dies schließt eine kerygmatische Zielsetzung nicht aus, setzt gegenüber Markus aber doch andere Akzente. Markus interessiert sich für die Geschichte (Jesu), weil und sofern sie die Grundlage und der Anfang der Heilsbotschaft ist. Lukas will die Heilsbotschaft (von Jesus Christus) als historisch erfaßbare Größe darstellen, wobei dann der mit Jesus verwobene Geschichtsablauf zur Heilsgeschichte wird.

Die heilsgeschichtliche Dimension wird schon in V. 1 deutlich, wenn Lukas „die Ereignisse, die sich unter uns erfüllt haben", anspricht. Mit „erfüllen" ist weniger an die Erfüllung der alttestamentlichen Verheißung gedacht (wie bei Matthäus), obwohl selbstverständlich auch für Lukas die Zeit Jesu die Erfüllung der alttestamentlichen Verheißung ist. Aber hier spricht Lukas ja von den „Ereignissen, die sich unter uns erfüllt haben". Das heißt, obwohl er von Ereignissen spricht, zu denen er einen geschichtlichen Abstand hat, haben diese Ereignisse immer noch einen Bezug zur Gegenwart (vgl. auch die Perfekt-Konstruktion πεπληροφορημένων). Es wird deutlich, wie Lukas Kirchengeschichte versteht: die Zeit der Kirche ist andauerndes Erfüllungsgeschehen der Jesusereignisse. Unter dieser Rücksicht ist die übliche, von Hans Conzelmann stammende Einteilung der Heilsgeschichte bei Lukas in drei Perioden – die Zeit der Verheißung, die Jesuszeit als die Mitte der Zeit und dann, davon abgehoben, die Zeit der Kirche – zu relativieren. Korrekt ist, daß die Zeit Jesu die Zeit der Erfüllung der alttestamentlichen Verheißungszeit ist. Dagegen ist die Zäsur zwischen der Zeit der Kirche und der Jesuszeit von viel geringerer Qualität. Die Zeit der Kirche ist die Zeit der Fortdauer des Erfüllungsgeschehens. Insofern ist sie allerdings an die Jesuszeit zurückgebunden, weil es *Jesus* ist, der das Erfüllungsgeschehen begründet hat. Es ist deutlich, daß es Lukas nicht um äußere historische Abläufe geht. Soweit die Geschichte mit Jesus zu tun hat, ist sie entweder Verheißungsgeschichte oder Erfüllungsgeschichte. Die Geschichte wird zur Heilsgeschichte.

An der Geschichte, so sagt V. 4, soll man erkennen, daß die christliche Lehre zuverlässig ist. Die Geschichte soll als Erfüllungsgeschehen kenntlich gemacht werden. Wenn es Markus darum gegangen ist, die Geschichte Jesu als Evangelium zu proklamieren, dann geht es Lukas darum, das Evangelium als einen Prozeß zu beschreiben, der sich in der Geschichte Jesu *und* der Geschichte der Kirche konkretisiert. Insofern könnte man Lukas den Begründer einer heilsgeschichtlich verstandenen Kirchengeschichte nennen.

Zum Schluß noch eine Bemerkung zur Bedeutung der Sichtweise des Markus einerseits und der des Lukas andererseits: Beide Sichtweisen haben Vor- und Nachteile. Wo das Kerygma im Vordergrund steht, geht leicht der Bezug zur Geschichte verloren. Wo die Kirchengeschichte als Heilsgeschichte gesehen wird, bleibt zu beachten, daß es sich um eine idealtypische Sicht handelt, die nicht zur Glorifizierung, sondern zur kritischen Beobachtung der tatsächlichen Geschichte der Kirche einzusetzen ist.

Die Komposition von Lk 1,5 – 2,52

Der Text ist sehr *sorgfältig* komponiert, und zwar so, daß die Geschichten, die Johannes und Jesus betreffen, sich jeweils entsprechen. Viele sprechen von einem Diptychon. Tatsächlich läßt sich das, was von Johannes und von Jesus gesagt wird, sehr gut parallelisieren.

	Johannes	Jesus
Ankündigung der Geburt	1,5–25	1,26–38
Begegnung von Maria und Elisabet	1,39–56 Magnifikat	
Geburt	1,57–67a	2,1–21
Begrüßung	1,67b–80 Benediktus	2,22–40 Nunc dimittis
Jesus im Tempel		2,41–52

Die Traditionsgeschichte der beiden Kapitel ist umstritten. Einigermaßen einig ist man sich darüber, daß 1,5–25.57–80 im Grundbestand eine Überlieferungseinheit aus täuferischen Kreisen ist. Diese ursprünglich auf Johannes allein angelegte Traditionseinheit wurde dann geringfügig christianisiert und durch Heranziehung christlicher Überlieferungen zu einem Diptychon ausgebaut. Zu den vorgegebenen christlichen Überlieferungen gehören 2,1–21 und 2,22–40, die wohl als Einzelüberlieferungen vorlagen und vom Redaktor der Täufergeschichte gegenübergestellt wurden. 1,39–56 bildet die Klammer zwischen den beiden Erzählsträngen. Sie ist wahrscheinlich vom Redaktor gebildet. Umstritten ist, ob 1,26–38 ebenfalls vom Redaktor geschaffen wurde oder ob dieser dafür schon auf Tradition zurückgreifen konnte. Und schließlich ist umstritten, ob dieser Redaktor der Evangelist Lukas war. Wahrscheinlich wird man doch mit einem schon vorlukanischen Erzählkranz rechnen müssen, der von einem unbekannten Redaktor geschaffen wurde. Lukas hat dann diesen Erzählkranz in sein Evangelium integriert. Relativ sicher lukanisch ist der Anschluß von 2,41–52, wobei Lukas die Geschichte nicht selbst gebildet haben muß; aber daß diese Geschichte gleichsam als Scharnier zum weiteren Evangelium eingebaut ist, das ist gewiß sein Werk.

43

Die Verheißung der Geburt des Täufers Lk 1,5–25

Es handelt sich um eine legendarisch ausformulierte Erzählung mit vielen Anspielungen auf das Alte Testament. Das heißt, das eschatologische Handeln Gottes, von dem die Geschichte erzählt, geschieht in Analogie zu seinem bisherigen Heilshandeln. Wie Gott an den kinderlosen Vätern und Müttern Israels gehandelt hat (vgl. Abraham und Sara; die Mutter Simsons, Ri 13; Hanna, die Mutter Samuels, 1 Sam 1), so handelt er auch jetzt, d.h., Gott ergreift die Initiative. Es sieht fast so aus, als ob Gott so lange zuwartet, bis menschlich nichts mehr zu erwarten ist, um *sein* Handeln als göttliches – und das heißt schöpferisches – Handeln deutlich zu machen. Bezeichnend für 1,5–25 ist das ungebrochene Verhältnis zum Tempel und zum Kult. Dies deutet auf priesterliche oder levitische Überlieferungskreise hin.

Zum Inhalt: Gott erweckt seinen eschatologischen Propheten, der vom Mutterschoß an mit heiligem Geist erfüllt ist und wie Elija (Elias redivivus) vor dem Kommen Gottes einhergeht (VV. 15.17). Er hat die Aufgabe, die Umkehr zu betreiben und dem Herrn ein wohlbereitetes Volk zu schaffen (VV. 16f). Den Versen 16 und 17 merkt man noch deutlich ihren vorchristlichen täuferischen Ursprung an. Der Kyrios ist Gott selbst. Johannes ist der letzte Bote vor dem Kommen Gottes. Lukas hat dies selbstverständlich nur als abgekürzte Redeweise im Blick auf Jesus verstehen können. Die hinweggenommene Schmach (V.25) ist zunächst direkt auf Elisabet und auf ihre Kinderlosigkeit zu beziehen. Aber es wäre wohl eine Engführung, wenn man das Wort nur individualistisch deuten wollte. Das Handeln Gottes an Elisabet zielt letztlich auf die „vielen" (V.14), auf die Söhne Israels (V.16), auf das zu bereitende Volk (V.17).

Die Verheißung der Geburt Jesu Lk 1,26–38

Die Zielsetzung der Geschichte ist eindeutig christologisch. Dabei ist es allerdings wichtig zu wissen, daß die Erzählung eine Fortschreibung und letzte Aufgipfelung der sogenannten messianischen Christologie darstellt und mit Präexistenzchristologie nichts zu tun hat. Eine metaphysische Gottessohnschaft Jesu steht in 1,26–38 nicht zur Debatte. Weder wird erzählt, daß der präexistente Gottessohn Mensch wird, noch, daß Jesus ein Halbgott (Gott-Mensch) ist, der von einem göttlichen Vater mit einer menschlichen Mutter gezeugt wird. Ersteres begegnet uns im Neuen Testament vor allem in hymnischen Traditionen (Phil 2,6–11; Kol 1,15–20; Joh 1,1–18), letzteres ist dem Neuen Testament gänzlich fremd.

Daß 1,26–38 eine Entfaltung der messianischen Christologie darstellt, zeigt sich vor allem an den VV. 32 und 33: „Er wird groß sein und Sohn des

Höchsten genannt werden. Gott, der Herr, wird ihm den Thron seines Vaters David geben. Er wird über das Haus Jakob in Ewigkeit herrschen, und seine Herrschaft wird kein Ende haben." Dies ist nichts anderes als eine Rezeption der sogenannten Natanweissagung, in der Gott den Sohn Davids zu seinem Sohn erklärt und der davidischen Dynastie (dem Haus und dem Königsthron Davids) ewigen Bestand zusagt (2 Sam 7,12–16; vgl. Ps 89,27f; Ps 2,7). Diese Prophetie hat die biblisch-jüdische Tradition weiter beschäftigt, gerade in und nach dem Exil, mit dem die davidische Dynastie zu Ende ging. Bei Deuterojesaja kommt es zu einer kollektiven Interpretation (Jes 55,3). Möglicherweise verstehen sich auch bestimmte Züge des deuterojesajanischen Gottesknechtes als (kritische) relecture der Natanweissagung (Jes 42,1). Im chronistischen Geschichtswerk wird die Natanweissagung theokratisch interpretiert (1 Chron 17,13f). Und schließlich ist nun durch die Qumrantexte auch eine eschatologische Interpretation eindeutig bezeugt: Die Natanweissagung gilt dem eschatologischen Sproß Davids (4 QFlor 1,10–13; vgl. auch 4 Q 246). Bei dieser eschatologischen Auslegung kann die christliche Tradition unmittelbar ansetzen.

In diesem Zusammenhang ist es vielleicht hilfreich, sich die *neutestamentliche Traditionsgeschichte* der messianischen Christologie wenigstens in groben Zügen vor Augen zu führen. Das früheste Zeugnis der messianischen Christologie findet sich in Röm 1,3f, wo Paulus eine schon vorgefundene Formel verarbeitet: „Der geworden ist aus dem Samen Davids dem Fleische nach, der eingesetzt ist zum Sohn Gottes (in Macht) dem Geist der Heiligkeit nach seit bzw. aufgrund der Auferstehung von den Toten." Die Auferstehung und Erhöhung in den Himmel wird als Inthronisation, als Einsetzung in das messianische Amt gedeutet. Bei der Auferweckung geht in Erfüllung, was Natan dem David angekündigt hat: „Ich werde Samen aus deinen Lenden *erwecken* (im Hebräischen und Griechischen das gleiche Wort wie ‚auferwecken'!) ... Ich will ihm Vater sein, und er wird mir *Sohn* sein" (2 Sam 7,12.14). Jesus ist der Sproß Davids, den Gott durch die Auferweckung zum eschatologischen messianischen Herrscher und damit zum Sohn Gottes eingesetzt hat (vgl. Apg 13,33f; 2,32–36). Deutlich ist, daß die Bezeichnung „Sohn Gottes" in diesem Zusammenhang nicht ein metaphysisches Wesen anzeigen, sondern die eschatologische messianische Funktion Jesu zum Ausdruck bringen will. Im Zuge der christologischen Tradition wurde dann auch die irdische Existenz Jesu, die in der Formel von Röm 1,3f lediglich als Voraussetzung der messianischen Inthronisation bedacht worden war (Jesus als Davidssohn und Messias designatus), in die Reflexion einbezogen. Dies geschah zunächst in der Taufperikope Mk 1,9–11, wo Jesus zu Beginn seiner öffentlichen Wirksamkeit durch die Himmelsstimme (Kombination von Ps 2,7 und Jes 42,1!) zum Sohn Gottes erklärt wird. Ihren Abschluß findet diese Reflexion in Lk 1,26–38. Nicht nur das öffentliche Wirken Jesu hat messianische Qualität. Vielmehr soll betont werden, daß Jesus selbst, und zwar in seiner gesamten Existenz, messianisch zu qualifizieren ist. Jesus ist vom Beginn seiner Empfängnis an der von Gott bestimmte eschatologische Herrscher, der „Sohn des Höchsten", dem Gott „den Thron seines Vaters David geben wird" und dessen „Herrschaft kein Ende haben wird". Dies kommt insbesondere in den VV. 32f zum Ausdruck.

Unsere Perikope behauptet aber nicht nur, *daß* Jesus vom Beginn seiner Existenz an Sohn Gottes ist, sondern fragt auch noch nach dem *Wie* einer derartigen Gottessohnschaft. Die Antwort erfolgt mit Hilfe der Vorstellung von der sogenannten Jungfrauengeburt (VV. 34 f), deren *religionsgeschichtliche Wurzeln* nach Ägypten weisen.

Schon im legendarischen Papyrus Westcar werden die neuen Herrscher der 5. Dynastie als Söhne einer Frau vorgestellt, die von Re schwanger ist. Zum Programm der Königsideologie wird dieser Gedanke dann in den sogenannten Geburtszyklen des Neuen Reiches, die in Der el-bahri (Hatschepsut) und Luxor (Amenophis III.) vollständig erhalten sind. Dargestellt wird u. a. jeweils, wie der Gott Amun (in der Gestalt des Ehemannes) den nachfolgenden Pharao (Hatschepsut, Amenophis) mit dessen Mutter zeugt. Umstritten ist die Bedeutung dieser Geburtszyklen. Bezeichnend ist, daß der Zyklus damit beginnt, daß Amun den Göttern seinen Plan verkündet, einen neuen König zu zeugen, und – zumindest in Der el-bahri – damit endet, daß Amun den neuen König den Göttern präsentiert. Diese semantische Klammer macht deutlich, daß das eigentliche Thema der Geburtszyklen nicht die biologische Geburt des Pharao, sondern seine Inthronisation als König ist. Man hat derartige „Geschichten" auch nicht bei der Geburt, sondern erst nach der Inthronisation des Pharao erzählt. Sie ist als ihr eigentlicher Sitz im Leben zu betrachten. Selbstverständlich wußten die Ägypter, daß der amtierende Pharao seiner natürlichen Herkunft nach ein Mensch ist, Sohn seiner leiblichen Mutter und seines leiblichen Vaters. Die mythologische Aussage der Geburtszyklen bewegt sich auf einer ganz anderen Ebene. Es geht nicht um die Deskription des Faktischen, sondern um die Erschließung von Bedeutung. Nicht eine göttliche Herkunft des Pharao – im Gegensatz zu einer ansonsten als natürlich zu qualifizierenden Herkunft – soll beschrieben werden. Vielmehr soll die Bedeutung seines Königseins erschlossen werden. Als inthronisierter König spielt der Pharao eine göttliche Rolle, die in der symbolischen Welt der ägyptischen Religion und Königsideologie allein von Bedeutung ist. Diese göttliche Rolle soll mit Hilfe der mythologischen Symbolsprache der Geburtszyklen erschlossen werden. Unter dieser Voraussetzung ist der Unterschied zur judäischen Königsideologie des Alten Testaments zwar immer noch gegeben, aber keineswegs so groß, wie (von Theologen) oft behauptet wird. In jedem Fall wird man davon ausgehen müssen, daß Aussagen wie 2 Sam 7,14 und besonders Ps 2,7 ohne ägyptische Vorgaben nicht denkbar sind. Das Bildprogramm der eben angeführten ägyptischen Geburtszyklen erlebt eine Renaissance in den sogenannten Geburtshäusern (Mammisi) der (ptolemäischen) Spätzeit (Edfu, Dendera, Philae), wobei der Vorgang allerdings ganz in die Götterwelt verlagert wird. Dargestellt wird die Zeugung und Geburt des göttlichen Kindes. Deren jährlich wiederholte kultische Feier dokumentiert eine Distanz zur tatsächlichen politischen Herrschaft und gibt den Feiernden die Gewißheit, daß die Götter selbst jenes mit jedem Herrschaftsantritt jeweils neu sich konstituierende „erste Mal" (Ausdruck für die Schöpfung) beständig gewähren und garantieren.

Für die jüdische und christliche Rezeption nicht unwichtig ist die sogenannte *interpretatio graeca*, die die ägyptische Vorstellung etwa bei Plutarch (ca. 46–120 n. Chr.) erfahren hat (vgl. vorher schon: Herodot, III, 28). In der Vita Numae berichtet Plutarch, daß die Ägypter es nicht für unmöglich halten, daß der *Geisthauch* eines Gottes (πνεῦμα θεοῦ) sich einer Frau nähere und eine Befruchtung in ihr hervorrufe (τινας ἐντεκεῖν ἀρχὰς γενέσεως) (Numa 4,4 ff [I 62 b/c]; vgl. auch Quaest. conv. VIII 1,2 f [II 717 d – 718 a]). Wenn Plutarch dann diesen Gedanken als irrational ablehnt, zeigt er allerdings auch, daß er in seiner „realistischen" Auslegung die Bedeutung der ägyptischen Symbolsprache nicht mehr verstanden hat. Das kann man nicht in der gleichen Weise von Philo sagen, der die gottgewirkte Fruchtbarkeit der Tugenden allegorisch damit erklärt, daß die Patriarchenfrauen (Sara, Lea, Rebekka, Zippora) von Gott schwanger wurden (Cher 43–47). In vergleichbarer Weise läßt Paulus in seiner allegorischen Deutung der beiden Bünde in Gal 4,21–31 den Sohn der Sara „nach dem Geist" gezeugt sein und stellt ihm den „nach dem Fleisch" gezeugten Sohn der Sklavin gegenüber. Die leibliche Abstammung des Isaak von Abraham will Paulus damit genauso wenig bestreiten wie Philo. Beide bewegen sich deutlich nicht auf der Ebene deskriptiver Sprache, sondern auf der Ebene der bedeutungserschließenden Symbolsprache.

Darf man dies auch für Lk 1,34f voraussetzen? Zunächst wird man festhalten müssen, daß die Frage Mariens in V. 34 (auch Lk 3,23!) auf ein „realistisches" Verständnis einer Empfängnis ohne Mitwirkung eines Mannes hindeutet. Dem möglicherweise aufkommenden Mißverständnis einer eigentlich erschließenden (nicht deskriptiven) Sprachfigur steuert die Geschichte allerdings dadurch entgegen, daß sie die Vorstellung einer Vereinigung Gottes mit einer menschlichen Frau – was Plutarch zu seiner rationalistischen Ablehnung des ägyptischen Gedankens veranlaßt hat – gar nicht erst aufkommen läßt. Die Aussage des Engels „Heiliger Geist wird über dich kommen, und die Kraft des Höchsten wird dich überschatten; darum wird auch das Gezeugte heilig genannt werden, Sohn Gottes", (V. 35) enthält – von dem Begriff „zeugen" einmal abgesehen – keine sexuelle Terminologie. Gott oder der Geist fungieren nicht als (biologischer) Vater Jesu. Das Wort des Engels erinnert an den Geist, der am Schöpfungsmorgen über den Wassern schwebte (Gen 1,1), und an die Wolke, die das Offenbarungszelt erfüllte (Ex 40,34f) und die Herrlichkeit Gottes signalisiert. Geschildert wird also das *schöpferische* Handeln *Gottes*, dem kein Ding unmöglich ist (V. 37). Trotz der „realistisch" vorgestellten Empfängnis ohne Mitwirkung eines Mannes verbleibt die Erzählung also auf der Ebene der die Bedeutung erschließenden (symbolischen) Sprache. Die Erzählung zielt nicht auf eine Beschreibung der biologischen Entstehung Jesu. Die Geschichte will vielmehr die Bedeutung Jesu als des eschatologischen messianischen Herrschers erschließen, der „Sohn des Höchsten" heißt und dessen Herrschaft kein Ende hat. Die Geschichte tut dies, indem sie Jesus nicht nur als geistgemäß Inthronisierten aufgrund der Auferwekkung (Röm 1,3f) oder als Geistbegabten seit der Taufe (Mk 1,11) vorstellt, sondern ihn als von allem Anfang an als geistbegabt, ja in seiner ganzen Existenz als geistgewirkt qualifiziert. Im Kontext des Diptychons der gesamten Vorgeschichte von Lk 1 und 2 geht es um die Gegenüberstellung von Johannes und Jesus: Johannes ist der (vom Mutterleib an!) mit Geist Erfüllte (1,15), Jesus ist der Geistgewirkte!
Nicht vergessen werden sollte, daß die Christologie, die in 1,26–38 narrativ

entfaltet wird, nicht Selbstzweck ist, sondern soteriologische Perspektiven eröffnet. Dabei ist es für die zur messianischen Christologie gehörige Soteriologie bezeichnend, daß sie weniger individuelle als vielmehr gesellschaftliche Züge hat. Der eschatologische Herrscher soll Heil, Gerechtigkeit und Frieden verwirklichen, zunächst für das Haus Jakob (V. 33), dann aber auch für alle Völker (vgl. 2,31). Diese Dimension der Geschichte sollte bei einer Applikation für heute beachtet werden. 1,26–38 entfaltet nicht die Vision des Seelenfriedens, des mit sich selbst im Reinen Individuums, sondern die Vision einer vom Sohn des Höchsten beherrschten und damit in Frieden lebenden Welt. Daß diese Herrschaft als schon bestehend von der Erzählung behauptet wird, gibt den Glaubenden die Kraft, sich mit einer gegenteilig erfahrenen Welt nicht abzufinden und alles Menschenmögliche zu tun, um diese Welt dem allein Gott Möglichen anzunähern. Der christologische Skopus der Geschichte hindert nicht, sie auch mariologisch auszuwerten. Nur sollte man auch mariologisch nicht den Fehler machen und symbolisch gemeinte Sprache deskriptiv interpretieren, so daß dann die biologische Unversehrtheit Mariens zum Kernpunkt der Mariologie wird. Das Entscheidende ist ja gerade, daß Maria der symbolischen Welt Gottes mehr vertraut als der „realistischen" Welt menschlicher Erfahrung. Insofern ist Maria das Paradigma der Glaubenden schlechthin, wobei es nicht auf die Passivität (die Frau als dienende!) ankommt, sondern gerade auf aktive, personale Entscheidung für diesen Gott, dem kein Ding unmöglich ist. Insofern erinnert die Geschichte an Röm 4,17. Sie stellt vor die Frage, woher Menschen ihren Sinn gewinnen: ob sie ihn in der vorfindlichen Welt und ihren Sinnstiftungsmöglichkeiten suchen, oder ob sie bereit sind zu glauben, daß die vorfindliche Welt in einer nicht deskriptiv, sondern nur symbolisch einholbaren Welt Gottes aufgehoben ist: einer Welt, die Schöpfung ist und die Gott als Schöpfung nicht aus der Hand gibt, sondern eschatologisch vollenden und erneuern wird. Der Herrscher und Repräsentant dieser Welt ist der Menschheit schon geschenkt.

Der Besuch Marias bei Elisabet Lk 1,39–56

1,39–56 dient der Verknüpfung der Geburtsgeschichten. Das Magnifikat, das der Redaktor des vorlukanischen Erzählkranzes Maria in den Mund legt, dürfte eine Bearbeitung eines schon vorgefundenen Liedes sein. Dem Wortlaut nach hat dieses Lied jedenfalls nichts mit einer wunderbaren Empfängnis zu tun. Auffällig ist, daß die meisten Verben den Aorist aufweisen. Exegetisch umstritten ist, wie diese Aoriste zu interpretieren sind. Soll auf eine einmalige Handlung in der Vergangenheit zurückgeblickt werden? Sind die Aoriste gnomisch zu verstehen, also im Sinne von regelmäßig wiederkehrenden Gesetzmäßigkeiten? Sind sie inchoativ gemeint? Oder – das wäre eine vierte und letzte Möglichkeit – sind sie analog zum prophetischen Perfekt im Hebräischen zu verstehen? Die Unsicherheit bei der Entscheidung in dieser Frage hängt mit der Situationslosigkeit des Liedes zusammen. Im jetzigen Kontext sind die VV. 46–49 wohl als Rückblick auf das Handeln Gottes an Maria zu verstehen. Maria ist es ja auch, die dieses Lied singt. Die VV. 51–55 hingegen sind dann wohl im Sinne eines jetzt begonnenen und in der Zukunft sich vollendenden Geschehens zu deuten. Das wird durch V. 50, der als Übergangsvers zwischen den beiden Teilen des Liedes fungiert, unterstrichen. Der Vers blickt einerseits zurück auf das, was Maria an Großtat Gottes erfahren hat, und eröffnet andererseits aus dieser Erfahrung heraus eine Perspektive für alle, die gleich ihr auf die Großtaten Gottes hoffen. Dem entspricht der Wechsel von der Person der Sprecherin in den VV. 46–50 zu allgemein (in der 3. Person) formulierten Aussagen in den VV. 51–55. Die Erfüllung des Gesagten (V. 45) eröffnet den Glaubenden die Perspektive weiterer Vollendung.

Für die Interpretation des Magnifikat sind die Gegensätze zu beachten. Diese Gegensätze dürfen nicht nur spiritualisierend ausgelegt werden, wie das häufig geschieht (dies auch! Vgl. V. 51). Aber sowohl von der Einbettung in den lukanischen Kontext als auch von der Tradition her, aus der dieses Lied kommt, wird man sagen müssen, daß die Gegensätze zuallererst in einem ganz realen Sinn zu verstehen sind. Das Lied will durchaus zum Ausdruck bringen: Gott wendet soziale Not, Gott befreit aus politischer Unterdrückung. Man kann vielleicht sogar sagen, daß gerade durch das Magnifikat das ganze Lukasevangelium in das Licht einer – auch sozial gemeinten – Befreiungsgeschichte getaucht wird. Der lukanische Jesus nimmt sich nicht zufällig in ganz besonderem Maße der Armen an. Die Armen werden selig gepriesen (Lk 6,20), wie überhaupt die lukanische Feldrede ein Ethos des sozialen Ausgleichs postuliert.

Die Geburt des Täufers Lk 1,57–80

Nach der Verklammerung der beiden Geburtsgeschichten durch die vorausgehende Perikope sind wir nun wieder in der Johannestradition. Lk 1,57–80 läßt sich in zwei Teile gliedern, nämlich in die Namensgebung (VV. 57–66) und das Benediktus (VV. 67–79). Formal geht es bei VV. 57–66 um die Erfüllung dessen, was der Engel Gabriel im Tempel angekündigt hat (1,5–25). Inhaltlich geht es um die narrative Entfaltung des gegebenen Namens: „Johannes" = „Gott ist gnädig" (vgl. „Erbarmen" V. 58). Die Erzählung mündet in den hymnischen Preis des Benediktus (VV. 68–79). Auch hier lassen sich wieder zwei Teile unterscheiden. Die VV. 68–75 sind ein Segensspruch auf das Heilshandeln Gottes an Israel gemäß dem Abrahambund. Gut zur priesterlichen Einfärbung, die wir schon aus 1,5–25 kennen, paßt, daß Israel als heilige Kultgemeinde gedacht wird (vgl. V. 74: λατρεύειν = „dienen" im Sinn des Gottesdienstes). Das Heilshandeln Gottes geschieht messianisch, d. h., es wird vermittelt durch eine messianische Gestalt, die in V. 69 auch genannt wird: „Er hat uns aufgerichtet/ erweckt ein Horn des Heiles im Hause seines Knechtes David." Wenn man die Geschichte für sich nimmt (ohne den jetzigen Jesus-Kontext), meint man, dieses „Horn des Heiles" sei Johannes selbst. So war es ursprünglich wohl auch gemeint. Im Zusammenhang des jetzigen Kontextes sind die VV. 68 und 69 Vorausblick auf den Messias Jesus. Dies bestätigt auch V. 76, wo Johannes als Prophet, Vorläufer und Wegbereiter gekennzeichnet wird. V. 76 ist wahrscheinlich christliche Bearbeitung, um das Verhältnis Jesus – Johannes im christlichen Sinne eindeutig zu machen. Möglicherweise sind die VV. 76–79 insgesamt christliche Zutat, aber sicher ist das nicht. Man könnte sich ebenso gut vorstellen, daß der traditionelle Hymnus mit V. 77 weitergegangen ist. Dafür würde sprechen – das läßt sich allerdings nur am griechischen Text nachvollziehen –, daß V. 77 mit der gleichen Infinitiv-konstruktion τοῦ δοῦναι einsetzt, die bereits V. 73 verwendet hatte. Dann wäre selbstverständlich der „Aufgang aus der Höhe" auf Johannes selbst zu beziehen, der damit als messianisch qualifiziert erschiene. „Aufgang" ist wohl eine Übersetzung des hebräischen ‚zæmach' = „das Sprossen, der Sproß". Der „Sproß" erinnert an Sach 3,8 und 6,12, wo mit diesem Begriff der königliche Messias eingeführt wird, der (dem Sacharja-Buch entsprechend) stark priesterliche Interessen verfolgt. Insofern paßt der Begriff sehr gut in priesterlich eingefärbte Täufertradition. Der „Aufgang aus der Höhe" meint also wahrscheinlich den Sproß, der vom Himmel her zu erwarten ist, d. h. den Messias, der verheißen ist und der entweder mit Johannes dem Täufer (wenn man VV. 77f der Johannesvorlage zurechnet) oder (wenn man die Verse als christliche Bearbeitung wertet) mit Jesus zu identifizieren ist. Im jetzigen Kontext ist selbstverständlich und ganz eindeutig Jesus gemeint. Das Heil, das zum Teil recht real vorgestellt wird (vgl. VV. 68f.74), wirkt aufs Ganze gesehen doch relativ spiritualisiert, eher kirchlich-liturgisch als konkret geschichtlich. Das hat Vor- und Nachteile. Der Nachteil ist, daß man mit derartigen Liedern sich sehr schnell mit einem spirituellen Heil abfindet und vergißt, daß das Heil auch realisiert werden muß. Man kann nicht dauernd von Heil reden, wenn man nichts dafür tut. Andererseits hat ein solches Lied den Vorteil, daß es in jedwedem Kontext aktualisiert werden kann und in jedwedem Kontext zur Realisierung drängt. Die Perikope schließt ab mit V. 80: „Das Kind wuchs heran, und sein Geist wurde stark. Und Johannes lebte in der Wüste bis zu dem Tag, an dem er den Auftrag erhielt, in Israel aufzutreten." Das ist ganz eindeutig ein von Lukas geschaffener Vorverweis auf Lk 3,2f.

Traditionsgeschichtlich ist 2,1–21 nicht die Fortsetzung von 1,26–38. 2,1–21 kann unabhängig von der Verkündigungsgeschichte bestehen. Das gilt ganz besonders für die VV. 8–20, bei denen es sich nicht eigentlich um eine Geburtsgeschichte, sondern eher um eine Offenbarungsgeschichte handelt. Entscheidend ist jedenfalls nicht die Geburt als solche, sondern die Deutung, die sie in der Geschichte (durch Engel) erfährt. Die VV. 8–20 sind als eigenständige Erzählung gut denkbar, eingeleitet vielleicht durch eine kurze Notiz von der Geburt des Kindes. Die Geburt des Kindes muß allerdings auch im Anschluß an 1,26–38 erzählt worden sein. Das Faktum der Geburt ist das Glied, über das Verkündigung und Offenbarungsgeschichte verbunden wurden. Sofern dafür bereits ein vorlukanischer Redaktor verantwortlich ist, muß offenbleiben, wie er den Ortswechsel von Nazaret nach Betlehem inszeniert hat. Lukas erklärt den Ortswechsel mit dem Zensus unter Augustus bzw. Quirinius. Daß es hier historische Probleme gibt, ist bekannt. Denn der Zensus, von dem hier die Rede ist, fand wohl erst im Jahre 6 n. Chr. statt, also nach der Absetzung des Archelaos und der Unterstellung Judäas unter einen römischen Präfekten. Für Lukas haben sich die Zeithorizonte aus dem Abstand heraus etwas verschoben. Das hindert nicht die theologische Wahrheit der Aussage.
Nun zu den Inhalten, zunächst zu VV. 1–7: Lukas geht es um die Verknüpfung der Geschichte Jesu mit der Weltgeschichte. Insofern ist Lukas Historiker, er will das Evangelium in seiner geschichtlichen Dimension darlegen. Durch Augustus und den Zensus wird die Bühne für eine politische Theologie aufgebaut, die man mit dem Titel ‚pax romana' auf den Begriff bringen kann. Gegen sie haben die Zeloten Front gemacht, wobei der von Lukas erwähnte Zensus der auslösende Faktor war. Unter den Zeloten gerät die politische Theologie Roms in das Schußfeld einer völlig anders gearteten politischen Theologie, die dafür eifert, dem ersten Gebot mit Waffengewalt Geltung zu verschaffen. Die Geburtsgeschichte reagiert ganz anders: Sie entwirft keine politische Strategie. Der Herrscher, der geschildert wird, übt keine politische Macht aus. Er streckt nicht von Rom, dem Zentrum der Macht, seine Hände nach der Welt aus. Er läßt nicht die Welt als seinen Besitz registrieren, wie Augustus das tut. Der Herrscher der Welt, den die Geburtsgeschichte schildert, liegt in einem Futtertrog bei Betlehem. Seine Macht ist die Gewaltlosigkeit des Kindes. Auch dies ist politische Theologie, wenngleich, gemessen an deren römischer und zelotischer Ausprägung, zugleich deren Konterkarierung. Deswegen muß das Ereignis der Geburt (VV. 6f), das als solches ganz und gar gewöhnlich ist, gedeutet werden. Das geschieht in den VV. 8–20.
Daß Hirten auftreten, paßt zur Intention der Deutung. Aus Betlehem

stammt der große Hirte Israels, nämlich David, der selbst von den Schaf-
herden weg zum König berufen und gesalbt worden ist (1 Sam 16,1–13).
Das Scenario ist also messianisch. Allerdings geht es hier weniger um den
Nachweis der Messianität Jesu, sondern eher um die Darlegung seiner
soteriologischen Funktion. Deswegen ist es kein Zufall, daß in V. 11 die
davidische bzw. christologische Titulatur „Christus, der Herr" der Erläuterung der eigentlich entscheidenden soteriologischen Aussage „Heute ist
euch ... der Retter (,sōtēr') geboren" vorangestellt ist. Biblisch gesehen,
erinnert der Begriff „Retter" an die Rettergestalten des Alten Testaments,
hellenistisch gesehen, an die politischen Herrscher der damaligen Zeit, die
sich als ‚Sōtēr' feiern ließen. Auch hier also wieder der Hintergrund einer
politischen Theologie! Allerdings ist die Herrscherideologie völlig umgedreht. Der Friede, von dem in V. 14 die Rede ist, wird der Welt nicht
aufgezwungen. Das war das römische Programm des pacare: Frieden
machen, indem man die anderen unterwirft. Der Friede, von dem hier die
Rede ist, verlangt gläubiges Hinzutreten und Schauen des vom Herrn
kundgetanen „Wortes, das geschehen ist" (V. 15). Die hier wörtlich über-
setzte Wendung τὸ ῥῆμα τοῦτο τὸ γεγονός ist im Deutschen kaum adäquat
wiederzugeben. In dieser Formulierung schwingt sowohl der Ver-
heißungscharakter als auch der Ereignischarakter mit. An der Spannung
des „ereigneten Wortes" liegt es, daß nur derjenige, welcher der Verheißung traut, das Ereignis auch sehen kann, während derjenige, der zum
Sehen nicht bereit ist, auch nichts sieht bzw. nur ein unscheinbares Kind
sieht. Der Friede, von dem die Rede ist, ist also nicht einfach objektivierbar
wie die römische pax romana, sondern lebt von der Akzeptanz derer, die
sich von ihm erfassen lassen. Es ist ein Friede, der den Erwählten geschenkt
ist, den „Menschen seines Wohlgefallens" (V. 14). Dieser Friede wächst
von innen heraus (vgl. V. 19). Er darf allerdings nicht auf den Innenraum
begrenzt werden, sondern muß im Gegenzug zu den politischen Program-
men durchgehalten werden. Dies jedoch will die Geschichte hier nicht
weiter entfalten. Lukas geht es primär um die Geburt des Retters, dessen
soteriologisches Wirken dann im Corpus des Evangeliums geschildert
wird. Dieses heilsame Wirken ist besonders auf die Armen ausgerichtet und
wird von einem Retter bewerkstelligt, der selbst keine Gewalt ausübt und
am Kreuz endet. Im Ansatz ist dies alles schon in 2,1–21 enthalten. Es wird
wieder deutlich, daß Lk 1 und 2 nicht Kindheitsgeschichte, sondern Präludium sind. Diesen Zusammenhang haben mittelalterliche Bilder durchaus
zutreffend erfaßt, wenn sie etwa die Weihnachtsgeschichte so dargestellt
haben, daß über der Krippe schon das Kreuz sichtbar wird. Das Kreuz
bleibt nicht aus, wenn man sich für den Frieden der Gewaltlosigkeit
entscheidet.

Es handelt sich um eine ursprünglich wohl selbständige Erzählung. Im jetzigen Kontext hat die Geschichte die Funktion, parallel zur Begrüßung des Johannes durch Zacharias im Benediktus nun Jesus begrüßen zu lassen. Das wird durch Simeon im Nunc dimittis geschehen. Mit Jesus wird nach dem Gesetz des Herrn bzw. nach dem Gesetz des Mose verfahren. Allerdings verschmelzen bei der Darstellung im Tempel zwei Gesetzesvorschriften, die ursprünglich nichts miteinander zu tun haben, nämlich zum einen die Reinigung der Mutter nach Lev 12, wozu das Kind nicht erforderlich ist, und zum andern die Auslösung der Erstgeburt nach Ex 13, die nicht an den Tempel gebunden ist. Die christliche Rezeption schafft eine neue narrative Konstellation: es geht weder um die Reinigung der Mutter allein noch allein um die Auslösung der Erstgeburt, sondern primär darum, das Kind „dem Herrn darzustellen", d. h., es dem Herrn zu weihen (V. 22). Das erinnert an die Weihe Samuels (1 Sam 1).

Der Tempel ist der adäquate Ort. Der Tempel ist der Ort, wo man nach V. 25 auf den Trost Israels wartet. Tempel und Jesus werden in der Geschichte also wie Erwartung und Erfüllung aufeinander bezogen. Das Nunc dimittis, das Simeon anstimmt, ist das Pendant zum Benediktus des Zacharias. Wie dort wird auch hier zunächst das Heilswirken Gottes geschildert. „Den Messias des Herrn sehen" (V. 26) ist identisch mit dem „Sehen des Heils" (V. 30). War die Funktion des Täufers im Benediktus noch ganz auf Israel ausgerichtet, so weitet sich jetzt das Heil für Israel zum Licht und zur Offenbarung für die Heiden (V. 32). Wie im Benediktus folgt auch hier eine Prophetie über die künftige Funktion des Kindes: die Ambivalenz des Heilszeichens wird offenbar. Das Heil verlangt Entscheidung, die zur schmerzlichen Spaltung führen wird: „Dieser ist gesetzt zum Fall und zur Auferstehung vieler in Israel und zu einem Zeichen, dem widersprochen wird" (V. 34). Von diesem Schmerz bleibt auch Maria nicht verschont (V. 35).

Der Name „Hanna" (V. 36) erinnert an die Mutter des Samuel. Das Grundmotiv der Erzählung – die Weihe an den Herrn – macht sich wieder bemerkbar. In der Geschichte ist Hanna das weibliche Pendant zu Simeon. Bemerkenswert ist, daß sie als Prophetin vorgestellt wird. Im Alten Testament werden nur wenige Frauen als Prophetinnen bezeichnet: Mirjam (Ex 15,20), Debora (Ri 4,4), Hulda (2 Kön 22,14) und die Frau des Jesaja (Jes 8,3). Als Prophetin tritt Hanna nicht nur neben Simeon, sondern auch neben Johannes. Es scheint fast so, als ob die Erzählung an der Schwelle der Heilszeit noch einmal die ganze prophetische Kraft konzentrieren will. Vers 40, mit dem die Geschichte abschließt: „Das Kind aber wuchs und wurde stark, voller Weisheit, und Gottes Gnade war bei ihm", ist die Entsprechung zu 1,80, wo ähnliches von Johannes gesagt war.

Der zwölfjährige Jesus im Tempel Lk 2,41–52

Mit der Erzählung vom zwölfjährigen Jesus im Tempel beschließt Lukas die Vorgeschichte. Es sind im wesentlichen zwei Pole, um die die Geschichte kreist. Auf der einen Seite soll die Weisheit Jesu unterstrichen werden. Schon als Kind kann er mit Theologieprofessoren diskutieren (VV. 46 f). Auf der anderen Seite soll deutlich gemacht werden, daß irdische Relationen, hier die Eltern-Kind-Beziehung, nicht das Bestimmende für Jesus sind. Er muß in dem sein, was seines (göttlichen) Vaters ist (V. 49). Der Gehorsam gegen die Sendung durch den Vater, der das ganze Wirken Jesu beherrschen wird, ist damit präludiert. V. 52 ist gleichsam wie ein zweiter Abschluß nach V. 40. Traditionsgeschichtlich kann man daran sehen, daß 2,41–52 wohl nicht zum vorlukanischen Erzählkranz gehörte, sondern erst von Lukas als Abschluß der Vorgeschichte hinzugefügt wurde.

3. Erste Wirksamkeit Jesu in Galiläa

3.1 Die markinische Darstellung Mk 1,14–39

Die Botschaft Jesu Mk 1,14f

Das Corpus des Markusevangeliums beginnt mit einem Summarium, in dem die Verkündigung Jesu programmatisch zusammengefaßt ist. Warum Johannes der Täufer ausgeliefert wurde, wird hier nicht gesagt, wird aber in Mk 6 nachgetragen. Theologisch nicht unbedeutsam ist der Ortswechsel von der Wüste in das fruchtbare Kulturland Galiläa. In gewisser Weise entspricht diesem Ortswechsel ein Paradigmenwechsel in der Verkündigung. Für Markus kommt noch dazu, daß sein Evangelium ohnehin in einer gewissen geographischen Polarität steht zwischen Galiläa und Jerusalem bzw. Judäa.

Jesus verkündet „das Evangelium Gottes". Die Botschaft Jesu ist also zunächst theologisch, nicht unmittelbar christologisch ausgerichtet. Daß diese Botschaft im Sinn des Markusevangeliums auch eine christologische Komponente besitzt, wird bald nachzutragen sein. Zunächst einige Anmerkungen zum Begriff „Evangelium": Der Begriff ist aus dem Kaiserkult bekannt. Mit ‚euangelion' bzw. ‚euangelia' (im Plural) bezeichnete man die Proklamation der Heilsbedeutsamkeit des Kaisers. Vor allem im Zusammenhang mit den kaiserlichen Festen (z. B. Geburtstag des Kaisers) wurden solche „Evangelien" verkündet, zum Teil sogar inschriftlich aufgezeichnet (vgl. die sog. Kalenderinschrift von Priene in Kleinasien). Im Unterschied dazu geht es im Markusevangelium um „das Evangelium *Gottes*". Der Begriff steht überdies im Singular, meint also nicht wie im Kaiserkult die immer wiederkehrenden Heilsproklamationen, sondern die Verkündigung des einen endgültigen eschatologischen Heils, das Gott der Welt und den Menschen bereiten will. Der christliche Begriff „Evangelium" ist daher eher aus der prophetisch-apokalyptischen Tradition der Bibel bzw. des Judentums abzuleiten. Zu erinnern ist vor allem an Jes 52,7: „Wie willkommen sind auf den Bergen die Schritte des Freudenboten (‚euangelizómenos'), der Frieden ankündigt, der eine frohe Botschaft bringt, der zu Zion sagt: ‚Dein Gott ist König'." Schon bei Deuterojesaja bilden also Freudenbotschaft und Gottesherrschaft eine Einheit. Auf Jes 61,1–3, wo ebenfalls der Freudenbote erwähnt wird, ist bei Lk 4,18f zurückzukommen. Die Herkunft des christlichen Evangelienbegriffs aus der alttestamentlichen Tradition schließt natürlich in keiner Weise aus, daß der Begriff in der damaligen Welt Assoziationen zum Kaiserkult hervorgerufen hat, allerdings dann mehr im antithetischen Sinne.

V. 15 beginnt: „Die Zeit ist erfüllt." Der Satz ist aufregend. Denn er behauptet, daß die Geschichte und diese Weltzeit am Ende sind. Die bisherige Zeit hat ihr Maß erreicht. Es kommt etwas Neues, was nicht aus der Kontinuität der Geschichte und nicht aus den Schaffensmöglichkeiten des Menschen zu erklären ist. Gott selbst setzt sein Heil durch. Gottes Herrschermacht, die in der bisherigen Geschichte offensichtlich verdunkelt war, tritt in Erscheinung. Gott ergreift die Herrschaft über die Welt.

Der Begriff der Gottesherrschaft taucht im Alten Testament erst relativ spät auf (im Buch Daniel). Das heißt nicht, daß die Sache unbekannt war, aber sie wird vor dem Buch Daniel immer verbal ausgedrückt: „Gott *ist* König", bzw. „Gott *wird* König". Das zeigt, daß es weniger um ein territoriales Reich geht als vielmehr um das *Herrschen* Gottes als solches. Seit dem Exil – vgl. Jes 52,7 – bekommt die Aussage, daß Gott König ist oder König wird, zumindest in bestimmten Kreisen stärker futurische oder sogar eschatologische Ausrichtung. In dieser Tradition steht Jesus. Es ist nahezu cantus firmus der gesamten Tradition, daß Gottesherrschaft im Gegensatz zur Herrschaft der Heiden steht. Das kann in verschiedener Weise variiert werden: daß der Gott Israels den Göttern der Heiden gegenübersteht oder daß Israel den Heiden gegenübersteht oder aber – ganz grundsätzlich apokalyptisch gedacht – daß die Herrschaft Gottes der Herrschaft Beliars bzw. Satans gegenübersteht. Entscheidend ist, daß Gottesherrschaft von der biblischen Tradition her nicht unabhängig von Israel gedacht werden kann. Solange Israel von Heiden beherrscht wird, kann Gottesherrschaft nicht vollendet sein. Solange die heidnischen Götter die offensichtlich Mächtigeren sind, ist die Herrschaft Gottes noch verdunkelt und muß sich erst noch durchsetzen. Gottesherrschaft besagt daher immer auch Befreiung aus der Unterdrückung.

Vor diesem Hintergrund fällt auf, daß bei Jesus die politische Seite der Gottesherrschaft nicht eigens thematisiert wird, obwohl die Gottesherrschaft auch bei Jesus impliziert, daß die Römerherrschaft zu Ende gehen wird. Ähnlich wie in manchen apokalyptischen Texten (vgl. TestDan 5,10–13; AssMos 10,1.7–10) ist die Opposition bei Jesus ins Grundsätzliche zugespitzt. Es geht um die Befreiung von der Herrschaft Satans. Aufschlußreich ist Lk 10,18: „Ich sah den Satan wie einen Blitz vom Himmel fallen." Der Satan als Ankläger Israels ist gestürzt. Die Anklage Israels ist zu Ende.

Das am meisten hervorzuhebende Merkmal der Botschaft Jesu ist, daß er Gottesherrschaft nicht nur verheißt, sondern es wagt zu sagen, daß sie schon wirksam in die Gegenwart einbricht. Darin unterscheidet sich Jesus auch von der Gemeinde von Qumran. Zwar ist diese der Meinung, daß sie selbst der Tempel Gottes ist und daß in ihrem Gesetzesgehorsam und in ihrem Gemeinschaftsleben das künftige Heil schon präsent ist. Aber die Gegenwart des Heils ist gebunden an das kultische Selbstverständnis und den kultischen Vollzug der Gemeinde. Jesus hingegen wagt es zu behaupten, daß in *seinem* Wirken Gottesherrschaft präsent ist. Das bezeichnendste Wort ist Lk 11,20 par: „Wenn ich mit dem Finger Gottes die Dämonen austreibe, dann ist Gottesherrschaft schon zu euch gelangt." Von daher wird man auch „Nahe gekommen ist die Gottesherrschaft" aus Mk 1,15 nicht nur als eine zeitliche Aussage verstehen dürfen. Es geht viel grundsätzlicher um den Tatbestand, daß das Heil, für dessen positive Formulierung die Gerichtspredigt des Täufers keinen Raum mehr gelassen hatte, nun nahe ist.

In einem ganz ähnlichen Sinne wird sich der Evangelist Markus das Heil der Gottesherrschaft vorgestellt haben. Mit dem Auftreten Jesu ist der Lauf der Geschichte vollendet. Das Heil der Gottesherrschaft ist nahe. Vor dem Hintergrund der erfüllten Zeit ist klar, daß damit nicht nur eine zeitliche Aussage gemacht ist. Markus meint vielmehr, daß die Gottesherrschaft bereits jetzt die Gegenwart berührt und die Gegenwart neu gestaltet, zum Heil hin verändert. Daß dies für Markus nicht nur verbale Ansage, sondern wirksame Tat ist, wird 1,21–29 zeigen. V. 15 fährt fort: „Kehrt um." Obwohl das Heil Tat Gottes ist, verlangt es eine aktive Reaktion des Menschen, nämlich Umkehr. In dieser stimmt Jesus mit Johannes dem Täufer überein. Allerdings bekommt die Umkehr in der Botschaft Jesu eine etwas andere inhaltliche Füllung als bei Johannes. Bei Johannes war Umkehr in erster Linie Abkehr von den Sünden und Anerkennung, daß Gott mit seinem Gericht im Recht ist. Dieser Aspekt der Umkehr verliert bei Jesus nicht seine Gültigkeit, wie Jesus ja auch die in der Gerichtspredigt des Täufers vorausgesetzte Situationsanalyse Israels für zutreffend hält. Und doch hat sich die Situation gegenüber Johannes insofern geändert, als Jesus nicht nur das Gericht ansagt, sondern in die Gerichtssituation hinein verkündet: „Das Heil Gottes ist nahe." Offensichtlich setzt Jesus voraus, daß *Gott* einen entscheidenden Schritt getan hat, daß *Gott* Israel aus der Gerichtssituation entlassen hat und, wie es Lukas dann interpretieren wird

(Lk 4,19), ein neues Gnadenjahr anbietet. Umkehr ist nicht mehr nur Abkehr von den Sünden, nicht nur Bekenntnis zur eigenen Gerichtsverfallenheit, vielmehr ist Umkehr primär und positiv die Annahme des von Gott her angebotenen Heils. Umkehr ist Antwort auf das von Gott her beschlossene und von Jesus verkündete, ja, in Jesus bereits wirksame Heil. An diesem Befund wird übrigens deutlich, daß Umkehr mehr ist als nur eine moralische Kategorie. Umkehr ist Hinkehr zu einem Heil, das Menschen nicht herstellen und nicht beanspruchen können.

Diese eschatologische Dimension der Umkehr gilt es im Blick auf Markus, der zwei Generationen nach Jesus schreibt, und im Blick auf heutiges Christ-Sein – fast 2000 Jahre nach Jesus! – zu bedenken und durchzuhalten. Das entscheidende hermeneutische Problem besteht in der Diskrepanz zwischen Anspruch und Wirklichkeit. Daß die Geschichte dieser Welt mit Jesus zu Ende gegangen ist, daß mit ihm eine neue Geschichte angehoben hat und daß seither das Heil Gottes in dieser Welt am Werke ist, das sind Aussagen, die sich zumindest nicht aus der unmittelbaren Erfahrung verifizieren lassen. Offensichtlich ist die Geschichte ohne große Qualitätsunterschiede weitergelaufen, und das offenkundige Unheil unserer Welt scheint die Verkündigung Jesu eher Lügen zu strafen. Dies ist der Zweifel, der die Glaubenden immer wieder neu befällt. Kann man die Heilsbotschaft Jesu noch aufrechterhalten? Dies kann man gewiß nur, wenn man zugleich an Jesus selbst glaubt und seine Geschichte zum Kriterium seiner Botschaft macht. In dieser Hinsicht ist das Markusevangelium von eminenter hermeneutischer Bedeutung. Der Heilsverkündiger Jesus ist am Ende selbst gescheitert. Markus läßt ihn sterben mit dem gewiß betenden, aber doch auch die eigene Nacht bekräftigenden Schrei: „Mein Gott, mein Gott, warum hast du mich verlassen?" (Mk 15,34). Er, der andere geheilt hat, verbleibt am Kreuz. Er bleibt in der Not, und er fällt in die Nacht des Todes. Und dennoch wäre das Markusevangelium nicht geschrieben worden, wenn Markus und seine Leser nicht davon überzeugt gewesen wären, daß Gott diesen in die Nacht des Todes Gefallenen nicht im Stich gelassen, sondern, wie sie sagen, ihn auferweckt hat. Dies ist letztlich die Voraussetzung, um die Heilsbotschaft Jesu auch heute noch sich zu eigen zu machen: der Glaube an den Gott, der die Toten lebendig macht und das, was nicht ist, ins Dasein ruft (Röm 4,17). Dieser Glaube, der im christologischen Bekenntnis festgehalten wird, macht es möglich, das von Jesus verkündete endzeitliche Heil Gottes auch heute noch am Werk zu sehen, weil selbst das Unheil dieser Welt das Heilswirken Gottes nicht in Frage stellen kann. Gott ist auch in der Nacht nicht wirkungslos. Im Gegenteil, gerade die Nacht ist die Stunde Gottes, und dort, wo er scheinbar nichts tut, ist er am wirksamsten. Es ist bezeichnend, daß das Markusevangelium mit dem

Summarium der Heilsbotschaft in 1,14f beginnt und mit dem Kreuz und mit dem Grab Jesu endet, ohne eine explizite Ostergeschichte zu erzählen. So wird deutlich, daß das Heil von der Not und der Nacht, von der Verlassenheit und der Einsamkeit nicht in Frage gestellt wird, sondern daß gerade die Nacht und das Kreuz die Stunde und der Ort Gottes sind, wo dieser sich als Schöpfer erweist. Der Glaube an diesen Gott darf allerdings nicht dazu führen, sich mit der Not abzufinden. Der Glaube an diesen Gott ist vielmehr ein beständiger Protest gegen alles offenkundige Unheil der Welt, und dieser Protest darf nicht nur verbal erfolgen, sondern muß in der Tat verwirklicht werden.

Nun kann man gewiß fragen, ob der Glaube an diesen Gott, der die Toten lebendig macht, nicht eine irreale Vision ist, vielleicht sogar eine Illusion. Diese Frage sollte man sehr ernst nehmen. Es gibt keine risikolose Antwort. Wer glaubt, riskiert etwas, letztlich sogar alles. Aber nur indem man etwas riskiert, kann man diesen Gott erfahren. Menschliche Existenz hat etwas Abgründiges an sich. Der Glaube wagt es, im Abgrund Gott zu suchen. Dabei wird deutlich: Glaube ist nicht nur eine Sache des Verstandes, aber auch nicht nur eine Sache des Herzens. Glaube ist letztlich eine Frage des Lebens oder Überlebens: Wie kann ich meinem Leben Sinn geben? Welcher Sinn trägt? Es ist paradox: Ob ein Sinn trägt, das kann ich nicht theoretisch abklären. Ich kann mein Leben lang vor dem Abgrund Gottes stehen bleiben, wofür ja viele Gründe sprechen, oder ich kann den Sprung wagen, um dann vielleicht die Erfahrung zu machen, die wohl Jesus am Kreuz gemacht hat. Er hatte immerhin in tiefster Gottverlassenheit noch die Kraft, zu beten. Das Kreuz, der Ort der Gottverlassenheit, wurde ihm zum Ort der Gottesbegegnung.

Die Berufung der ersten Jünger Mk 1,16–20

Mk 1,16–20 enthält zwei Berufungsgeschichten. In der ersten Szene (VV. 16–18) werden Simon und Andreas, der Bruder des Simon, berufen, in der zweiten (VV. 19f) Jakobus und Johannes, die Söhne des Zebedäus. Die zweite Szene ist der ersten literarisch angeglichen. Gattungsmäßig liegt das Erzählschema der Prophetenberufung zugrunde: vgl. die Berufung des Elischa durch Elija in 1 Kön 19,19–21. Die Erzählstruktur ist hier wie dort die gleiche. Es beginnt mit der Situationsangabe, dann folgt die Berufung, die entweder im Wort oder durch eine Zeichenhandlung stattfindet, und schließlich wird die Nachfolge berichtet. Für das Verständnis nicht unwichtig ist, daß die Geschichte auf jedwede psychologische Erklärung verzichtet. Jesus geht am See Gennesaret entlang. En passant ruft er die Leute von ihren Netzen weg. Er reißt sie aus ihrem Beruf und ihrem angestammten sozialen Umfeld heraus. Selbstverständlich haben der Ruf und die Nachfolge auch ein Ziel. Die bisherigen Fischer vom See Gennesaret sollen Menschenfischer werden, sie sollen teilhaben an der Verkündigungsaufgabe Jesu. Die Reaktion der Berufenen ist schnörkellos: sie folgen völlig fraglos, haben keine Bedenken, stellen keine Bedingungen, lassen schlichtweg alles liegen und gehen hinter Jesus her. In der Geschichte spiegelt sich noch etwas von der Radikalität der Jesusbewegung. Allerdings hat Jesus diese radikale Nachfolge nicht von allen verlangt, sondern nur von einigen wenigen, die er an seiner Verkündigungsaufgabe beteiligen wollte. Später, nach Ostern, hat man die Jüngerberufung als ideale Szene formuliert und als Paradigma des Glaubens überliefert, denn in konkreter Situation gilt die Radikalität der Nachfolge für alle Glaubenden. Nicht jeder Tag ist ein Tag des Zurücklassens, aber es kann für jeden Glaubenden die konkrete Situation geben, daß er sich trennen muß von dem, was ihm lieb und wichtig ist. Dabei geht es nicht um ein Zurücklassen und Verlassen an sich, nicht um einen Auszug aus der Welt, weil die Welt schlecht ist. Die vom Jünger und vom Glaubenden geforderte Entwurzelung, findet ihr Maß und ihre Sinnhaftigkeit von ihrem Ziel her. Dabei ist es keineswegs so, daß das Verlassen als solches schon zum größeren Einsatz für das Reich Gottes fähig machen würde.

Für das alltägliche Leben hat ein Paradigma wie Mk 1,16–20 die Funktion des Stachels im Fleisch. Christliche Existenz bewegt sich hierzulande ja meistens in sehr geregelten (bürgerlichen) Strukturen. Um so wichtiger sind die kritischen Fragen, die die Perikope stellt: Wie festgelegt bist du auf deine Netze und auf deine sozialen Beziehungen? Wie flexibel bist du, um das zu tun, was wirklich nötig ist? Oder tust du es nur nicht, weil es unbequem ist? Es ist kein Zufall, daß die Geschichte gleich nach dem Summarium von 1,14f folgt. Es wird deutlich, daß die Gottesherrschaft von den Menschen verlangt, sich auf ihre Vision auch wirklich einzulassen.

Wirksamkeit in Kafarnaum und in Galiläa (Überblick) Mk 1,21–39

Der Evangelist kann auf vorgegebene Stoffe zurückgreifen. Wahrscheinlich waren schon vormarkinisch die Heilung in der Synagoge (1,21b–28) und die Heilung der Schwiegermutter des Petrus (1,29–31) miteinander verbunden und durch das Summarium der VV. 32–34 abgeschlossen. Das nachfolgende Summarium der VV. 35–39 dürfte weitgehend von Markus selbst gebildet sein.

V. 22 „Und sie staunten über seine Lehre, denn er lehrte sie wie einer, der Vollmacht hat, und nicht wie die Schriftgelehrten" wie auch die Bemerkung in V. 27 „Was ist das, eine neue Lehre in Vollmacht?" sind wohl markinische Redaktion. Ansonsten folgt die Geschichte dem Schema einer Dämonenbannung. Am Anfang steht die Schilderung der Not und die Begegnung mit dem Wundertäter (VV. 21.23). Dann folgt in der Regel – das ist typisch für Dämonenbannungen – ein Abwehrversuch des Dämons, hier in V. 24. So leicht gibt ein Dämon nicht auf. Er wehrt sich und muß deshalb erst einmal ruhig gestellt werden. Das geschieht in V. 25 durch den Verstummungsbefehl: „Und Jesus herrschte ihn an (ἐπιτιμάω, ein typisches Wort für Exorzismen), indem er sagte: ‚Verstumme!'" (φιμόω heißt eigentlich: „jemandem einen Maulkorb umbinden"). Erst danach erfolgt der Ausfahrbefehl (V. 25 b). Ein Dämon fährt jedoch nicht aus, ohne seine Ausfahrt ordentlich zu demonstrieren (V. 26). In anderen Dämonenbannungen wird diese gattungstypische Demonstration noch mehr unterstrichen, am eindrucksvollsten wohl in Mk 5,1–20. Und schließlich, am Ende gibt es eine Reaktion des Publikums, die hier in VV. 27 und 28 geschildert wird. Insoweit ist die markinische Geschichte in der typischen Weise erzählt, wie auch sonst im Judentum oder im Heidentum Dämonenaustreibungen erzählt werden.

Für die spezifisch christliche bzw. markinische Sicht sind zwei Dinge besonders charakteristisch. Zum einen veranschaulicht die Geschichte die *Vollmacht* Jesu. Anders als bei den Schriftgelehrten ist Jesu Lehre nicht leeres Wort, sondern bewirkt etwas, ist eine neue Lehre in Vollmacht (V. 27). In der Dämonenaustreibung zeigt sich, daß Gottes Herrschaft nahe ist. Wenn man so will, ist in der erzählerischen Kombination von Summarium VV. 14 f und Dämonenaustreibung VV. 21–28 das Jesuswort umgesetzt „Wenn ich mit dem Finger Gottes die Dämonen austreibe, *dann ist* Gottes Herrschaft schon zu euch gelangt" (Lk 11,20 par). Die Lehre ist im Grunde eine neue *Praxis*. Ein zweites ist hervorzuheben. Die Geschichte handelt von *einem* unreinen Geist. Allerdings, in V. 24 spricht dieser auf einmal im Plural: „Was haben *wir* mit dir zu tun, Jesus von Nazaret? Du bist gekommen, *uns* zu verderben." Der Dämon spricht nicht als Individuum, sondern stellvertretend für seine Gattung. Gerade dieses Moment zeigt, daß die Geschichte im Sinn des Evangelisten keine Episode sein will. Vielmehr wird hier wie in einem Brennpunkt zusammengefaßt, was mit Jesus Ereignis geworden ist: Wo Jesus auftritt, weichen die Dämonen, geht das Unheil zu Ende, bricht das Heil der Gottesherrschaft an. Von daher ist klar, daß die Erzählung von der Heilung des Besessenen in der Synagoge von Kafarnaum für Markus mehr ist als nur eine vergangene Geschichte. Es ist die Geschichte von dem Heil, das in Jesus in die Welt eingebrochen ist und seither – zumindest für die Glaubenden – am Werke ist. Die Dämonenaustreibung ist die Geschichte von dem Heil, das einmal die ganze Welt erfassen soll. Insofern ist diese Wundergeschichte – und das gilt prinzipiell für alle Wundergeschichten der Jesustradition – die Geschichte von der eschatologischen Welt, die kommen wird und in Jesus schon angebrochen ist. Das dürfte auch für die heutige Rezeption von Wundergeschichten wichtig sein. Es geht nicht nur und nicht einmal in erster Linie um einen Rückblick, sondern zugleich auch und noch mehr um einen Vorausblick. Die Wundererzählungen sind Geschichten von der kommenden Welt, die allerdings – insofern ist der Rückblick unverzichtbar – in Jesus für den Glaubenden schon angebrochen ist.

Das heißt, wer sich solche Erzählungen zu eigen macht bzw. sie weitererzählt, protestiert gegen die bestehende Welt mit all ihrer Besessenheit, Besetztheit und Unfreiheit, um sie wenigstens erzählerisch zu überwinden. Für eine glaubende Gemeinschaft ist es wichtig, daß sie sich diesen erzählerischen Protest immer wieder vor Augen hält. Allerdings, aufrichtig und redlich ist ein solcher Protest nur, wenn er von einer heilsamen Praxis begleitet ist. Durchzuhalten ist dieser Protest nur – und hier stellt das Markusevangelium etwas ganz Entscheidendes heraus –, wenn er getragen ist von dem Glauben an den Gott, der den Gekreuzigten auferweckt hat. Sonst wird solcher Protest sehr schnell erlahmen. Denn auch dies gehört zur christlichen Erfahrung, daß trotz allen Protestes und trotz aller Praxis gegen das Unheil der Welt immer noch Unheil übrigbleibt, und manchmal hat man den Eindruck, daß es sogar immer mehr wird. Von daher ist der Blick auf das Kreuz und der Glaube an den Gott, der den Gekreuzigten auferweckt hat, unabdingbar, um Wundergeschichten wirkungsvoll überliefern zu können.

Die Geschichte enthält einen Verstummungsbefehl (V. 25). Er gehört zur Topik von Dämonenaustreibungen und hat seinen Platz *vor* der Austreibung des Dämons. Markus variiert diese traditionellen Verstummungsbefehle zu den für ihn typischen Schweigegeboten. Wir werden einem solchen Schweigegebot in 1,34 begegnen, wo den Dämonen, die ausgetrieben werden, *nachträglich* Schweigen geboten wird (vgl. auch 3,11 f). Letztlich geht es bei dieser Variation des Verstummungsbefehls zum Schweigegebot um die Bindung der Heilsbotschaft an den Gekreuzigten. Dies ist später – vor allem im Zusammenhang mit 8,30 – ausführlicher zu erläutern.

Die Heilung der Schwiegermutter des Petrus Mk 1,29–31

Der Erzählung liegt ein historischer Kern zugrunde. Die Geschichte enthält keine christologischen Titel und keine missionarische Verkündigungstendenz (vgl. dagegen 1,27). Der Ablauf ist gattungsgemäß. Typische Elemente für eine Therapie sind: die Schilderung der Notlage, der Heilungsakt selbst und – das ist besonders wichtig – die Feststellung des Heilungserfolges. Für Markus ist die Geschichte ein weiteres Beispiel für die vollmächtige, d. h. wirkmächtige Lehre Jesu. Am Ende heißt es: „Und sie diente ihnen." Das ist in erster Linie Demonstration der Heilung. Möglicherweise steckt aber auch mehr dahinter, nämlich ein Hinweis auf die Nachfolge, die bei Markus im Sinne des Dienens verstanden wird. Ansprechend an der Geschichte ist, daß Jesus sich offensichtlich auch um die kleinen Nöte der Leute gekümmert hat. Vielleicht ist dies ein Indiz dafür, daß es nicht nur die großen weltbewegenden Programme sind, die etwas vom Heil der Gottesherrschaft verwirklichen. Dies kann auch in ganz kleinen, unscheinbaren und vielleicht weltgeschichtlich gar nicht so bedeutsamen Taten geschehen.

Die Ausdehnung der Wirksamkeit Mk 1,32–34.35–39

Das erste Summarium 1,32–34 hat wahrscheinlich schon *vor*markinisch die beiden vorausgehenden Wundergeschichten (1,21–28.29–31) zusammengefaßt und verallgemeinert: „Am Abend, als die Sonne untergegangen war, brachten sie zu ihm *alle* Kranken und Besessenen" (V. 32). Die *ganze* Stadt ist vor der Tür versammelt (V. 33), „und er heilte *viele* Kranke, die mit mancherlei Gebrechen beladen waren, und trieb *viele* böse Geister aus" (V. 34 a). V. 34 b allerdings dürfte markinisch sein: „und er ließ die Dämonen nicht reden, denn sie kannten ihn". Hier begegnen wir der bereits erwähnten Transformation vom Verstummungsbefehl zum Schweigegebot (vgl. zu 1,21–28). Es geht jetzt nicht darum, die Dämonen ruhigzustellen, um sie dann auszutreiben, vielmehr soll verhindert werden, daß die Dämonen bekanntmachen, wer Jesus ist. Ähnlich ist der Sachverhalt auch in 3,11 f. Jesus will nicht, daß seine messianische Würde bekanntgemacht wird. Dieses Phänomen ist ein Teil des markinischen Messiasgeheimnisses, das später erläutert werden soll (siehe zu 8,30).
Das zweite Summarium, VV. 35–38, ist wohl doch redaktionell zu erklären. Ähnlich wie bei V. 34 b liegt auch hier eine Transformation eines ursprünglich zu Wundergeschichten gehörigen Motivs vor. Insbesondere in Heilungsgeschichten finden wir nicht selten das Motiv, daß der Wundertäter sich entzieht oder die Hilfesuchenden zunächst einmal zurückweist bzw. daß diese ein Hindernis überwinden müssen (Erschwernis-Motiv). In der

Überwindung des Hindernisses dokumentiert sich dann der Glaube der Hilfesuchenden (vgl. 2,4 f). Im Summarium von 1,35–38 wird das Motiv des Sich-Entziehens transformiert. Es dient nun dazu, den Aufbruch Jesu zur missionarischen Tätigkeit zu begründen. „Verkündigen" ist das entscheidende Stichwort in V. 38 und 39. Jesus entzieht sich, damit er auch „anderswo", in den „benachbarten Dörfern" (V. 38), verkünden kann. In V. 39 folgt die Ausweitung auf „ganz Galiläa". Wichtig im Sinn des Evangelisten Markus ist wieder die Verquickung von Verkündigung und Dämonenaustreibung (vgl. 1,21–28). Markus bemüht sich, die Lehre Jesu als wirksames Wort darzustellen.

3.2 Die matthäische Bearbeitung Mt 4,12–25

Wohnung in Kafarnaum Mt 4,12–17

Mt 4,12–17 entspricht Mk 1,14 f. Auffällig ist der matthäische Einschub zwischen Mk 1,14 a und 1,14 b: VV. 13–16. Matthäus liegt offensichtlich daran, daß die programmatische Erklärung Jesu von Mk 1,14 f noch mit einem Schriftzitat untermauert wird. Das Schriftzitat in VV. 15 f wird eingeleitet durch VV. 13 f, wobei V. 13 einfach den geographischen Konnex herstellt, während V. 14 – typisch matthäisch – das Schriftwort als Erfüllungs- bzw. Reflexionszitat kenntlich macht. Das Zitat ist die Wiedergabe von Jes 8,23 und 9,1, schon in der Abgrenzung eine sehr auffällige Zitationsweise. Noch auffälliger aber ist, daß das Zitat nicht so recht zum matthäischen Kontext paßt. Nazaret, das Jesus in V. 13 verläßt, um das Jesajazitat in Erfüllung gehen zu lassen (V. 14), liegt selbst im Gebiet von Zebulon! Daran kann man ablesen, daß das Zitat wahrscheinlich schon vor Matthäus zur schriftgemäßen Erklärung der galiläischen Wirksamkeit Jesu verwendet wurde. Matthäus kommt es speziell auf „das Galiläa der Heiden" an. Der Ausdruck wird häufig mißverstanden. Es soll keineswegs gesagt werden, daß Galiläa heidnisches Gebiet ist. Das stimmt auch nicht. Matthäus benutzt das Zitat, um die Reichweite der Verkündigung Jesu anzugeben. Für Matthäus ist die Sendung Jesu auf Israel, und nur auf Israel ausgerichtet. Erst Ostern bringt den Umschwung. Am Ende des Evangeliums erscheint der Auferstandene in Galiläa und weist die Jünger an, alle Völker zu Jüngern zu machen (Mt 28,16–20). Galiläa wird zum Ausgangspunkt der Heidenmission. Daß diese Mission bereits in der Verkündigung Jesu und in der prophetischen Verheißung grundgelegt ist, das soll durch das Zitat in VV. 15 f zum Ausdruck gebracht werden. Nicht eindeutig zu entscheiden ist, ob „das Volk, das im Finstern sitzt", Israel oder die Heiden sind. Vielleicht darf man beides aber auch perspektivisch zusammensehen.

Bemerkenswert ist die matthäische Rezeption von Mk 1,15. Basileia-Ansage (bei Matthäus fast immer: „*Himmel*reich"!) und Umkehrruf sind umgestellt. Weggelassen ist „Erfüllt ist die Zeit". Dadurch ist der futurische Aspekt des Himmelreichs hervorgehoben. Der präsentische Aspekt der Basileia realisiert sich für Matthäus vorwiegend im Tun der größeren Gerechtigkeit. Entsprechend wird im matthäischen Vaterunser der Bitte um das Kommen des Reiches die Bitte um die Erfüllung des Willens Gottes zur Seite gestellt (Mt 6,10). Was Jesus bei Matthäus im wesentlichen verkündet, ist die rechte Lebensordnung angesichts des andrängenden Himmelreiches. In Mt 4,23 wird dies begrifflich auf den Punkt gebracht: Jesus verkündet „das Evangelium des Reiches". Gemeint ist: Jesus kündigt die Nähe des Himmelreiches an, das den Horizont für das jetzt erforderliche Tun bildet und im Tun zugleich präsent wird. Von daher kann der markinische Hinweis auf den Glauben an das Evangelium entfallen. Die Ansage der Nähe des Himmelreiches ist das Evangelium. Auch die Umstellung von Basileia-Ansage und Umkehr-Ruf wird verständlicher, weil es Matthäus auf das Tun ankommt und weil sich im Tun die Nähe verwirklicht.

Die Berufung der ersten Jünger Mt 4,18–22

Im wesentlichen hat Matthäus den Text von Mk 1,16–20 übernommen. Die Änderungen sind theologisch nicht von großem Gewicht. Für Matthäus sind die Jünger noch stärker als für Markus Typos der Gemeinde. Die Geschichte wird zum Exempel für die Kirche. Kirche entsteht dort bzw. wird dort gelebt, wo Menschen den Ruf Jesu hören *und befolgen*. Gehorsam ist das Kriterium der Kirche.

Das bei Markus folgende Stück Mk 1,21f, also das Wort von der Lehre in Vollmacht, erscheint bei Matthäus am Ende der Bergpredigt (Mt 7,28f). Hatte Markus die vollmächtige Lehre als wirksame Praxis ausgelegt (Mk 1,23–28), so ist Matthäus speziell an einer ausgeformten Lehre (im Sinne der Lebensweisung) interessiert. Die Wunder versteht Matthäus nicht als „Lehre" (so Markus), sondern als die Taten des Messias, die er im Anschluß an die Lehre des Messias (Kap. 5–7) in den Kapiteln 8 und 9 zusammenstellt. Die Dämonenbannung Mk 1,23–28 übergeht Matthäus allerdings, da er an ihrer Stelle Mk 5,1–20 aufgreift (Mt 8,28–34). Von den übrigen Geschichten aus Mk 1,29–39 stellt Matthäus die Heilung der Schwiegermutter des Petrus (Mk 1,29–31) und das anschließende Summarium (Mk 1,32–24) zu den Taten des Messias in Kapitel 8. Aus dem abschließenden Summarium Mk 1,35–39 greift Matthäus nur den letzten Vers auf, den er allerdings – unter Verwendung weiterer markinischer Materialien (Mk 3,10f.7f) – erheblich ausbaut:

Diese Variation markinischer Summarien ist eigentlich schon die Einleitung zum Folgenden: Jesus lehrt (= Mt 5 – 7) und heilt (= Mt 8 – 9). Daß Jesus jegliche Krankheit und jegliches Gebrechen heilt, zeigt, daß Matthäus sich eine allumfassende Heiltätigkeit Jesu vorstellt. Die Exemplifikation einzelner Krankheiten in V. 24 (Besessene, Mondsüchtige, Gelähmte) blickt voraus auf tatsächliche Heilungen, die Matthäus später erzählen wird (8,28–34; 17,14–21; 9,1–8).

Mit den Volksmassen in V. 25 sind die künftigen Adressaten der Wirksamkeit Jesu vorweggenommen. Interessant ist, daß Matthäus aus der Parallele Mk 3,7 Idumäa wie auch Tyrus und Sidon nicht übernimmt. Matthäus geht es um ganz Israel. Die ausgelassenen Gebiete gehören nicht dazu. Störend in diesem Zusammenhang könnten höchstens die Dekapolis und das Gebiet jenseits des Jordan wirken. Doch leben dort starke jüdische Minderheiten, bzw. diese Gebiete gehören zumindest teilweise zum biblischen Land. Mit 4,23–25 sind das Publikum und das Gebiet umrissen, denen die Lehre und die Taten Jesu gelten.

3.3 Die lukanische Bearbeitung Lk 4,14 – 5,11

Erstes Auftreten in Galiläa Lk 4,14f

Zunächst greift Lukas mit leichten Varianten Mk 1,14 auf. Typisch lukanisch ist die Betonung des Geistes („in der Kraft des Geistes"). Anstelle der programmatischen Evangeliumsverkündigung von Mk 1,14b.15 folgt eine allgemeine summarische Notiz: „Und die Kunde verbreitete sich in der ganzen Umgegend, und er lehrte in ihren Synagogen, von allen gepriesen" (4,14b.15). Lukas steht hier unter dem Einfluß der antiken Biographie, wo derartige Bemerkungen zum Stil gehören. Verwunderlich mag zunächst erscheinen, daß Lukas Mk 1,15 übergeht. Das hat weniger damit zu tun, daß Lukas mit der zeitlichen Nähe der Gottesherrschaft Probleme hat, obwohl es richtig ist, daß er die Naherwartung relativiert. Wahrscheinlich ist, daß die Aussage „Nahe gekommen ist die Gottesherrschaft" für Lukas nicht eindeutig genug ist bzw. nicht weit genug geht. Denn für Lukas ist mit Jesus das Heil nicht nur zeitlich nahe gekommen, sondern bereits da. Das wird in der nächsten Perikope ausführlich dargelegt.

Lukas verwendet hier die Nazaret-Predigt, die bei Markus erst in 6,1–6a plaziert ist. Umstritten ist, ob Lukas nur das Material des Markus redigiert oder daneben noch eine Sondertradition verarbeitet hat. Daß Lukas die Predigt in Nazaret zur programmatischen Erklärung Jesu ausbaut, hängt wahrscheinlich auch mit seinem Interesse zusammen, einen historisch geordneten Ablauf zu gestalten. Jesus stammt aus Nazaret, und er kehrt von der Taufe wieder nach Nazaret zurück, und dort beginnt dann auch seine öffentliche Wirksamkeit.

Entscheidend ist der Inhalt der Nazaret-Predigt, der in den VV. 17–21 wiedergegeben wird. Die Stelle, die in VV. 18f zitiert wird, ist alles andere als zufällig. Jes 61,1f spricht vom Freudenboten, in dem der Begriff „Evangelium" (vgl. zu Mk 1,14) traditionsgeschichtlich seinen Ursprung hat. Der tritojesajanische Freudenbote ist seinerseits wieder eine relecture des deuterojesajanischen Freudenboten von Jes 52,7, der Zion gegenüber die Gottesherrschaft ausruft. Insofern ist in Lk 4,18f der Sache nach durchaus die markinische Proklamation der Gottesherrschaft (Mk 1,14f) aufgenommen. Auffällig ist, daß Lukas eine Wendung aus Jes 61,1f übergeht („zu heilen, die zerschlagenen Herzens sind"). Dafür ergänzt er aus Jes 58,6: „Mißhandelte, Zerschlagene in Freiheit zu setzen." Dies hängt wohl damit zusammen, daß das Heil für Lukas ganz wesentlich Befreiung ist: Befreiung aus Krankheit, aus Armut, aus allem, was menschliche Existenz bedrückt, letztlich, zusammenfassend und apokalyptisch gesprochen: Befreiung aus der Macht Satans.

Die entscheidende Stelle der Perikope ist V. 21: „Heute hat sich diese Schriftstelle vor euren Ohren erfüllt." Die erfüllte Zeit von Mk 1,15 wird von Lukas als Erfüllung der Schrift gedeutet. Jetzt, und zwar heute, beginnt die Heilszeit. Jetzt geht in Erfüllung, was die Propheten verheißen haben, heute beginnt die Geschichte der Befreiung. Über diese Botschaft sind alle erfreut (V. 22). Aber in die Freude mischt sich auch schon der Zweifel: „Ist das nicht der Sohn Josefs?" Darin artikuliert sich der Zweifel an der messianischen Qualität Jesu: Ist das wirklich der Geistgesalbte oder sogar, wie die Leser des Lukasevangeliums wissen, der Geistgewirkte? Jesus weicht dem Konflikt nicht aus, er spitzt ihn zu (VV. 23f). Er verweist auf Elija, der der heidnischen Witwe von Sarepta geholfen hat, und auf Elischa, der den Syrer Naaman geheilt hat (VV. 25–27). Für Lukas sind diese Hinweise durchaus programmatisch-heilsgeschichtlich gemeint. Die Heilsbotschaft Jesu wird abgelehnt werden, und zwar nicht zuletzt deshalb, weil sie nicht nur Israel, sondern auch den Heiden gilt. Insofern weitet sich hier schon der Blick auf die nachösterliche Kirche, in der Juden und Heiden zusammenfinden. Der damit sich anbahnende Konflikt mit den jüdischen Autoritäten wird in VV. 28f präfiguriert. Aber noch ist die Stunde der Passion nicht gekommen, und so schreitet Jesus „mitten durch sie hindurch" (V. 30).

Theologisch zu reflektieren ist insbesondere das „Heute" des eschatologischen Heils. Die Geschichte der Befreiung, die hier behauptet wird, ist offensichtlich unzulänglich geblieben, und das Heil, das Jesus ausgerufen hat, ist bestenfalls gebrochen verwirklicht. Dennoch ist mit dem lukanischen Heute eine Weltsicht formuliert, von der man sich immer wieder herausfordern lassen muß. Lukas beansprucht, daß in unserer verhängnisvollen Geschichte und in unserer unheilen Welt das Heil Gottes anwesend ist. Unsere oft entmutigende Geschichte ist keine Unheilsgeschichte und läuft nicht auf Unheil hinaus. Unsere Welt enthält nicht nur Unheil, in sie ist das Heil Gottes eingepflanzt. Dieses Heil Gottes in der unheilen Welt gilt es gegen alle Resignation immer wieder zu entdecken. Zu beachten ist dabei, daß das Heute, von dem Jesus spricht, nicht ein Tag unter anderen ist, sondern das eschatologische Heute. Das Heil, das Jesus verkündet, ist das *endgültige* Wort Gottes. Deswegen wird die Welt nicht im Unheil enden und die Geschichte nicht einem unseligen Verhängnis erliegen. Das Heil und die Befreiung sind die wahre Zukunft der Welt. Wer das zu glauben wagt, wird sich selbst in die Befreiungsgeschichte Jesu eingliedern können.

Wirksamkeit in Kafarnaum Lk 4,31–44

Mk 1,16–20 – die Berufung der ersten Jünger – übergeht Lukas zunächst. Dafür wird er etwas später eine vergleichbare Geschichte bringen: 5,1–11. 4,31–44 ist im wesentlichen eine Übernahme von Mk 1,21–39. Dazu ist nicht allzuviel zu sagen. Bemerkenswert ist vielleicht eine kleine Änderung bei der Heilung der Schwiegermutter des Petrus (Mk 1,29–31). Nach Lk 4,39 „bedroht" (ἐπιτιμάω) Jesus das Fieber. Die Heilungsgeschichte wird nach Art eines Exorzismus geschildert (vgl. Mk 1,25). Das Fieber wird zur feindlichen dämonischen Macht. Aus der Heilungsgeschichte bei Markus wird bei Lukas eine Befreiungsgeschichte. Einen Hinweis verdient V. 43. An der Parallelstelle bei Markus ist davon die Rede, daß Jesus in den umliegenden „Dörfern" bzw. „Marktflecken" verkünden will. Bei Lukas ist an dieser Stelle von „Städten" die Rede. Darin spiegelt sich der Wechsel von der ländlich geprägten Gesellschaft Palästinas, wo es nur eine Stadt gibt, nämlich Jerusalem, hin zur Heidenmission. Zur Zeit des Lukas ist die Botschaft Jesu längst in das heidnische Gebiet gedrungen, aus der palästinischen Dörfermission ist eine Stadtmission geworden. Typisch lukanisch ist, wenn Jesus in demselben Vers sagt: „Ich muß auch den anderen Städten *das Evangelium vom Reiche Gottes predigen.*" Für Lukas ist nicht die *Nähe* der Gottesherrschaft das Entscheidende, schon gar nicht die zeitliche Nähe; entscheidend ist vielmehr, daß das Reich Gottes *verkündet* wird. Dabei ist es für Lukas nahezu selbstverständlich, daß die Gottesherrschaft im Verkündigen sich auch ereignet. Insofern stimmt er mit Markus überein. Verkündigung ist kein rein verbales, sondern ein wirksames Geschehen.

Die Berufung der ersten Jünger Lk 5,1–11

Der Sache nach entspricht die Perikope Mk 1,16–20. Allerdings: Lukas bringt die Perikope (aus psychologischen Gründen?) an anderer Stelle, und auch traditionsgeschichtlich gesehen verwendet er anderes Material, das mit Joh 21,1–11 parallel läuft. Wenn man sich fragt, welches Ziel die lukanische Geschichte verfolgt, dann fällt die Antwort gar nicht so leicht. Das hängt u. a. auch mit ihrer traditionsgeschichtlichen Mehrschichtigkeit zusammen. Eine direkte Berufung wie bei Markus wird überhaupt nicht erzählt. Erst am Ende hören wir von Nachfolge. Entscheidender ist das Motiv vom Fischfang, das die reale Fischfanggeschichte mit dem Bild vom Menschen-Fangen in V. 10 verbindet. Das Ganze soll offensichtlich eine Metapher sein für die Mission bzw. für die Wirksamkeit des Wortes. Das Wort Jesu („Auf dein Wort hin!" V. 5) macht das an sich desparate Unternehmen – am Tage wieder auf den See hinauszufahren, um Fische zu fangen, ist an sich Unfug – zu einem überwältigenden Erfolg. Das Wort Gottes ist auch das Stichwort, das Lukas gleichsam als Themenangabe in V. 1 über die Geschichte stellt: „Es begab sich aber, als sich die Menge zu ihm drängte, um das Wort Gottes zu hören ..." Damit ist zugleich die Klammer zu der vorausgehenden Perikope benannt, näherhin zu 4,43, wo die Wirksamkeit Jesu mit der Wendung „das Evangelium vom Reiche Gottes predigen" auf den Begriff gebracht war. Das Heilswort Jesu ist wirksam, schafft neue, überwältigende Wirklichkeit. Im übrigen wird in der Geschichte deutlich, daß das Wort Glauben verlangt, d. h. die Bereitschaft und das Risiko, sich gegen die eigene Erfahrung auf dieses Wort einzulassen. Dabei appelliert die Geschichte weniger an einen solchen Glauben, sondern ermutigt dazu. Offensichtlich brauchen Glaubende solche ermutigenden Geschichten. Es ist allerdings damit zu rechnen, daß der Glaube oftmals auch *gegen* die Erfahrung durchgehalten werden muß und daß die überwältigende Wirkung sich *nicht* – wie in der Geschichte – *sogleich* einstellt.

4. Weitere Wirksamkeit Jesu in Galiläa – Der Beginn des Konflikts mit den Schriftgelehrten Mk 1,40–3,6

Die Heilung eines Aussätzigen Mk 1,40–45

Aussätzige sind kultisch unrein, und ihre Berührung verunreinigt. Sie dürfen daher in aller Regel nicht innerhalb der menschlichen Siedlungen bleiben. In jedem Fall ist Aussätzigen der Zutritt nach Jerusalem verboten. Das ist auf der einen Seite eine Schutzmaßnahme einer religiös organisierten Gemeinschaft. Die Kehrseite ist eine unvorstellbare Not derjenigen, die ausgestoßen sind. In dieser Not wendet sich der Aussätzige an Jesus. Bemerkenswert, vielleicht sogar im wahrsten Sinn des Wortes aufregend ist V. 41. Dort ist vom „Mitleid" Jesu die Rede. Der griechische Urtext (καὶ σπλαγχνισθείς) läßt erkennen, daß Jesus vom Bauch her (σπλάγχνα sind eigentlich die Eingeweide) reagiert, Emotion zeigt. Dies würde noch deutlicher, wenn man dem Codex D und einigen altlateinischen Übersetzungen folgen dürfte, wo gesagt wird, daß Jesus „zornig wurde" (ὀργισθείς). Wie immer man sich entscheidet, in jedem Fall reagiert Jesus emotional. Allerdings geht es dabei nicht nur um die pneumatische Erregung des Wundertäters (wie in Wundergeschichten nicht selten üblich), sondern speziell um eine eschatologisch motivierte Betroffenheit. Wer die Gottesherrschaft verkündet, kann sich mit der Not der Welt nicht abfinden. Jesus zeigt Betroffenheit, ohne die es kein Not wendendes Handeln geben kann. Wo man nicht betroffen ist, tut man auch nichts. Jesus tut etwas Aufregendes. Er berührt den Unberührbaren. Selbstverständlich geht es Jesus nicht um die Berührung als solche, sondern darum, daß er den Mann heilen will. Aber vielleicht kann man auch sagen: Eine Not, die man nicht berührt, kann man nicht heilen. Gesellschaftliche Ausgrenzungen sind verständlich, für die Gesellschaft manchmal sogar notwendig. Hilfreich für die Betroffenen – und damit letztlich auch für die Gesellschaft – sind sie aber nur, wenn es über die Grenzen hinweg die Möglichkeit zu menschlicher Berührung gibt.

Hier öffnet sich der Horizont für eine aktuelle relecture dieser Geschichte. Menschen, die in der Vollmacht Jesu (vgl. Mk 2,10) leben, haben zu allen Zeiten die Befähigung zu solcher Grenzüberschreitung.

In V. 44 sagt Jesus zu dem Aussätzigen: „Sieh zu, daß du niemandem etwas sagst, sondern geh hin und zeige dich dem Priester und opfere für deine Reinigung." Der erste Teil des Satzes erinnert an ein Phänomen, das wir im Markusevangelium bereits kennengelernt haben, nämlich an den Verstummungsbefehl Mk 1,25 bzw. an das Schweigegebot Mk 1,34, einer Transposition des Verstummungsbefehls. Oftmals werden diese Verbote, jemandem etwas zu sagen, in denselben Topf geworfen und allgemein als markinische Schweigegebote verhandelt. Hier ist jedoch zu differenzieren. Was in V. 45 gesagt wird, hat eine ganz andere Funktion als die Verstummungsbefehle oder die Schweigegebote. Zur Unterscheidung sollte man von einem Geheimhaltungsgebot sprechen. Der Verstummungsbefehl im Exorzismus hat die Funktion, den Widerstand des Dämons zu brechen und ihm das Maul zu stopfen. Schweigegebote wie Mk 1,34 haben die Funktion, das wahre Wesen bzw. die Würde Jesu vor der Öffentlichkeit nicht preiszugeben. Sie gehören zum markinischen Messiasgeheimnis. Die Geheimhaltungsgebote hingegen werden fast regelmäßig durchbrochen; sie erfüllen gerade nicht, was sie vorgeben. Sie wollen deutlich machen: Die Wunder, die Jesus tut, sind so großartig und so voller Dynamik (im Griechischen werden die „Wunder" Jesu ‚dynameis' genannt), daß man sie nicht verbergen und für sich behalten kann. Die Wunder überspringen alle Grenzen und Restriktionen. Wo das Heil anbricht, da kann man nicht schweigen. Anders als die Schweigegebote, die die Würde Jesu vor der Öffentlichkeit geheimhalten wollen, wollen die Geheimhaltungsgebote die Größe der Wundertaten unterstreichen.

Die sogenannten galiläischen Streitgespräche Mk 2,1 – 3,6

Die fünf Perikopen sind aus formalen und sachlichen Gründen zunächst einmal zusammen in den Blick zu fassen. Der Terminus Streitgespräche ist allerdings nicht unproblematisch, vielleicht spricht man besser von Apophthegmata. Darunter versteht man kurze Geschichten, die mit einem pointierten Jesuswort enden. Es handelt sich bei diesen Geschichten wohl schon um eine vormarkinische Komposition. Deren Traditionsgeschichte ist allerdings umstritten. Das folgende Modell geht von drei Traditionsstadien aus:

Auf einer *ersten Traditionsstufe* sind drei Einzelgeschichten zu nennen, nämlich das Zöllnergastmahl 2,15–17a (mit der Pointe „Nicht die Gesunden brauchen den Arzt, sondern die Kranken"), dann die Fastenfrage 2,18b.19a (mit der Pointe „Wie können die Hochzeitsgäste fasten, solange der Bräutigam bei ihnen ist?") und schließlich drittens der Sabbatkonflikt 2,23f.27 (mit der Pointe „Der Sabbat ist um des Menschen willen gemacht und nicht der Mensch um des Sabbats willen"). Diese drei Einzelgeschichten gehören zur gleichen formgeschichtlichen Kategorie. Sie sind Apophthegmata im strengen Sinn des Wortes. Sie dienen in ihrer ältesterreichbaren Gestalt zur Abgrenzung und Rechtfertigung nach außen. Konkret geht es um die Auseinandersetzung mit anderen jüdischen Gruppierungen (Pharisäern, Johannesjüngern). Als entscheidendes Argument dient jeweils ein weisheitliches, d. h. in sich evidentes Jesuswort (siehe oben). Die Ausformung zu Apophthegmata geschah wahrscheinlich erst nachösterlich, aber der Sache nach sind wir, wenn nicht der ipsissima vox, so doch zumindest der ipsissima intentio Jesu sehr nahe.

Auf der *zweiten Traditionsstufe* werden die an sich schon gleichartigen Geschichten gesammelt und christologisch reflektiert. Dabei geht es nicht mehr um Rechtfertigung nach außen, vielmehr reflektiert die Gemeinde ihre eigene Praxis, die sie in der Vollmacht des Menschensohnes begründet. Vielleicht, so meinen manche Autoren, geht es auch um eine interne Auseinandersetzung, etwa zwischen Juden- und Heidenchristen. Das Auffälligste an der zweiten Überlieferungsstufe ist, daß die Pointen der Geschichten christologisiert werden. So wird V. 17 a (siehe oben) durch den unmittelbar auf Jesus bezogenen V. 17 b ergänzt: „Ich bin gekommen, um die Sünder zu rufen, nicht die Gerechten." Noch deutlicher ist die Christologisierung bei der zweiten Geschichte. Der ‚Bräutigam' aus dem ursprünglichen Bildwort des V. 19 a wird in VV. 19 b.20 allegorisiert und mit Jesus identifiziert: „Solange der Bräutigam bei ihnen ist, können sie nicht fasten. Es werden aber Tage kommen, da wird ihnen der Bräutigam genommen sein; dann werden sie fasten an jenem Tage." Christologisch endet schließlich auch die dritte Geschichte mit V. 28: „So ist der Menschensohn Herr auch über den Sabbat." Aus drei Einzelgeschichten ist eine Sammlung geworden, die durch christologische Schlußsätze zusammengehalten wird. Hinzu kommt noch eine vierte Geschichte, die vorangestellt wird: 2,2–12. In ihr ist – ähnlich wie in V. 28 – von der Vollmacht des Menschensohnes die Rede. Die Vollmacht des Menschensohnes legt sich wie eine Klammer um die ganze Sammlung dieser vier Geschichten. Möglicherweise auf dieser Stufe noch eingefügt sind die Bildworte von VV. 21 f, die die Unvereinbarkeit des Neuen mit dem Alten herausstellen.

Die *dritte Traditionsstufe* ist mit der Redaktion durch den Evangelisten gleichzusetzen. Man wird davon ausgehen müssen, daß Markus die Einleitung der Sammlung überarbeitet hat (2,1f). Dadurch wird die Sammlung seiner Evangelienkomposition eingegliedert. Wohl durch das relativ unmotivierte Zöllnergastmahl in 2,15–17 veranlaßt, stellt Markus in 2,13 f die Berufung eines Zöllners als Jünger Jesu voran. Als Schema zur Gestaltung dieser Zöllnerberufung greift er auf die Berufungsgeschichte von 1,16–20 zurück. Am Ende der Sammlung fügt Markus schließlich noch ein weiteres Streitgespräch hinzu: 3,1–5 und schließt das Ganze mit dem redaktionellen Vers 3,6 ab, der die Intention des Evangelisten besonders deutlich zum Ausdruck bringt.

Die Heilung eines Gelähmten Mk 2,1–12

Die Geschichte ist nicht aus einem Guß. Es wird in der Regel davon ausgegangen, daß eine ursprüngliche Heilungsgeschichte durch die Einfügung der VV. 5 b–10 oder – hier sind die Meinungen sehr geteilt – durch die Einfügung der VV. 6–10 zu einem Normenwunder umgestaltet wurde. Ein Normenwunder ist eine Wundergeschichte, die mit Hilfe eines Wunders eine bestimmte religionsgesetzliche Norm legitimieren will. Hier geht es konkret um die Vollmacht, Sünden zu vergeben. Dabei geht es der Geschichte – gerade in ihrer Stilisierung als Normenwunder – weniger um ein historisches Protokoll als vielmehr um die Legitimation der gegenwärtigen Praxis. Die Gemeinde vergibt Sünden und beruft sich dafür auf Jesus. Jesus hat vor Israel und für Israel das eschatologische Heil verkündet; er setzt voraus, daß Gott die Schuldvergangenheit Israels aufgehoben hat. Diesen generellen Schuldenerlaß expliziert und prolongiert die Gemeinde, indem sie nun auch einzelnen Menschen die Vergebung ihrer Sünden zuspricht. Daß in diesem Zusammenhang Jesus als der Menschensohn erscheint, ist kein Zufall. Als Menschensohn ist Jesus der eschatologische Richter. Am Bekenntnis zu ihm entscheidet sich das eschatologische Geschick. Insofern tut die Gemeinde recht, wenn sie sich für ihre Praxis der Sündenvergebung auf den Menschensohn Jesus beruft.

Unter Berücksichtigung der theologischen Intention und im Blick auf eine Applikation kann Folgendes bedacht werden: Gerade durch den ‚Menschensohn' wird unterstrichen, daß die Geschichte (wie die meisten Wundergeschichten) einen Bezug zur eschatologischen Welt hat, also eine Geschichte der kommenden Welt ist. Den Zugang zu dieser Welt gibt es nur über die Vergebung, die allein Gott bzw. der Menschensohn aussprechen kann. Die kommende Welt ist ganz wesentlich daran gebunden, daß menschliche Schuld beseitigt wird, letztendlich sogar, daß der Mensch neu geschaffen wird. Solange Menschen Schuld auf sich laden, wird eine heile Welt nicht Wirklichkeit. Wenn man die Geschichte als Vision des Kommenden auslegt, dann erinnert der Gelähmte an die Weissagung Jes 35,6: „Der Lahme wird springen wie ein Hirsch." Gerade unter eschatologischem Vorzeichen wird deutlich, daß die Aufhebung körperlicher Lähmung, von der 2,1–12 spricht, nur ein Bild ist für die Aufhebung von allem, was menschliches Leben hindert: äußere Unfreiheit, Kerker, Krankenbetten, aber auch innere Unfreiheit bis hin zur Angst, die Menschen lähmen kann. Nach christlicher Überzeugung genügt es aber nicht, das Heil der kommenden Welt als Vision zu schauen, da es mit Jesus schon in diese Welt eingebrochen ist. Wer sich darauf einläßt, müßte schon jetzt Befreiung von seiner Lähmung erfahren, so daß Christen solche Geschichten und solche Zukunft nicht nur verkünden, sondern auch schon praktizieren könnten. Die Gegenwart soll gestaltet werden. Die Gemeinde ist aufgerufen, Lähmung zu beseitigen und Sünden zu vergeben. Insofern ist die Geschichte eine Glaubensgeschichte, die der erhofften Zukunft mehr traut als der erfahrenen Gegenwart. Als Glaubensgeschichte zeigt die Geschichte aber auch, welche Hindernisse Glauben zu überwinden hat. In der Geschichte müssen Dächer abgedeckt werden, um zu Jesus und zur Heilung vorzustoßen. Es ist die vom Menschen konstituierte Welt der wahrnehmbaren und nachprüfbaren Fakten, die es dem Menschen verwehrt, die Sinnfrage zu stellen. Insofern will eine Glaubensgeschichte wie 2,1–12 Ermutigung sein, über das Vorfindliche hinaus zu sehen und nach der Bedeutung des Ganzen zu fragen. Manchmal ist der Glaube selbst gelähmt, so daß man so etwas braucht wie die vier Träger in der Geschichte. Nur in Gemeinschaft kann man glauben, nur in Gemeinschaft läßt sich die Resignation überwinden.

Das Mahl mit den Zöllnern Mk 2,13–17

Die beiden ersten Verse, welche die Berufung des Zöllners Levi erzählen, sind wahrscheinlich vom Evangelisten gebildet, und zwar – wie bereits gesagt – nach dem Muster von 1,16–20. Die eigentliche Geschichte vom Zöllnergastmahl in VV. 15–17 wirft ein bezeichnendes Licht auf die Praxis Jesu. Wahrscheinlich war in der ältesten Geschichte nur von Zöllnern die Rede. Im Laufe der Traditionsgeschichte wurden daraus dann – generalisierend – Zöllner und Sünder. Die Zöllner waren im allgemeinen verachtet. Ihr Beruf galt als unehrenhaft, teilweise sogar als unsittlich. Das hängt u. a. mit dem damaligen Zollsystem zusammen. Das Geschäft der Steuereintreibung wurde von den Römern verpachtet. Es liegt auf der Hand, daß die Steuerpächter, die Zöllner, bei der Abwicklung dieses Geschäftes auch auf den eigenen Gewinn bedacht waren. Zum Teil wurden sie deswegen als Diebe und Räuber bezeichnet. Wegen ihres Kontaktes mit den heidnischen Römern galten sie insbesondere den frommen Leuten als rituell unrein. Zum Teil wurden sie sogar der Kollaboration mit der Besatzungsmacht bezichtigt. Daß Jesus mit ihnen Kontakt sucht, ist bezeichnend. Dabei geht es Jesus um mehr als um die Pastoral einer Randgruppe. Seine Zöllnergastmähler sind letztlich Zeichenhandlungen, mit denen er in provozierender Weise deutlich machen will, was für alle gilt: Gott wendet sich den Sündern zu und erbarmt sich über sie. Daß „die Schriftgelehrten der Pharisäer" (V. 16) am Zöllnergastmahl Anstoß nehmen, läßt erkennen, daß sie nicht bereit sind, der Botschaft Jesu zu glauben. Jesus aber verkündet die Nähe des eschatologischen Heils und setzt voraus, daß alle vergangene Schuld vor Gott nicht mehr zählt. Deshalb geschieht die Zuwendung zu den Sündern auch nicht wegen der Umkehr der Sünder. Dann hätten die Gegner keinen Grund zur Kritik gehabt. Denn ein Sünder, der sich bekehrt, ist für jeden frommen Juden ein durchaus akzeptables Glied der religiösen Gesellschaft. Bei Jesus soll die Umkehr durch die Güte provoziert werden. Jesus wendet sich erst einmal den Sündern zu, um ihnen zu verdeutlichen: Gott geht auf euch zu. Nicht die Umkehr der Sünder ist der Auslöser für die Praxis Jesu, sondern der Heilsentschluß Gottes.

Zur Applikation einer Geschichte wie 2,15–17 muß nicht allzuviel gesagt werden. Nimmt man die Praxis Jesu zum Maßstab, wird es primäre Aufgabe der Kirche und der Kirchen sein, die Güte Gottes zu veranschaulichen, und zwar um der Güte willen und nicht zur Belohnung des Wohlverhaltens. Darin besteht übrigens auch menschliche Größe.

V. 19a ist von dem Bewußtsein getragen: „Jetzt ist Heilszeit, da kann man – wie bei einer Hochzeit – nicht fasten." Es gibt die Stimmung des historischen Jesus authentisch wieder. Die christliche Gemeinde, die das Wort Jesu weitergegeben hat, hat es nicht vermocht, diese eschatologische Hochstimmung durchzuhalten. Das Nicht-Fasten wird in V. 19b auf die Jesuszeit beschränkt, dann aber – so V. 20 – werden sie doch wieder fasten. Mit dieser Erweiterung des ursprünglichen Jesuswortes trägt die Gemeinde wohl dem Umstand Rechnung, daß das eschatologische Heil, das Jesus proklamiert hat, sich in einer noch ablaufenden Geschichte verwirklicht und vom Menschen im Glauben ergriffen werden muß. Dieser Glaube an das eschatologische Jetzt bleibt immer gefährdet und bedarf stets der Bemühung, und dazu gehört auch das Trainingsprogramm des Fastens. Mit „an jenem Tage" (V. 20b) ist wahrscheinlich der Freitag gemeint. Die Gemeinde, die die Perikope geprägt hat, praktiziert also ein Freitag-Fasten, wohl zur Erinnerung an den Todestag Jesu. Trotz VV. 19b.20 wäre es falsch, nur eine Reduktion der eschatologischen Hochstimmung zu sehen. Gerade in einer fortlaufenden Zeit muß die aszetische Bemühung getragen sein von der Gewißheit eines in Jesus bleibend verankerten Heils. Es gilt, sich immer wieder von der alten perspektivlosen Welt zu verabschieden. In dieser Hinsicht ist Kompromißlosigkeit gefordert. Die im Fasten aufrechterhaltene Hoffnung muß radikal gewagt werden. Das wollen die Bilder zum Ausdruck bringen, die in den VV. 21.22 als solche wieder sehr authentisch wirken.

Das Abreißen der Ähren am Sabbat Mk 2,23–28

Das Ährenraufen scheint ein recht vordergründiger Anlaß für das Ärgernis der Pharisäer zu sein. Viel eher, so könnte man meinen, hätten sich die Pharisäer über das Wandern als solches aufregen können, bei dem sehr leicht die Vorschrift über den Sabbatweg (2000 Ellen nach rabbinischer Auffassung, 1000 Ellen nach qumranischer) verletzt werden konnte. Es wird daher fast allgemein angenommen, daß hinter der jetzt vorliegenden Geschichte eine etwas komplizierte Traditionsgeschichte steht. Darauf soll hier nicht weiter eingegangen werden. Falsch wäre es zu meinen, daß es in der Geschichte um die Abschaffung des Sabbat ginge. Es handelt sich vielmehr um eine Kontroverse um die rechte Sabbat-Halacha. Was ist religionsgesetzlich am Sabbat erlaubt, was ist verboten? Darüber gab es im Frühjudentum recht unterschiedliche Meinungen. Jesus vertritt eine eigenständige Position, wobei im Vergleich mit anderen religiösen Gruppierungen am meisten auffällt, daß seine Haltung nicht rituell, sondern weisheitlich orientiert ist. Zu V. 27 gibt es ein ähnliches Wort in der rabbinischen Tradition (Mekh Ex 31,13f [109b]; vgl. Joma 85b). Allerdings hat es dort eine andere Funktion als in V. 27. In V. 27 wird es dezidiert als in sich schlüssige weisheitliche Regel verwendet, um den Menschen als das entscheidende Kriterium der Sabbatobservanz herauszustellen. Seine formale Autorität erhält V. 27 durch die Vollmacht des Menschensohnes (V. 28), die den halachischen Anspruch Jesu in letzter Zuspitzung festhält. Wenn man V. 27 auf Jesus selbst zurückführen kann, dann ist dieser Satz ursprünglich wohl gegen die kasuistischen Diskussionen der Schriftgelehrten gerichtet. Jesus beteiligt sich nicht am exegetischen Streit. Der Wille Gottes ist ganz einfach zu erkennen. Was zu tun ist, ist in sich evident; der Mensch ist das Kriterium. Der sachliche Grund für dieses entwaffnend einfache Ethos dürfte die Eschatologie Jesu sein. Wo Gott sich unbedingt den Menschen zuwendet, da genügt es, sich an der Güte Gottes auszurichten, dann weiß man, was zu tun ist. Das mag für eine ethische Theorie ungenügend sein. Für die persönliche Praxis aber gibt es tröstliche Gewißheit: Wer wirklich aus der Güte Gottes lebt, der weiß im konkreten Fall auch, was zu tun ist.

Die Heilung eines Mannes am Sabbat Mk 3,1–6

Auch hier geht es wieder um den Sabbat, also um eine Variation des Themas von 2,23–28. Deutlicher als dort bewegt sich Jesus in 3,1–6 auf der Linie des jüdischen Grundsatzes, daß der Sabbat der Garant der Schöpfungsordnung ist (Jub; äthHen; vgl. schon Gen 1). Jesus vertritt eine radikale Halacha, indem er *alles* Tun zum Wohle des Menschen als sabbatgemäß erklärt (V. 4). Die Heilung erscheint als Restitution der Schöpfung bzw. als Zeichen eschatologischer Neuschöpfung.

Für das Markusevangelium am wichtigsten in dieser Perikope ist der Schlußvers. Mit 3,6 ist der erste Teil des Markusevangeliums abgeschlossen. Wenn man zurückblickt: Es war eine Wirksamkeit im Widerspruch. Das Thema war in 1,22 genannt worden: „Er lehrte wie einer, der Vollmacht hat, nicht wie die Schriftgelehrten." Charakteristisch für diese Lehre war, daß sie in der Praxis zum Zuge kam. Sie blieb nicht leeres Wort, sondern wurde wirksam in Dämonenaustreibungen, in Heilungen, im Sündenvergeben, in religionsgesetzlich souveräner Praxis. Fast alles, was erzählt wurde in diesem ersten Teil des Markusevangeliums, geschah im Widerspruch und in Auseinandersetzung mit den Pharisäern und Schriftgelehrten, und am Ende steht deren Urteil: Sie wollen Jesus umbringen. Das heißt, von Anfang an steht das Markusevangelium im Zeichen und in der Perspektive des Kreuzes. Markus will, wie er in 1,1 sagt, das Evangelium von Jesus Christus, dem Sohn Gottes, schreiben, der das Evangelium Gottes verkündet hat und die Welt heilsam verändert. Aber – und das ist für

Markus das Entscheidende –, dieses Heil ist gebunden an den Glauben an den Gekreuzigten. Deshalb ist Markus von Anfang an darum bemüht, das vollmächtige Wirken Jesu als den Grund für den Weg Jesu zum Kreuz herauszustellen. Der Sohn Gottes ist nicht zufällig am Kreuz gestorben, sondern das Kreuz ist die Konsequenz seines Wirkens.

Mit Mk 3,6 ist der erste Teil des Markusevangeliums abgeschlossen. Auf Lukas, der im wesentlichen dem Markus folgt (Lk 5,12–6,11), soll hier nicht weiter eingegangen werden. Matthäus stellt um und ist deswegen später zu behandeln (siehe unten in den Kapiteln 7 und 12.1). Weil Matthäus aber in die Reihenfolge bei Markus sehr viel anderen Stoff (aus der Logienquelle Q) eingeschoben hat und der erste Einschub die Bergpredigt enthält, soll zunächst der Markusfaden noch weiterverfolgt werden bis Mk 3,19, wo Matthäus die Bergpredigt einschiebt.

5. Der Beginn der Wirksamkeit Jesu vor einer größeren jüdischen und heidnischen Öffentlichkeit Mk 3,7–19 par Lk 6,12–19

Mit dem Summarium von *Mk 3,7–12* beginnt der zweite Teil des Markusevangeliums, der bis 8,30 reicht. Sucht man nach einem Thema, so bietet sich dafür die Frage an, die in 4,41 von den Jüngern bei der Stillung des Seesturms gestellt wird: „Wer ist dieser?" War der erste Teil der Auseinandersetzung Jesu mit seinen Gegnern gewidmet, so geht es im zweiten Teil um diese Frage, die nun von verschiedenen Gruppen gestellt wird, von Gegnern, von Verwandten, auch von den Jüngern selbst. Kreiste der erste Teil mehr oder minder um Kafarnaum, so wird jetzt eine breitere Öffentlichkeit ins Auge gefaßt, die auch die heidnische Welt miteinbezieht. Das kommt bereits in dem Summarium von 3,7–12 zum Ausdruck, das formal übrigens dem Summarium von 1,14f entspricht. Nun wird die ganze Zuhörerschaft Jesu aufgeboten. Die Scharen kommen von Galiläa, von Judäa und von Jerusalem, aus Idumäa und von jenseits des Jordan und von Tyrus und von Sidon (VV. 7f). Der enge Umkreis von Kafarnaum und Galiläa ist aufgesprengt. Im folgenden Teil des Evangeliums wird Jesus selbst die Grenzen Galiläas überschreiten, nach Peräa und bis in das Gebiet von Tyrus. Damit ist der äußere Rahmen der Wirksamkeit Jesu abgesteckt. In den VV. 9–12 wird das Wirken Jesu inhaltlich zusammengefaßt, wobei – typisch für Markus – die Tat im Vordergrund steht. In VV. 11f begegnet uns wieder ein sogenanntes Schweigegebot, wie wir es ähnlich schon aus

1,34 kennen: Die unreinen Geister sehen Jesus, fallen vor ihm nieder und schreien: „Du bist der Sohn Gottes." Jesus „aber verbot ihnen streng (im Griechischen steht das Wort ἐπιτιμάω, das wir aus dem Exorzismus in Kafarnaum 1,25 kennen), daß sie ihn offenbar machten". Das heißt, schon am Anfang des zweiten Teiles wird klargestellt, was Jesus nicht will. Die Dämonen haben recht. Jesus ist der Sohn Gottes. Das wissen die Leser des Markusevangeliums vom ersten Vers an, aber ein Bekenntnis, wie es die Dämonen aussprechen, will Jesus nicht. Warum das so ist, wird am Ende des zweiten Teils des Evangeliums deutlich, wo Jesus auf das Bekenntnis des Petrus „Du bist der Christus" ganz ähnlich reagiert und Schweigen gebietet (8,30). Es sind also nicht nur die Dämonen, deren Bekenntnis Jesus nicht haben will. Jesus wehrt sich gegen das Bekenntnis als solches, sofern es für sich steht. Was noch dazukommen muß, um das Bekenntnis dem dämonischen Niveau zu entreißen, das wird im dritten Teil des Evangeliums (8,31–10,45) entfaltet. Es ist, um es stichwortartig vorwegzunehmen, die Bereitschaft zur Kreuzesnachfolge. Damit ist schon das Zentrum des markinischen Messiasgeheimnisses genannt, auf das später noch ausführlicher einzugehen ist.

Es folgt *Mk 3,13–19*. Auch hier gibt es wieder eine Entsprechung zum ersten Teil des Evangeliums. Wie das Summarium 3,7–12 dem Summarium 1,14.15 korrespondiert, so ist die Auswahl der Zwölf 3,13–19 das Pendant zur Berufung der Jünger in 1,16–20. Daran kann man erkennen, wie bewußt Markus sein Evangelium konzipiert hat. Inhaltlich steht hinter 3,13–19 mehr als nur nachösterliche Reflexion. Die Auswahl der Zwölf ist wohl eine authentische Handlung Jesu im Sinne einer Zeichenhandlung. Sie zeigt, worum es Jesus geht: um die Sammlung oder Restitution Israels. Ob Markus diese Zeichenhandlung in ihrem ursprünglichen Sinn noch verstanden hat, das mag dahingestellt sein. Für ihn sind die Zwölf primär ein Bild der Gemeinde. Inhaltlich besonders bedeutsam sind die VV. 14 f. Im Griechischen heißt es: καὶ ἐποίησεν δώδεκα = „und er machte zwölf". Jesus setzt einen konstitutiven, schöpferischen Akt. Als Funktion der Zwölf wird angegeben: „damit sie mit ihm seien und damit er sie aussende, zu verkündigen und die Vollmacht zu haben, Dämonen auszutreiben". Mit letzterem ist zusammengefaßt, worum es Jesus geht. Die Jünger sollen verkündigen *und* Dämonen austreiben. Das entspricht der Lehre Jesu in Vollmacht, die sich in der Heilung des Besessenen dokumentiert (1,27). Die enge Zusammengehörigkeit von Verkündigung und Praxis wird wieder sichtbar. „Damit sie mit ihm seien": die Zwölf sollen bei Jesus sein, sollen seine Vertrauten sein. Die Bemerkung schaut voraus auf die spezielle Unterweisung, die den Jüngern in Mk 8–10 zuteil werden soll.
Einige Anmerkungen verdienen die Jüngernamen. In V. 16 bekommt Si-

mon den Beinamen „Petrus" (= „Fels"). Ähnlich bekommen in V. 17 die Zebedäus-Söhne Jakobus und Johannes den Beinamen ‚Boanerges', was mit „Donnersöhne" wiedergegeben wird, wobei man überlegen kann, ob damit auf ihre gewaltige Erscheinung, ihre gewaltige Wirksamkeit oder ihr aufbrausendes Wesen angespielt ist. Eine eindeutige Antwort ist kaum möglich, während bei „Petrus" doch wohl eine Anspielung auf seine Fundament-Funktion vorliegt. Vielleicht weniger bekannt ist ein anderes Epitheton. Am Ende von V. 18 taucht ein weiterer Simon auf, der als „Kananäus" bezeichnet wird. Das ist nichts anderes als eine Gräzisierung des aramäischen Begriffes ‚qenana' und heißt soviel wie „Eiferer, Zelot" (so auch die Parallele bei Lk 6,15). Es zeigt sich, daß unter den Jüngern Jesu Leute aus verschiedenen Gruppierungen des Judentums waren. Ob die zelotische Herkunft auch für Judas Iskariot gilt, ist umstritten, weil man nicht genau weiß, was „Iskariot" bedeutet. Die gängigste Erklärung ist: „Iskariot" = ‚isch kariot' = der „Mann aus Kariot". Andere leiten „Iskariot" von den Sikariern ab. Dann wären wir wieder bei den Zeloten.

Wenn man die Lukas-Parallele zu Mk 3,7–19 ansieht, stellt man fest, daß Lukas die beiden markinischen Perikopen umgestellt hat: *Lk 6,12–19*. Er bringt erst die Auswahl der Zwölf (Lk 6,12–16) und dann die summarische Bemerkung von der Zuhörerschaft Jesu (Lk 6,17–19). Typisch lukanisch ist übrigens, daß die Auswahl der Zwölf mit einem Gebet beginnt (Lk 6,12). Die Umstellung dient der Inszenierung der folgenden Feldrede (siehe unten). Erstaunlich ist, daß Matthäus – um auch auf ihn noch einen Blick zu werfen – Mk 3,7–12 ebenfalls zur Einleitung seiner Bergpredigt verarbeitet hat. Die beiden Seitenreferenten des Markus haben ihre Vorlage also ganz ähnlich verstanden; für sie war der markinische Massenaufmarsch an Zuhörern das Signal, daß Jesus jetzt etwas Entscheidendes sagen muß. Und das tut er dann auch, bei Lukas in der Feldrede, bei Matthäus in der Bergpredigt.

6. Die lukanische Feldrede und die matthäische Bergpredigt

Das Material der Feldrede bzw. Bergpredigt stammt überwiegend aus der Logienquelle Q. Bereits sie enthielt eine „programmatische Rede" Jesu. Auf die traditionsgeschichtliche Frage der gesamten Komposition und des in ihr enthaltenen Einzelmaterials kann hier nicht weiter eingegangen

werden. Etliche der angeführten Logien dürften auf Jesus selbst zurückgehen, sei es dem Wortlaut, dem Sinn oder wenigstens der Intention nach. Die
Q-Komposition ist im wesentlichen von Lukas übernommen worden,
wenn man von den Weherufen (Lk 6,24–26) und Lk 6,39f möglicherweise
einmal absieht. Allerdings nimmt Lukas Umstellungen vor. Matthäus baut
die programmatische Rede zur Bergpredigt aus (Mt 5 - 7). Das Material, das
er zur weiteren Auffüllung benutzt, entnimmt er weitgehend wiederum Q.
Die Q-Fassung soll hier nicht rekonstruiert und im einzelnen besprochen
werden. Doch kann man sich die wesentlichen Strukturprinzipien der
programmatischen Rede von Q im Zusammenhang mit der lukanischen
Fassung verdeutlichen.

6.1 Die lukanische Feldrede Lk 6,20–49

Die Gliederung ist umstritten. Im folgenden wird von vier Teilen ausgegangen: I. Präambel 6,20–23 bzw. 20–26 (wobei „Präambel" besser auf die Q-
Version paßt, die nur die Seligpreisungen enthielt), II. die positive Forderung 6,27–36, III. die negative Forderung 6,37–42 und IV. der Schluß
6,43–49. Bevor wir uns diesen Abschnitten im einzelnen zuwenden, ist
noch ein Blick auf die Einleitung 6,17–19 zu werfen, die eben schon einmal
kurz angesprochen war.

Die Einleitung Lk 6,17–19

In V. 17 wird die Zuhörerschaft Jesu geschildert. Das ist eine Übernahme
aus Mk 3,7f. Allerdings, bei Lukas fallen „Galiläa" sowie „Idumäa und
jenseits des Jordans" weg. Als Zuhörer Jesu erscheint „eine große Menge
des Volkes von ganz Judäa und Jerusalem und dem Küstengebiet von Tyrus
und Sidon". Es handelt sich um eine Typisierung, um eine Reduktion auf
das Wesentliche; die genannten Gruppen repräsentieren Juden und Heiden. Ihnen gilt die Botschaft Jesu. Die spätere Mission ist bei Lukas im
Grunde schon von Jesus vorweggenommen. Matthäus wird hier ein ganz
anderes Bild zeichnen (siehe unten). In V. 18 heißt es: „Die Leute kommen,
um ihn zu hören und von ihren Krankheiten geheilt zu werden." Damit ist
in knappster Weise ein typischer Zug des lukanischen Jesusbildes zum
Ausdruck gebracht. Für Lukas ist Jesus Prophet und Therapeut. Das
heilende Wirken ist für Lukas besonders wichtig, weil es die Wirkmacht des
Wortes unterstreicht. Es ist kein Zufall, daß Berichte von Heilungen in
6,18b.19 und 7,1–10 das Wort der Feldrede einrahmen. Der Leser, der jetzt
nur noch den im Wort präsenten Jesus „berührt", darf hoffen, daß auch er
die „Kraft" verspürt, „die alle heilt" (vgl. 6,19).

Lukas überliefert vier Seligpreisungen. Die ersten drei gehen wahrscheinlich auf *Jesus* selbst zurück. Ursprünglich waren sie wohl in der 3. Person gehalten, so daß es sich weniger um eine Anrede als um eine Proklamation gehandelt hat: „Selig die Armen, denn ihnen gehört die Gottesherrschaft. Selig die Hungernden, denn sie werden gesättigt werden. Selig die Weinenden, denn sie werden lachen." Inhaltlich steht Jesus in der Tradition der sogenannten Armenfrömmigkeit, die über Deutero- und Tritojesaja bis in die Qumranschriften hinein verfolgt werden kann. Jesus erscheint als der Freudenbote, der den Armen frohe Botschaft bringt (Jes 61,1), d. h. die Königsherrschaft Gottes ausruft (vgl. Jes 52,7). Die Armen sind ursprünglich auf ganz Israel bezogen, das auf seine tatsächliche Not angesprochen wird. Arm ist also ein Kollektivbegriff, der aber neben der sozialen auch eine religiöse Komponente besitzt. Schon Tritojesaja verbindet mit der Armenbezeichnung die Aufforderung an Israel, die tatsächliche Armut und Not als Folge der Sünden und damit als gerechtes Gericht Gottes anzuerkennen: Israel soll „arm und zerschlagenen Geistes sein" (Jes 66,2). Das ist eine Formulierung, die in Qumran aufgegriffen wird und bei Matthäus nachwirkt (siehe unten). Jesus wendet sich mit der Bezeichnung der Armen, Hungernden und Weinenden an Israel. Er spricht es auf seine tatsächliche Not an. Jesus lebt, durchaus vergleichbar mit Deutero- und Tritojesaja, in einer Krisensituation, in der Israel unter Fremdherrschaft steht. Allerdings ist für Jesus – wiederum vergleichbar mit Deutero- und Tritojesaja – die äußere Unterdrückung nur die Außenseite einer viel tieferen inneren Not. Hier ist daran zu erinnern, daß Jesus mit Johannes dem Täufer die Überzeugung teilt, daß Israel eigentlich das Gericht Gottes zu erwarten hätte. Vor diesem düsteren Hintergrund wird deutlich, wie aufregend die schlichten Sätze der Seligpreisungen sind. Jesus verkündet, daß dem armen und mit dem Gericht konfrontierten Israel das eschatologische Heil zuteil werden wird. Vom Futur der Nachsätze her handelt es sich zunächst um die Verheißung künftigen Heils. Doch ist diese Verheißung nur sinnvoll, wenn die angesprochene Not nicht mehr Signum der Gerichtssituation ist. Die Seligpreisungen signalisieren einen radikalen Situationswechsel vor Gott. Insofern tangiert das zugesprochene künftige Heil schon die Gegenwart. Gott sieht über die Schuldvergangenheit Israels hinweg, erwählt es erneut und eschatologisch endgültig als Volk, dem das Heil der Gottesherrschaft gilt. Daß Israel dieses Heil – in der Haltung des Armen und Demütigen – annehmen muß, versteht sich von selbst. Dennoch sind die Seligpreisungen, wie sie Jesus verkündet hat, nicht primär moralischer Appell, sondern Proklamation des eschatologischen Heils. Sie sind geradezu die Proklamation der eschatologischen, endgültigen, nie mehr zurücknehmbaren Erwählung Israels bzw. des eschatologischen Gottesvolkes, dem das künftige Heil verheißen und in Sündenvergebung und Erwählung jetzt schon zugeteilt wird.

Auf der Ebene der *Logienquelle Q* wächst dann eine vierte Seligpreisung hinzu (6,22f), die sich in Form und Inhalt nicht unerheblich von den vorausgehenden unterscheidet. Sie trägt der Situation der Gemeinde Rechnung. Die Anhänger Jesu müssen erfahren, daß das Bekenntnis zu dem, der das eschatologische Heil angesagt hat, ihnen zu Schimpf und Schande gereicht. Doch auch dies kann die Hoffnung und den Glauben der Gemeinde nicht erschüttern: „Freut euch an jenem Tage und tanzt; euer Lohn wird groß sein im Himmel. Denn ebenso haben es ihre Väter mit den Propheten gemacht." Das eigene Geschick wird im Lichte des deuteronomistischen Prophetengeschicks gewürdigt.

Lukas übernimmt die vier Seligpreisungen aus der Logienquelle. Er formuliert sie konsequent in die 2. Person um, macht also aus der Proklamation eine Anrede, die mit der Zusage deutlicher den Anspruch verbindet. Außerdem fügt Lukas zu den Seligpreisungen noch die Weherufe hinzu. Es ist umstritten, ob Lukas diese schon in seiner Tradition vorfand oder selbst gebildet hat. Für beide Möglichkeiten kann man gute Gründe anführen. In jedem Fall ist Lukas an der Verbindung von Seligpreisungen und Weherufen interessiert.

In diesem Zusammenhang stellt sich die Frage nach den Adressaten. In V.20a heißt es: „Er richtete seine Augen auf seine Jünger." Das paßt – zumindest nach üblichen Lesegewohnheiten – ganz gut zu den Seligpreisungen. Wenn man jedoch den Text ernst nimmt, dann sind auch die Weherufe in Richtung auf die Jünger gesprochen. Die Erklärung ergibt sich aus 6,17f. Dort wird neben der bereits erwähnten „großen Menge des Volkes" auch eine „große Schar seiner Jünger" genannt. Volk und Jünger sind vor Jesus versammelt. Beiden Gruppen gilt die Feldrede. Mit dem Adressaten „Volk" ist die Hoffnung verbunden, daß möglichst viele zu Jüngern werden. Auf die Jünger aber sind die Augen Jesu gerichtet, erwartungsvoll, herausfordernd: Sie sollen ihr Jünger-Sein nun existentiell einholen – nach den Maßstäben der Feldrede. Zwischen Seligpreisungen und Weherufen verläuft die Grenze, die über die tatsächliche Jüngerschaft entscheidet.

Durch die Antithese von Seligpreisungen und Weherufen ergibt sich eine gewisse inhaltliche Verschiebung. In den Oppositionen von arm und reich, hungernd und satt, weinen und lachen, schmähen und schmeicheln tritt die religiöse Komponente des Armenbegriffs zurück und die soziale Komponente in den Vordergrund. Dies ist in der Tat die Sicht des Lukas: Jesus verkündet die frohe Botschaft für die Armen und die Befreiung für die in Not Befangenen. Die Jüngergemeinde kann daher selbst nur auf seiten der

Armen stehen. Darin darf man keinen Lobpreis der Armut und keine prinzipielle Verwerfung des Reichtums sehen. Aber Reichtum und Besitz haben für Lukas primär die Funktion, die soziale Not auszugleichen. Insofern sind die Seligpreisungen und Weherufe eine Kriteriologie wahrer Jüngerschaft bzw. eine Kriteriologie der Kirche.

Allerdings wäre es zu einseitig, wenn man aus den lukanischen Seligpreisungen und Weherufen nichts als einen moralischen Anspruch herauslesen wollte. Zumindest die Seligpreisungen bleiben trotz ihres appellativen Charakters für Lukas selbstverständlich auch Zuspruch, Verheißung des kommenden Heils bzw. jetzt schon wirksamer erwählender Ruf. Für die Logienquelle wie für Lukas ist es bezeichnend, daß die programmatische Rede Jesu, die den rechten Lebensweg der Jünger aufzeigen will, mit dem Zuspruch (eine Art Indikativ) beginnt. Zuerst werden die Hörer konfrontiert mit der neuen Situation, wie sie sich aus der Botschaft Jesu ergibt. Dies ist die Voraussetzung für das geforderte Handeln: die Befreiung von schuldhafter Vergangenheit, die neue Erwählung, die Verheißung künftigen Heils. Diese Konstellation von kommendem und bereits gegenwärtigem Heil ist die Ermöglichung bzw. schafft die Freiheit, der Weisung Jesu zu folgen.

Die positive Forderung: das Gebot der Liebe Lk 6,27–36

Inhaltlich läßt sich folgendermaßen gliedern: Feindesliebe VV. 27.28 – Überwindung re-aktiven Handelns VV. 29.30 – Goldene Regel V. 31 – Kein Ethos der Gegenseitigkeit! VV. 32–34 – Noch einmal: Feindesliebe in Analogie zum Handeln Gottes VV. 35.36. Alle Sprüche haben ein Korrelat bei Matthäus, stammen also aus der Logienquelle. Allerdings wird man davon ausgehen müssen, daß Lukas die Reihenfolge etwas umgestellt hat, um sein Anliegen zu verdeutlichen.
Am Anfang der ethischen Unterweisung steht die *Feindesliebe*. Sie ist für Lukas das Kennzeichen christlichen Verhaltens schlechthin. Die Forderung der Feindesliebe geht sicherlich auf *Jesus* zurück. Er formuliert damit nichts, was den Rahmen des Judentums sprengen würde. Das Judentum kennt selbstverständlich und ganz generell das Gebot der Nächstenliebe (Lev 19,18). Selbst wenn es über die Auslegung des Begriffes „der Nächste" kasuistische Streitigkeiten gegeben hat, so ist doch unbestritten, daß man einem in Not geratenen Feind beistehen muß. Ist so die Feindesliebe gewiß eine allgemein jüdische Norm, so setzt Jesus mit seiner pointierten und positiven Formulierung doch seinen eigenen Akzent, der für sein Profil spezifisch ist. Wo Feindesliebe nicht nur als kasuelle Praxis, sondern als prinzipielle Haltung geboten ist, hört aller Streit über die Definition des

Nächsten auf: Liebe ist überall und immer und gegen jedermann gefordert. Die Motivation, die wohl schon Jesus damit verbunden hat, erscheint in V. 35. Allerdings dürfte Matthäus hier den Wortlaut authentischer bewahrt haben: „Liebet eure Feinde, damit ihr Söhne eures Vaters [wir müßten heute natürlich sagen: Söhne und Töchter eures Vaters] werdet (bzw. seid), denn er läßt seine Sonne aufgehen über Bösen und Guten und läßt regnen über Gerechte und Ungerechte." Die Motivation ist weisheitlich bzw. schöpfungstheologisch. Allerdings sollte man nicht übersehen, daß mit dem Begriff des Vaters auch an die heilsgeschichtliche Tat Gottes erinnert ist, der Israel zu seinem Sohn bzw. die Israeliten zu seinen Söhnen und Töchtern erwählt hat. So gesehen, gehört selbstverständlich auch die eschatologische Erwählung, die Jesus proklamiert, mit in die Motivation hinein. Es wird deutlich, daß schöpfungstheologische und eschatologische Motivation sich nicht ausschließen. Wie schon bei Deuterojesaja funktioniert auch bei Jesus die Erwählung nach dem Modell der Schöpfung, *ist* neue Schöpfung. Es ist daher durchaus sachgerecht, daß die Tradition oder vielleicht schon Jesus selbst an die Begründung und Motivation der Feindesliebe in Lk 6,35 noch den Vers 36 anhängt: „Werdet (seid) also barmherzig, wie euer Vater barmherzig ist." Damit ist nicht eine allgemeine, sondern die in Jesus erfahrbare Barmherzigkeit Gottes gemeint, wie sie etwa in der Zuwendung zu Sündern oder in der Proklamation der Seligpreisungen konkretisiert wird. Das eschatologische Heilshandeln Gottes ist das Modell, das Maß und die Ermöglichung für das Handeln des eschatologischen Gottesvolkes.

Nach diesem Exkurs zu Jesus kehren wir wieder zu *Lukas* und seiner Intention zurück. Thesenartig könnte man das Spezifische der lukanischen Sicht so zusammenfassen: Lukas will das Proprium des christlichen Ethos herausarbeiten, wobei „Proprium" allerdings nicht im strengen Sinn der heutigen moraltheologischen Debatte zu verstehen ist. „Proprium" meint hier die Besonderheit, durch die das christliche Verhalten sich vom Verhalten der Umwelt unterscheidet. Bei Lukas geht es um Abgrenzung zum Ethos der griechisch-römischen Welt. Ein vergleichbares Ziel werden wir bei Matthäus feststellen können, der das Proprium christianum im Gegenüber zur pharisäischen Gesetzesauslegung profiliert. Die lukanische Rezeption der Feindesliebe geschieht also im Kontext und im Hinblick auf die heidnische Welt und ihr ethisches Empfinden. Auch für sie ist Feindesliebe kein prinzipielles Novum. Doch ist der Standard der zeitgenössischen heidnischen Ethik ganz wesentlich vom *Prinzip der Gegenseitigkeit* bestimmt. Dies ist der Hintergrund, vor dem Lukas die Forderung Jesu zum Leuchten bringen will. In VV. 29 und 30 veranschaulicht Lukas die Feindesliebe mit drei konkreten Beispielen. Es sind jeweils Beispiele, die ein auf Gegenseitigkeit bedachtes Handeln durchbrechen. Der folgende

V. 31, die sogenannte goldene Regel, scheint dieser Intention zu widersprechen. Doch ist zu berücksichtigen, daß die goldene Regel hier unter dem Vorzeichen der Feindesliebe steht, also kein Allerweltsethos verkünden, sondern die Feindesliebe zum Standard der Gegenseitigkeit machen will. Die christliche Gemeinde, die sich in einer feindlichen Welt behaupten muß, soll mit ihrer Praxis der Feindesliebe ein – wenn man so will – neues Modell der Gegenseitigkeit begründen, einer Gegenseitigkeit, die nicht mehr unter dem Aspekt der Zweckmäßigkeit und Nützlichkeit, sondern der selbstlos liebenden Zuwendung steht. Damit ist das Ethos der Gegenseitigkeit im Grunde aufgehoben bzw. auf eine höhere Ebene gehoben. Zu welch kleinkarierter Sittlichkeit und – damit verbunden – zu welch minimaler ethischer Befriedigung eine auf Nützlichkeit bedachte Gegenseitigkeit führt, zeigen die VV. 32–34, die Beispiele einer solchen Handlungsweise zusammenstellen. Die entscheidende Frage lautet jeweils: „Welchen Dank (χάρις) habt ihr (dafür zu erwarten)?" Χάρις darf nicht mit Gnade übersetzt werden. Χάρις ist die Frucht des χαρίζεσθαι, also das, was an Erfreulichem und auf den Handelnden wieder Zurückwirkendem herauskommt, wenn man jemandem einen Gefallen erweist. Wer auf Gegenseitigkeit hin Gefallen erweist, erntet immer nur selbstverständliche Gefälligkeit. Wer aber – so V. 35 – seine Feinde liebt, wo er von vornherein nicht mit einer erwidernden χάρις rechnen kann, dessen „Lohn wird groß sein", der wird „Kind des Höchsten" sein. Denn er verhält sich so, wie sich Gott selbst verhält, der auch gegen Undankbare und Böse gütig ist. Auch hier geht es in gewisser Weise um Gegenseitigkeit, aber auf einer völlig anderen Ebene. Wer in seinem Handeln nicht auf Gegenseitigkeit bedacht ist, erntet Lohn von dem (nämlich von Gott), der sich in seinem Handeln selbst nicht vom Prinzip der Gegenseitigkeit bestimmen läßt. Diese Gegenseitigkeit des nicht auf Nützlichkeit bedachten Handelns zwischen Gott und den Menschen ist überhaupt der Grund und die Ermöglichung eines derartigen menschlichen Handelns. Es ist die Gegenseitigkeit bzw. – besser gesagt – die Analogie der Barmherzigkeit, die eine zweckfreie Liebe ermöglicht. Fazit: Für Lukas ist die Feindesliebe *das* Kennzeichen christlichen Verhaltens, das sich dadurch vom Ethos der Umwelt unterscheidet, das auf nützlicher Gegenseitigkeit beruht.

Die negative Forderung: das Verbot des Richtens Lk 6,37–42

Die Verse sind das negative Pendant zu dem vorausgehenden Abschnitt. „Nicht richten" heißt „nicht verurteilen". Wer verurteilt, disqualifiziert. Einen, den man verurteilt, kann man zur Seite schieben. Verurteilen zieht Grenzen, mit denen man dann den Mangel an Liebe rechtfertigen kann. V. 38 variiert auf formale Weise die Liebesforderung. Das Handeln soll nicht von kleinkarierter Gegenseitigkeit oder vom Rückzug auf den Rechtsstandpunkt geprägt sein. Mit vollem Maß soll man geben. Dies ist der Maßstab, nach dem Gott handelt. Dies ist auch der Maßstab, nach dem das menschliche Handeln bemessen wird. Schwierig zu verstehen sind die beiden folgenden Verse, die vielleicht erst Lukas in dem Zusammenhang eingefügt hat. Das Bildwort von dem Blinden zielt wohl wieder auf das Ethos der Gegenseitigkeit. Wenn Christen sich davon leiten lassen, dann werden sie der Welt gegenüber zu blinden Blindenführern. Insofern stellt der Vers eine Entsprechung zur goldenen Regel von V. 31 dar: Nur die Praxis zweckfreier Liebe kann darauf hoffen, daß die Außenstehenden zu ähnlicher Praxis bzw. zum Glauben an die Barmherzigkeit Gottes geführt werden. Das Wort vom Blindenführer, das bei Mt 15,14 gegen die Pharisäer gerichtet ist, wird bei Lukas der Gemeinde als Spiegel vorgehalten. V. 40 soll wohl an die Praxis Jesu erinnern, der nicht gerichtet hat. Deshalb darf der Jünger niemals zum Richter werden. Leichter zu verstehen sind die beiden folgenden VV. 41 f. Dem Richtenden wird der Spiegel vorgehalten.

Das Kriterium der Tat Lk 6,43–49

Der Schluß der Feldrede entspricht ihrem Anfang. War in Seligpreisungen und Weherufen der Anspruch der von Jesus verkündeten Frohbotschaft den Jüngern vorgestellt worden, so wird jetzt gesagt, worauf es ankommt, wenn man diesem Anspruch gerecht werden will. Entscheidend ist die Tat, nicht das Bekenntnis. Ein guter Baum kann keine schlechte Frucht bringen. Wer sein Herz mit der Güte des barmherzigen Gottes angefüllt hat, aus dessen Herzen kann nichts Böses hervorkommen. Das Bekenntnis ohne solche aus dem Herzen herauskommende Tat nützt nichts. V. 46 ist als Frage formuliert. Sie ist nicht nur an die Gemeinde des Lukas gerichtet! Die entscheidenden Stichworte des folgenden Abschnittes sind „Hören und Tun". Auf die Ausführung kommt es an. Der Lebensweg, den Jesus lehrt, muß beschritten werden. Dann entfaltet das Wort Jesu seine heilsame Kraft, erweist sich als Fundament des Lebenshauses. Wo das Wort Jesu nicht befolgt und nur gehört wird, und das gilt auch für die christliche Gemeinde, da kann es den Zusammenbruch des Lebenssinnes nicht verhindern. Nicht die Theorie, nicht die Theologie und nicht einmal das Lesen der Bibel machen das Leben heil, sondern nur die Praxis: die Praxis der Liebe, die vor dem Feind nicht Halt macht und die darauf verzichtet, durch Verurteilungen sich Grenzen der Liebe zu schaffen.

6.2 Die matthäische Bergpredigt Mt 5–7

Zu *Aufbau und Struktur* gibt es viele Vorschläge, von denen keiner voll befriedigen kann. Das gilt auch von dem folgenden, der aber wenigstens eine gewisse Übersicht über das Material schaffen kann. Wie seine Vorlage, die Logienquelle Q, beginnt Matthäus mit einer *Präambel 5,3–16*, die er allerdings erweitert und um einige Sprüche ergänzt:

5,3–12:   Seligpreisungen
5,13–16:   Sprüche vom Salz und vom Licht

Die Forderung der Feindesliebe, die sich in Q anschloß und die Lukas vor dem Hintergrund hellenistischer Ethik als das christliche Proprium herausgestellt hatte, reflektiert Matthäus vor dem Hintergrund des Gesetzes bzw. eines pharisäisch bestimmten Gesetzesverständnisses. Das thematische Stichwort liefert 5,20:

Erster Hauptteil: Die größere Gerechtigkeit 5,17–48
5,17–20:   Der Grundsatz
5,21–48:   Konkrete Beispiele – die sechs Antithesen

Das folgende sechste Kapitel ist nicht durch die programmatische Rede von Q vorgezeichnet, sondern eine eigenständige Komposition des Matthäus. Es geht jeweils darum, daß die Gerechtigkeit vor Gott zu verwirklichen ist:

Zweiter Hauptteil: Gerechtigkeit vor Gott 6,1–7,12
6,1–18:   Gott (und nicht die Menschen) als Adressat der Gerechtigkeit
   V. 1: Nicht vor den Menschen! – VV. 2–4: Almosen – VV. 5f.7–15: Beten – VV. 16–18: Fasten.
6,19–34:   Das Himmelreich (und nicht die irdische Welt) als Kriterium und Ziel der Gerechtigkeit (vgl. V. 33)
   VV. 19–21: Schätze im Himmel – VV. 22f: Ohne Auge kein Licht – V. 24: Gott oder Mammon – VV. 25–34: Sorge um das Himmelreich.

Mit Kapitel 7 kehrt Matthäus wieder zum Spruchgut der programmatischen Rede zurück (Verbot des Richtens). Doch schließt er sofort weiteres Spruchgut anderer Herkunft an, das es schwer macht, ein übergreifendes Thema zu entdecken. Vor allem rätselhaft ist der Spruch von den Hunden und Schweinen (V. 6). Dann folgen Sprüche zum Gebet (VV. 7–11) und schließlich die goldene Regel (V. 12), die wieder aus der programmatischen Rede von Q stammt. Vielleicht soll zum Ausdruck gebracht werden, daß die größere Gerechtigkeit ohne Überheblichkeit (VV. 1–5), aber doch im Bewußtsein ihres Wertes (V. 6) verwirklicht werden soll. Das Wissen, daß Gott den Bittenden gibt, schenkt die nötige Gelassenheit (VV. 7–11). So könnte man die Spruchgruppe noch als Fortsetzung des Themas von 6,19–34 verstehen.

7,1–12:	VV. 1–5: Weil die Gerechtigkeit vor Gott stellt, ist sie nicht verurteilend, sondern selbstkritisch, ohne allerdings ihr Selbstbewußtsein zu verlieren (V. 6) – VV. 7–11: Weil aber Gerechtigkeit vor *Gott* stellt, darf sie auf Erhörung hoffen – V. 12: Abschließender Grundsatz, der noch einmal die Liebe als den Grund-Satz der größeren Gerechtigkeit aus Mt 5 aufgreift und in die allgemeine Form der goldenen Regel gießt.

Mit 7,13 beginnt der Schlußteil der Bergpredigt, wo Matthäus wiederum die Thematik der programmatischen Rede variiert:

Schluß: Das Tun als Kriterium der Gerechtigkeit 7,13–27
7,13f: Die beiden Wege
7,15–20: Warnung vor falschen Propheten
7,21–23: Nicht Bekenntnis (allein), sondern Tat
7,24–27: Hören und Tun!

7,28f bilden zusammen mit 5,1f die Klammer um die Bergpredigt.

Die Einleitung Mt 5,1f (einschließlich 4,23–25)

In 4,23 heißt es: „Und er (Jesus) zog in ganz Galiläa umher, lehrte in ihren Synagogen, verkündigte das Evangelium vom Reich und heilte alle Krankheiten und alle Gebrechen im Volk." Ähnlich wie bei Lukas sind hier Rede und Tat Jesu miteinander verkoppelt. Der spezifische Akzent des Matthäus besteht darin, daß er beides als Aktivitäten des *Messias* versteht und so in den nächsten Kapiteln darstellt: in den Kapiteln 5 – 7, der Bergpredigt, die Worte des Messias und anschließend in den Kapiteln 8 und 9, einem Wunderzyklus, die Taten des Messias. Insofern ist 4,23 das Präludium der folgenden fünf Kapitel.

Aus 4,23 ergibt sich ein weiteres: Wenn „das Evangelium vom Reiche" (ein typisch matthäischer Ausdruck) mit der Bergpredigt gleichzusetzen ist, dann kann die übliche Unterscheidung von Indikativ und Imperativ für Matthäus nicht in der gleichen Weise aufrechterhalten werden. „Die Bergpredigt setzt ... das Evangelium des Reichs nicht voraus, sondern sie ist es" (U. Luz, EKK I/1, 183). Eine an Paulus geschulte Theologie muß sich hier einem anderen Konzept beugen! Indikativ und Imperativ sind bei Matthäus übereinandergeschoben. Evangelium und Forderung sind ein und dasselbe. Evangelium ist wesentlich Imperativ. Das heißt nicht, daß der Imperativ ohne Gnade ist, vielmehr: der Imperativ *ist* Gnade. An dieser Stelle spürt man, daß Matthäus ganz jüdisch denkt. Auch für Israel ist die Tora nicht etwas Gnadenloses, sondern die Tora *ist* Gnade. Daß Israel am Sinai die Tora bekommen hat, wird von Israel als Auszeichnung verstanden. Ganz ähnlich versteht Matthäus die Bergpredigt. Die Gnadenhaftigkeit des Imperativs soll exkursartig noch etwas näher spezifiziert werden.

Der Imperativ ist Gnade, weil er in der Perspektive des Himmelreiches steht, dessen Nähe Jesus proklamiert. Unmittelbar angesprochen ist damit zunächst eine futurische Perspektive, sofern Matthäus die Basileia primär als künftige Größe versteht. Doch geht es nicht nur um kommende Gnade, die als solche nur appellativen Charakter haben kann. Auch für Matthäus tangiert das kommende Himmelreich die Gegenwart, z. B. wenn Jesus Kranke heilt und Dämonen austreibt (12,28). Noch entscheidender in diesem Zusammenhang aber ist, daß das Himmelreich gerade im Tun der größeren Gerechtigkeit präsent wird. Das Tun ist Verwirklichung und Vorwegnahme des eschatologischen Heils. Deshalb muß umgekehrt auch der Imperativ als Einlaßbedingung in das Himmelreich herausgestellt werden (5,20). Fazit: *Der Imperativ ist Gnade, sofern er in der Perspektive des eschatologischen Heils steht und dieses in der Praxis bereits vorwegnimmt und realisiert.*
Daraus darf man nicht folgern, Matthäus habe eine Interimsethik vertreten und zu einer letzten Kraftanstrengung vor dem nahen Ende aufgerufen. Wiewohl in eschatologischer Perspektive stehend, formuliert die Bergpredigt nichts prinzipiell Neues. Die Forderungen der Bergpredigt stehen für Matthäus im Einklang mit Gesetz und Propheten, dem Gotteswillen der Bibel (des Alten Testaments). Die eschatologische Perspektive führt jedoch zu einer neuen Hermeneutik, bzw. – besser gesagt – die eschatologische Botschaft entbindet die Hermeneutik, die den eigentlich immer schon gültigen Sinn der Tora aufdeckt. Jesus, der Verkünder des Evangeliums, bringt zugleich die innerste Intention der Tora zur Geltung (5,17). Fazit: *Der Imperativ ist Gnade, weil in ihm der eigentliche, unverfälschte Wille Gottes zum Zuge kommt.*
Daß Imperativ Gnade ist, läßt sich nur verstehen, wenn man ihn im Kontext einer Erwählungsgeschichte sieht. Für Israel und das Judentum ist die Tora deswegen Ausdruck der Gnade Gottes, weil die Verpflichtung Zeichen der Erwählung ist. Genauso sieht es Matthäus. Das Himmelreich, das Jesus verkündet, ist die Erfüllung der prophetischen Verheißung, und die Weisung, die Jesus in der Bergpredigt lehrt, ist die Erfüllung des Gesetzes. Verheißung und Erfüllung sind aber nicht denkbar ohne die Erwählung und ohne den Gedanken des Gottesvolkes. Jesus ist die eschatologische Bestätigung der Erwählung (er ist der ‚Gott-mit-uns': 1,23). Seine Weisung ist die eschatologische Bestätigung der Bundesordnung. Der Imperativ ist also eingebettet in eine Christologie und Ekklesiologie. Fazit: *Der Imperativ ist Gnade, weil er als eschatologische Bundesordnung die Erwählung bestätigt und erfüllt. Sofern die Bundesordnung aber selbst Zeichen und Kriterium der Erwählung ist, wird der Imperativ zum erwählenden Ruf. Wer die Bergpredigt praktiziert, gehört zum eschatologischen Gottesvolk.* Diese ekklesiologisch-eschatologische Dimension des Imperativs bringt Matthäus gerade im Rahmen seiner Bergpredigt sehr schön zum Ausdruck.

In 4,25 wird die Zuhörerschaft der Bergpredigt vorgestellt. Matthäus lehnt sich hier sehr stark an Mk 3,7f an, formal darin Lk 6,17 vergleichbar (siehe oben). Doch trifft Matthäus gegenüber Lukas eine ganz andere Auswahl. Die Scharen kommen nach 4,25 „aus Galiläa, der Dekapolis, aus Jerusalem und Judäa und jenseits des Jordans". Die bei Markus erwähnten und für Lukas so wichtigen Städte Tyrus und Sidon fehlen! Matthäus beschränkt die Zuhörerschaft auf Israel. Daß er dabei auch die Dekapolis aufführt, sollte nicht allzusehr verwundern, ist sie doch – zumindest teilweise – biblisches Land und vor allem seit der hasmonäischen Expansionspolitik von jüdischen Bevölkerungsanteilen durchsetzt. Matthäus will ganz Israel vor Jesus aufstellen; diesem Israel gilt die Bergpredigt. Die Bergpredigt ist ja auch das Ethos des Gottesvolkes. Allerdings ist es wohl kein Zufall, daß neben den Scharen von 4,25 in 5,1 noch eigens die Jünger genannt werden. Damit will Matthäus nicht eine besondere Gruppe dem Volk gegenüberstellen. Die Jünger sind selbst die Repräsentanten des Volkes bzw. des eschatologischen Gottesvolkes, das ganz Israel umfangen will, aber selbstverständlich auch Nachfolge fordert. Das heißt, die Bergpredigt spricht ganz Israel an, stellt aber auch vor die Entscheidung: Die Praxis, das Tun der Gerechtigkeit, ist der Vollzug der Erwählung.

Für eine christliche Ethik könnte man daraus folgende Schlußfolgerung ziehen: Christliches Ethos ist Jüngerethos, gebunden an Erwählung und Erwählungsgemeinschaft. Es kann also nicht darum gehen, daß wir eine möglichst von allen spezifisch christlichen Merkmalen befreite philosophische Ethik uns zu eigen machen. Zumindest die Bergpredigt ist davon überzeugt, daß das Gottesvolk ein ihm eigenes Ethos hat. Allerdings, dieses Ethos ist nicht nur für Insider, nicht nur für Jünger, sondern soll dem ganzen Volk verkündet und vorgelebt werden (5,13–16), und schließlich sollen alle Völker darin unterwiesen werden (28,16–20). Insofern ist darauf zu achten, daß christliches Ethos kommunikabel bleibt und nach außen vermittelt werden kann.

Die Präambel: die Seligpreisungen und die Sprüche
vom Licht und Salz Mt 5,3–16

Bei den Seligpreisungen *Mt 5,3–12* fällt auf, daß Matthäus das Material aus Q vermehrt hat (9 statt 4 Seligpreisungen). Deutlich ist ein Einfluß von Tritojesaja zu verspüren (bes. Jes 61 f). Inhaltlich besteht ein Trend zur *Ethisierung*. Das war in gewisser Weise auch bei Lukas der Fall, etwa durch die Gegenüberstellung von Seligpreisungen und Weherufen, ist bei Matthäus aber noch verstärkt. So lautet die Seligpreisung der Armen bei Matthäus: „Selig die Armen im Geiste" (5,3). Dahinter steht die Armenfrömmigkeit, insbesondere Jes 66,2. Es gilt, die eigene Armut als Gericht Gottes anzunehmen und in der Haltung des Demütigen von Gott alles Heil zu erwarten. Deutlich mit Händen zu greifen ist die Ethisierung in 5,6, wo anstelle der „Hungernden" bei Lukas nun die „Hungernden und Dürstenden nach der Gerechtigkeit" erscheinen. Mit „Gerechtigkeit" fällt auch das entscheidende Stichwort der matthäischen Bergpredigt. Mit der Ethisierung ist ein gewisser Zug zur Innerlichkeit verbunden. Seliggepriesen werden z. B. die Armen im Geiste, die Sanftmütigen, die Herzensreinen. Doch geht es bei Matthäus nicht um einen Rückzug in die Innerlichkeit. Insofern ist der Begriff der Spiritualisierung zumindest mißverständlich. Matthäus läßt keinen Zweifel daran, daß das Jüngerethos als konkrete Tat vor der Welt und in die Welt hinein gelebt werden muß. Gerechtigkeit muß sich äußern. Barmherzigkeit erweist sich nicht in der Haltung, sondern in der Tat. Die Friedensstifter, die in 5,9 seliggepriesen werden, sind eigentlich die „Friedens-Täter" (εἰρηνοποιοί)! Die matthäischen Seligpreisungen sind in erster Linie Imperativ, allerdings kein Imperativ ohne Gnade. Es will beachtet sein, daß nicht reine Forderungen verkündet werden oder gar Forderungen, die mit Sanktionen verbunden sind. Die Forderungen erheben sich vielmehr als Lebensverheißung: „Selig ...!" Wer sich nach der Gerechtigkeit sehnt und sie verwirklicht, der befindet sich auf dem rechten Lebensweg, der ins Himmelreich führt. Insofern ist die Forderung zugleich Gnade, die den Jünger vor dem ins Verderben führenden Weg der Welt (7,13) bewahrt. Die Forderung ist Gnade, weil sie die Aus-zeichnung der Jünger ist. Gerade diesen jüdischen Charakter der Bergpredigt müssen Christen, denen Gesetz und Forderungen oft als Last erscheinen, erst wieder einholen.

Die anschließenden *Bildworte vom Salz und vom Licht 5,13–16* bestätigen wie die Seligpreisungen das Evangelium der Tat: das Heil, das man nicht nur verbal verkündet, sondern praktiziert, die Gnade, von der man nicht nur redet, sondern die im Leben konkret wird. In dem indikativischen Zuspruch „Ihr seid das Salz der Erde, ihr seid das Licht der Welt" (5,13f) könnte man einen Ausdruck der Erwählung sehen. Doch diese hat ihre Funktion gerade im Blick auf die Welt, muß also praktiziert werden (5,15f).

Erster Hauptteil: Die größere Gerechtigkeit Mt 5,17–48

Was die Gliederung betrifft, kann man zwischen der Grundsatzerklärung der VV. 17–20 und den Antithesen in den VV. 21–48 unterscheiden. Bei den Antithesen unterscheidet man herkömmlicherweise wieder zwischen primären und sekundären Antithesen. Die sekundären Antithesen gehen nach allgemeiner Auffassung auf die Redaktion des Matthäus zurück, während die primären Antithesen dem Matthäus schon durch die Tradition vorgegeben sind. Inhaltlich – so wird gelegentlich behauptet – würden die primären Antithesen die Tora verschärfen, die sekundären sie aufheben. Dies ist sicher falsch, denn die sekundären Antithesen gehen auf die Redaktion des Matthäus zurück, der alles andere als die Tora aufheben will. Darauf ist gleich zurückzukommen. Zuvor ist kurz auf das Verständnis der Antithesen bei Jesus einzugehen.

Ob alle primären Antithesen unmittelbar auf Jesus zurückgehen, ist umstritten. Doch spricht einiges dafür, daß wenigstens die erste und zweite Antithese in ihrem Grundbestand authentisch sind (5,21.22a.27f). Als Beispiel soll die erste Antithese herangezogen werden, deren Wortlaut wahrscheinlich folgendermaßen zu rekonstruieren ist: „Ihr habt gehört: Den Alten wurde gesagt: ‚Du sollst nicht töten. Wer aber tötet, soll dem Gericht verfallen sein'. Ich aber sage euch: Jeder, der seinem Bruder zürnt, soll dem Gericht verfallen sein." Was ist mit der antithetischen Form intendiert: eine Aufhebung der Tora? Das paßt nicht zum Inhalt. Eine Verschärfung der Tora? Das trifft schon eher zu, zumindest was die Inhalte betrifft. Man fragt sich allerdings, warum man dann die antithetische Ausdrucksform gewählt hat. Die Frage verschärft sich noch, als es sich um eine Gegenüberstellung von Tora und Jesuswort zu handeln scheint. Es geht jedenfalls – anders als bei vergleichbaren Antithesen der rabbinischen Literatur – nicht um unterschiedliche Auslegungen der Tora. Das Problem löst sich, wenn man sieht, daß es der Antithetik um eine unterschiedliche Hermeneutik des Gotteswillens geht. Es handelt sich um eine spezifisch innerjüdische Auseinandersetzung. In der These dürfte die Hermeneutik der Pharisäer angesprochen sein: „Ihr habt gehört", d. h., eure Tradition sagt: Zur Erkenntnis des Gotteswillens hat man sich auf das den Alten gegebene Wort der Tora zu stützen. Für die Pharisäer, die die Tora auf alle Einzelsituationen des Lebens anwenden wollten, bedeutete dies, daß die Tora ausgelegt werden mußte. Zur Aktualisierung des Gotteswillens bedurfte es der Schriftgelehrsamkeit und der Exegese. Der Gotteswille geriet in die Mühlen des Gelehrtenstreits und unter den Anspruch einer höheren Bildung. Dagegen wendet sich Jesus: nicht gegen die Tora, sondern – wenn man so will – gegen ihre Exegese. Der exegetischen, um den Wortlaut der Tora streitenden Hermeneutik der Pharisäer stellt er seine einfache Hermeneutik gegenüber, die, was Gott will, mit spontaner Weisheit und Herzenserkenntnis erfaßt und in naiver Radikalität bestimmt. Die Tora wird dadurch nicht beiseite geschoben. Im Gegenteil, wer mit der einfachen Hermeneutik Jesu den Gotteswillen befolgt, wird – wie die Antithese ja auch zeigt – das von der Tora Gebotene in keiner Weise verletzen. Inhaltlich fällt auf, daß die Antithesen wie überhaupt alle halachisch bedeutsamen Weisungen Jesu auf sozial relevantes Verhalten abzielen. Der Grund dafür dürfte in der eschatologischen Botschaft Jesu zu suchen sein. Jetzt, wo Gott sich vorbehaltlos Israel zuwendet und ihm das eschatologische Heil schenkt, ist es eigentlich selbstverständlich, daß, wer aus dieser Güte Gottes lebt, sich vorbehaltlos seinen Mitmenschen zuwendet. Das eschatologische Bewußtsein Jesu dürfte auch das Motiv für die (innerjüdisch vergleichsweise) souveräne Hermeneutik der Antithesen sein.

Nun zu den Antithesen bei Matthäus: Daß er nicht die Tora aufheben oder ihr widersprechen will, zeigt schon der *Grundsatz*, den er in *5,17–20* den Antithesen voranstellt. In V. 17 werden „auflösen" und „erfüllen" gegenübergestellt. Mit letzterem ist nicht gemeint, daß Jesus durch sein Tun das Gesetz erfüllt (anstelle der Sünder, die es nicht erfüllen). Diese (von der paulinischen Rechtfertigungslehre inspirierte) Auslegung übersieht, daß „auflösen" und „erfüllen" exegetische Termini sind. Es geht darum, eine Gesetzesvorschrift aufzuheben oder sie nach ihrer innersten Intention zur Geltung zu bringen. Ging es Jesus selbst nur um die hermeneutische Frage: Wie erkenne ich den Gotteswillen (exegetisch oder aufgrund einfacher Herzensweisheit)?, so bewegt sich Matthäus bereits auf der nächsten Reflexionsebene, die sich ausdrücklich mit der Frage befaßt, wie sich die von Jesus tatsächlich gegebenen Weisungen zur Tora verhalten. Die Frage stellte sich nicht zuletzt aufgrund der provozierenden Antithetik der Antithesen, die natürlich auch mißverstanden werden konnte. Doch macht auch Matthäus Jesus nicht unmittelbar zum Ausleger der Tora (unter dieser Voraussetzung ist 5,31 f kaum und 5,38–42 überhaupt nicht zu verstehen). Vielmehr ist das Wort Jesu der hermeneutische Schlüssel, mit dem sich die eigentliche Intention der Tora erschließen läßt. Daß Matthäus in V. 17 neben dem Gesetz noch die Propheten nennt, zeigt, daß er die Gesetzeshermeneutik Jesu in einem heilsgeschichtlichen Kontext sieht. Insofern, so könnte man sagen, ist Jesus für Matthäus der eschatologische Mose. Wie Mose auf den Berg gestiegen ist, um den Gotteswillen zu empfangen und Israel zu verkünden, so verkündet Jesus jetzt vom Berge aus die endgültige eschatologische Hermeneutik der Tora (5,1 f). Als Hermeneut unterscheidet sich der matthäische Jesus von den üblichen Auslegern, den Exegeten bzw. den Schriftgelehrten; er lehrt gerade *nicht* wie die Schriftgelehrten. Dies unterstreicht Matthäus, indem er die Bemerkung von Mk 1,22 ans Ende der Bergpredigt setzt (7,28 f). In 5,18 wird ausdrücklich an der unverbrüchlichen Gültigkeit des ganzen Gesetzes in dieser Weltzeit festgehalten. Das ist zumindest eine prinzipielle Versicherung. Wie das in der Praxis der matthäischen Gemeinde ausgesehen hat, ob man etwa auch alle rituellen Vorschriften der Tora eingehalten hat, ist damit noch nicht gesagt. Das hängt selbstverständlich von der Auslegung des „ganzen Gesetzes" ab (vgl. 22,40). Eine gewisse Konzession scheint 5,19 zu machen. Doch könnte der „Kleinste im Himmelreich" auch rhetorischer Ausdruck für den Ausschluß vom Himmelreich sein. In jedem Fall gilt 5,20, wonach als Einlaßbedingung in das Himmelreich eine Gerechtigkeit gefordert wird, die größer sein muß als die der Schriftgelehrten und Pharisäer.

Was die größere Gerechtigkeit ist, wird in den folgenden Antithesen konkretisiert (5,21–48). Inhaltlich fällt auf, daß die größere Gerechtigkeit der Antithesen sich durchweg auf die mitmenschliche Ebene bezieht, so daß die Toraauslegung Jesu im wesentlichen das Liebesgebot zur Geltung bringt. Mt 22,40 kann daher im Anschluß an das Doppelgebot der Gottes- und Nächstenliebe feststellen: „An diesen beiden Geboten hängt das ganze Gesetz und die Propheten." In 7,12 kann sogar die goldene Regel mit dieser zusammenfassenden Wertung versehen werden: „... das ist das Gesetz und die Propheten." Es ist daher kein Zufall, daß die Antithesen mit dem Verbot des Zorns beginnen und mit dem Gebot der Feindesliebe enden. Die unter allen Umständen gebotene Liebe ist das Proprium der Jüngergemeinde. Allerdings geht es Matthäus nicht nur um den formalen Grundsatz der Liebe, der unter Christen eigentlich nie strittig ist. Matthäus begnügt sich nicht mit dem augustinischen ,Dilige et fac quod vis'. Matthäus will nicht nur einschärfen, *daß* man alles aus Liebe tun muß. Er will lehren, *was* man aus Liebe tun muß. Liebe ist für Matthäus keine Theorie, sondern konkrete Praxis. In diesem Sinne sind die Antithesen Beispiele konkreter Liebe. Die Gesinnung und der gute Wille genügen nicht. Die Gerechtigkeit muß *getan* werden! Als Ethos des Gottesvolkes muß diese Gerechtigkeit nicht nur individualistisch, sondern auch gesellschaftlich, d. h. ekklesiologisch verwirklicht werden, und zwar mit Blick auf die Welt (also auch politisch!). Als Exempel der Liebe dürfen die Antithesen allerdings nicht als fundamentalistisch zu befolgende Gesetze gelesen werden, die ohne Rücksicht auf die konkrete Situation einfach zu vollstrecken sind. Hier bedarf es einer gehörigen Portion Kreativität und liebevoller Phantasie!

Zweiter Hauptteil: Gerechtigkeit vor Gott Mt 6,1 – 7,12

Im ersten Abschnitt geht es um Gott als Adressaten der Gerechtigkeit (6,1–18). Es werden drei Felder gerechten Handelns aufgezählt: das Almosengeben, das Beten und das Fasten. In der Gegenüberstellung zu den „Heuchlern" schwingt gewiß eine gehörige Portion Polemik gegen das pharisäische Judentum mit. Doch ist die Polemik letztlich nur die Folie, vor deren Hintergrund sich die eigentliche Aussage entfaltet: Die größere Gerechtigkeit muß vor *Gott* getan werden. Ein solches Handeln führt auch zu Gott. Es ist daher kein Zufall, daß in der Mitte der Bergpredigt das religiöse Tun bedacht wird und daß im Herzen der Bergpredigt das Vaterunser steht. Hier wird erneut deutlich, daß der Imperativ für Matthäus Gnade ist. Die Forderung führt zum Gebet, das Tun führt zur Begegnung mit dem Vater, der die Forderung gnädigerweise geschenkt hat. Besonders bezeichnend für Matthäus ist, daß er die Q-Fassung des Vaterunsers ergänzt (im folgenden hervorgehoben): „Vater *unser im Himmel,* geheiligt werde dein Name. Es komme dein Reich. *Es geschehe dein Wille, wie im Himmel, so auf Erden."* Das Kommen des Reiches und die Heiligung des Namens Gottes gehören zusammen. Beides ist letztlich Aktivität Gottes: Wenn der Name Gottes als der einzige gepriesen wird, dann ist Gottesherrschaft verwirklicht (vgl. Sach 14,9). Für Matthäus geschieht die Verwirklichung der Gottesherrschaft und die Heiligung des Namens Gottes auch und gerade im Tun des Willens Gottes. Es wäre gewiß gefährlich, wenn man diese Sicht verabsolutieren würde und Gottesherrschaft vom Tun des Menschen abhängig machen würde. Aber eine Bitte um das Kommen des Reiches ohne entsprechendes Tun wäre ein Heischen nach „billiger Gnade" (Bonhoeffer). Für Matthäus gehört der Imperativ zur Gnade.

Der zweite Abschnitt behandelt das Thema: Das Himmelreich und nicht die irdischen Güter als Kriterium und Ziel der Gerechtigkeit (6,19 – 7,12). Das zentrale Anliegen dieses Abschnittes kommt in 6,33 zum Ausdruck: „Trachtet zuerst nach seinem Reich (d. h. dem Reich des Vaters) und seiner Gerechtigkeit, und dies alles wird euch dazu gegeben." Das Reich des Vaters und die Gerechtigkeit sind nicht additiv zu verstehen. Die (größere)

Gerechtigkeit ist vielmehr die Ordnung im Blick auf das kommende Reich (wer sie verwirklicht, kommt in das Himmelreich hinein) und zugleich die Ordnung, in der sich jetzt schon das Reich Gottes verwirklicht. Wiederum wird deutlich, daß der Imperativ Gnade ist. Wer das Reich des Vaters und seine Gerechtigkeit sucht, d. h. im Sinn des Matthäus: wer sie tut, der ist befreit von aller kleinlichen Gegenwarts- und Zukunftssorge (6,25–32.34). Wer diese Gerechtigkeit tut, der begegnet einem Gott, der weiß, was der Mensch braucht, und zwar noch ehe der Mensch darum bittet (6,8). Als Vater im Himmel wird er seinen Kindern immer nur Gutes geben (7,7–11).

Diese gnadenvolle Seite des Imperativs steht freilich in Spannung zur Erfahrung der Bittenden. Die Erhörung verläuft nicht immer so reibungslos, wie das Gleichnis von 7,7–11 verspricht; und die Sorge um das Reich Gottes entlastet keineswegs so vollständig von den alltäglichen Sorgen, wie man es aus 6,25–34 herauslesen könnte. Oder liegt das daran, daß christliche Praxis nicht so kompromißlos ist, wie sie nach 6,19–21; 6,22 f; 6,24 und 6,25–34 sein sollte? Zu bedenken ist in diesem Zusammenhang auch, daß die Bergpredigt nicht individuelle Ethik, sondern das Ethos des Gottesvolkes sein will. Vielleicht wäre die geforderte Sorglosigkeit mehr erfahrbare Wirklichkeit, wenn die Bergpredigt als Gesellschaftsordnung der Kirche und der Gemeinden verstanden und verwirklicht würde.

Schluß: Das Tun als Kriterium der Gerechtigkeit Mt 7,13–27

Bezeichnend ist der Auftakt mit den Bildern von den beiden Pforten und vom Scheideweg (7,13 f). Heil und Gericht gehören für Matthäus zusammen. Die Verkündigung des Heils schafft auch die Möglichkeit des Gerichts. Das Heil verlangt Entscheidung. Die Entscheidung fällt in der Praxis des Lebensweges, im Tun der Lebenslehre der Bergpredigt. Interessant ist der folgende Abschnitt 7,15–20. War das Bild von den Früchten bei Lukas noch auf die Allgemeinheit der Jünger bezogen, so wird es bei Matthäus auf falsche Propheten angewendet. Das läßt darauf schließen, daß die matthäische Gemeinde mit solchen Leuten zu tun gehabt hat. Bezeichnend für Matthäus ist wieder das Kriterium: An ihren Früchten könnt ihr sie erkennen (7,20). Typisch matthäisch ist V. 21, den Matthäus gegenüber Lukas zu einer Einlaßbedingung umformuliert. Nicht das Bekenntnis, auch nicht das christologische Bekenntnis, sondern das Tun des Willens Gottes ist das Entscheidende. Diesem Kriterium hat sich sogar die Wunderkraft unterzuordnen (7,22 f). In V. 23 ist bemerkenswert, daß Matthäus von „Tätern der Gesetzlosigkeit" (!) spricht, wo bei Lk 6,46 von „Tätern des Unrechts" die Rede ist. Zum Schlußgleichnis von dem Hausbau (7,24–27) ist nicht viel zu sagen. Die matthäische Version setzt palästinische

Verhältnisse voraus, nämlich den in Palästina bekannten Frühjahrsregen, der alles hinwegreißt. Die Parallele bei Lk 6,47–49 denkt an einen Fluß, der Hochwasser bekommt.

Abgeschlossen wird die Bergpredigt mit *7,28 f.* V. 28 a ist stereotyp für den Abschluß matthäischer Redekompositionen: „Und es geschah, als Jesus diese Worte vollendet hatte, ..." (vgl. 11,1; 13,53; 19,1; 26,1). Deutlich wird in V. 28 b das Volk als Zuhörerschaft genannt: „Die Volksmenge wird als potentielle Jüngerschaft angesprochen; die Bergpredigt ist nicht *Christenlehre* nach der Predigt der Gnade, sondern als heilsames Gebot Jesu zugleich ein Stück Missionspredigt" (U. Luz, EKK I/1, 416). Die Betonung der Vollmacht Jesu in V. 29 zeigt, daß Jesus nicht irgendein Schriftgelehrter unter anderen ist. Er ist der Messias, in dem die Verheißungen Gottes in Erfüllung gehen und der den schon in der Tora festgelegten Willen Gottes letztgültig aufdeckt.

7. Der matthäische Wunderzyklus Mt 8–9

Matthäus, der die markinische Reihenfolge bei Mk 1,39 verlassen hat, nimmt nach der Bergpredigt wieder den Markusfaden auf: Mt 8,1–4 = Mk 1,40–45. Auch die bei Markus folgende Sequenz 2,1–12.13–17.18–22 übernimmt er: Mt 9,1–8.9–13.14–17. Allerdings schiebt Matthäus Stoffe aus anderen Stücken des Markusevangeliums dazwischen, und zwar immer blockweise, zunächst Mk 1,29–31.32–34 = Mt 8,14f.16f und dann ein Stück aus dem markinischen Wunderzyklus Mk 4,35–41; 5,1–20 = Mt 8,23–27.28–34. Dann schwenkt er wieder auf Mk 2 um und trägt noch das Anschlußstück aus Mk 5,21–43 = Mt 9,18–26 nach. Man sieht also, daß Matthäus aus irgendwelchen Gründen zwar die Markusstoffe verschränkt, aber doch immer in der Markussequenz bleibt. Darüber hinaus verwendet Matthäus Material aus der Logienquelle Q (Lk 7,1–10 = Mt 8,5–13; Lk 9,57–60 = Mt 8,18–22), und zum Schluß macht er noch einmal Anleihen bei Markus (Mk 10,46–52; 3,22; vgl. Mt 9,27–34). Eine Übersicht mag das Ganze verdeutlichen:

Aussätziger (Therapie)
Mt 8,1–4   Mk 1,40–45
Hauptmann von Kafarnaum (Gelähmtenheilung)
Mt 8,5–13   Q = Lk 7,1–10

Schwiegermutter des Petrus (Therapie)		
Mt 8,14f	Mk 1,29–31	
Krankenheilungen und Dämonenbannungen		
Mt 8,16f	Mk 1,32–34	
Nachfolgesprüche		
Mt 8,18–22		Q = Lk 9,57–60
Stillung des Seesturms		
Mt 8,23–27	Mk 4,35–41	
Besessene von Gadara		
Mt 8,28–34	Mk 5,1–20	
Heilung eines Gelähmten		
Mt 9,1–8 Mk 2,1–12		
Berufung des Matthäus/Zöllnergastmahl		
Mt 9,9–13 Mk 2,13–17		
Fastenfrage		
Mt 9,14–17 Mk 2,18–22		
Auferweckung der Jairustochter/blutflüssige Frau		
Mt 9,18–26	Mk 5,21–43	
Zwei Blinde/ein Stummer		
Mt 9,27–34		Mk 10,46–52; 3,22

Für das Verständnis dieser Komposition ist ganz wesentlich, daß Matthäus nicht einen beliebigen *Wunderzyklus* zusammenstellen, sondern ganz bewußt die *„Taten des Messias"* aufzählen will (11,2 diff Q). Leitbild ist ihm das Logion aus Q, welches das Wirken Jesu als Erfüllung und als Beginn der Heilszeit schildert (aus der sog. Täuferanfrage): „Blinde sehen wieder, und Lahme gehen, Aussätzige werden rein, und Taube hören, Tote stehen auf, und Arme empfangen die Frohbotschaft, und selig ist, wer an mir nicht Anstoß nimmt" (Mt 11,5f par Lk 7,22). Entsprechend finden sich in Mt 8 und 9 Blindenheilungen 9,27–31, Heilungen von Gelähmten 8,5–13; 9,1–8, die Heilung von Aussätzigen 8,1–4 und eine Totenerweckung, 9,18–26. Überschüssig, also in der Aufzählung von Mt 11,25f nicht enthalten, sind Dämonenaustreibungen. Doch sind diese so typisch für Jesus, daß Matthäus sie zu Recht miteinbaut: 8,16f; 8,28–34. Überschüssig – gemessen an Mt 11,5f par – sind auch die Stillung des Seesturms Mt 8,23–27 und – so will es scheinen – die Nachfolgeerzählungen Mt 8,18–22; 9,9 sowie das Zöllnergastmahl Mt 9,10–13 und die Fastenfrage Mt 9,14–17. Hier müssen noch weitere Kompositionskriterien gefunden werden. Schon immer aufgefallen ist die Zehnzahl der Wunder, auf die man mit einigem Geschick kommt. Sie ist möglicherweise kein Zufall, obwohl ihre Bedeutung offenbleiben muß (didaktische oder inhaltliche Begründung).

Daß Matthäus nach der Bergpredigt diesen Wunderzyklus anschließt, ist nicht zufällig. Das entspricht einerseits seiner Intention: Er will die Worte und die Taten des Messias zusammenstellen (vgl. 4,23). Andererseits findet er dafür auch schon einen Anhaltspunkt in der Tradition. Bereits in der Logienquelle schloß sich an die programmatische Rede eine Wundererzählung an: Lk 7,10. Die bei Lukas noch erhaltene Einleitung (7,1: „Nachdem er alle seine Worte vor den Ohren des Volkes vollendet hatte ...") läßt noch erkennen, woher Matthäus die Anregung zu seinen stereotypen Redeschlüssen hat (siehe oben zu Mt 7,28). Allerdings schließt Matthäus nicht sofort die Geschichte vom Hauptmann von Kafarnaum Lk 7,10 an, sondern kehrt zunächst zur Markusabfolge zurück. Der Grund ist möglicherweise der, daß Jesus in der Aussätzigen-Heilung von Mk 1,40–45 = Mt 8,1–4 auf die Verordnung des Mose verweist und so gerade sein Festhalten an der Mose-Tora unter Beweis stellt. Dann folgt die Geschichte vom Hauptmann von Kafarnaum aus Q: Mt 8,5–13. Allerdings wird die Krankheit im Unterschied zu Lukas als Lähmung beschrieben. Das hängt wahrscheinlich wieder mit dem Summarium von Mt 11,2.5f zusammen. Für Matthäus besonders wichtig ist der Glaube des Heiden (Mt 8,10), der Jesus das Motiv von der Völkerwallfahrt als Gerichtswort gegen Israel einsetzen läßt (Mt 8,11f). Wie bei der Bergpredigt das *Tun* das Entscheidende war, so ist es bei den Wundern der *Glaube*. Die Taten des Messias sind also – wie seine Worte – ambivalent: Sie sind heilsam für diejenigen, die glauben (Mt 8,5–13), und sie werden zum diakritischen Merkmal des Unglaubens (vgl. Mt 9,34) bzw. zum Gericht.

Mit Mt 8,14f (Schwiegermutter des Petrus) und 8,16f (Summarium) greift Matthäus auf Mk 1,29–31.32–34 zurück. Er hatte die Stücke ausgelassen, weil er zunächst die Lehre Jesu (Bergpredigt) darstellen wollte. Bei der Heilung der Schwiegermutter des Petrus Mt 8,14f kann man im Vergleich mit Mk 1,29–31 sehr schön die bei Matthäus allenthalben zu beobachtende christologische Konzentration der Wundergeschichten erkennen. Das Summarium Mk 1,32–34 benutzt Matthäus, um den Sinn der Wundertaten mit einem Erfüllungszitat zu unterstreichen: „Damit erfüllt werde, was gesagt wurde durch den Propheten Jesaja, der sagt: Er hat unsere Schwachheiten auf sich genommen und die Krankheiten getragen" (Mt 8,17). Das ist ein Zitat aus dem vierten Gottesknechtslied (Jes 53,4). Jesus ist für Matthäus der Gottesknecht, der die Gebrechen wegnimmt und die Krankheiten getragen hat. Noch deutlicher ist der Rückgriff auf den Gottesknecht in Mt 12,18–21, wo Jes 42,1–4 zitiert wird.

Mit Mt 8,17 ist ein erster Abschnitt im Wunderzyklus des Matthäus abgeschlossen. 8,18 deutet einen Ortswechsel an. Es folgen Nachfolgesprüche aus der Logienquelle. Sie spiegeln noch die Radikalität der Jesusnachfolge wider. Matthäus will mit ihnen möglicherweise den Schluß von Mt 11,5f par (Taten des Messias) veranschaulichen: „Selig ist, wer an mir keinen Anstoß nimmt." Vielleicht hat auch die Metapher von den Toten, die ihre Toten begraben sollen (Mt 8,21f par), das Ihre dazu beigetragen.

Die Jünger sind von den Toten Erweckte! Die nächste Perikope, die Sturmstillung Mt 8,23–27, bringt wieder eine Wundergeschichte, diesmal aus Mk 4,35–41. Es handelt sich um ein Rettungswunder. Als solches paßt es allerdings nicht zum Katalog von Mt 11,5 f. Doch ist es für Matthäus gleichsam als Kehrseite, als Widerlager zu Mt 8,18–22 von Bedeutung. Matthäus weiß, daß die Nachfolgenden vom Kleinglauben (diff Mk 4,40!) bedroht sind. Nachfolge bedarf immer wieder des rettenden machtvollen Wortes Jesu (vgl. Mt 14,22–33 diff Mk!). Mit Mt 8,28–34 verbleibt Matthäus in der Sequenz des Markusevangeliums. Aus dem einen Besessenen werden zwei. Matthäus hat einen Drang zur Dualität. Im übrigen ist die Geschichte gegenüber Markus energisch gekürzt (christologische Konzentration!). Der missionarische Trend, den die Geschichte bei Markus hatte (Mk 5,19 f), fehlt bei Matthäus. Ihm geht es allein um die Tat des Messias. Mit der nächsten Geschichte, Mt 9,1–8, kehrt Matthäus wieder zur markinischen Reihenfolge zurück, nämlich nach Mk 2,1–12. Die Heilung eines Gelähmten paßt inhaltlich sehr gut zum Katalog von Mt 11,5 f. Scheinbar darüber hinaus geht das anschließende Zöllnergastmahl, Mk 2,13–17, das Matthäus hier ebenfalls übernimmt (Mt 9,9–13). Wahrscheinlich ist es ihm Veranschaulichung der Evangeliumsverkündigung an die Armen. Den Zöllner Levi bei Markus identifiziert der Evangelist mit dem Apostel Matthäus aus Mt 10,3, der nach altkirchlicher Tradition der Autor des ersten Evangeliums ist. Möglicherweise hat auch das Wort von den Kranken, die den Arzt brauchen (Mk 2,17 a = Mt 9,12), mit zur Rezeption im Sinne von 11,5 f beigetragen. Matthäus erweitert es durch ein Hosea-Zitat: „Erbarmen will ich, nicht Opfer" (Mt 9,13; Hos 6,6). Mit Mt 8,13 ist ein zweiter Abschnitt des Wunderzyklus zu Ende.
Die nächste Perikope Mt 9,14–17 folgt weiter dem Markusfaden mit der Fastenfrage Mk 2,18–22. Die Johannesjünger, die die Frage stellen, bilden wohl die Klammer zur Täuferanfrage von Mt 11,2–6. Zugleich veranschaulichen die Bildworte vom Bräutigam, vom ungewalkten Tuch und vom jungen Wein die Heilszeit, die ja auch in 11,5 f zum Ausdruck gebracht wird: Es geht um die Taten des Messias. Die Auferweckung der Jairustochter Mt 9,18–26, die Matthäus jetzt wieder der Sequenz von Mk 5 (5,21–43) entnimmt, braucht er zur Veranschaulichung der Totenerweckung. Sie ist die einzige, die er im Markusstoff vorfindet. Schon bei Markus ist mit der Totenerweckung die Heilung der blutflüssigen Frau verbunden. Diese Geschichte behält auch Matthäus; sie ist ihm besonders wegen des Glaubens der Frau sehr recht: „Sei guten Mutes, Tochter, dein Glaube hat dich gerettet" (Mt 9,22). Das ist wieder ein Kontrapunkt zum Kleinglauben der Jünger. Die Anschlußgeschichte Mt 9,27–34 ist recht summarisch. Eine Blindenheilung und die Heilung eines Stummen (wobei κωφός auch „taub" heißen kann) werden im Sinne von 11,5 eingebracht. In der Formu-

lierung greift Matthäus auf Stoffe zurück, die er bei Markus und in der Logienquelle vorfand und an anderer Stelle auch ausführlicher wiedergibt. Interessant ist, daß aus dem blinden Bartimäus von Mk 10,46 bei Matthäus wieder zwei Blinde geworden sind (Mt 9,27). Sachlich bedeutsamer ist die Bemerkung der Pharisäer in Mt 9,34: „Mit Hilfe des Anführers der Dämonen treibt er die Dämonen aus" (aus Mk 3,22). Die Pharisäer offenbaren ihren Unglauben, sie nehmen Anstoß (vgl. Mt 11,6!). Mt 9,35 ist schon die Überleitung zur Aussendungsrede. Der Vers wiederholt fast wörtlich Mt 4,23. Die Aussage ist wie eine Klammer, die sich um Bergpredigt und Wunderzyklus legt. Damit ist eindrucksvoll unterstrichen, daß Matthäus Bergpredigt und Wunder als integrales Ganzes versteht: als die Worte und Taten des Messias.

8. Der Rest der kleinen lukanischen Einschaltung Lk 7,1 – 8,3

Die „kleine lukanische Einschaltung" umfaßt Lk 6,20 – 8,3. Lukas hat dieses Stück zwischen Mk 3,19 und Mk 3,20 „eingeschaltet". Den ersten Teil davon, die aus der Logienquelle Q stammende Feldrede Lk 6,20–49, haben wir bereits behandelt (siehe Kap. 6.1). Im Anschluß daran haben uns der matthäischen Parallele, der Bergpredigt Mt 5 – 7, zugewandt (siehe Kap. 6.2). Matthäus hat an die Bergpredigt die Komposition des Wunderzyklus Mt 8 – 9 angeschlossen. Dies geschah nicht von ungefähr. Bereits in der Logienquelle folgte auf die programmatische Rede eine Wundererzählung: die Geschichte vom Hauptmann von Kafarnaum (die einzige ausgeführte Wundererzählung von Q!). Diese vorgegebene Reihenfolge war wohl das auslösende Moment für die matthäische Komposition. Wir fragen nun: Wie geht Lukas mit dem Befund der Logienquelle um?

Der Hauptmann von Kafarnaum Lk 7,1–10

Dem Wortlaut nach ist Matthäus (8,5–13) näher an der Fassung der Logienquelle. Doch kann darauf hier nicht weiter eingegangen werden. Es sollen nur die lukanischen Besonderheiten herausgestellt werden:
Der Knecht (Lukas liest eindeutig „Knecht" = δοῦλος, während das matthäische παῖς sowohl „Knecht" wie auch „Kind" heißen kann) des Hauptmanns liegt im Sterben (V. 2; Mt: er hatte große Schmerzen). Lukas betont dies schon im Blick auf die folgende Geschichte (eine Totenerwek-

kung). Jesu Wort ist heilsam (vgl. Lk 6,18f), sogar schöpferisch: Es belebt Tote. Das aus der Tradition entnommene „Sprich nur ein Wort!" geht konform mit dem lukanischen Konzept (vgl. Lk 5,5: „Auf dein Wort hin!").

Gegenüber der matthäischen Version (Q) ist die Gesandtschaft verdoppelt: Zuerst schickt der Hauptmann „Älteste der Juden" (V. 3), dann „Freunde" (V. 6). Der Hauptmann selbst kommt nicht. Dies unterstreicht seinen Glauben. Der Hauptmann wird in spezifischer Weise charakterisiert: als Freund und Wohltäter des jüdischen Volkes, der sogar die Synagoge gestiftet hat (VV. 4f), als demütig-frommer Mann (V. 7) und als gläubiger Mensch (VV. 7f.9). Lukas zeichnet das Bild des gottesfürchtigen Heiden. Darin spiegelt sich ein Stück urchristlicher Missionsgeschichte. Die heidenchristliche Kirche setzt sich wesentlich aus solchen „Gottesfürchtigen" zusammen, die schon vorher mit dem Judentum sympathisierten (vor allem wegen des Monotheismus und der hochstehenden Ethik), aber nicht konvertiert waren (vor allem wegen Beschneidung und Speisevorschriften).

Der Jüngling von Nain Lk 7,11–17

Den Stoff entnimmt Lukas nicht Q, sondern einer Sonderquelle. Ein weiteres Mal veranschaulicht Lukas die heilsame, ja schöpferische Kraft des Wortes Jesu: „Jüngling, ich sage dir, steh auf!" (V. 14).

Die Täuferanfrage Lk 7,18–23

Der Stoff stammt aus der Logienquelle und stand wohl dort schon im Anschluß an die Geschichte vom Hauptmann von Kafarnaum. Die Antwort Jesu in Lk 7,22f par Mt 11,5f bildete das Kompositionsmuster für den matthäischen Wunderzyklus (siehe oben Kap. 7). Rudimentär hat auch Lukas einen Wunderzyklus geschaffen: 7,1–17. Allerdings erhebt dieser nicht den Anspruch, alle in dem Jesuswort von 7,22f genannten Taten zu veranschaulichen (so Mt!), sondern steht unter dem Vorzeichen der schöpferischen Kraft des Wortes Jesu.

Das Zeugnis Jesu über den Täufer Lk 7,24–35

Lukas bleibt in der Abfolge der Logienquelle, die an dieser Stelle Täufermaterial zusammengestellt hat. Johannes wird als Wegbereiter Jesu im Sinne von Mal 3,1 (V. 27) gezeichnet. Lukanische Redaktion sind die VV. 29f. Im Sinn des Lukas hat die Taufe des Johannes Vorbereitungsfunktion; sie signalisiert die nötige Umkehr vor dem nachfolgenden Heilsempfang. Das Volk und sogar die Zöllner lassen sich taufen, nicht aber die Pharisäer und

Gesetzeslehrer. Sie verachten den „Heilsratschluß Gottes". Der Heilsratschluß gilt also *allen*, doch fordert er Entscheidung! Das Bildwort von V. 32 wird in VV. 33 f aufgelöst und auf Johannes und den Menschensohn bezogen. Im Sinn des Lukas handelt es sich nicht um zwei alternative Wege. Vielmehr gilt: Weil „die Menschen dieser Generation" nicht auf Johannes gehört haben, können sie auch das Fest, das Heil, das Jesus verkündet, nicht akzeptieren. In V. 35 werden Johannes und Jesus als Boten der Weisheit vorgestellt. In der Aussage kündigt sich die Präexistenzchristologie an, in der Jesus mit der Weisheit identifiziert wird. „Kind der Weisheit" wird man durch Entscheidung für Umkehr (Johannes) und Heil (Jesus).

Jesus und die Sünderin Lk 7,36–50

Lukas verläßt Q und schiebt ein Stück aus dem Sondergut ein. Die Geschichte dient ihm dazu, den in der vorausgehenden Perikope angedeuteten Kontrast zu veranschaulichen: Jesus, der „Freund der Zöllner und Sünder" (7,34), im Gegenüber zu den den „Heilsratschluß Gottes" verachtenden Pharisäern (7,30). Die ergreifende Erzählung hat eine längere Traditionsgeschichte hinter sich. Am Anfang stand wohl eine Salbungsgeschichte, wie sie ähnlich in Mk 14,3–9 überliefert ist (von Markus wird sie christologisch interpretiert: Die Frau salbt den Leib Jesu für sein Begräbnis; indirekt wird damit die Tat der Frau zum Zeugnis des Evangeliums vom Gekreuzigten). In der vorlukanischen Tradition diente die Geschichte zur Veranschaulichung der Liebe der Frau: Liebe ist Zeichen der großen Vergebung (V. 47 a). Im weiteren Traditionsverlauf kommt es zur Gegenüberstellung zu der geringen Liebe des Simon. Das Gleichnis VV. 41 f und die folgenden VV. 43–46 wie auch V. 47 b werden hinzugefügt. Und schließlich wird die Geschichte zum Streitfall über die Sündenvergebung: VV. 48–50.
Lukas geht es darum, die richtige und die falsche Haltung zu veranschaulichen. Die Sünder, die die Nähe Jesu suchen, empfangen das Heil. Der Pharisäer (Simon), der in körperlicher und – darin zum Ausdruck kommend – noch mehr in geistiger Distanz zu Jesus bleibt, empfängt nur eine kleine Vergebung (V. 47 b). Oder ist die geringfügige Vergebung im Sinn des Lukas gar keine Vergebung? Vgl. Lk 18,9–14, wo nur der Zöllner gerechtfertigt nach Hause geht! Es ist die Tragik des Gerechten, daß er das Heil, das Jesus verkündet, scheinbar nicht braucht! Es ist die Tragik aller Gerechten! Wer die eigene Begrenztheit und Unwürdigkeit nicht sieht, braucht keinen Heiland!
Für Lukas ist das, was die Frau getan hat, Glaube (V. 50). Es handelt sich um eine sehr pragmatische Definition von Glauben: Glaube ist Liebe. Konkret ist es die Liebe der Verzweifelten, die als Sünderin von der

religiösen Gesellschaft ausgeschlossen ist, bzw. die Liebe derer, von denen sich Gerechte nicht anrühren lassen (V. 39). So gelesen, wird die Geschichte zur kritischen Aussicht auf Kirche und Gesellschaft.

Frauen im Gefolge Jesu Lk 8,1–3

Die drei Verse sind als Summarium zu bezeichnen. In V. 1 erscheint Jesus als Verkündiger und Bote des Reiches Gottes. Für Lukas ist das Reich Gottes durch die Verkündigung, das heilsame Wort Jesu, gegenwärtig. Neben den Zwölfen (V. 1) werden in VV. 2f – relativ ausführlich – auch „einige Frauen" genannt. Ausdrücklich wird erwähnt, daß sie von bösen Geistern und Krankheiten geheilt worden sind. Sie hat also das heilsame Wort des Heilands getroffen. Nun folgen sie ihm: Maria von Magdala, Johanna (wohl eine Frau aus höheren gesellschaftlichen Kreisen) und Susanna. Die beiden ersten Namen begegnen wieder am leeren Grab (Lk 24,10). Neben den Männern (Zwölf) gehören also auch Frauen zur Gefolgschaft Jesu. Wie bei den Zwölf genügt für Lukas nicht nur die österliche Beauftragung, erforderlich für das Zeugnis ist schon die Verbindung mit dem Irdischen. Nach V. 3 dienen die Frauen mit ihrem Vermögen. Damit zeigen die Frauen, wie man in rechter Weise mit seinem Besitz umgeht. Sie werden zum Vorbild der Gemeinde, in der die Versorgung der Armen und der zum Wohl der Gemeinschaft eingesetzte Besitz entscheidende Faktoren sind (vgl. Apg 2,42–47; 4,32–35).

Auch wenn das Summarium lukanischer Redaktion entstammt, sind die Frauen in der Gefolgschaft Jesu eine authentische historische Reminiszenz. In der damaligen jüdischen Gesellschaft war dies ein durchaus aufsehenerregender, wenn nicht sogar unerhörter Vorgang, und zwar sowohl von seiten Jesu als auch von seiten der Frauen, die in der Nachfolge ja ebenso wie die männlichen Jünger familiäre Bindungen zerbrechen mußten.

Blickt man noch einmal auf Lk 6,20 – 8,3 insgesamt zurück, so wird das Kompositionsverfahren des Lukas deutlich. Während Matthäus thematisiert (Bergpredigt, Wunderzyklus), ist Lukas stärker der Wiedergabe seiner Quellen verpflichtet. Zwischen Mk 3,19 und 3,20 schiebt er Material aus der Logienquelle ein, das er wiederum durch Stoffe aus Sondergut (Jüngling von Nain, Jesus und die Sünderin) ergänzt. Diese Ergänzungen verdeutlichen, wie Lukas den Stoff der Logienquelle gelesen haben will. Inhaltlich geht es um das heilsame Wort Jesu, das Tote erweckt und Menschen von ihrer Schuld befreit. Gerade deswegen können die Jünger und Jüngerinnen auf die Lehre Jesu ihr Lebenshaus bauen. Trotz irdischer Benachteiligung sind sie seligzupreisen.

Nach Lk 8,3 schließt sich Lukas wieder der Markusabfolge an. Lk 8,4–8 ist die Parallele zu Mk 4,1–9, dem ersten Gleichnis des markinischen Gleichniszyklus. Das bei Markus noch davor stehende Stück Mk 3,20–35 übergeht Lukas an dieser Stelle, teils weil er umstellt (Mk 3,31–35 findet seine Parallele in Lk 8,19–21), teils weil er verwandtes Material aus der Logienquelle Q an anderer Stelle einfügt. Der Gleichniszyklus von Mk 4 ist etwas ausführlicher zu behandeln, doch soll auch das Zwischenstück Mk 3,20–35 wenigstens kurz bedacht werden.

9. Die Ablehnung Jesu durch die Schriftgelehrten und das Unverständnis der Verwandten Mk 3,20–35 par Mt 12,22–37

Mk 3,20–35 setzt Mk 3,7–19 fort, womit der zweite Teil des Markusevangeliums begonnen hatte. Er zeigt Jesus vor einer breiteren jüdischen und heidnischen Öffentlichkeit. Die entscheidende Frage, die sich dabei stellt: „Wer ist dieser?" (Mk 4,41), vermag allerdings niemand korrekt zu beantworten. Jesus stößt auf Ablehnung und Unverständnis. Gerade dafür liefert Mk 3,20–35 konkrete Beispiele. Dabei ist in typisch markinischer Technik („Sandwich-Technik") die Auseinandersetzung mit den Schriftgelehrten (3,22–30) eingerahmt von der Erzählung über die Angehörigen Jesu (3,19f.31–35).

Die Ablehnung Jesu durch die Schriftgelehrten Mk 3,22–30 parr

Die Schriftgelehrten verstehen Jesus nicht, bzw. sie haben ein Deutemuster, das sie davon dispensiert, Jesu Botschaft und Wirken anzuerkennen; sie sagen: „Er ist von Beelzebul besessen" und „Durch den Anführer der Dämonen treibt er die Dämonen aus" (3,22). Jesus antwortet darauf „in Gleichnissen" (3,23a) von eigentlich weisheitlicher Evidenz (3,23 b–27). Doch ist diese Weisheit letztlich eine Gabe des Geistes, weil sie anzuerkennen die Bereitschaft voraussetzt, in Jesus den heiligen Geist am Werke zu sehen. Wer sich dem verschließt, verbleibt in ewiger Sünde (3,29f). An der Person Jesu fällt die eschatologische Entscheidung.

Matthäus kombiniert Mk 3,22–27 mit einer ähnlich gelagerten Überlieferung aus der Logienquelle, die bei *Lukas* in Lk 11,14–23 auftaucht. Die Auseinandersetzung zwischen Jesus und „einigen" (in Lk 11,14f noch aus den Volksmassen; Mk 3,22: „Schriftgelehrte"; Mt 12,24: „Pharisäer"!) wird dort eingeleitet durch eine rudimentär erzählte Dämonenbannung

(Lk 11,14 par Mt 12,22; neben dem „Hauptmann von Kafarnaum" die einzige Wundergeschichte von Q!). Traditionsgeschichtlicher Ausgangspunkt der Erzählung dürfte das Wort Jesu in Lk 11,20 par sein. Die darin hergestellte Verbindung von Wunder und Eschatologie ist religionsgeschichtlich singulär. Das Wort ist authentisch und bringt den Anspruch Jesu zum Ausdruck, daß in seinem Wirken die erwartete Gottesherrschaft bereits präsent ist. Sachlich steht das Wort in enger Verbindung zu den Gleichnissen von Mk 4, traditionsgeschichtlich ist es die Voraussetzung für die spezifisch urchristliche Form der Exorzismusüberlieferung (vgl. z. B. Mk 1,21–28). Das Wort von der Lästerung des Geistes bearbeitet Matthäus nach dem Muster eines an anderer Stelle stehenden Q-Logions (Lk 12,10 par Mt 12,32). Im Unterschied zur markinischen Version unterscheidet es zwischen einem vergebbaren Wort gegen den Menschensohn und dem nicht vergebbaren Wort gegen den heiligen Geist. Dies entspricht wohl der nachösterlichen Sicht, wonach die erneute Verkündigung der Botschaft Jesu als neue und letzte Chance des Heils verstanden wurde. Matthäus ergänzt das Ganze noch durch Material aus der programmatischen Rede von Q (Mt 12,33–35), durch das er sich bereits in Mt 7,16–20 inspirieren ließ. Dadurch wird der Gerichtscharakter der fälligen Entscheidung noch stärker hervorgehoben, wie denn auch Mt 12,34 die Anrede der Gerichtspredigt des Täufers aus Mt 3,7 („Ihr Schlangenbrut") aufgreift. Auffällig für Matthäus ist, daß er hier das „Wort" bzw. das „Sprechen" betont (12,34–37; V. 37 in Anschluß an Ps 51,6), während er sonst das „Tun" herausstellt. Doch wird man daraus keinen Gegensatz konstruieren dürfen (siehe unten zu Mk 3,31–35 par Mt 12,46–50). Bevor Matthäus zur Markusabfolge zurückkehrt (Mk 4,1–9 par Mt 13,1–9), schiebt er noch einige Sprüche aus Q dazwischen, die Lukas erst im Reisebericht verarbeitet (Mt 12,38–42.43–45 par Lk 11,16.29–32.24–26). Sie unterstreichen die kritische Situation für dieses „böse und ehebrecherische Geschlecht" (12,39.45).

Theologisch verdeutlicht die Perikope Mk 3,22–30 die Gefährlichkeit des Glaubens. Person und Wirken Jesu sind ambivalent interpretierbar. Auch Wunder sind keine objektiven Kriterien. Gefordert ist der Einsatz der eigenen Person. Der eigene Lebensentwurf muß aufs Spiel gesetzt werden. Daß der Glaube dann Lebenssinn stiftet, ist die Verifikation eines geglückten Wagnisses. Wer sich diesem Wagnis verschließt, wird sich den Sinn woanders suchen müssen. Doch ist auch diese Entscheidung nicht objektiv als Fehlentscheidung – als „Sünde" im Sinne von Mk 3,29f – verifizierbar. Die Schriftgelehrten waren sich wohl nicht bewußt, „den heiligen Geist zu lästern", als sie Jesus abgelehnt haben. Sie haben den heiligen Geist woanders gesucht bzw. in Jesus nur „unreinen Geist" gesehen. Insofern kann Glaube – von denen, die ihn haben – nur als Gabe verstanden werden. Dies leitet bereits über zu Mk 4,10f.

Wenngleich nicht so theologisch qualifiziert wie die Schriftgelehrten, so doch nicht minder eindeutig haben auch die Angehörigen Jesu eine Antwort auf die Frage: „Wer ist dieser?" Sie sagen: „Er ist verrückt!" (Mk 3,21). Das Wort fällt bei Matthäus und Lukas wohl der christologischen Zensur zum Opfer. In Mk 3,31–35 wird das Thema von 3,20f noch einmal aufgegriffen und positiv abgewandelt. Es geht um die wahre Familie Jesu. Die Zugehörigkeit bestimmt sich nicht genealogisch, sondern durch das Tun des Willens Gottes (V. 35). Dies geschieht wiederum im Hören auf das Wort Jesu, wie es die „rings um ihn Sitzenden" (V. 34) tun. In der Gegenüberstellung von den „draußen" stehenden Verwandten (VV. 31 f) und den „um ihn" sitzenden Jüngern (V. 34) ist die Opposition der Parabeltheorie von Mk 4,10f szenisch schon vorweggenommen. Dort wird sich freilich zeigen, daß auch diese Opposition noch einmal dialektisch zu hinterfragen und von der Praxis der Nachfolge her zu verifizieren ist.

Matthäus übernimmt im wesentlichen die markinische Perikope (Mt 12,46–50). Das abschließend betonte Kriterium der Tat – „wer den Willen meines Vaters im Himmel tut, der ist mir Bruder und Schwester und Mutter" (Mt 12,50) – gibt den Rahmen an, in dem das vorher herausgestellte „Wort"-Bekenntnis (Mt 12,32.34–37) erst seine Gültigkeit findet.

Lukas benutzt Mk 3,31–35 (in verkürzter Form), um die Quintessenz seines Verständnisses von dem Sämannsgleichnis und den anschließenden Sprüchen (Lk 8,4–18) anzugeben. Das Hören allein genügt nicht: „Meine Mutter und meine Brüder sind die, die das Wort Gottes hören und tun" (Lk 8,20).

10. Jesu Lehre in Gleichnissen

Die synoptische Situation

In der Reihenfolge laufen die drei Evangelien zunächst parallel. Sie beginnen mit dem Gleichnis vom Sämann und lassen dann die Parabeltheorie und die Deutung des Sämannsgleichnisses folgen. Die Sprüche vom rechten Hören, die bei Mk 4,21–25 zwischen Deutung des Sämannsgleichnisses und den beiden anderen Saatgleichnissen eingeschaltet sind, versteht Lukas als abschließende Leseanweisung für das vorausgehende Gleichnis, die er mit Hilfe der nachgeschobenen Perikope von der wahren Familie Jesu (Lk

8,19–21 par Mk 3,31–35) auf den pragmatischen Punkt bringt: Hören und Tun! Offensichtlich empfindet Lukas die drei Gleichnisse von Mk 4 nicht mehr als literarische Einheit. So übergeht er Mk 4,26–29.30–32, zumal er zwei verwandte Gleichnisse aus der Logienquelle kennt, die er an anderer Stelle verarbeitet (Lk 13,18f.20f). Matthäus übergeht die Sprüche vom rechten Hören, weil er bereits vorher (5,15; 10,26; 7,2; 13,12) ähnliche Sprüche (zumeist aus Q) verarbeitet hat. Anstelle des Gleichnisses von der selbstwachsenden Saat bringt er das vom Unkraut unter dem Weizen (13,24–30), das er dann auch mit einer Deutung verse-hen wird (13,36–40). Mit dem Gleichnis vom Senfkorn läuft Matthäus wieder mit Markus parallel, kombiniert es aber mit der Q-Fassung und schließt daher auch gleich das in Q damit verbundene Gleichnis vom Sauerteig an. Mt 13,34f entspricht dem markinischen Abschluß der Gleichnisrede (Mk 4,33f). Unter der Voraussetzung spezieller Jüngerbe-lehrung setzt der matthäische Jesus jedoch erneut an. Es folgt die Deu-tung des Gleichnisses vom Unkraut unter dem Weizen (Mt 13,36–40) und drei weitere, kurze Gleichnisse (Mt 13,44.45f.47–50). Mit zwei re-daktionellen Versen schließt die matthäische Gleichnisrede ab (Mt 13,51f).

10.1 Jesu Lehre in Gleichnissen nach Mk 4,1–34

Zur Literarkritik und Traditionsgeschichte von Mk 4,1–34

Daß Mk 4,1–34 keine literarische Einheit darstellt, läßt sich relativ leicht erken-nen. Schon in den Rahmenbemerkungen fallen einige Unstimmigkeiten auf. Zu Beginn setzt sich Jesus in ein Boot und lehrt „eine sehr große Volksmenge" vom See aus (VV. 1f). In V. 10 ist Jesus „allein" zusammen mit denjenigen, die „bei ihm" sind, und „mit den Zwölfen". Beim Übergang zur nächsten Geschichte in 4,35f wird allerdings vorausgesetzt, daß die „Volksmenge" noch da ist und Jesus immer noch „im Boot" sitzt. Diese Unstimmigkeit kommt wohl daher, daß Mar-kus in einen vorgegebenen Zusammenhang seine Theorie einer speziellen Jünger-belehrung eingebaut hat, nämlich die VV. 11f und wohl auch V. 34. Daß die VV. 11f nachträglich eingeschoben sind, erkennt man auch daran, daß in der einlei-tenden Bemerkung von V. 10 von „Gleichnissen" (im Plural!) gesprochen wird, ob-wohl Jesus erst ein Gleichnis erzählt hat. Der für den Einschub Verantwortliche (Markus) hat also schon die ganze Sammlung von Gleichnissen vor Augen, als er den Einschub einbringt (vgl. auch V. 13b). Daß er gerade hier – nach dem ersten Gleichnis und nicht am Ende – den Einschub macht, läßt sich leicht erklären. In der Sammlung, die er vorfindet, ist das erste Gleichnis mit einer Deutung verse-hen (VV. 13a.14–20). In der Deutung aber sieht Markus die Spezialbelehrung, die Jesus seiner Überzeugung nach den Jüngern zuteil werden ließ (VV. 10.34). Der Umstand, daß nur das erste Gleichnis mit einer Deutung versehen ist, läßt darauf schließen, daß die vormarkinische Gleichnissammlung selbst nicht einheit-lich ist, sondern bereits einen Wachstumsprozeß hinter sich hat. Das heißt, die

Gleichnisse von der selbstwachsenden Saat und vom Senfkorn (4,26–29.30–32) wurden an das bereits gedeutete Gleichnis vom Sämann (4,3–9.10*.13a.14–20) angehängt.

An diesem Punkt hilft eine Beobachtung zum Senfkorngleichnis weiter. Neben der markinischen Fassung (4,30–32) kennen wir die Fassung der Logienquelle, die in etwa Lk 13,18f entspricht. Beim Vergleich mit Q fällt auf, daß das von Markus überlieferte Gleichnis stärker den Kontrast bzw. den unscheinbaren Charakter der Gegenwart betont: das Senfkorn ist „kleiner als alle Samenkörner auf Erden" (V. 31b). Der Mittelteil des Gleichnisses ist „zerdehnt". Ähnliche Beobachtungen kann man bei Mk 4,26–29 machen, wo wohl die VV. 27a.bβ.28 eine ähnliche „zerdehnende" Erweiterung darstellen. Offensichtlich haben die Tradenten, die die drei Gleichnisse zu einer Sammlung zusammengestellt haben, auf diese „Zerdehnungen" besonderen Wert gelegt.

Die verbleibenden VV. 21–25 sind wohl ein markinischer Einschub, kenntlich schon an der Einleitungsformel „und er sagte ihnen" (VV. 21.24), die Markus auch in VV. 2.11 gebraucht. Die Tradition verwendete entweder „und er sagt ihnen" (V. 13a; das ist die Schicht, in der die Deutung zum ersten Gleichnis hinzutritt) oder „und er sagte" (VV. 9.26.30; das ist die Schicht der vormarkinischen Gleichnissammlung). Aufgrund dieser Beobachtungen kann eine Art Schichtenmodell erstellt werden, an dem sich die Traditionsgeschichte von 4,1–34 nachvollziehen läßt. Um die dabei hervortretenden theologischen Akzente geht es im Folgenden.

Die theologischen Akzente im Laufe der Traditionsgeschichte von Mk 4,1–34

(I) Die drei Gleichnisse dürften in ihrem Grundbestand auf Jesus selbst zurückgehen. Das zweite und das dritte Gleichnis sprechen ausdrücklich von der „Gottesherrschaft", dem zentralen Thema Jesu (siehe zu Mk 1,14f). Das erste Gleichnis gibt keine Referenzgröße an. Doch ist es von der Thematik her entweder ebenfalls auf die Gottesherrschaft zu beziehen oder – auch das ist denkbar – es will mit dem Bild vom Sämann stärker das Wirken Jesu (als des Verkündigers der Gottesherrschaft) herausstellen. Gemeinsam ist allen drei Gleichnissen in ihrer ursprünglichen (authentischen) Form, daß sie sehr stark den *Kontrast* betonen. In 4,3–8 ist das Tun des Sämanns, das zunächst dreifach vergeblich und damit aussichtslos erscheint, dann doch von einem dreifach sich steigernden (30-, 60-, 100fachen) Erfolg gekrönt. In 4,26–29 (bzw. 4,26.27bα.29) überläßt der Bauer die Saat sich selbst und erwartet doch Frucht, die er ernten kann. Ähnlich läßt in 4,30–32 das Senfkorn, wenn es auf die Erde gesät ist, eine Staude erwarten, in der die Vögel des Himmels Wohnung finden. Um zu verstehen, was mit diesen Bildern gemeint ist, hat man im Anschluß an Adolf Jülicher meist zwischen Bild- und Sachhälfte unterschieden und den sie verbindenden Vergleichspunkt (tertium comparationis) als den für die Gleichnisauslegung einzig entscheidenden „springenden Punkt" (hier: den Kontrast) herausgestellt. Als heuristisches Mittel ist die Frage nach dem tertium comparationis immer noch hilfreich. Das Manko dieser Auslegungsweise besteht allerdings darin, daß die Gleichnisse dann immer in einen Lehrsatz überführt werden (hier: Die Gottesherrschaft kommt trotz aller Unwahrscheinlichkeit und Widrigkeit!). Man fragt sich, warum Jesus in Gleichnissen gesprochen hat, wenn er das Gemeinte besser und eindeutiger in Lehrsätzen hätte ausdrücken können! Diesen Mangel überwindet die neuere Gleichnisauslegung, die sich die Metapherntheorie zunutze macht (Paul Ricoeur, Hans Weder, u. a.). Sie nimmt die Gleichnisform der Gleichnisse ernst und meint, daß die Gottesherrschaft gerade im Gleichnis zur Sprache kommt. Damit soll nicht nur betont werden, daß von Gottesherrschaft nicht anders als analog gesprochen werden kann (das wußte auch die Gleichnistheorie Jülichers!). Vielmehr soll gesagt werden, daß das Gleichnis selbst das Sprachereignis der Gottesherrschaft ist: Im Sprechen des Gleichnisses ereignet sich (zumindest potentiell) Gottesherrschaft. Die Gleichnisse arbeiten mit der Kraft der Bilder, die jenseits argumentativer Logik liegt. Die verwendeten Bilder besitzen in sich Evidenz und vermögen daher die Hörerinnen und Hörer zu ergreifen und in die zur Sprache gebrachte Gottesherrschaft zu verwickeln, so daß diese sich im Akt der Rezeption – die Rezipienten ändernd – ereignet. Genau darum geht es Jesus. Das Gleichnis wird zur *realen Setzung eschatologischer (symbolischer) Wirklichkeit.*

(II) Auf der Ebene der nachösterlichen Gemeinde erfährt das Gleichnis vom Sämann (4,3–8) eine Deutung (4,13a.14–20). Das Gleichnis wird allegorisiert. An die Stelle der geballten, konzentrierten Kraft der Metapher tritt das Interesse an den Einzelzügen des Gleichnisses, die Schritt für Schritt auf die Erfahrungen der Gemeinde übersetzt werden. Im Mittelpunkt steht nicht mehr der Kontrast zwischen Zukunft und Gegenwart, nicht die Suggestion des Kommenden als Setzung von Wirklichkeit. Im Mittelpunkt steht vielmehr die Gegenwart, die nach dem Abebben der ersten Begeisterung mit den Problemen einer im „Wort" gesetzten Wirklichkeit fertigwerden muß. Die Gemeinde hat die Erfahrung gemacht, daß das gesäte Wort wieder weggenommen werden kann (V. 15). Bedrängnisse und Verfolgungen machen offenbar, wie oberflächlich manche das Wort angenommen haben (VV. 16f). Der Alltag und die Verlockung des Greifbaren ersticken manch aufkeimende Saat (VV. 18f). In dieser Situation hält man fest an der Verheißung des Gleichnisses (VV. 8.20) und verwendet es in gedeuteter Form als *Mahnung* für die Gemeinde. Das Wort ist kein unverlierbarer Besitz. Es ist der Verantwortung der Gemeinde und der einzelnen anheimgestellt. In dieser Situation gilt es zu „hören". „Hören" ist das entscheidende Stichwort, mit dem die deutende Gemeinde das Gleichnis einrahmt (V. 3: „Hört!"; V. 9) und die Deutung sinngebend durchsetzt

(VV. 15.16.18.20). Zum Hören genügt allerdings nicht die äußere Wahrnehmung (vgl. dagegen: VV. 15.16.18). Es reicht nicht „Ohren zu haben zu
hören", man muß damit auch „hören", d. h. hinhören (V. 9) bzw. das
Gehörte in sich „aufnehmen" (V. 20). Erst dann wird es Frucht tragen.

(III) Auf einer weiteren Stufe der Überlieferung kommt es zur *Sammlung
der drei Gleichnisse*. Der mahnende Charakter der vorausgehenden Überlieferungsstufe bleibt erhalten. Doch wird durch die hinzutretenden
Gleichnisse von der selbstwachsenden Saat und vom Senfkorn ein weiterer
Akzent hinzugefügt. Er ist besonders gut an den „zerdehnten" Mittelteilen
dieser Gleichnisse zu erkennen. Im Senfkorngleichnis wird die Unscheinbarkeit des Senfkorns (es ist „kleiner als alle Samen der Erde" V. 31)
hervorgekehrt. Im Gleichnis von der selbstwachsenden Saat wird die
Untätigkeit, zu der der Bauer nach der Saat offensichtlich verurteilt ist,
herausgestellt (VV. 26b.27a.bβ.28). Hinter der Sammlung scheint die
Erfahrung der Vergeblichkeit und der Erfolglosigkeit – wohl in der Mission
– zu stehen. In dieser Situation besinnt sich die Gemeinde wieder stärker
auf das den Gleichnissen von Jesus eingestiftete Hoffnungspotential, das
man nun – ohne die durch das gedeutete Sämannsgleichnis eingebrachte
Mahnung zu vernachlässigen – als *Trost* empfindet. Die Sammlung der
Gleichnisse will eine angefochtene Gemeinde in ihrer Hoffnung bestärken
und sie gleichzeitig anspornen, nicht zu erlahmen.

(IV) Die letzte Schicht der Überlieferungsgeschichte ist identisch mit Mk
4,1–34. Der *Evangelist Markus* hat die Gleichnissammlung übernommen,
durch einige andere Traditionsstücke ergänzt und vor allem die Übergänge
redaktionell bearbeitet. Eingefügt sind die VV. 11f und VV. 21–25. Redaktionell bearbeitet sind die VV. 1f und die Übergangsverse 10 und 13 (vor
allem der Verweis auf die „Zwölf" und die Frage nach den „Gleichnissen"
[Plural] gehen auf das Konto des Evangelisten). V. 34 ist wohl zur Gänze
redaktionelle Abschlußbemerkung.
Vor allem durch die Verstockungstheorie der VV. 11f und die damit
zusammenhängende Spezialbelehrung der Jünger als Voraussetzung zum
Verstehen der Gleichnisse bekommen diese einen völlig neuen Sinn. VV.
11f haben ursprünglich mit Gleichnissen nichts zu tun. Für sich genommen, bringen die beiden Verse zum Ausdruck, daß „denen draußen" im
Gegensatz zu den Jüngern, denen „das Geheimnis der Gottesherrschaft
gegeben ist", alles „in Rätseln" zuteil wird. Daß der dafür verwendete
griechische Begriff παραβολή (,parabolē') auch „Gleichnis" bedeuten
kann, ist die Voraussetzung, daß Markus darauf seine Gleichnistheorie
aufbauen kann. Ursprünglich aber ging es um die Gegenüberstellung von
offener Rede und Rätselrede, deren Zweck in V. 12 mit einem Schriftzitat

verdeutlicht wird. Allerdings entspricht der Wortlaut des Zitats weder der masoretischen noch der griechischen Version von Jes 6,9f. Eine gewisse Nähe besteht zum Targum (= aramäische Version bzw. Paraphrase), das an dieser Stelle liest: „damit sie sehen und doch nicht sehen, hören und doch nicht verstehen, *es sei denn, daß* sie umkehren und Gott ihnen vergebe". Darauf bezieht sich offensichtlich die hinter VV. 11 f stehende urchristliche Tradition, die dann bei ihrer Übersetzung ins Griechische eine deutliche Verschärfung erhält. Denn μήποτε formuliert nicht die Bedingung, sondern das Ziel: *„damit sie nicht* umkehren ...". Damit ist klar eine Verstockungstheorie artikuliert. Allerdings wird man darin weniger eine dogmatische Theorie vom apriorischen Planziel Gottes sehen dürfen als vielmehr eine nachträgliche Reflexion der Gemeinde, die das ihr unerklärliche Rätsel, daß sich Menschen dem Evangelium verweigern, mit Schriftzitat und mit Hilfe einer ihr nicht mehr einsichtigen göttlichen Logik deutet. Dadurch, daß Markus diese Verstockungstheorie auf die Gleichnisse bezieht, werden die Gleichnisse selbst zur Rätselrede, die denen draußen verschlossen und nur „denen bei ihm mit den Zwölfen" zugänglich sind. Welchen Zweck verfolgt Markus mit dieser *Parabeltheorie?* Zunächst steht dahinter die Erfahrung, daß das Wort Jesu in der urchristlichen Verkündigung auf die jeweilige Situation bezogen und gedeutet werden muß. Dabei spielen die Zwölf eine wichtige Rolle. Sie hat Jesus in 3,14 ausgewählt („gemacht"), „damit sie bei ihm seien". Ihnen bzw. den Jüngern wird im Laufe des Markusevangeliums immer wieder eine Sonderbelehrung zuteil (7,17; 9,28; 10,10; 13,3). Ihnen werden auch die Gleichnisse gedeutet (4,10.13.34). Mit der Parabeltheorie unterstreicht Markus also die Zwölf bzw. die Jünger als die Traditionsgröße, durch die Jesus und markinische Gemeinde miteinander verbunden sind. Die Gemeinde beginnt sich als apostolische Kirche zu begreifen. Wird damit aber die scharfe Scheidung zwischen Gemeinde und denen draußen nicht noch radikaler vollzogen? Will Markus sagen, daß die in der Tradition der Jünger stehende Gemeinde sich um die draußen nicht zu kümmern braucht? Oder gar, daß die Insider, denen das Geheimnis der Gottesherrschaft gegeben ist, sich in Sicherheit wiegen dürfen? Beides ist nicht der Fall! Dem ersten stellt Markus die VV. 21–23 entgegen: Das Geheimnis darf die Gemeinde gerade nicht für sich behalten, es muß offenbar gemacht und verkündet werden. Im übrigen bekräftigt Markus, was schon die zweite Schicht betont hatte: Die Gemeinde muß das ihr geschenkte (gehörte) Wort immer wieder von neuem aufnehmen und beachten (4,24). Sie muß das Geheimnis der Gottesherrschaft „ermessen", sonst steht sie am Ende selbst mit leeren Händen da (4,25). Es wird deutlich, daß die Scheidung zwischen drinnen und draußen sich auch kritisch gegen die Gemeinde wenden kann. Daß den Jüngern das Geheimnis der Gottesherrschaft gegeben ist, schließt nicht aus, daß auch sie die Gleichnisse nicht verstehen (4,13). Hier konvergiert die Parabeltheorie mit dem markinischen Jüngerunverständnis, in dessen Licht sie erst voll verständlich wird. Darauf ist im Zusammenhang mit Mk 8,30 – 10,45 näher einzugehen. Kurz gesagt geht es um folgendes: Für Markus genügt nicht die physische Nähe, um bei Jesus zu sein. Der optische und akustische Kontakt reichen nicht aus, um das Geheimnis seiner Botschaft zu verstehen. Auch dem Jünger bleibt die Botschaft Jesu ein Rätsel, wenn er nicht eintritt in die Praxis Jesu, d. h. in die Kreuzesnachfolge und den Dienst. Es zeigt sich, daß die Tradition, an die Markus seine Gemeinde zurückbindet, keine Doktrin, sondern die Praxis ist. Auf sie zielt letztlich alle Sonderbelehrung der Jünger. Sie ist die hermeneutische Voraussetzung zum Verständnis der Gleichnisse. Sie ist zwischen drinnen und draußen die Grenze, die auch für die drinnen durchaus kritisch werden kann.

Die eben beschriebenen Etappen der Gleichnisüberlieferung sind Vergangenheit. Die Situation von heute hat sich gegenüber der Situation Jesu und der ersten Christengemeinden gewandelt. Unsere Kirchen leben nicht mehr in unmittelbarer Naherwartung. Geblieben – und der heutigen Erfahrung vielleicht noch stärker präsent – ist der Kontrast zwischen der Erfahrungswelt und dem, was Menschen hoffen und brauchen. Menschen brauchen offensichtlich Bilder und Metaphern. Sie brauchen eine symbolische Welt, um in der sogenannten realen Welt der Erfahrung – sinnvoll und sinnstiftend – leben zu können. In dieser Hinsicht sind die Bilder und Metaphern, die Jesus gebraucht hat, auch heute noch hilfreich und wirksam, wenngleich man – um ihre volle kontrastive symbolische Kraft zu verspüren – die Besonderheiten der damaligen Feldbestellung (Mk 4,3–8) kennen müßte bzw. wissen müßte, daß das Senfkorn, von dem Jesus spricht, nicht größer ist als ein mit einem spitzen Bleistift gemachter Punkt und doch zu einem Bäumchen von zwei bis drei Metern Höhe wird. Beachtung verdient, daß Jesus die Zukunft, die er in seinem Sprechen und Handeln schon am Wirken sieht, nicht mit Träumen und Mythen motiviert. Was der Zukunft Plausibilität und der Symbolik Wirkmächtigkeit verleiht, sind die Gesetzmäßigkeiten der Natur bzw. einer an der Natur orientierten (bäuerlichen) Kultur. Theologisch gesprochen, ist es also das Zutrauen zur wahrnehmbaren Schöpfung, das den Glauben an eine eschatologische Neuschöpfung transportiert und gegenwärtig schon wirksam werden läßt. Das wird – zumindest für den glaubenden Menschen – heute nicht anders sein. Wichtig ist, daß mit den Bildern und Metaphern nicht einfach Zukunft beschworen, sondern Gegenwart – als von der Zukunft erfaßt – gedeutet wird. Jesus ging es nicht um Vertröstung auf das Kommende. Seine Gleichnisse wollten vielmehr sein Wirken in der Gegenwart als Einbruch eschatologischen Heils plausibel machen. Wer die Gleichnisse heute benutzt und weitererzählt, muß daher ebenfalls auf heilsames Tun verweisen können, das er oder die christliche Gemeinde vollbringt. Sonst fehlt den Gleichnissen das zu deutende Substrat. Die kommende Welt der Gottesherrschaft verlangt verändernde Praxis gegenüber der gegenwärtigen Welt. Daß menschliches Tun immer nur proleptischer Hinweis auf die eschatologische Neuschöpfung und nicht diese selbst ist, bleibt der nur im Glauben zu überbrückende Kontrast, der im übrigen aber auch das nie vollendete Tun vor Resignation bewahrt. Insofern haben die Bilder und Metaphern der Gleichnisse auch heute noch tröstende und ermutigende Kraft. Im Alltagsgeschäft des kirchlichen Lebens machen sich häufig allerdings ganz einfach Abnützungserscheinungen bemerkbar. Die Botschaft wird zur leeren Worthülse, und die Praxis verkommt zum wirkungslosen Ritus. Die Gefahr, der die Deutung des Sämannsgleichnisses entgegensteuern wollte, ist noch nicht gebannt. Insofern bleibt die den Gleichnissen inhärierende Mahnung aktuell. Es gilt zu hören auf das Wort, sich erfassen zu lassen von der Faszination seiner symbolisch gestifteten Welt.

Diese symbolisch gestiftete Welt wird man letztlich freilich nur übernehmen können, wenn man zugleich an den glaubt, der sie gestiftet hat. Daß das Scheitern Jesu nicht das Scheitern seiner Botschaft bedeutet, läßt sich ja wohl nur annehmen, wenn man bereit ist, seine Gottverlassenheit am Kreuz nicht als das Entschwinden eines zur Neuschöpfung fähigen und entschlossenen Gottes, sondern geradezu als dessen Gottsein zum Vorschein bringende Möglichkeit einer creatio ex nihilo zu deuten. Die Gleichnisse Jesu bedürfen der Gewißheit, daß der Menschensohn, der gekreuzigt wurde, auferstanden ist. Diese Gewißheit läßt sich nach Auffassung des Markus nicht in der Hochstimmung feierlicher Bekenntnisse, sondern nur im Nachvollzug eines zum Kreuzweg bereiten Dienstes einholen. Nur auf diesem Wege läßt sich das „Geheimnis der Gottesherrschaft" erfassen, nur auf diesem Wege werden die Gleichnisse verstanden und werden zu Potentialen einer am Kreuz nicht zerbrechenden Hoffnung.

10.2 Jesu Rede in Gleichnissen nach Mt 13,1–53

Die Gleichnisrede stellt die dritte große Rede dar, die der matthäische Jesus hält (1. = Bergpredigt Mt 5–7; 2. = Aussendungsrede Mt 10). Zentrales Thema ist die „Gottesherrschaft" bzw. – wie Matthäus meist sagt – das „Himmelreich". Dabei geht es jedoch nicht um eine Lehre über das Himmelreich. Matthäus vermeidet überhaupt den von Markus noch bevorzugten Begriff des „Lehrens" (vgl. Mt 13,3 λαλεῖν = „reden" diff Mk 4,1.2 διδάσκειν = „lehren"; λαλεῖν auch noch in Mt 13,10.13.33.34; vgl. Mt

13,24.31 παρατίθημι = „vorlegen"). „Lehre" ist für Matthäus Lebenslehre bzw. Lebensweg; als solche kann er die Bergpredigt bezeichnen (Mt 5,2; 7,29). Die Gleichnisse hingegen sind „Rede" im Sinne von Offenbarung, hier speziell Offenbarung des Himmelreichs, das von Jesus proklamiert wurde und bald vollends offenbar werden soll. Allerdings will Matthäus keinen dogmatischen Traktat über die Eschata darbieten. Die Gleichnisrede will vielmehr der Gemeinde Orientierung geben. Sie dient der Ortsbestimmung der Gemeinde in dem Entscheidungs- und Scheidungsprozeß, den die Verkündigung des Himmelreichs sowohl zwischen Gemeinde und Welt als auch innerhalb der Gemeinde selbst herbeiführt. Dies ist das eigentliche Thema von Mt 13: Die Rede vom Himmelreich stellt vor die Entscheidung, ist selbst wirksames Instrument der Scheidung. Deswegen spricht Jesus auch in Gleichnissen. Insofern ist Mt 13 die konsequente Weiterführung der markinischen Parabeltheorie. Unter dieser Rücksicht erklärt sich auch die Aufteilung von Mt 13. Der erste Teil Mt 13,1–35 (par Mk 4,1–34) ist an das *Volk* gerichtet (allerdings mit der bereits bei Markus vorhandenen Sonderbelehrung an die Jünger: Mk 4,10–20 bzw. 25 par Mt 13,10–23). Der zweite Teil Mt 13,36–52 gilt ausschließlich den *Jüngern*. Im folgenden können nur die wichtigsten Akzente hervorgehoben werden, vor allem solche, die sich aus der Differenz zu Markus ergeben.

Mt 13,1–35: Die Rede vor dem Volk

Das Gleichnis vom Sämann Mt 13,1–9

Auf die Änderung von „lehren" (Mk 4,1.2) in „reden" (Mt 13,3) wurde bereits hingewiesen. Auffällig ist, daß die Angabe des Ertrags in Mt 13,8 gegenüber Markus in umgekehrter, d. h. absteigender Reihenfolge erfolgt: 100 – 60 – 30. Möglicherweise ist die Darstellung des Matthäus von der Realität der Erfahrung beeinflußt. In seiner Erfahrungswelt – und zwar sowohl in der Welt als solcher als auch in der Gemeinde – trägt der ausgestreute Same des Himmelreichs nicht so handgreiflich Frucht, daß Matthäus sich zu dem aufsteigenden Jubel das Markus entschließen könnte. Jedoch bleibt auch so der eigentliche Sinn des Gleichnisses gewahrt. Das Himmelreich setzt sich allen Widerständen zum Trotz durch: Auch wenn nicht immer 100fache Frucht zu erwarten ist, dann doch 30fache! Für den, der sehen kann (vgl. Mt 13,10–17), in jedem Fall also ausreichende Frucht!

Die Parabeltheorie ist eine metasprachliche Erläuterung über den Zweck der Gleichnisrede. Sie ist – wie bei Markus – an die Jünger gerichtet. Die entscheidende Opposition verläuft in V. 11 zwischen „euch" und „jenen" (Mk: „die draußen"). „Jene" sind demnach die Nicht-Jünger. Neu gegenüber Markus ist V. 12, den Markus in der Spruchgruppe Mk 4,21–25 überliefert hatte. Bei Matthäus dient er zur Illustration der Scheidung zwischen Jüngern und Nicht-Jüngern. Keineswegs soll eine Gesetzmäßigkeit kapitalistischer Wirtschaft gelehrt oder bestätigt werden. Es geht vielmehr um eine fundamentale religiöse Gesetzmäßigkeit: Wer in Gott den Sinn seines Leben gefunden hat, wird aus einer überfließenden Sinntiefe leben, wer keinen Sinn findet, stürzt in bodenlose Tiefe. Hier in V. 12 ist der allgemeine Grundsatz auf das Eschaton abgewandelt. Die Geheimnisse des Himmelreichs, die Jesus in Gleichnissen erläutert, wird nur derjenige verstehen, der bereit ist, Jesu Jünger zu sein; dieser allerdings wird immer tiefer eindringen. V. 13 paraphrasiert zunächst das Zitat von Mk 4,12. Durch die Ersetzung des markinischen „damit" durch „weil" wird noch deutlicher als bei Markus, daß Matthäus das Zitat nicht als Verstockungs*dekret*, sondern als (nachträgliche) Erklärung der tatsächlichen Uneinsichtigkeit verstanden hat. Auffällig sind die VV. 14f, in denen Jes 6,9f im Wortlaut nachgetragen wird. Was bei Markus eher indirekt angedeutet war, wird hier – im Rahmen eines Erfüllungszitats – ausdrücklich reflektiert. Allerdings weicht die Einführung des Erfüllungszitats von den sonst bei Matthäus gebräuchlichen Einleitungen ab. Ungewöhnlich ist die wörtliche Übereinstimmung mit der Septuaginta (LXX). Gelegentlich wird daher angenommen, daß das Zitat eine spätere Glosse ist. Entsprechend der Opposition von V. 11 wird dann dem Unverständnis der Nicht-Jünger das Sehen und Hören der Jünger gegenübergestellt: VV. 16f. Die Seligpreisung stammt aus der Logienquelle Q (par Lk 10,23f) und galt ursprünglich allen Augen- und Ohrenzeugen Jesu. Das Wort wollte den Anbruch der Heilszeit zum Ausdruck bringen. Durch die Anwendung auf die Jünger bei Matthäus bekommen „Sehen" und „Hören" einen tieferen Sinn. Es geht nicht mehr um das optische und akustische Wahrnehmen, sondern um das gläubige Sehen und Hören.

Die Deutung des Sämannsgleichnisses Mt 13,18–23

Wie schon bei Markus wird durch die Deutung der Sinn des Sämannsgleichnisses verschoben. Sollte ursprünglich das Kommen der Gottesherrschaft – allen Widerständen zum Trotz – veranschaulicht werden, so geht es jetzt um die Aufarbeitung der konkreten Gemeindeerfahrung. Dabei ist bei

Matthäus durch die Auslassung von Mk 4,14 (Der Sämann sät das Wort) noch stärker das Geschick der Verkündigung in den Vordergrund gerückt. Man kann von einer Verschiebung von der Eschatologie zur Paränese sprechen; das deckt sich genau mit dem Anliegen des Matthäus, der die Eschatologie zur Ortsbestimmung der Gemeinde einsetzt. In V.23 ändert Matthäus: „der das Wort hört und *versteht*". Das „Verstehen" bezieht sich natürlich auf die VV. 13.14 f.

Die Sprüche vom rechten Hören Mk 4,21–25 läßt Matthäus bis auf Mk 4,25 (Mt 13,12) aus. Anstelle des Gleichnisses von der selbstwachsenden Saat (Mk 4,26–29) bringt er das vom Unkraut unter dem Weizen.

Das Gleichnis vom Unkraut unter dem Weizen Mt 13,24–30

Das Gleichnis stammt aus Sondergut. Offensichtlich schien es dem Matthäus besser zum Sämannsgleichnis zu passen als Mk 4,26–29. Das Sämannsgleichnis reflektierte das unterschiedliche Geschick des Samens, jetzt geht es – noch viel grundsätzlicher – um unterschiedlichen Samen. Die Einleitung „Das Himmelreich gleicht..." ist typisch matthäisch (vgl. 18,23; 22,2). Sie zielt nicht auf Identifizierung (des Himmelreichs mit dem Sämann), sondern auf die Einführung eines vergleichbaren Geschehens. Inhaltlich soll veranschaulicht werden, daß das Himmelreich sich inmitten einer Welt durchsetzt, die vom Bösen durchdrungen ist. Das Gleichnis will zur Geduld mahnen. Allen Versuchen, eine reine Gemeinde schaffen zu wollen, erteilt es eine Absage. Damit ist auch klar, daß die Kirche nicht mit dem Himmelreich gleichgesetzt werden darf. Es geht vielmehr darum, sich mit dem Faktum abzufinden, daß die Gemeinde ein corpus permixtum ist, in dem Weizen und Unkraut gemischt sind. Das Gericht haben nicht die Knechte zu halten, sondern Gott. Darin liegt auch ein Trost. Auch die Kirche von heute, ja jeder Christ ist ein corpus permixtum. Dennoch wird Gottes Reich sich durchsetzen! Das ist eine Hoffnung, aber auch ein Appell! Den Appell wird die Deutung in 13,36–43 unterstreichen.

Die Gleichnisse vom Senfkorn und vom Sauerteig Mt 13,31 f.33

Mit dem Gleichnis vom Senfkorn kehrt Matthäus zur markinischen Reihenfolge zurück. Allerdings übernimmt er nicht einfach die markinische Version, sondern kombiniert diese mit der Q-Fassung (par Lk 13,18f; erkennbar vor allem an dem „Baum", zu dem das Senfkorn wird). Aus der Logienquelle stammt auch das folgende Gleichnis vom Sauerteig (par Lk 13,20f). Auch bei diesen Gleichnissen ist wichtig, daß das Himmelreich nicht mit der Kirche gleichgesetzt wird. Es soll kein organischer Wachstumsprozeß geschildert werden, erst recht nicht – wie oft ausgelegt wurde –

das äußere (Senfkorn) und das innere (Sauerteig) Wachstum. Befördert werden soll die Gewißheit, daß das Himmelreich trotz aller Kleinheit und Unscheinbarkeit – trotz aller Vermischung des Weizens mit dem Unkraut – sich durchsetzen wird.

Die Bedeutung der Gleichnisrede Jesu Mt 13,34 f

Mt 13,34 f entspricht dem Abschluß der Gleichnisse bei Mk 4,33 f. Matthäus läßt jedoch Mk 4,34 b aus bzw. baut die Notiz des Markus zu einer ausführlichen Jüngerbelehrung in 13,36 ff aus. Typisch matthäisch ist das Erfüllungszitat. Das Wort aus Ps 78,2 wird als Prophetie verstanden: „was durch den Propheten gesprochen wurde". Einige Textzeugen (darunter Sinaiticus, f[1.13], 33) ergänzen „durch den Propheten *Jesaja*".

Mt 13,36–52: Die Rede vor den Jüngern

Mit der Sonderbelehrung der Jünger trägt Matthäus dem kritischen Charakter der Gleichnisrede Rechnung. Die Gleichnisse rufen zur Entscheidung, führen eine Scheidung herbei: zwischen Jüngern und Nicht-Jüngern. Wer nicht bereit ist, Jünger zu werden, wird die Gleichnisse nicht verstehen. Diese ekklesiologische Hermeneutik bringt Matthäus mit der Sonderbelehrung zum Ausdruck. Die Jünger können verstehen, weil ihnen die Deutung der Gleichnisse vermittelt wird.

Die Deutung des Gleichnisses vom Unkraut unter dem Weizen Mt 13,36–43

Ob die Deutung dem Evangelisten schon vorgegeben war oder von ihm selbst stammt, ist schwer zu entscheiden. In jedem Fall spiegelt sie die Sicht des Matthäus wider. Wie bei der Deutung des Sämannsgleichnisses wird allegorisiert (vgl. bes. VV. 37–39). Sprach das Gleichnis ursprünglich vom Himmelreich, so will die Deutung den Standort der Gemeinde im eschatologischen Geschehen verdeutlichen und sie an das angemessene Verhalten erinnern. Zu beachten ist, daß auch hier nicht Himmelreich und Kirche identifiziert werden. Der Acker ist die Welt! Am ehesten noch könnte man die Gemeinde mit den „Söhnen des Reiches" gleichsetzen. Doch ist Vorsicht geboten. Will man nicht einem ontischen und damit letztlich gnostischen Dualismus das Wort reden und will man insbesondere die von Matthäus breit ausgeführte Gerichtsdrohung (VV. 40–42) ernst nehmen, dann muß man wohl davon ausgehen, daß die Söhne des Reiches und die Söhne des Bösen die Entscheidungssituation markieren, vor der die Gemeinde beständig steht. Sie soll sich in den Söhnen des Reiches finden und sich von den Söhnen des Bösen abkehren. Sie sind die „Täter der Gesetzlosigkeit" (V. 41). Dies erinnert an die Bergpredigt, wo diese des Himmelreichs verwiesen werden (7,23). Damit ist deutlich, welches das wahre Kriterium für die Söhne des Reiches ist: nicht eine äußere Kirchenzugehörigkeit, sondern das Tun des Willens Gottes. Dazu will die Deutung des Gleichnisses ermutigen. Das Böse in der Welt soll die Gemeinde nicht verführen. Die Gerechtigkeit, die sie tut, wird sich am Ende durchsetzen. Wer Ohren hat, der höre!

Die Gleichnisse vom Schatz im Acker und von der Perle Mt 13,44–46

Ursprünglich ging es den beiden Gleichnissen um den alles überwältigenden „Mehr-Wert" der Gottesherrschaft. „Das Verhalten der glücklichen Finder (ist) so sehr von dem Mehr des Gefundenen her dirigiert, daß das scheinbar *passive* Element (das Gefundene) zum activum wird, demgegenüber das sich mit Selbstverständlichkeit und Notwendigkeit ergebende Verhalten der Finder, also das scheinbar aktive Element, nur als das jenem activum entsprechende passivum bestimmt werden kann" (E. Jüngel, Paulus und Jesus, ⁴1972, 145). Dies schließt nicht aus, daß vom Finder nun auch „ganzer Einsatz" (E. Linnemann) gefordert ist. Gerade diesen will Matthäus betonen. Möglicherweise ist die Bemerkung „verkauft(e) alles, was er besitzt (besaß)", die jetzt die beiden Gleichnisse verklammert, von Matthäus gestaltet oder wenigstens verstärkt worden.

Das Gleichnis vom Fischnetz Mt 13,47–50

Das Gleichnis stellt eine Parallele zum Gleichnis vom Unkraut unter dem Weizen und insbesondere zur Deutung in 13,40–43 dar. Mit dem Hinweis auf das Gericht bzw. die endgültige Scheidung „am Ende der Welt" soll die Gemeinde zum entscheidenden Handeln motiviert werden.

Der Vergleich mit dem Hausherrn Mt 13,51f

Am Ende stellt Jesus ausdrücklich die Frage nach dem Verstehen. V. 52 setzt wohl christliche Schriftgelehrte voraus. Doch setzt sich darin nicht das jüdische Institut fort. Der christliche Schriftgelehrte wird nie „Rabbi", er bleibt immer Jünger, er ist „Jünger des Himmelreichs geworden". Für die Gemeinde des Matthäus gilt: „Ihr sollt euch nicht Rabbi nennen lassen; denn nur einer ist euer Meister, ihr alle aber seid Brüder . . ." (23,8–12; siehe dort). Die Autorität des christlichen Schriftgelehrten ergibt sich aus dem „Schatz", aus dem er „Neues und Altes hervorholt". Ob damit die Christusbotschaft gemeint ist, die das Gesetz und die Propheten zur Erfüllung bringt, ist umstritten. Denkbar wäre auch, daß das Alte die Jesusbotschaft

117

ist, die immer wieder neu gesagt werden muß. Die Tradition bedarf der Innovation. Mt 13,53 bringt den für Matthäus typischen Redenschluß, hier adaptiert auf die Gleichnisrede: „Und es geschah, als Jesus diese Gleichnisse vollendet hatte, zog er weiter ..." (vgl. 7,28; 11,1; 19,1; 26,1).

11. Jesu wunderbares Wirken (I) und seine Ablehnung in Nazaret Mk 4,35 – 6,6 a parr

Die folgende Darstellung orientiert sich weitgehend an Markus. Die Perikopen gehören zum zweiten Hauptteil des Markusevangeliums, der mit Mk 3,7 beginnt und sich bis Mk 8,30 erstreckt. Thematisch geht es um die Frage „Wer ist dieser?" (vgl. Mk 4,41) und ihre unterschiedliche Beantwortung. Lukas folgt in etwa der Reihenfolge bei Markus. Die Seesturmerzählung schließt sich bei ihm an das Gespräch über die wahren Verwandten Jesu an (Lk 8,19–21 par Mk 3,31–35), das Lukas der Gleichnisrede Jesu (Lk 8,4–18 par Mk 4) nachgestellt hat. Matthäus hat die drei Wundergeschichten Mk 4,35–5,43 im Zyklus von den „Taten des Messias" Mt 8–9 verarbeitet (siehe oben Kap. 7), so daß hier nur auf die wichtigsten Unterschiede gegenüber Markus aufmerksam zu machen ist.

Die Stillung des Seesturms Mk 4,35–41 parr

Mk 4,35–41: Die geläufige Bezeichnung als „Naturwunder" gibt nicht das spezifische Anliegen der Geschichte wieder. Besser sollte man von „Rettungswunder" sprechen, das allerdings stark von der Topik des Exorzismus beeinflußt ist. Der Wind wird in V. 39 „angeherrscht" wie ein auszutreibender böser Geist (ἐπιτιμάω; vgl. Mk 1,25; 3,12). Das Wasser wird zum Schweigen gebracht („Schweig!") wie ein Dämon, dem das Maul gestopft wird (φιμόω = „einen Maulkorb umhängen, das Maul stopfen"; vgl. Mk 1,25); die übliche Übersetzung „Sei still!" gibt dies nur unzulänglich wieder. Narrativ arbeitet die Geschichte mit dem Kontrast von aufgeregten Jüngern und ruhendem, ja schlafendem Jesus, der dann – im erzählerischen Umkehrverfahren – die aufgewühlten kosmischen Gewalten zur Ruhe bringt. Der exorzistische Zugriff auf die kosmischen Gewalten macht deutlich, daß es der Geschichte um weit mehr als um die Wiedergabe einer Episode zu tun ist, die sich einmal auf dem See Gennesaret zugetragen hat.

Der Wundertäter will nicht nur der Retter einer Hand voll Leuten sein, er erweist sich vielmehr als der, der die chaotischen Kräfte der Welt bändigt. Die Fahrt der Jünger über den See Gennesaret wird so zum Bild menschlicher Existenz, die immer eine Grenzfahrt ist und jäh von der Gefahr des Untergangs überrascht werden kann. Bestanden werden kann diese Gefahr nur im Glauben an eine chaosbändigende Macht, als welche in der Geschichte Jesus auftritt, der eben noch – in den Gleichnissen von Mk 4 – die Herrschaft Gottes als letzte Gewißheit beschworen hat. Den Jüngern fehlt solche Zuversicht. Sie brauchen das Wunder, das ihnen – ob ihres anhaltenden Unglaubens (V. 40) – allerdings nicht zum Zeichen wird. Trotz der Nähe Jesu bleibt die Distanz der Furcht (V. 41). Sie vermögen nicht zu sagen, wer der ist, „dem der Wind und das Wasser gehorchen" (V. 41). Das Verhältnis zwischen ihm und ihnen ist noch offen. Im Sinn des Markusevangeliums bedürfte es noch der Entscheidung zur Kreuzesnachfolge.

Lk 8,22–25: Die lukanische Version glättet stilistisch, setzt aber keine nennenswerten neuen Akzente inhaltlicher Art.

Mt 8,18.23–27: Bei Matthäus werden aus den ungläubigen Jüngern „kleingläubige" (V. 26; vgl. Mt 14,31; 16,8 diff Mk). Mit Hilfe dieses (aus Q [vgl. Mt 6,30 par Lk 12,28] stammenden [?]) Motivs transformiert Matthäus das markinische Jüngerunverständnis, das die grundsätzliche Entscheidung des Jüngerseins reflektiert, zu einer Beschreibung der Jüngerexistenz, deren Entscheidung für Jesus beständiger Anfechtung ausgesetzt bleibt. Nur der „rettende" Eingriff des Herrn (V. 25: „Herr, rette [uns]!" diff Mk) gestattet es, solche Existenz durchzuhalten. Insofern ist die Geschichte ein passendes Widerlager zu den vorausgehenden Nachfolgesprüchen (Mt 8,19–22).

Die Heilung des Besessenen von Gerasa Mk 5,1–20 parr

Mk 5,1–20: Die Geschichte ist in ihrer Erzählstruktur weitgehend der Topik des Exorzismus verpflichtet, wie wir sie im Zusammenhang mit Mk 1,23–28 kennengelernt haben. Die traditionsgeschichtliche Verwandtschaft mit Mk 1,23–28 wird zudem durch eine Reihe von wörtlichen Übereinstimmungen unterstrichen. Bezeichnend für Mk 5,1–20 ist das Motiv des Heidentums, das die Geschichte wie ein roter Faden durchzieht. Sie spielt im heidnischen Gebiet, im „Land der Gerasener" (V. 1). Die „Gräber" und „Berge" als Aufenthaltsort des Besessenen sind eine Anspielung auf Jes 65,4.7, wo die Heiden in den Grabkammern ihre Kultmähler halten (mit Schweinefleisch!) und auf den Bergen ihre Opfer darbringen. Am Ende wird der Geheilte zum ersten Missionar in der heidnischen Dekapolis (VV. 19 f). Die Austreibung des Dämons selbst ist nicht ohne Ironie erzählt. Der Dämon kommt bereits als Untertan zu Jesus (vgl. die Proskynese in V. 6 b). Er weiß, daß er in Jesus seinen Meister gefunden hat. Entsprechend fällt der

Abwehrversuch eher devot aus (V. 8), schon ganz darauf ausgerichtet, in der unvermeidlich erscheinenden Kapitulation sich doch noch ein Stück Herrschaft zu erhalten, wenngleich auf niedrigerem, schweinischem Niveau (V. 12). Derart auf die Schweine gekommen (wir würden sagen: auf den Hund gekommen), kann die Dämonen aber nichts mehr retten. Sie stürzen – in eindrucksvoller Demonstration der vollzogenen Austreibung – in das sie vernichtende Wasser des Sees (V. 13). Die Frage, ob einer dämonisierten Schweineherde solch imponierende Laufleistung (von Gerasa zum See von Gennesaret sind 54 km Luftlinie!) zuzutrauen ist, ist theologisch nur von mäßigem Interesse, da das Wasser hier – wie schon in der vorausgehenden Geschichte – das Symbol des Chaos ist. Schöpfung ist Ausgrenzung aus dem Chaos (vgl. Gen 1). Dieses Geschehen vom Anfang findet seine Vollendung, wenn Gottes eschatologische Herrschaft allen Versuchen chaotischer Vereinnahmung Einhalt gebietet und die schöpfungsfeindlichen Kräfte selbst der Nichtung des Chaos überantwortet. Insofern ist die Geschichte von Mk 5,1–20 nicht nur der Bericht von der Heilung eines kranken Menschen, sondern die Inszenierung der eschatologischen Botschaft, die Jesus wirksam proklamiert hat. Von daher erklärt sich auch der Name des Dämons „Legion" (eigentlich eine römische Heereseinheit von 6000 Mann, nach V. 13 ist hier wohl an 2000 zu denken), der als narrative Entfaltung des Plurals von Mk 1,24 verstanden werden kann. Wo der Repräsentant der Gottesherrschaft auftritt, müssen die Dämonen weichen. Dies ist die Perspektive einer an Jesus und seine Botschaft glaubenden Weltsicht, die vor dem – aus jüdischer Sicht – unreinen heidnischen Territorium nicht zurückweichen muß, sondern gerade in diesem die Herrschaft Gottes zu verkünden hat. Wer solche, das Böse der Lächerlichkeit preisgebende Geschichte erzählt, wird die Kraft haben, den in ihr festgehaltenen Machtwechsel durch die eigene Praxis zu verifizieren. Daß dies nicht ohne den Glauben an den Gekreuzigten möglich ist, will gerade das Markusevangelium deutlich machen.

Lk 8,26–39: Die lukanische Version übernimmt im wesentlichen die markinische Geschichte. Die vorhandenen Umstellungen und Bearbeitungen erklären sich zu einem gut Teil aus dem Bestreben zu größerer erzählerischer und psychologischer Stringenz. Auffällig ist die Betonung der „Stadt" (VV. 27.39), in der sich das soziale Milieu des Lukas widerspiegelt.

Mt 8,28–34: Matthäus hat die Geschichte in „das Land der Gadarener" verlegt. Damit reduziert sich die Entfernung zum See auf ca. 9 km. Eine topographisch suffiziente Ortsbestimmung hält allerdings erst die christliche Tradition (mit el-Kursi, unmittelbar am See gelegen) bereit. Die „zwei Besessenen" entsprechen dem matthäischen Zug zur Dualität (vgl. oben Kap. 7). Unter theologischer Rücksicht am auffälligsten ist die christologische Konzentration, die alles tilgt, was von der im Kontext von Mt 8 – 9 für Matthäus allein wichtigen „Tat des Messias" ablenkt. Es entfällt auch das bei Markus vorhandene missionarische Ende (VV. 18–20). Dies wäre im Duktus des Matthäusevangeliums deplaziert. Erst Mt 10 spricht von der Aussendung der Jünger, als deren Adressaten aber nicht die Heiden, sondern nur „die verlorenen Schafe des Hauses Israel" (V. 6) genannt werden.

Die Auferweckung der Tochter des Jairus und die Heilung einer kranken Frau Mk 5,21–43 parr

Die Leitgeschichte ist die Erzählung von der Auferweckung der Jairustochter. In sie ist die Erzählung von der kranken Frau eingeschoben. Ob dies auf den Evangelisten zurückgeht, der solche „Sandwich-Technik" durchaus liebt (vgl. Mk 3,20–35), ist umstritten. Im jetzigen Duktus bildet die dazwischengeschobene Heilung der Frau ein retardierendes Moment, so daß sich ein schnelles Eingreifen Jesu, wie es aufgrund der Ausgangssituation – ein im Sterben liegendes Mädchen (V. 23) – geboten ist, verzögert. Tatsächlich stirbt währenddessen das Mädchen, so daß die eingangs erbetene Heilung ad absurdum geführt zu sein scheint. Doch ist dies die Voraussetzung, um zu zeigen, daß Jesus nicht nur Kranke heilt, sondern auch Tote erweckt. Umgekehrt verweist schon der einleitende V. 21 auf die eingeschobene Heilungsgeschichte, für die allein die „große Menschenmenge" erforderlich ist. Insofern bilden die beiden Geschichten eine narrativ konsistente Konstellation. Sie sind im übrigen auch durch gemeinsame Motive miteinander verbunden. Beide Male wendet sich Jesus Menschen weiblichen Geschlechtes zu. Die Frau leidet zwölf Jahre an Blutfluß (V. 25), das Mädchen stirbt im Alter von zwölf Jahren (V. 42). Der Frau war durch ihre Krankheit ein wesentlicher Aspekt ihres Frauseins (nämlich Kinder zu bekommen) verwehrt, das Mädchen stirbt gerade an der Schwelle der Reife. In beiden Fällen erfolgt die Heilung durch Berührung. Die Frau ist von einer geradezu magischen Kraft der Berührung überzeugt (VV. 27f) und wird tatsächlich geheilt, als sie auch nur das Gewand Jesu berührt (VV. 29f). Das Mädchen wird zum Leben erweckt, indem Jesus es „an der Hand faßt" (V. 41). Anders als in den beiden vorausgehenden Geschichten (Mk 4,35–41; 5,1–20), wo dämonische Mächte zurückgewiesen und ausgetrieben wurden, wird der heile Zustand jetzt durch Berührung hergestellt. Beides sind freilich nur die zwei Seiten der gleichen Medaille. Beides sind schöpferische Vorgänge: Zurückweisung des Chaos und die Begabung mit Leben. Daß letzteres sich nicht ohne göttliche Kraft gegen das Chaos behaupten kann, machen die beiden „Berührungs-Heilungen" überdeutlich, die erste zudem in einer dem aufgeklärten Menschen eher peinlichen Inszenierung. Doch fragt sich, ob die Frau mit ihrer magischen Vorstellung, sie müsse nur Jesu Kleider berühren, um gesund zu werden (V. 28), dem Leben nicht mehr auf der Spur war als der moderne Naturwissenschaftler, der das Phänomen des Lebens zwar besser beschreiben, nicht aber seine Tiefen ergründen kann. Jesus jedenfalls nennt die Haltung der Frau „Glauben" (V. 34) und ermuntert den durch die Nachricht vom Tode seiner Tochter überraschten Synagogenvorsteher zu ähnlichem „Glauben" (V. 36). Unter dieser Rücksicht sind auch diese beiden Geschichten weit mehr als nur Episoden der Vergangenheit. Es sind Geschichten vom Wunder des Lebens, dessen unergründliche Tiefen der Mensch an den Grenzen des bedrohlichen Chaos wahrnimmt; gerade diese Tiefen werden ihm zur tiefgründigen Quelle, wenn er sie als Möglichkeit zur Berührung des Göttlichen begreift. Dazu Mut zu machen, ist die Sendung Jesu, der gegenüber der verschlingenden Tiefe des Chaos die Herrschaft Gottes als definitive Zukunft verkündet. Das die Geschichte abschließende Gebot Jesu, daß niemand von dem wunderbaren Vorgang erfahren solle (V. 43), ist nicht zu den markinischen Schweigegeboten zu rechnen, die Jesu Würde verbergen wollen (vgl. Mk 1,34; 3,11 f). Es handelt sich um ein Geheimhaltungsgebot wie in Mk 1,44, das in seiner faktischen Unhaltbarkeit die Größe des Wunders unterstreicht. So wird es auch hier gemeint sein, denn ein auferwecktes Mädchen kann man schlecht verbergen.

Lk 8,40–56: Wie bei der vorausgehenden Perikope weist Lukas keine entscheidenden inhaltlichen Veränderungen auf, von einigen stilistischen und narrativen Glättungen einmal abgesehen.

Mt 9,18–26: Matthäus verlagert die Erzählung in seinen Wunderzyklus Mt 8–9 und bringt sie dort – insoweit der Markussequenz treu bleibend – im Anschluß an die Heilung der Besessenen von Gadara. Vom Verfahren her ist wieder die Konzentration auf den Wundertäter bzw. die Christologie hervorzuheben. So fehlen insbesondere die „dramatischen" Szenen Mk 5,30b–33.35–37. Jesus forscht nicht danach, wer ihn berührt hat. Die Nachricht vom zwischenzeitlichen Tod des Mädchens entfällt, weil dieses schon als gestorben eingeführt wird (V. 18). Die Geschichte ist für Matthäus im wesentlichen Veranschaulichung der Totenerweckung als Tat des Messias (vgl. Mt 11,2.5).

Die Ablehnung Jesu in Nazaret Mk 6,1–6a par

Mk 6,1–6a: Die Geschichte ist im Zusammenhang mit der Perikope von Mk 3,20–35 zu sehen. Wie dort wird auch hier die den zweiten Hauptteil des Evangeliums leitende Frage „Wer ist dieser?" narrativ reflektiert. Waren es dort seine Angehörigen, die ihn für verrückt erklärten, so ist jetzt

„seine Vaterstadt" zur Stellungnahme aufgerufen. Man ist neugierig, lauscht seiner Predigt und staunt über die Weisheit, die ihm gegeben ist, und über die Wundertaten, die durch ihn geschehen (V. 2). Die entscheidende Frage vermag man aber nicht adäquat zu beantworten, ja nicht einmal zu stellen. Weisheit und Wunder verlangen die Frage nach dem Ursprung. Die Leute in Nazaret aber fragen nach der Herkunft Jesu. Diese Frage ist schnell beantwortet: Jesus ist der Zimmermann, dessen Mutter und Brüder und Schwestern man kennt (V. 3). Die Chancen, Jesus wirklich zu erkennen, d. h. an ihn zu glauben, sind vertan. Jesus teilt das Geschick des Propheten, der „in seiner Vaterstadt, bei seinen Verwandten und in seiner Familie" kein Ansehen hat (V. 4). Damit ist Jesus die Möglichkeit genommen, Wunder zu tun, wie in V. 5 – mit kleinen Ausnahmen (!) – konstatiert wird. Wer in den Wundern nicht einmal die Möglichkeit der Ursprungsfrage erkennt, wird auch durch Wunder nicht zum Glauben kommen. Und so „wundert sich Jesus über ihren Unglauben" (V. 6a).

Mt 13,54–58: Bei Matthäus, der die vorausgehenden markinischen Wundergeschichten Mk 4,35–5,43 für seinen Wunderzyklus verwendet hat, schließt sich die Nazaretpredigt unmittelbar an die Gleichnisrede Jesu an. Mt 13,53 ist der für Matthäus übliche stereotype Redeschluß. Im inhaltlichen Bestand wird die Nazaretperikope von Matthäus nur wenig verändert. Sie konkretisiert die Ablehnung, die Jesus in Israel erfährt, obwohl er sich doch zu „den verlorenen Schafen des Hauses Israel" gesandt weiß (vgl. Mt 10,6).

Lukas hat die Nazaretpredigt *Lk 4,16–30* zu einer programmatischen Erklärung Jesu ausgebaut, mit der er die öffentliche Wirksamkeit Jesu eröffnet. Dabei geht er auch in der inhaltlichen Gestaltung durchaus eigene Wege (siehe oben Kapitel 3.3).

12. Jesu wunderbares Wirken (II), die Einbeziehung der Jünger in seine Mission und das Unverständnis der Jünger

12.1 Die Aussendung der Jünger und das Ende des Täufers Mk 6,6 b–31 parr mit einem Nachtrag zu Mt 9,35 – 11,30

Die Aussendung der Jünger Mk 6,6 b–13 par Lk 9,1–6

Mk 6,6 b–13: Für die hier verarbeiteten Aussendungsregeln lassen sich im Neuen Testament zwei Traditionsstränge erkennen. Neben der von Markus festgehaltenen Version gibt es noch die Überlieferung der Logienquelle Q, die sich im wesentlichen in Lk 10 (par Mt 10) findet. Traditionsgeschichtlich gesehen, ist die markinische Form die jüngere. Die ursprüngliche Radikalität ist schon etwas abgemildert. Immerhin werden den ausgesandten Jüngern Wanderstab und Sandalen unter den Füßen gestattet (VV. 8 f). Aus der ursprünglich gemeinten Anweisung zur Zeichenhandlung (siehe zu Mt 10) wurden Regeln, die den tatsächlichen Erfordernissen einer flächendeckenden Mission wenigstens in grundlegenden Elementen Rechnung trugen. Mit einem Wanderstab, den man unterwegs gegen wilde Tiere einsetzen konnte, und mit Schuhen unter den Füßen ließ sich der Auftrag gewiß effizienter durchführen. Doch waren die Boten, die sich nach den Ausrüstungsregeln von VV. 8 f richteten, immer noch arm genug, um als Zeichen ihrer Botschaft dienen zu können. Im Kontext des Markusevangeliums ist Mk 6,6 b–13 im Zusammenhang mit Mk 3,13–19 zu sehen. Als Absicht, daß Jesus „die Zwölf machte", war dort festgehalten worden, „daß sie mit ihm seien und daß er sie aussende, zu verkündigen und Vollmacht zu haben, die Dämonen auszutreiben" (VV. 14 f). Eben dies wird nun in seinem zweiten Teil verwirklicht. Jesus „sendet" die Jünger paarweise aus und gibt ihnen „die Vollmacht über die unreinen Geister" (V. 7). In der abschließenden Vollzugsmeldung wird dann auch festgehalten: „Und sie zogen aus und verkündigten, daß man umkehren solle, und sie trieben viele Dämonen aus, und sie salbten viele Kranke mit Öl und heilten sie" (VV. 12 f). Die Jünger bekommen Anteil an der Sendung Jesu. Sie tun das, was Jesus selbst getan hat: Sie bringen eine „neue Lehre in Vollmacht" (vgl. Mk 1,27), eine Verkündigung, die sich in heilsamer Praxis verwirklicht. Ähnlich wie bei den Wundern von Mk 4,35 – 5,43 werden auch hier mit Dämonenbannung und Therapie die beiden Seiten heilsamen Wirkens in den Blick gefaßt: als Abspaltung des Bösen und als Begabung mit neuem Leben. Daß hier (sonst im Neuen Testament nur noch Jak 5,14 f) das Salben mit Öl ausdrücklich als Instrument der Heilung genannt wird, muß im antiken Kontext nicht verwundern, läßt aber wohl auch auf einen festen urchristlichen Brauch schließen.

Lk 9,1–6: Lukas überliefert beide Aussendungstraditionen, die auf ihn gekommen sind. An dieser Stelle übernimmt er die markinische Version. Im Unterschied zu dieser Aussendung der Zwölf gestaltet er die Version der Logienquelle zu einer Aussendung von 72 Jüngern im Rahmen seines Reiseberichts (Lk 10,1–16). Inhaltlich läßt sich Lukas vorwiegend von der Tradition der Logienquelle leiten, die auch die lukanische Redaktion des Markustextes beeinflußt. So wird z. B. der bei Markus erlaubte Wanderstab nun wieder ausgeschlossen (V.3); zum Schuhwerk macht Lukas hier allerdings überhaupt keine Angaben. Obwohl Lukas am Ende selbst – den jüdischen Verhältnissen entsprechend – von einer „Dorf"-Mission ausgeht (V.6), rutscht ihm – unter Einfluß von Q und seines eigenen sozialen Umfeldes – dann doch der Begriff „Stadt" in den Text (V.5). Klarer als Markus bringt Lukas den Sinn der Sendung mit dem redaktionellen V.2 auf den Punkt: „Er sandte sie aus, das Reich Gottes zu verkünden und zu heilen". Entsprechend ist die Vollzugsmeldung: Die Jünger „verkünden die frohe Botschaft und heilen überall" (V.6). Dies deckt sich mit der lukanischen Sicht Jesu: Jesus ist der Prophet bzw. der Verkündiger und Heiland (vgl. zu Lk 6,17–19).

Nachtrag: Mt 9,35–11,30

Bei Matthäus, der seinen Stoff stärker thematisch gliedert, findet sich die Aussendung der Jünger schon viel früher, unmittelbar im Anschluß an Bergpredigt und Wunderzyklus. Matthäus nutzt die Gelegenheit, um mit der Aussendungsrede Mt 9,35–11,1 eine zweite große Redeeinheit zu schaffen. Im Anschluß daran bringt er Täufermaterial 11,2–19, Gerichtsdrohungen 11,20–24 und Jubel- bzw. Heilandsruf 11,25–30. Gemessen an der markinischen Reihenfolge stellt sich das Ganze als Einschub zwischen Mk 2,18–22 (Fastenfrage) und Mk 2,23–28 (Ährenraufen am Sabbat) dar.

Die Aussendungsrede Mt 9,35–11,1 ist sehr sorgfältig komponiert. Die szenische Einleitung in 9,35 entspricht fast wörtlich der der Bergpredigt in 4,23: „Und Jesus zog durch alle Städte und Dörfer, lehrte in ihren Synagogen und verkündigte das Evangelium des Reichs und heilte jede Krankheit und jedes Gebrechen". Das Motiv des Mitleids mit den Volksmassen, die „müde und erschöpft waren wie Schafe, die keinen Hirten haben", entnimmt Matthäus der markinischen Einleitung der Speisung der Fünftausend Mk 6,34. Für die folgende Komposition verarbeitet er die Auswahl der Zwölf und deren Aussendung aus Mk 3,13–19; 6,6b–13 sowie die Aussendungsrede der Logienquelle (par Lk 10,1–16). Dazu kommt noch Sondergut (bes. 10,5f). Insgesamt kann man drei Teile unterscheiden. Den ersten, einleitenden Teil bilden die Verse 9,36–10,4. Die (eschatologische) Situation wird angegeben (9,37f), und die auszusendenden „zwölf Jünger" (10,1) bzw. „zwölf Apostel" (10,2) werden aufgezählt (10,3f). Könnte man die zwölf Apostel noch als einmalige Größe des Anfangs verstehen, so lassen die zwölf Jünger, die für Matthäus die Repräsentanten des zu sammelnden Gottesvolkes sind, keinen Zweifel daran, daß die „Aussendungsrede" weder eine einmalige Situation noch die Aufgabe der Funktionäre, sondern die Sendung der Jüngergemeinde, d. h. der Kirche insgesamt, in den Blick faßt. Den zweiten Teil bilden konkrete Anweisungen für die Aussendung (10,5–23). In den Versen 10,5f spiegelt sich Authentisches: Jesu Sendung gilt der (eschatologischen) Sammlung Israels. Die heilsgeschichtliche Sicht des Matthäus hält dies fest und reflektiert die nachösterlich einsetzende Heidenmission vor dem Hintergrund einer sich immer klarer abzeichnenden Ablehnung Jesu durch Israel (vgl. Mt 21,43). Nach 10,7f sollen die Jünger die Sendung Jesu fortsetzen und multiplizieren. Es wird deutlich, daß eine rein verbale Verkündigung nicht im Sinne Jesu ist. Eine Botschaft vom Himmelreich, die die Welt nicht verändert, straft sich selbst Lügen. Anders als bei Mk 6,8f läßt die Ausrüstungsregel 10,9f Wanderstab und Sandalen nicht zu. Dies erklärt sich nur zum Teil aus der Feststellung, daß „der Arbeiter seiner Nahrung wert ist" (10,10b). Die der Tradition der Logienquelle verpflichtete Radikalität will Zeichen setzen. Die Armut und Wehrlosigkeit der Jünger entsprechen der Bergpredigt. Verkündiger und Verkündigung müssen eins sein. Die Frage, ob das Christentum von heute und heutige Kirchen sich angesichts solch klarer Anweisungen noch auf Jesus berufen können, sollte man nicht verdrängen. So mit ihrer Botschaft identisch, werden die Jünger zu Boten des Friedens oder zu Bringern des Gerichts (10,12–15). Die folgenden Verse (10,16–25) lassen keinen Zweifel an dem Geschick, das christliche Sendung zu gewärtigen hat. Wie Schafe unter den Wölfen (10,16) werden Haß und Verfolgung die Jüngergemeinde genauso treffen wie Jesus selbst (10,24f). Schwierig ist das Wort 10,23, das mit seiner Naherwartung sehr urtümlich wirkt. Ob Matthäus, der derartige Naherwartung nicht mehr teilt, dieses Wort nur aus Treue zur Tradition beibehalten bzw. wie er es verstanden hat, bleibt dunkel. Im dritten Teil (10,26–42) verarbeitet Matthäus ausschließlich Material aus Q. Es mahnt zu furchtlosem Bekenntnis und Sorglosigkeit (10,26–33) und stellt noch einmal eindringlich die Entschlossenheit heraus, mit der das Jüngersein zu verwirklichen ist (10,34–39). Am Ende steht die Verheißung des Lohns für diejenigen, die in seinen Boten Jesus selbst aufgenommen haben (10,40–42). Mit der stereotypen Formel schließt die zweite große Rede des Matthäusevangeliums (11,1).

Das nachfolgende *Kapitel Mt 11,2–30* kann hier nur kursorisch behandelt werden, obwohl es theologisch durchaus Entscheidendes zu sagen hat. Die erste Hälfte beschäftigt sich mit Johannes dem Täufer. Die Täuferanfrage gibt Jesus Gelegenheit, auf die „Taten des Messias" hinzuweisen (11,2–6) (siehe oben Kapitel 7). Im folgenden Zeugnis Jesu über den Täufer (11,7–19) folgt Matthäus weitgehend dem Duktus der Logienquelle, den Lukas in 7,24–35 verarbeitet hat (siehe oben Kapitel 8). Johannes erscheint als Elias redivivus nach Mal 3,1 (Mt 11,10; vgl. 11,14). Am deutlichsten zu greifen ist die Eigenart des Matthäus an der Gestaltung des sog. Stürmerspruchs 11,12f. Anders als in der lukanischen Parallele 16,16 wird die Zäsur nicht zwischen Johannes und Jesus angesetzt. Johannes gehört vielmehr schon in die Heilszeit hinein: „Seit den Tagen Johannes des Täufers bis heute bricht sich das Himmelreich mit Gewalt Bahn, und Menschen, die zu allem entschlossen sind, reißen es an sich" (11,12; vgl. 3,2). Die anschließenden Worte von der Ablehnung der Boten der Weisheit (Johannes und Jesus) (11,16–19) leiten bereits über zu den Weherufen über die galiläischen Städte (11,20–24). Die kommende Ablehnung deutet sich an. Doch noch ist nichts entschieden. Der erste Hauptteil des Matthäusevangeliums, der mit der Bergpredigt (bzw. 4,23) beginnt, schließt mit Jubel- und Heilandsruf (11,25–27.28–30). Der Jubelruf unterstreicht eindrucksvoll die untrennbare Verbindung von Vater und Sohn. Der eine ist ohne den anderen nicht zu haben. Wer daher den sich offenbarenden Gott, den Gott-mit-uns (vgl. Mt 1,23), erkennen will, muß ihn in Jesus suchen. Dessen Ziel ist es, allen Ruhe zu verschaffen, die sich plagen und schwere Lasten zu tragen haben (11,28). Typisch matthäisch ist der Gedanke, daß diese Ruhe findet, wer das (milde) Joch Jesu auf sich nimmt, d. h. wer der Weisung Jesu (vgl. Bergpredigt) folgt. Damit sind die Weichen gestellt. Die Heilsbotschaft ist vor Israel ausgebreitet. Die Einladung ist ergangen. Aber auch die Möglichkeit des Gerichts ist deutlich vor Augen gestellt. Der folgende zweite Hauptteil des Matthäusevangeliums, der von 12,1–16,20 reicht, wird zeigen, wie das Volk reagiert. Dabei ist es für Matthäus bezeichnend, daß Heilsgeschichte nie nur retrospektiv, sondern immer auch aktuell ist, so daß das, was an Israel dargestellt wird, zugleich als (positive oder negative) Möglichkeit noch vor der Kirche liegt. Tatsächlich wird das Fazit, das Matthäus in diesem zweiten Hauptteil zieht, überwiegend negativ sein. Jesus wird abgelehnt und zieht sich zurück. Zunächst stellt Matthäus dies im Duktus von Mk 2,23–3,35 dar, dem er sich in *Kapitel 12* weitgehend anschließt. Bei der Perikope vom Abreißen der Ähren am Sabbat Mt 12,1–8 par (Mk 2,23–28) betont er mit Hos 6,6: „Barmherzigkeit will ich, nicht Opfer" (V. 7). Das Summarium Mk 3,7–12, das er schon in Mt 4,24f verarbeitet hat, reduziert er auf das ihm hier Wesentliche: Rückzug Jesu, Nachfolge vieler und Heilung aller (VV. 15f), und reflektiert es mit dem Zitat von Jes 42,1–4

(VV. 17–21). Mk 3,13–19 ist in Mt 10,1–4 eingegangen. Mk 3,22–30 kombiniert Matthäus mit Material aus der Logienquelle (Mt 12,22–37 par Lk 11,14–23; vgl. oben Kapitel 9), der er auch die folgenden drei Stücke entnimmt (Mt 12,33–37.38–42.43–45), bis er mit Mt 12,46–50 wieder den Markusfaden Mk 3,31–35 erreicht. Dann folgt das bereits besprochene Gleichniskapitel Mt 13 (siehe oben Kapitel 10.2), und über die Nazaretpredigt Mt 13,53–58 (par Mk 6,1–6a) erreichen wir wieder den Punkt der Markussequenz (Mk 6,6b–13: Aussendung der Jünger), an dem wir zur Aussendungsrede zurückgeblendet haben.

Das Urteil des Herodes über Jesus Mk 6,14–16 parr

Die markinische Notiz vom Urteil des Herodes über Jesus *Mk 6,14–16* paßt gut zu der Themenfrage des zweiten Hauptteils des Markusevangeliums „Wer ist dieser?" (4,41). Die in V. 15 wiedergegebene Meinung anderer verknüpft die kurze Perikope fast wortgleich mit der einleitenden Szene des Petrusbekenntnisses (8,28), mit dem der zweite Hauptteil abschließt. Daß Herodes Jesus für den wiedererstandenen Johannes hält, unterstreicht, wie ähnlich beide wahrgenommen wurden. Will man „auferstehen" in VV. 14.16 nicht rein metaphorisch verstehen, so kann es nur bedeuten, daß Johannes in Jesus wieder ins Leben zurückgekehrt ist. Damit unterscheidet sich der Begriff ganz entschieden von der eschatologischen Vorstellung des christlichen Auferstehungskerygmas.
Mt 14,1f begnügt sich mit einer kurzen Wiedergabe der Herodesmeinung, während *Lk 9,7–9* die Besorgnis des Herodes hervorhebt; dies erklärt einerseits seinen Plan, Jesus zu töten (Lk 13,31), andererseits seine Neugier, Jesus kennenzulernen (Lk 23,8).

Die Enthauptung des Täufers Mk 6,17–29 par Mt 14,3–12

Der in Mk 6,14–16 vorausgesetzte Tod des Täufers wird in *Mk 6,17–29* im Stile einer Hoflegende nachgetragen. Als Grund für die Gefangennahme wird die (zweite) Heirat des Herodes (Antipas) mit der Frau seines Bruders angegeben (V. 17f). Der Name Philippus ist allerdings eine Verwechslung; tatsächlich hieß der vorherige Mann der Herodias ebenfalls Herodes (Jos.Ant. 18,109–115). Johannes hätte dann Herodes Antipas wegen einer nach Lev 18,16; 20,21 verbotenen Ehe angeklagt. Ob auf der historischen Ebene nicht auch politische Motive für die allergische Reaktion des Herodes maßgeblich waren, mag dahingestellt bleiben. Im übrigen haben zumindest Kunst und Phantasie durch die legendarische Darstellung vom Ende des Täufers reichlich Nahrung bekommen. Im Duktus des Markusevangeliums geht es um das Geschick des Vorläufers, mit dem „sie getan haben, was sie wollten" (Mk 9,13). Eben das ist auch das Geschick des Menschensohnes.

Eine ganz ähnliche Funktion hat die Parallele *Mt 14,3–12* im Rahmen des Matthäusevangeliums. Der Tod des Täufers ist gleichsam die narrative Veranschaulichung des von Matthäus häufig verarbeiteten deuteronomistischen Motivs von der Ablehnung und Tötung der Propheten (vgl. Mt 5,12; 17,12; 21,33–41; 22,3–6; 23,29–36).

Daß bei *Lukas* die Perikope vom Tod des Täufers fehlt, hängt wohl mit seiner strikten heilsgeschichtlichen Trennung zwischen Johannes und Jesus zusammen. Die Gefangensetzung hatte er in Kürzestform bereits nach Lk 3,19f vorgezogen (siehe oben Kapitel 1.3).

Die Rückkehr der Jünger Mk 6,30f par

Die kurze Notiz von der Rückkehr der ausgesandten Jünger ist bereits die Überleitung zur nachfolgenden Speisungsgeschichte. Bemerkenswert ist, daß in diesem Zusammenhang im Markusevangelium zum ersten und einzigen Mal der Begriff „Apostel" auftaucht (6,30); titulare Bedeutung kommt ihm hier aber kaum zu. Daß Jesus mit seinen Jüngern „allein" sein und einen „einsamen Ort" aufsuchen will, sind keine Urlaubsgelüste, sondern deutet auf eine der bei Markus beliebten Sonderbelehrungen, aus der hier wegen der andrängenden Massen allerdings nichts wird. *Lk 9,10* hat die Szene auf einen rudimentären Satz verkürzt, bei Matthäus muß sie aus kompositorischen Gründen ganz fehlen.

12.2 Jesu wunderbares Wirken Mk 6,32–56 parr

Die Speisung der Fünftausend Mk 6,32–44 parr

Mk 6,32–44: Die Geschichte gehört gattungsmäßig zu den Geschenkwundern. Diese sind nach einem festen Erzählschema gestaltet. Bezeichnend ist, daß das Wunder selbst unauffällig vollzogen wird (wie die „Vermehrung" geschieht, wird gerade nicht erzählt!). Dagegen werden Konstatierung und Demonstration des Vollzugs sehr ausführlich und augenfällig geschildert: Obwohl es 5000 Männer waren (wie man erst am Schluß erfährt!), werden alle satt, und es bleiben von den fünf Broten und zwei Fischen noch zwölf Körbe übrig (VV. 42.43f). Traditionsgeschichtlich lassen sich drei Varianten unterscheiden. Zwei davon finden sich bei Markus (6,32–44; 8,1–10), eine im Johannesevangelium (6,1–15). Darauf kann hier nicht näher eingegangen werden. Die Erzählung Mk 6,32–44 ist sehr elaboriert. Ihr Grundmuster stammt aus 2 Kön 4,42–44, wo der

Prophet Elischa hundert Männer mit zwanzig Broten speist (auch an Elija und die Witwe von Sarepta könnte man erinnern; vgl. 1 Kön 17,8–16). Viele Motive weisen in die Mose-Überlieferung. Abgesehen vom Motiv der Speisung in der Wüste als solchem (Ex 16; Num 11) führt das Hirtenmotiv in V. 34 direkt zu Num 27,17: „Die Gemeinde des Herrn soll nicht wie eine Schafherde ohne Hirten sein". Zum Inventar des Hirtenmotivs (vgl. Ps 23,1f) gehört auch „das grüne Gras" (V. 39). Die Sitzordnung in Gruppen von hundert und fünfzig (V. 40) ist von der Lagerordnung des Wüstenzuges bestimmt (vgl. Ex 18,20f). Damit dürfte auch die Intention der Erzählung deutlich sein. Jesus soll dargestellt werden als der, der die Propheten überbietet und der wie Mose sein Volk führt und versorgt. Beide Aspekte könnte man zusammengefaßt sehen in der Erwartung des (eschatologischen) „Propheten wie Mose" (Dtn 18,15.18). Damit ist klar, daß die Geschichte nur unzulänglich ausgelegt wäre, wenn man in ihr nichts als die Stillung momentanen körperlichen Hungers sehen wollte. Die Speisung ist Zeichen für die eschatologische Gabe schlechthin, die per definitionem Überfülle ist, so daß damit jedweder Hunger gestillt und alle Hoffnung übertroffen wird. Die Geschichte gibt eine Antwort auf die Grundfrage menschlicher Existenz, deren Misere ja gerade darin besteht, daß sie immer nur begrenzten Sinn eröffnet. Die Geschichte von Mk 6,32–44 erzählt von der grenzenlosen Sinnerfüllung, die Jesus den Glaubenden zu schenken vermag. Assoziationen zur Eucharistiefeier, wo diese Symbolik kultisch (sakramental) inszeniert wird, sind daher nicht abwegig, von der Erzählung selbst wahrscheinlich sogar gefördert (vgl. V. 41). Im Ablauf des Markusevangeliums geht es zunächst um Jesus als den Hirten Israels (im Gegensatz zu Mk 8,1–10); möglicherweise sind die übriggebliebenen zwölf Körbe eine Anspielung auf das Zwölfstämmevolk.

Mt 14,13–21: Matthäus übernimmt im wesentlichen die markinische Geschichte. Mit dem Motiv von den Schafen, die keinen Hirten haben, hat Matthäus bereits die Aussendungsrede begründet (9,36). Die (teilweise) Auslassung der Fische in V. 19 ist möglicherweise eine Verstärkung des eucharistischen Bezugs. Im Rahmen der Gesamtkomposition des Matthäusevangeliums zeigt die große Speisung, wie Jesus auf die Nöte seines Volkes eingeht und sich als der erwartete Heilbringer anbietet.

Lk 9,10–17: Die lukanische Bearbeitung setzt ihre eigenen Akzente. Das Hirtenmotiv ist getilgt. Jesus ist für Lukas nicht der messianische Hirte, sondern der Prophet und Therapeut: Jesus „redete zu ihnen über das Reich Gottes und heilte alle, die eine Therapie nötig hatten" (V. 11). Im übrigen wird die christologische Bedeutung der Geschichte durch ihre kompositionelle Stellung zwischen der Frage des Herodes (9,7–9) und dem Bekenntnis des Petrus (9,18–21) unterstrichen.

Damit ist schon angedeutet, daß Lukas den dazwischenliegenden Stoff des

Markus übergeht. Wir sprechen von der *großen lukanischen Auslassung*, die Mk 6,45–8,26 betrifft. Zum Teil wollte Lukas Dubletten vermeiden (Mk 6,45–52; 8,1–10.11–13), zum Teil behandelten die ausgelassenen Perikopen Fragen, die seine Leser nicht mehr interessierten (Mk 7,1–23), zum Teil störte sich Lukas vielleicht auch an der allzu drastischen Darbietung bestimmter Heilungen (Mk 7,31–37; 8, 22–26).

Der Seewandel Jesu Mk 6,45–52 par Mt 14,22–33

Mk 6,45–52: Die Perikope vom Seewandel war schon in der vormarkinischen Tradition mit der Geschichte von der großen Speisung verbunden (vgl. Joh 6,1–15.16–21). Gattungsmäßig ist sie nicht ganz eindeutig einzuordnen. Man könnte sie zunächst als Rettungswunder bezeichnen (wie Mk 4,35–41), es kommen aber Epiphaniezüge hinzu, die aufs Ganze gesehen sogar dominant erscheinen. Ähnlich wie die vorangehende Geschichte ist auch sie elaboriert. Wenn man von der Einbettung in den „biographischen" Kontext einmal absieht (VV. 45f), arbeitet die Erzählung vor allem mit alttestamentlichen Motiven und Anspielungen. Der über das Wasser schreitende Jesus nimmt bis in die Formulierung hinein die Gott vorbehaltene Aussage von Ijob 9,8 auf: „... er schreitet einher auf den Höhen des Meeres" (LXX: „er schreitet wie über [festen] Grund über das Wasser"). Dahinter steckt das uralte kanaanäische Mythologumenon vom Sieg Baals über den Meeresgott Jammu und den Todesgott Môt. Die merkwürdig erscheinende Wendung „er wollte an ihnen vorbeigehen" erklärt sich aus Ex 33,18–23, wo Gott sich dem Mose im Vorübergehen offenbart. Die „vierte Nachtwache" (V. 48), also die Zeit zwischen 3.00 und 6.00 Uhr morgens, ist eine Anspielung auf das im Alten Testament häufig vorkommende Motiv von der Hilfe (Gottes) am Morgen (vgl. Ex 14,19–25; Jes 17,12–14; Ps 46,5–7; 88,10–15). Und schließlich ist „Ich bin es" von V. 50 weit mehr als eine bloße Identifikationsformel. Im Kontext des Rettung verheißenden Zuspruchs „Habt Mut! ... Fürchtet euch nicht!" wird sie zur Offenbarungsformel, wie sie aus dem Alten Testament bekannt ist (vgl. Ex 3,14; Jes 43,10.13). Jesus offenbart sich als der Retter, der über die Wasser des Chaos und des Todes schreitet, so daß die Jünger die Gewalt des sie bedrohenden Windes nicht zu fürchten brauchen. Dieser legt sich denn auch, sobald Jesus im Boot ist. Gerade der mythologische Hintergrund gibt der Geschichte existentielle Tiefe. Jesus erweist sich als der Retter, mit dem die Lebensfahrt zu bestehen ist. Schon oft hat man die Erzählung vom Seewandel als vorgezogene Ostergeschichte charakterisiert. Das ist der Sache nach einerseits richtig. Doch will die Geschichte andererseits deutlich machen, daß nicht erst der Auferstandene, sondern schon der irdische Jesus, der Freudenbote der Gottesherrschaft, die Offenbarung des über die

Wasser des Todes schreitenden Gottes ist. Die markinische Geschichte begründet das stilgemäße Erschrecken von V. 51 b mit dem redaktionellen V. 52: „Denn sie waren bei den Broten nicht zur Einsicht gekommen, sondern ihr Herz war verstockt". Wir begegnen damit dem für Markus typischen *Jüngerunverständnis*. Die Jünger sind von Jesus gerufen, um bei ihm zu sein (3,14). Ihnen wird alles (in Sonderbelehrungen) erklärt (vgl. 4,10.34). Sie erleben die wunderbaren Taten Jesu. Aber nach der Stillung des Seesturms fragen sie ungläubig: „Wer ist dieser?" (4,41), und auch nach den großen Offenbarungswundern von Mk 6,32–44 und 6,45–51 verbleibt es beim Schauder über das Sensationelle. Die Frage von 4,41 bleibt unbeantwortet, es fehlt ihnen die Einsicht, ihr Herz ist verstockt. Es zeigt sich, daß Wunder ambivalent sind. Was den Jüngern noch fehlt, um zur Einsicht und zum Glauben zu kommen, wird Markus im dritten Teil seines Evangeliums (8,31 – 10,52) ausführen.

Mt 14,22–33: Matthäus übernimmt das Corpus der markinischen Geschichten weitgehend, wenn man von kleineren Bearbeitungen und Auslassungen einmal absieht (u. a. läßt Matthäus die Bemerkung vom „Vorübergehen" weg; hat er sie nicht mehr verstanden?). Durch zwei neue Erzählzüge bekommt die Geschichte jedoch einen etwas anderen Sinn. Am Schluß der Geschichte, wo Markus das Unverständnis der Jünger konstatiert hat, heißt es bei Mt 14,33: „Die im Boot aber fielen vor ihm nieder und sagten: ,Wahrhaftig, du bist Gottes Sohn'". Die matthäischen Jünger sind nicht ungläubig. Sie sind ein Vorausbild der Gemeinde und sprechen das korrekte kirchliche Bekenntnis. Doch verfällt Matthäus nicht in den Fehler der Glorifizierung. Selbstverständlich weiß er, daß christliche Existenz immer angefochten ist. Er bezeichnet die Jünger häufig als „kleingläubig" (vgl. zu Mt 8,23–27 par Mk 4,35–41). Dies geschieht auch hier in dem Petrus-Einschub der VV. 28–31. Die ganze Szene ist nichts anderes als eine narrative Umsetzung des Jüngerseins. Jüngersein ist Gang über das Wasser, Ausbruch aus dem (scheinbar) bergenden Rahmen einer für sich selbst vorsorgenden Existenz. Aber, was in der ersten Begeisterung wohlgemut gewagt wird, muß in den Stürmen des Lebens bewährt werden. Matthäus weiß und will seinen Lesern vermitteln, daß christliche Existenz (in der von Mt 5 – 7 und 10 vorgezeichneten Form) nur durchgehalten werden kann im Vertrauen auf die rettende Hand des Herrn. Will man die Akzentverschiebung von der markinischen zur matthäischen auf den Nenner bringen, so könnte man sagen: Aus der existentiellen Geschichte bei Markus ist bei Matthäus eine kirchliche geworden.

Krankenheilungen in Gennesaret Mk 6,53–56 par Mt 14,34–36

Mk 6,53–56 stellt eine gewisse Zäsur im Ablauf des zweiten Hauptteils dar. In dem Summarium wird die Wundertätigkeit Jesu verallgemeinert. Bemerkenswert ist, daß die Berührung (wie in Mk 5,30f) als für die Heilung entscheidend hervorgehoben wird (V. 56). Ein Ressentiment gegen wunderbare Kräfte besitzt Markus nicht, wenngleich er selbstverständlich um die Ambivalenz des Wunderbaren weiß (siehe zu Mk 6,52).

Mt 14,34–36 verkürzt die markinische Vorlage und zeichnet mit (dem Leser) vertrauten Wendungen ein friedliches Bild. Nachdem der sich anbahnende Konflikt schon mehrfach angedeutet bzw. dargestellt war (Auseinandersetzung mit den Pharisäern in Mt 12, Ablehnung in Nazaret Mt 13,53–58, Tod des Täufers Mt 14,1–12), wird nun mit dem Wunder von Mt 14,13–21 und dem Summarium von 14,34–36 gleichsam eine Atempause eingelegt: Jesus inmitten des ihn suchenden Volkes.

12.3 Jesus im Spannungsfeld zwischen Juden und Heiden Mk 7,1 – 8,10 par Mt 15,1–39

Streit um Rein und Unrein Mk 7,1–23 par Mt 15,1–20

Nach dem friedlichen Bild des vorausgehenden Summariums spitzt sich der Konflikt wieder zu. Auf die recht komplizierte Traditionsgeschichte von *Mk 7,1–23* kann nicht eingegangen werden. Als authentisch wird häufig V. 15 angesehen: „Nichts, was von außerhalb des Menschen in diesen hineinkommt, kann ihn unrein machen, sondern das, was aus dem Menschen herauskommt, macht den Menschen unrein." Historisch zutreffend ist möglicherweise auch der situative Anlaß: der Streit um die Geltung der „Überlieferung der Alten" (V. 5). Zumindest lassen sich solch halachische (religionsgesetzliche) Streitigkeiten unter unterschiedlichen jüdischen Gruppen vorstellen. Daß Jesus die Reinheitstora abschaffen wollte, kann man dann freilich nicht unterstellen. Sein Wort richtet sich nicht gegen die Tora, sondern gegen die pharisäische Reinheitshalacha. Das provozierend formulierte Wort Jesu führt eine rein rituelle Diskussion ad absurdum und propagiert die Sittlichkeit als das wahre Kriterium ritueller Reinheit. Die Erzählung unterstreicht die torakonforme Linie Jesu noch dadurch, daß sie die Überlieferung der Alten als heuchlerisch (VV. 6f; mit Zitat aus Jes 29,13) qualifiziert und sie am Beispiel der Korbanpraxis als gegen das Wort der Tora gerichtet ausweist (VV. 8–13). Für Markus, der an der Problemstellung kein aktuelles Interesse mehr haben konnte, wird die Szene zum Anlaß, um neuerlich Jüngerunverständnis (VV. 17.18 a) und Sonderbelehrung hervorzuheben (VV. 18b–23). Die für den Leser daraus gezogene Konsequenz – „womit er alle Speisen für rein erklärte" (V. 19b) – gibt die Praxis (heiden)christlicher Gemeinden wieder. Im Duktus des Markusevangeliums hat die Perikope die Funktion, die Grenzen zu den Heiden hin, die Jesus in Mk 5,1–20 schon in der Praxis überschritten hatte, nun auch theoretisch (durch Aufhebung der Speisegebote) zu öffnen. Erzählerisch konsequent, begibt sich Jesus anschließend in heidnisches Gebiet. Der Konflikt mit den Pharisäern und Schriftgelehrten, der schon den ersten Teil des Evangeliums beherrscht hatte (1,14–3,6), hat sich verschärft. Er wird seine dramatische Auflösung in Jerusalem finden, von wo, wie V. 1 ausdrücklich vermerkt, auch die Kontrahenten kommen.

Mt 15,1–20 verschärft auf der einen Seite den Konflikt mit den „Pharisäern und Schriftgelehrten", deren Halacha abgelehnt wird (VV. 3–11) und die selbst als „blinde Blindenführer" apostrophiert werden (VV. 12–14). Auf der anderen Seite kann sich Matthäus nicht dazu bereit finden, die bei Mk 7,19b konstatierte Aufhebung der Speisegebote zu übernehmen. So ist er bemüht, den Konflikt auf die Frage des Händewaschens zu konzentrieren (damit beginnt die Perikope [V. 2]), die er – als Frage der pharisäischen Halacha – am Ende negativ beantwortet (V. 20), ohne daß man daraus die Konsequenz einer allgemeinen Abschaffung gesetzlicher Ritualvorschriften ziehen könnte. Dies widerspräche auch dem grundsätzlichen Gesetzesverständnis des Matthäus (vgl. 5,17–19), der übrigens die Weisungen Jesu nicht in Analogie zur Halacha der Pharisäer als (zusätzliche) „mündliche Tora" versteht, sondern in ihnen den ureigenen Sinn der Tora entbunden sieht. Insofern wird das Liebesgebot zum hermeneutischen Schlüssel der ganzen Tora. In der Praxis treten die Ritualvorschriften damit zurück. Die Hermeneutik des Liebesgebotes kommt in Mt 15,1–20 dadurch zum Ausdruck, daß Matthäus den Lasterkatalog Mk 7,21f rezeptiv der Gestalt des Dekalogs angleicht (V. 19).

Die Erhörung der syrophönizischen Frau Mk 7,24–30 par Mt 15,21–28

Mk 7,24–30: Daß Jesus nun in heidnisches Gebiet kommt, noch dazu in das Gebiet von Tyrus (V. 24), der traditionell mit dem Gericht bedrohten Stadt, liegt ganz im Sinn des Konzeptes des Markus, der darin die spätere Heidenmission begründet sieht. Die anschließende Erzählung läßt noch (provozierend) deutlich die ursprünglich allein auf Israel ausgerichtete Sendung Jesu erkennen: „Es ist nicht recht, das Brot der Kinder zu nehmen und es den Hunden vorzuwerfen" (V. 27). Doch zeigt die Frau auf so entwaffnende Weise – „Auch die Hunde unter dem Tisch fressen von den Brosamen der Kinder!" (V. 28) – ihr ungebrochenes Zutrauen zu Jesus, daß dieser „um dieses Wortes willen" die Bitte der Frau erhört.

In der matthäischen Version *Mt 15,21–28* wird das Erschwernismotiv noch verstärkt. Die „kanaanäische Frau", die Jesus devot und stilgerecht als „Herr, Sohn Davids" anspricht (V. 22), erhält zunächst keine Antwort, und die Jünger wollen sie wegschicken (V. 23). Dann erläutert ihr Jesus theologisch, daß er „nur zu den verlorenen Schafen des Hauses Israel" gesandt ist (V. 24; vgl. 10,6). Die Frau muß von neuem beginnen. Matthäus folgt nun dem Duktus von Mk 7,25–27, bezeichnet das Zutrauen der Frau aber ausdrücklich als „Glauben": „Frau, dein Glaube ist groß! Dir geschehe, wie du willst!" (V. 28). Als Glaubensgeschichte läßt sich die Erzählung auch heute noch gut aneignen. Gehört es doch wesentlich zum Glauben, daß Hindernisse überwunden werden müssen. Die Nähe und die Hilfe Gottes ist nur in grenzüberschreitendem Wagnis zu erfahren. Dazu bedarf es auf der einen Seite Wundergeschichten, die die Grenzüberschreitung narrativ inszenieren. Andererseits ist die Grenzüberschreitung immer nur im Protest vor der doch bleibenden Grenze möglich. In der Geschichte von der kanaanäischen Frau sind beide Aspekte glücklich verbunden. Im Duktus des Matthäusevangeliums gehört die Erzählung in die Reihe der für den zweiten Hauptteil (Mt 12,1 – 16,20) typischen „Rückzugsgeschichten" (vgl. 12,15 [nach dem Tötungsbeschluß der Pharisäer]; 14,13 [nach der Meldung vom Tode des Johannes] und 15,21). Sie bilden strukturell das dramatische Widerlager zur Hinwendung Jesu zu Israel und der dabei deutlich werdenden ambivalenten Haltung, die letztlich sogar in Ablehnung mündet. Der matthäischen Gemeinde, die selbst in heidnischer Umgebung und vom Glauben der Heiden lebte, war die „Exkursion" Jesu ein Vorgriff in die eigene Gegenwart. Die heute (nahezu) rein heidenchristliche Kirche sollte mit solch unmittelbarem Zugriff auf die Geschichte zurückhaltend sein. Fatal wäre es jedenfalls, wenn mit ihr einfach der status quo einer scheinbar ohne das Judentum auskommenden Kirche legitimiert würde.

Die Heilung eines Taubstummen Mk 7,31–37 par

Mk 7,31–37: Die Reiseroute in V. 31 ist etwas merkwürdig. Sie führt Jesus von Tyrus über (das Gebiet von) Sidon an den See von Galiläa, mitten in das Gebiet der Dekapolis. Dennoch ist sie nicht unsinnig. Für Markus ist offensichtlich wichtig, daß Jesus das heidnische Umland recht umfänglich durchzogen hat. Die Erzählung selbst gehört zu den (heute wenig geschätzten) Wundergeschichten, bei denen die Heilung durch Berührung und symbolische Handlung betrieben wird (VV. 32f). Doch mag man berücksichtigen, daß solche Praktiken auch in der antiken Heilkunst verwendet wurden; im übrigen sind – aus heutiger Sicht – nicht diese Praktiken, sondern das Wunder das eigentlich Ärgerniserregende. Umgekehrt, vielleicht bedürfte es derartig sinnlicher Berührungen, um Wunder Wirklichkeit werden zu lassen. In V. 36 haben wir wieder eines der Geheimhaltungsgebote, die – im Unterschied zu den Schweigegeboten (siehe zu Mk 1,34; 3,11f) – die Funktion haben, die Größe des Wunders zu unterstreichen. Es wird auch sofort durchbrochen: „Doch je mehr er es ihnen verbot, um so mehr machten sie es bekannt". Die Reaktion der Leute in V. 37 arbeitet mit Anspielungen auf Gen 1,31 („Er hat alles gut gemacht") und Jes 35,5f („... die Ohren der Tauben werden hören ... die Zunge des Stummen wird jubeln"). Damit wird deutlich, was in gewisser Weise für alle Wundergeschichten gilt: Es sind Geschichten von der (an der Schöpfung orientierten) kommenden Welt.

Mt 15,29–31: Bei Matthäus führt die Reise direkt an den See von Galiläa. Jesus ist also wieder im jüdischen Gebiet. Die markinische Heilungsgeschichte ersetzt Matthäus durch ein Summarium, das – in teilweise bekannten Formulierungen – den Andrang des Volkes und Jesu umfassendes heilendes Wirken schildert. Die Verse bilden keine eigene Perikope, sondern die Einleitung zur folgenden Speisung der Viertausend.

Die Speisung der Viertausend Mk 8,1–10 par Mt 15,32–39

Mk 8,1–10: Die Geschichte ist gegenüber Mk 6,32–44 die traditionsgeschichtlich jüngere. V. 1 fällt mit der Tür ins Haus und setzt voraus, daß der Leser um die erste Speisung weiß. Die Rolle der Jünger ist zugunsten der Initiative Jesu zurückgedrängt. Während in 6,35f die Jünger mit dem Problem zu Jesus kommen, ist es in 8,2f Jesus selbst, der die Überlegungen anstellt. Möglicherweise ist Mk 8,1–10 stärker an die Eucharistie angeglichen. Anstelle der fünf Brote und zwei Fische von Mk 6,38 erscheinen in 8,5 jedenfalls gleich sieben Brote (ohne Fische, die dann allerdings in V. 7 [als Fischlein] nachgetragen werden). Vielleicht weist auch der Terminus „Dank sagen" (εὐχαριστεῖν; Mk 6,41: εὐλογεῖν) in die gleiche Richtung. Wie immer dies zu beurteilen ist, für Markus ist wichtig, daß die zweite Speisungsgeschichte im heidnischen Land spielt, so daß Jesus sich nicht nur Israels, sondern auch der Heiden erbarmt.

Mt 15,32–39: Zur matthäischen Speisungsgeschichte gehört das vorausgehende Summarium als Einleitung. Der Kern der Geschichte, die eigentliche Speisungshandlung (VV. 35–38), stimmt bis auf wenige Ausnahmen mit Mt 14,19b–21 überein. Dies hängt wahrscheinlich mit der gegenüber Mk 8,1–10 veränderten Funktion der Geschichte zusammen. Sie spielt, wie die erste Speisung, im jüdischen Land. An eine Speisung heidnischer Volksmassen denkt Matthäus nicht. So soll die zweite Speisung nur unterstreichen, was bei der ersten schon zum Ausdruck gebracht wurde. Beide Speisungsgeschichten zusammen wollen Typisches festhalten. Sie wollen zeigen, wie Jesus sich immer wieder voll Erbarmen Israel zugewandt hat.

12.4 Die Zeichenforderung der Gegner und das Unverständnis der Jünger Mk 8,11–30 par Mt 16,1–20

Die Zeichenforderung der Gegner Mk 8,11–13 par Mt 16,1–4

Mk 8,11–13: Markus nähert sich dem Ende des zweiten Hauptteils seines Evangeliums. Jesus hat seine großen Wundertaten vollbracht. Da baut sich – in Gestalt der Pharisäer – noch einmal die Ablehnungsfront auf. Im narrativen Duktus des Evangeliums ist die Perikope mit Mk 3,22–30 zusammenzusehen. Dort waren es die Schriftgelehrten aus Jerusalem, die die Ambivalenz der Exorzismen gegen Jesus wandten. Jetzt sind es die Pharisäer, die sich an der Ambivalenz der „Machttaten" Jesu stoßen. So fordern sie ein „Zeichen vom Himmel", das die Machttaten eindeutig und göttlich beglaubigt. Der eigenen (Glaubens-)Entscheidung weichen sie damit aus, und Markus beeilt sich auch gleich, die versucherische Intention ihres Ansinnens herauszustellen (V. 11). Die Antwort Jesu wertet die pharisäische Zeichenforderung als symptomatisch für „dieses Geschlecht" und beteuert, daß ihr nicht stattgegeben werden wird (V. 12). Die Wunder Jesu haben also nicht dazu geführt, die Frage von Mk 4,41 gläubig zu beantworten. Wie am Ende des ersten Teils des Evangeliums (Mk 3,6) deutet sich auch hier die Ablehnung Jesu an, die letztlich in seinem Todesgeschick gipfeln wird. Vielleicht – so mag der Leser erwarten – sind es wenigstens die Jünger, die zum Verständnis und zum Glauben kommen. Auf sie steuert auch die Erzählung zu, wenn Jesus ins Boot steigt und zum anderen Ufer fährt (V. 13).

Mt 16,1–4: Bei Matthäus ist die bei Markus beobachtete Rückbindung an Mk 3,22–30 = Mt 12,22–37 noch deutlicher herausgearbeitet. Matthäus hatte schon nach Mt 12,22–37 von einer Zeichenforderung berichtet (Mt 12,38–42; aus Q: par Lk 11,16.29–32). Auf sie greift er jetzt zurück und arbeitet so Markus- und Q-Stoff zusammen. Die strikte Ablehnung des Zeichens aus Mk 8,12 erscheint modifiziert, wenn diesem „bösen und ehebrecherischen Geschlecht" kein Zeichen gegeben wird „außer dem Zeichen des Jona" (V. 4). Daß dies ein Hinweis auf den „Menschensohn" ist, der „drei Tage und drei Nächte im Herzen der Erde" sein wird, war bereits in Mt 12,40 gesagt worden. Es wird hier nicht wiederholt. Die Atmosphäre wirkt gespannter. Die „Pharisäer und Sadduzäer", die sich – wie einst vor Johannes dem Täufer (vgl. Mt 3,7) – nun vor Jesus versammeln (V. 1), sind zwar in der Lage, das Wetter zu beurteilen, nicht aber „die

Zeichen der Zeit" (VV. 2b.3; die Verse sind allerdings textkritisch problematisch). Die Szene endet mit dem Abbruch der Kommunikation: „Und er (Jesus) ließ sie stehen und ging weg" (V. 4b).

Das Unverständnis der Jünger Mk 8,14–21 par Mt 16,5–12

Mk 8,14–21: Die Hoffnung der Leser, wenigstens die Jünger würden zur Einsicht kommen, wird enttäuscht. Die Mangelanzeige am Anfang („sie hatten nur ein einziges Brot bei sich im Boot" V. 14) liest sich fast wie der Auftakt zu einem neuen Speisungswunder. Jesus geht nicht darauf ein und warnt vor dem „Sauerteig der Pharisäer und dem Sauerteig des Herodes" (V. 15). Die bereits in Mk 3,6 vereinten (ungleichen) Gegner, die wohl die religiöse und politische Autorität repräsentieren sollen, werden wieder in Erinnerung gerufen. Doch die Jünger bleiben bei ihrer Sorge um das (fehlende) Brot (V. 16). Jesus erinnert die Jünger an die beiden Speisungswunder. Zwar können die Jünger die beiden Fragen nach der Überfülle beantworten (VV. 19f). Doch ob sie deren Bedeutung verstanden haben, bleibt – narrativ wie sachlich – ungewiß: „Begreift und versteht ihr immer noch nicht? Ist euer Herz verstockt? ... Versteht ihr noch nicht?" (VV. 17b.21b). Was in Mk 4,12 (Jes 6,9f) von „denen draußen" gesagt worden war, wird nun (mit Anspielung auf Jer 5,21; Ez 12,2) auf die Jünger angewandt (V. 18). Die „Verstockung", die in Mk 3,5 in bezug auf die Gegner und in Mk 6,52 auch schon in bezug auf die Jünger festgestellt worden war, rückt erneut in das Blickfeld. Die Frageform freilich schließt die Hoffnung nicht aus, daß die Verstockung der Jünger nicht endgültig, sondern überwindbar ist.

Mt 16,5–12: Matthäus modifiziert die markinische Vorlage zum ideologischen Verdikt über Pharisäer und Sadduzäer. Hatte Jesus in Mt 16,1–4 die Kommunikation mit diesen abgebrochen, so werden jetzt die Jünger „vor dem Sauerteig der Pharisäer und Sadduzäer" gewarnt (V. 6). Wie sich am Ende herausstellt, ist damit gemeint, die Jünger sollten sich „vor der Lehre der Pharisäer und Sadduzäer" hüten (V. 12). Der Rückzug Jesu aus Israel, um den es im zweiten Hauptteil des Evangeliums geht (Mt 12,1–16,20), wird noch einmal deutlich; die den nächsten Teil prägende Konzentration auf den Jüngerkreis (Mt 16,21–20,34) ist präludiert. Bemerkenswert ist noch, daß Matthäus das markinische Jüngerunverständnis wiederum (wie bei Mk 4,41; 6,52 par Mt 8,26; 14,31) als Ausdruck des Kleinglaubens rezipiert (V. 8).

Die Heilung eines Blinden Mk 8,22–26

Die Geschichte ist strukturell mit der Heilung des Taubstummen Mk 7,31–37 verwandt, so daß das dort Gesagte entsprechend gilt. Ihre besondere Bedeutung bekommt die Erzählung durch ihre Position zwischen dem eben konstatierten Jüngerunverständnis (Mk 8,14–21) und dem anschließenden Petrusbekenntnis (Mk 8,27–30). Die Heilung der blinden Augen wird zum Symbol der Hoffnung, daß Jesus den Jüngern die Augen des Herzens (vgl. Mk 8,17f) öffnen wird.

Das Petrusbekenntnis Mk 8,27–30 par Mt 16,13–20

Mk 8,27–30: Schon in der vorausgehenden Geschichte war Jesus mit seinen Jüngern nach Betsaida (Mk 8,22) und damit in das Gebiet des Philippus gewechselt. Die neue Szene spielt in der Umgebung von Cäsarea Philippi (V. 27 a), dem alten Paneas, das Philippus dem Kaiser (Augustus) zu Ehren ausgebaut und benannt hatte. Welchen Stellenwert der Ort im topographischen und theologischen Konzept des Markusevangeliums hat, ist schwer zu sagen. Im Grenzgebiet zwischen Juden und Heiden liegend, ist Cäsarea Philippi vielleicht der passende Ort, wo das auf Juden und Heiden ausgerichtete Wirken Jesu sich noch einmal topographisch konzentriert, bevor Jesus von da aus geographisch und theologisch den Weg nach Jerusalem antritt. Nun thematisiert Jesus selbst die in Mk 4,41 von den Jüngern gestellte Frage, zunächst in der Distanz der Außenperspektive: „Für wen halten mich die Menschen?" (V. 27 b). Die Antwort der Jünger wiederholt, was an Meinungen bereits in Mk 6,14–16 festgehalten wurde (V. 28). Dann aber will Jesus eine eigene Stellungnahme der Jünger (V. 29 a). Petrus antwortet stellvertretend: „Du bist der Christus (Messias)!" (V. 29 b). Nach der langen Phase des Unverständnisses scheinen die Jünger endlich verstanden zu haben. Formal ist ihre Antwort korrekt. Überraschenderweise aber reagiert Jesus nicht anders als auf die Bekenntnisse der Dämonen: „Und er verbot ihnen streng, mit irgend jemand über ihn zu sprechen" (V. 30; vgl. Mk 1,34; 3,11f). Der dabei verwendete Begriff „streng verbieten" (ἐπιτιμάω) läßt im übrigen noch deutlich erkennen, daß das Schweigegebot redaktionell aus dem Verstummungsbefehl des Exorzismus entwickelt ist (vgl. Mk 1,25) und nun auf das Bekenntnis der Jünger angewandt wird. Warum will Jesus nicht, daß er als Messias bzw. Sohn Gottes bekannt gemacht wird? Dies hat offensichtlich damit zu tun, daß „Christus" bzw. „Sohn Gottes" als Hoheitstitel mißverständlich ist. Selbstverständlich will Markus nicht die Hoheit Jesu in Frage stellen. Er steigert sie sogar noch gegenüber dem üblichen Messiasverständnis. Denn der Messias und Sohn Gottes Jesus besitzt eine Würde, die weit über die (irdische) Hoheit des traditionellen Messiaskönigs hinausgeht. Der Christus Jesus wird als der (himmlische) Menschensohn wiederkommen (vgl. Mk 13,26 f; 14,61 f), ja er wirkt jetzt schon in der „Vollmacht" dieses (himmlischen) Menschensohnes (vgl. Mk 2,10.28). Aber diese himmlische Hoheit bekundet sich nicht nach irdischen Maßstäben, sondern in der Übernahme des Leidens und des Todes, den Markus als stellvertretende Lebenshingabe und in diesem Sinn als Dienst versteht (Mk 10,45). Diesen Kontext des Christustitels haben die Jünger noch nicht ausgelotet. In diese Dimension ihres eigenen Bekenntnisses müssen sie erst eingeführt werden. Deshalb zunächst das Schweigegebot von V. 30! Unmittelbar danach beginnt Jesus mit der Jüngerbelehrung (8,31 – 9,1), die erzählerisch mit Mk 8,27–30 eine Einheit bildet. Thematisch beginnt mit Mk 8,31 jedoch eine größere Einheit, die sich bis Mk 10,52 erstreckt und in der Gesamtgliederung des Evangeliums dessen dritten Hauptteil bildet.

Mt 16,13–20: In den VV. 13–16 hält sich Matthäus weitgehend an die markinische Vorlage. Einige Besonderheiten verdienen hervorgehoben zu werden. Die Bezeichnung „Menschensohn", die bei Markus erst in der Unterweisung Jesu (8,31) fällt, erscheint hier schon in der Frage Jesu: „Für wen halten die Menschen den Menschensohn?" (V. 13). Nicht mehr der Menschensohn dient zur Prädikation und Erläuterung des Christustitels (wie bei Markus), sondern umgekehrt die Menschensohnbezeichnung wird durch den Messiastitel bestimmt. Die Identifizierung von Jesus und Menschensohn ist noch weiter fortgeschritten. Jesus und Menschensohn sind im Grunde austauschbar. Auffällig ist die Erwähnung von Jeremia in V. 14. Ist an den Untergang Jerusalems gedacht oder an das Leidensgeschick des Jeremia? Petrus wird in V. 16 als *„Simon* Petrus" bezeichnet. Matthäus spricht meist von „Petrus", weiß aber, daß der ursprüngliche Name „Simon" ist („Simon, genannt Petrus": Mt 4,18; 10,2. – Mt 17,25 nur „Simon"). Das Petrusbekenntnis ist erweitert: „Du bist der Messias, *der Sohn des lebendigen Gottes"* (V. 16). Schon im jüdischen Bereich gilt der Messias (der gesalbte König) als Sohn Gottes (siehe zu Mk 1,11 und Lk 1,26–38). Für Matthäus hat diese Bezeichnung jedoch einen spezifischen Sinn. Der Messias Jesus ist der vom Geist Gewirkte (vgl. Mt 1,18–25). Insofern steht er in ganz besonderer, unübertrefflicher Weise für die Präsenz Gottes unter den Menschen. Der aus der Jungfrau Geborene ist der Immanuel, der „Gott mit uns" (1,23). Dies alles schwingt beim matthäischen Sohn-Gottes-Titel mit. Er paßt ausgezeichnet zur nachfolgenden Ankündigung der Kirchengründung, denn in der Jüngergemeinde bleibt der Immanuel präsent gemäß dem Wort von Mt 28,20: „... ich bin bei euch alle Tage bis zum Ende der Welt". Anders als bei Markus ist das Petrusbekenntnis nicht das erste Bekenntnis der Jünger. Die matthäischen Jünger sind zwar kleingläubig, aber nicht unverständig. Petrus wiederholt hier nur etwas ausführlicher, was bereits alle Jünger in feierlicher Proskynese in Mt 14,33 ausgesprochen hatten: „Wahrhaftig, du bist Gottes Sohn!" Gerade deswegen kann an Petrus die anschließende Verheißung ergehen. Im übrigen kennt Matthäus nicht das Messiasgeheimnis im Sinn des Markusevangeliums. Jesus wird schon bei der Taufe öffentlich als Sohn Gottes proklamiert (Mt 3,17), und Jesus selbst stellt im Jubelruf das enge Verhältnis von Vater und Sohn als die an die Unmündigen ergehende Offenbarung heraus (Mt 11,25–27).

Neu gegenüber Markus ist die Verheißung an Petrus in VV. 17–19. Auf die traditions- und redaktionsgeschichtlichen Probleme dieser Verse kann hier nicht eingegangen werden. „Simon Barjona" (V. 17) will Petrus wohl als Sohn des Johannes (vgl. Joh 1,42; 21,15) ansprechen; der Ausdruck ist also nicht vom hebräischen bzw. aramäischen ‚barjône' = „outlaws" (etwa als Bezeichnung für Zeloten) abzuleiten. Die Aussage in V. 18a „Du bist Petrus, und auf diesen Felsen ..." arbeitet mit einem griechischen Wortspiel zwischen ‚Petros' (= Stein) und ‚petra' (= Fels), das aber wohl schon ins Aramäische zurückgeht (‚kepha' = Fels; vgl. den Namen Kephas in Joh 1,42 und vor allem bei Paulus [8mal]). Das Futur „werde ich bauen" wahrt den (nach matthäischer Sicht) österlichen Ursprung der Kirche (vgl. Mt 28,16–20), ohne deren Verankerung im Wirken des irdischen Jesus preiszugeben. Dies kommt dadurch zum Ausdruck, daß Petrus das Fundament ist, womit nicht nur der Glaube, sondern die Person des Petrus gemeint ist. An ein zu tradierendes Amt ist allerdings nicht gedacht. Petrus ist Fundament der Kirche, weil sein Bekenntnis das Bekenntnis der Kirche ist. Die Kirche bleibt Kirche, wenn sie sich am Bekenntnis des Petrus orientiert. Petrus ist der Garant der rechten Lehre bzw. der rechten Tradition. Diese ist für das Matthäusevangelium viel weniger eine theoretische doktrinäre Größe als vielmehr eine Frage der Praxis. In Petrus erkennt die Kirche ihren eigenen Ursprung und damit auch ihr bleibendes Urbild. Deshalb muß sie sich an Petrus orientieren und darf – trotz des ihr eigenen Kleinglaubens – der an Petrus ergangenen Verheißung trauen. „Die Pforten der Unterwelt werden sie nicht überwältigen" (V. 18b). Mit den „Pforten der Unterwelt" sind nicht die Pforten der Hölle (im Sinne des Reiches des Satans), sondern die Pforten der Chaos- und Todesmacht gemeint. Die Kirche, die sich auf Petrus gründet, ist der Ort, der Schutz gewährt vor dem Chaos und der Todesmacht, die die Welt zu verschlingen droht. „Die Schlüssel des Himmelreiches" (V. 19) sind nicht die Schlüssel zum Himmel, sondern die Schlüssel zum Reich Gottes bzw. zum Himmelreich. Zu erinnern ist an die Einlaßsprüche, die bei Matthäus häufig vorkommen (vgl. Mt 5,20; 7,13.21; u. ö.). Petrus ist der Garant für den Einlaß ins Himmelreich. Insofern ist das ganze Matthäusevangelium Inbegriff petrinischen „Bindens" und „Lösens", d. h. verbindlicher petrinischer Tradition. Abschließend wird den

Jüngern geboten, „niemandem zu sagen, daß er der Messias ist" (V. 20). Im Sinne des Matthäusevangeliums handelt es sich nicht um ein Schweigegebot wie bei Markus. Es geht vielmehr um den ekklesiologischen Rahmen des Bekenntnisses. Die Scheidung zwischen Jüngern und Volk deutet sich an. Hatte Jesus im zurückliegenden zweiten Hauptteil des Evangeliums sich dem ganzen Volk zugewandt, so wird er sich im folgenden dritten Hauptteil (Mt 16,21–20,34) vorwiegend den Jüngern widmen.

13. Von Galiläa nach Jerusalem

Eine Überschrift, die allen Synoptikern gerecht wird, ist schwierig. Die gewählte stellt einen Kompromiß dar.

13.1 Der Gottessohn als der leidende und auferstehende Menschensohn – Einweisung der Jünger in die Nachfolge Mk 8,30–10,52

In der Übersicht stellt sich der Stoff wie folgt dar:

8,27–30		Petrusbekenntnis
8,31–33		*1. Leidensansage*
8,34 - 9,1		Nachfolge
	9,2–10	Verklärung
	9,11–13	Wiederkunft des Elija
	9,14–29	Heilung des besessenen Knaben
9,30–32		*2. Leidensansage*
9,33–37		Rangstreit der Jünger
	9,38–41	Der fremde Exorzist
	9,42–48	Warnung vor Ärgernis
	9,49f	Vom Salz
	10,1	Aufbruch nach Judäa
	10,2–12	Ehescheidung
	10,13–16	Kinder
	10,17–31	Reichtum und Nachfolge
10,32–34		*3. Leidensansage*
10,35–45		Der Wunsch der Zebedäussöhne
10,46–52		Der blinde Bartimäus

Die Leidensansagen erweisen sich als Gliederungssignal. Bei genauerem Zusehen wird noch deutlicher, wie kunstvoll und bewußt sie in den Kontext hineinkomponiert sind:

Petrusbekenntnis	8,27–29		
Schweigegebot	8,30		
Leidensansage	8,31	9,31	10,32–34
Jüngerunständnis	8,32	9,32.33 f	10,35–41
Zurechtweisung bzw.	8,33	(9,33)	(10,38–41)
Einweisung in			
Nachfolge und Dienst	8,34–38	9,35–37	10,42–45

Diese Gleichmäßigkeit ist kaum Zufall. Welche Absicht Markus mit dieser bewußten Komposition verfolgt hat, soll anhand der ersten Leidensansage und ihres Kontextes etwas näher erläutert werden.

Zu erinnern ist zunächst an das Petrusbekenntnis (Mk 8,27–29). Die Jünger sind endlich in der Lage, die Frage von Mk 4,41 zu beantworten. Formal ist an dem Bekenntnis des Petrus nichts auszusetzen: „Du bist der Messias (Christus)!" Dennoch reagiert Jesus darauf nicht anders als auf die Bekenntnisse der Dämonen. Die Dämonen „wußten, wer er war" (Mk 1,34); sie sagen: „Du bist der Sohn Gottes!" (Mk 3,11; vgl. 5,7). Aber Jesus will nicht, daß sie ihr Wissen bekannt machen. Er gebietet Schweigen (Mk 1,34; 3,12). In der gleichen Weise – und im Griechischen mit dem gleichen Begriff (ἐπιτιμάω) ausgedrückt – gebietet Jesus den Jüngern Schweigen (Mk 8,30). Daß Jesus das Bekenntnis „Du bist der Messias bzw. der Sohn Gottes!" nicht verbreitet haben will, liegt also nicht nur an den Dämonen als unangemessenen Herolden, sondern an dem Bekenntnis selbst, das isoliert offensichtlich mißverständlich ist. Wie dieses Bekenntnis richtig zu verstehen ist, das will Jesus im folgenden Vers klar machen: „Und er begann sie zu belehren: ‚Der Menschensohn muß viel leiden und von den Ältesten und den Hohenpriestern und den Schriftgelehrten verworfen und getötet werden und nach drei Tagen auferstehen'" (Mk 8,31). Der Christustitel wird interpretiert durch den „Menschensohn". Die Hoheitsaussage des Petrusbekenntnisses wird einbezogen in den Kontext des Leidens, das der Menschensohn erdulden muß. Diesen Zusammenhang von Christus bzw. Sohn Gottes und Leiden zu wahren, ist die Funktion der Schweigegebote. Tatsächlich unterbleiben sie im späteren Verlauf des Evangeliums auch dort, wo dieser Zusammenhang unmißverständlich ist. So beantwortet Jesus selbst die Frage des Hohenpriesters „Bist du der Messias (Christus), der Sohn des Hochgelobten?" positiv (Mk 14,61 f), und die Aussage des Hauptmanns unter dem Kreuz „Wahrhaftig, dieser Mensch war Gottes Sohn!" (Mk 15,39) bleibt – aus konzeptionellen Gründen und nicht nur, weil Jesus tot ist – ohne Schweigegebot. In diesen Zusammenhang von

Hoheit und Leiden müssen die Jünger erst eingeführt werden. Dabei ist Wert darauf zu legen, daß „Menschensohn" kein Niedrigkeitstitel ist. Im Gegenteil! Von der Tradition her ist „Menschensohn" sogar der hoheitsvollere Titel. Er bezeichnet ein *himmlisches* Wesen, nach Dan 7,13f den Repräsentanten der Gottesherrschaft! Die Begriffe „Christus" und „Sohn Gottes" dagegen bezeichnen den Messias, eine von der Tradition her durchaus *irdische* Gestalt! Wenn Markus den „Christus" des Petrusbekenntnisses durch den „Menschensohn" der Jesusbelehrung interpretiert, so will er damit nicht die Hoheit des Messias mindern, er steigert sie vielmehr, indem er den Messiaskönig mit der himmlischen Würde des Menschensohnes auszeichnet. Entscheidend für Markus ist freilich, daß diese himmlische Hoheit sich nicht nach menschlichen Maßstäben bekundet, sondern gerade in der Übernahme des Leidens und des Todes. Dabei ist der Zusammenhang von Tod und Auferstehung richtig zu erfassen. Das Leiden ist nicht nur Durchgang zur Herrlichkeit. Jesus wird nicht erst durch die Auferstehung zum Menschensohn (eine Erhöhung zum Menschensohn kennt Markus nicht!). Jesus *ist* schon der Menschensohn, bevor er leidet (vgl. Mk 2,10.28). Die Hoheit des Menschensohnes gibt Jesus geradezu die Souveränität, zu leiden und sein Leben im Dienst für die Menschen hinzugeben. Die Souveränität der Lebenshingabe erweist den Menschensohn als Souverän des Lebens, so daß er nach drei Tagen wieder aufersteht. Die Leidensansage will also nicht nur auf das Leiden verweisen, sondern den Zusammenhang von Leiden und Hoheit herausstellen. Beide bilden eine notwendige Einheit. Insofern hat Mk 8,31 die Funktion, die formal korrekte Christologie der Jünger (Mk 8,29) inhaltlich zu explizieren. Die gleiche Funktion haben auch die weiteren Leidensansagen in Mk 9,31 und 10,32–34.

Die zweite Leidensansage erscheint wie eine Kurzform der ersten: „Denn er belehrte seine Jünger und sagte zu ihnen: ‚Der Menschensohn wird in die Hände der Menschen überliefert, und sie werden ihn töten, und nach seinem Tod wird er nach drei Tagen auferstehen'" (Mk 9,31). Die dritte Leidensansage, die am endgültigen Wendepunkt des Weges hinauf nach Jerusalem steht, nimmt schon die einzelnen Stationen der Passion vorweg: „Und er nahm wieder die Zwölf beiseite und begann, ihnen zu sagen, was ihm widerfahren werde: ‚Siehe, wir gehen hinauf nach Jerusalem, und der Menschensohn wird den Hohenpriestern und den Schriftgelehrten überliefert werden, und sie werden ihn zum Tod verurteilen und ihn den Heiden überliefern, und sie werden ihn verspotten und ihn anspucken und ihn geißeln und töten, und nach drei Tagen wird er auferstehen'" (Mk 10,32b.33f). Die Unterschiede zwischen den einzelnen Leidensansagen erklären sich aus ihrer Traditionsgeschichte. Die erste Leidensansage dürfte dem Markus im Grundbestand schon vorgegeben gewesen sein. Die beiden anderen sind wohl vom Evangelisten selbst gebildet. Bei der zweiten begnügt er sich mit einer Zusammenfassung, die dritte baut er zu einer Vorabbildung der Leidensgeschichte aus.

Die theoretische Explikation der Christologie in Mk 8,31 nützt allerdings wenig. Im Gegenzug reagiert Petrus und will Jesus seinerseits verbieten, so zu reden (Mk 8,32 b; im Griechischen erscheint das gleiche Wort wie beim Schweigegebot Jesu: ἐπιτιμάω). Trotz seines Bekenntnisses bleibt Petrus unverständig. Daß es bei diesem Unverständnis nicht um die Abwehr einer mißliebigen Theorie (Christologie) geht, zeigen die Jüngerunverständnisse in den beiden folgenden Kapiteln deutlicher. In Mk 9,32 heißt es schlicht: „Sie aber verstanden das Wort nicht". Warum sie es nicht verstehen konnten, zeigt die anschließende Szene, bei der herauskommt, daß sie unterwegs miteinander gestritten haben, „wer der Größte ist" (Mk 9,34). Wer nach irdischen Maßstäben Hoheit als Groß-Sein definiert, kann nicht verstehen, daß Hoheit sich im Leiden und im Dienst erweist. Ganz ähnlich ist der Kontext der dritten Leidensansage. Zwar wird das Unverständnis der Jünger nicht ausdrücklich genannt. Doch läßt die Reaktion der Zebedäussöhne (Mk 10,35–37) keinen Zweifel, daß sie Jesus nicht verstanden haben. Sie haben Ministerposten im Kopf und definieren Hoheit als Herrschen. Nimmt man die drei Jüngerunverständnisse zusammen, so ist klar, daß das richtige christologische Bekenntnis (auch das durch die Leidensansage explizierte!) nicht nur eine Frage der theoretischen Einsicht, sondern der eigenen Praxis ist. Das formal richtige Bekenntnis beinhaltet isoliert für sich nicht mehr als das, was schon die Dämonen gewußt haben. Ein nur formal richtiges Bekenntnis ist ein satanisches Bekenntnis. Deshalb muß sich Petrus in Mk 8,33 zurechtweisen lassen (im Griechischen wieder das Wort ἐπιτιμάω!): „Weg von mir, Satan, denn du denkst nicht die Gedanken Gottes, sondern die der Menschen!" Weil das richtige Verstehen der Christologie nur möglich ist im Rahmen einer Praxis, die mit den Leidensansagen konform geht, erfolgt in Mk 8,34–38 die Einweisung in die richtige Praxis; sie ist der hermeneutische Rahmen für das christologische Bekenntnis:

(34) Und er rief die Volksmenge mit seinen Jüngern zu sich und sagte ihnen: „Wenn einer mir nachfolgen will, verleugne er sich selbst und nehme sein Kreuz auf sich und folge mir nach. (35) Denn wer sein Leben retten will, wird es verlieren; wer aber sein Leben um meinetwillen und um des Evangeliums willen verliert, wird es retten. (36) Denn was nützt es einem Menschen, wenn er die ganze Welt gewinnt und sein Leben einbüßt? (37) Denn was könnte ein Mensch als Gegenwert für sein Leben geben? (38) Denn wer sich meiner und meiner Worte schämt in diesem ehebrecherischen und sündigen Geschlecht, dessen wird sich auch der Menschensohn schämen, wenn er in der Herrlichkeit seines Vaters mit den heiligen Engeln kommt".

Nur wer bereit ist, den Gottessohn auf seinem Kreuzweg zu begleiten, hat das Recht, das christologische Bekenntnis zu sprechen (und spricht es korrekt!). Nur wer den Leidensweg des Menschensohnes teilt, zu dem wird sich auch der Menschensohn im Endgericht bekennen. Markus vertritt also, wenn man so will, eine *pragmatische Christologie*.

Doch was heißt Kreuzesnachfolge? Mk 8,35 interpretiert Kreuzesnachfolge als „Verlieren des Lebens um meinetwillen und um des Evangeliums willen". Was das bedeutet, ergibt sich aus Mk 10,45: „Denn auch der Menschensohn ist nicht gekommen, um sich bedienen zu lassen, sondern um zu dienen und sein Leben zu geben als Lösegeld für viele". Wer sich von Jesus und vom Evangelium zur dienenden Hingabe des eigenen Lebens herausfordern läßt, findet selbst das Leben. Souveränes Leben erweist sich in der Hingabe des Lebens. Im Hingeben des Lebens findet der Jünger zum wahren Leben. Mk 8,36 deutet an, was im Kontext der zweiten und dritten Leidensansage deutlicher gesagt ist: Leben besteht nicht in Herrschaft, sondern im Dienst! Wer sein Leben hingeben kann im glaubenden Bekenntnis zum Gottessohn Jesus, hat die Freiheit zu dienen, bedarf nicht der scheinbaren Selbstbestätigung durch Herrschaft: „Wer der Erste sein will, soll der Letzte von allen und der Diener aller werden!" (Mk 9,35). Was es heißt, Diener zu sein, erläutern die beiden folgenden Verse Mk 9,36 f. Es gilt sein Leben so zu gestalten, daß die Schwächsten (hier veranschaulicht durch ein Kind) leben können. Das geht nur, wenn man nicht sich, sondern die Lebensmöglichkeiten der anderen zum Maßstab des eigenen Lebens macht. Anders ausgedrückt, ist dies Verzicht auf Herrschaft. Die Jüngeranweisung im Kontext der dritten Leidensansage bringt dies klar zum Ausdruck:

> Und Jesus rief sie (die Jünger) zu sich und sagte ihnen: „Ihr wißt, daß die, die als Herrscher gelten, ihre Völker unterdrücken und ihre Großen ihnen Gewalt antun. Bei euch aber ist es nicht so; vielmehr, wer bei euch groß sein will, soll euer Diener sein, und wer bei euch der Erste sein will, soll der Diener aller sein!" (Mk 10,42–44)

Es folgt der bereits zitierte V. 45, in dem die Anweisung noch einmal christologisch – vom Menschensohn her, der dient und sein Leben hingibt – begründet wird. Dies ist für Markus der adäquate Kontext der Christologie. Christologie erfordert Praxis. Die wahre Kirche ist für Markus die Kirche, die auf dem Weg zum Kreuz ist, die nicht sich selbst erhalten will, sondern die Lebensmöglichkeit der Schwächsten zum Maßstab ihres Handelns macht. Dies ist heute genauso aktuell wie zur Zeit des Markus. Eine eigene Anwendung erübrigt sich. Vor dem Hintergrund des Evangeliums ist es beschämend zu sehen, womit Kirche und womit Christen beschäftigt sind.

Zu betonen bleibt noch, daß Selbstverleugnung und Lebenshingabe im Sinn des Markusevangeliums keine aszetischen Ideale sind. Christliche Aszese hat manchmal seltsame Blüten getrieben. Markus geht es nicht um das Verzichten und die Hingabe als Werte an sich. Es wird ja gerade gesagt, daß der, der sein Leben hingibt, es findet. Das Ziel ist also das Leben, die Hingabe ist die Methode, der Weg. Ziel und Methode sind nicht miteinander zu verwechseln. Insofern könnte man sogar den heute so beliebten Begriff der „Selbstfindung" auf das markinische Phänomen anwenden. Der Jünger soll durchaus sein Leben finden! Aber, zur Selbstfindung gelangt man nur, wenn man nicht sich selbst, sondern diejenigen, die der Hilfe bedürfen, zum Maßstab macht. Wer sich auf sein eigenes Leben konzentriert, dem zerrinnt das Leben unter den Händen.

Zusammenfassend läßt sich sagen: Nirgendwo anders wird die theologische Intention des Markus so deutlich wie in diesem dritten Hauptteil des Evangeliums. Markus will das „Evangelium von Jesus Christus, dem Sohn Gottes", schreiben (Mk 1,1). Der Sohn Gottes aber ist der, der in der Hoheit des Menschensohnes den Weg zum Kreuz geht. Eine Christologie an sich, d. h. eine Christologie, die nur die Titel festhält bzw. nur ein formales Bekenntnis spricht, genügt nicht. Der markinische Jesus erlaubt es nicht, von „Christus" und „Sohn Gottes" an und für sich zu sprechen. Das wahre Bekenntnis muß getragen sein von der Nachfolge, die Markus im Sinn des Dienstes und der Lebenshingabe bestimmt.

Der Abschnitt Mk 9,2–29

Auf die zwischen den Leidensansagen liegenden Stücke kann nur in der gebotenen Kürze eingegangen werden. Etwas ausführlicher ist auf die Verklärungsgeschichte einzugehen.

Die Verklärung Jesu – von der Wiederkunft des Elija Mk 9,2–10.11–13: Die Geschichte schafft in gewisser Weise einen Kontrapunkt zur vorausgehenden Leidensansage. Für die drei beteiligten Jünger (Petrus, Jakobus und Johannes) ist die Verklärung die Erfüllung der Verheißung von Mk 9,1. Sie sehen Jesus als den „in der Herrlichkeit seines Vaters" kommenden „Menschensohn" (Mk 8,38) und insofern vorwegnehmend auch „die in Macht gekommene Herrschaft Gottes" (Mk 9,1). Ob damit allerdings die in Mk 9,1 ausgedrückte Naherwartung abgegolten ist, wird man bezweifeln dürfen, da Markus trotz seiner Einwendungen gegen Endberechnungen doch ein baldiges Ende erwartet (siehe zu Mk 13). Konkret erscheint Jesus in eschatologischer Herrlichkeit (VV. 2b.3) im Gespräch mit Elija und Mose (V. 4). Markus sieht darin wohl eine Anspielung auf die „heiligen Engel", die nach Mk 8,38 den Menschensohn begleiten. Elija ist der „Bote", der Jesus „den Weg bereiten soll" (Mk 1,2; im Griechischen wird „Bote" und „Engel" durch das gleiche Wort zum Ausdruck gebracht: ἄγγελος). In Gesellschaft mit Elija fungiert auch Mose als „Bote", d. h. als Wegbereiter bzw. als Vorbild Jesu. Von der Himmelsstimme wird Jesus als messianischer Gottessohn ausgewiesen. „Dieser ist mein geliebter Sohn" (V. 7) nimmt die (dort nur Jesus selbst geltende) Anrede aus der Taufszene Mk 1,11 auf und erinnert damit an Ps 2,7. Markus vertritt also keineswegs eine Christologie der Leidensmystik. Jesus ist der Gottessohn in Herrlichkeit. Aber diese Herrlichkeit läßt sich nicht festhalten, wie Petrus es möchte (V. 5). Sie kann man nur einholen, wenn man vom Berg herabsteigt und mit Jesus den Weg zum Kreuz geht. Deshalb erfolgt das Schweigegebot: „Und während sie vom Berge hinabstiegen, gebot er ihnen, daß sie niemandem erzählen sollten, was sie gesehen hatten, bis der Menschensohn von den Toten auferstanden sei" (V. 9). Der Hinweis auf die Auferstehung darf nicht so verstanden werden, als ob nach Ostern das Messiasgeheimnis aufgehoben sei. Selbstverständlich werden die Jünger nach Ostern nicht mehr unverständig fragen, „was das sei, ‚das Auferstehen von den Toten'" (V. 10). Doch auch nach Ostern bleibt bestehen, daß das Bekenntnis zum Sohn Gottes nur authentisch (nicht satanisch) ist, wenn es getragen ist von der Praxis der Nachfolge. Von Auferstehung kann sinnvoll nur reden, wer sich auf dem Kreuzweg der Lebenshingabe befindet. Vielleicht hängt damit zusammen, daß das Markusevangelium am Ende auf eine verbale Verkündigung der Auferstehung verzichtet (Mk 16,8). Die entscheidende Reaktion auf den Verklärten ist die Nachfolge und der Dienst. Deshalb sagt die Himmelsstimme: „Auf ihn sollt ihr hören!" (V. 7; durch diesen Rückgriff auf Dtn 18,15 erscheint Jesus indirekt als „Prophet wie Mose"). Mit der Aufforderung zum Hören ist die entscheidende Leseanweisung für die übrigen, zwischen die Leidensansagen verstreuten Stücke gegeben. Sie sind Weisung auf dem Weg der Nachfolge. Im abschließenden Gespräch (VV. 11–13) identifiziert Jesus Johannes mit Elija, bestreitet aber, daß die von Elija erwartete Wiederherstellung von allem (vgl. Mal 3,23) schon geschehen ist. Dies ist dem Menschensohn vorbehalten, dessen Geschick der Vorläufer Johannes / Elija teilt und vor-abbildet.

Die Heilung eines besessenen Jungen Mk 9,14–29: Die einzige Wundergeschichte in dem Abschnitt ist wohl nicht zufällig eine Dämonenbannung. Schon die erste Wundergeschichte war eine Dämonenbannung (Mk 1,21–28). Markus sieht darin ein Zeichen der „Vollmacht" Jesu: Wo die Herrschaft Gottes anbricht, weichen die Dämonen! Im Rahmen der Jüngerbelehrung ist Markus die Geschichte wahrscheinlich besonders wegen VV. 28f wichtig. Dahinter steht die Erfahrung der Gemeinde, daß die Herrlichkeit der Gottesherrschaft nicht schlagartig durchbricht. Das verkündete Heil bedarf der Geduld und des Kreuzwegs des Gebetes.

Der Abschnitt Mk 9,38–10,31

Warnung vor Verführung Mk 9,38–41.42–48.49f: Die Sprüche sind durch Stichwortanschluß mit Mk 9,35–37 verbunden. In der ersten Spruchreihe der VV. 38–41 geht es um „Nachfolge". Gewarnt wird vor einem rein äußerlichen Nachfolgebegriff. Das Entscheidende ist das Tun im Namen Jesu, hier das Austreiben von Dämonen. Dies hatten in Mk 9,14–29 die mit Jesus gehenden Jünger nicht vermocht. Nachfolge ist mehr als Mitläufertum und mehr als bloße Kirchenzugehörigkeit. Die VV. 42–48 sind unter dem Stichwort „Kleine" (vgl. das Kind in V. 37) angeschlossen. Unsicher ist, wer die „Kleinen" in dem ursprünglich wohl isolierten Wort sind: Jünger oder Kinder. Durch den Zusatz „die glauben" (V. 42) sind jetzt entweder einfache Gemeindemitglieder oder überhaupt die Gemeinde gemeint. Die übrigen Sprüche sind über das Stichwort „verführen bzw. Ärgernis geben" angehängt: VV. 42 f.45.47. Das „Feuer" von V. 48 bildet schließlich den Übergang zu VV. 49 f.

Aufbruch nach Judäa Mk 10,1: Das Itinerar des V. 1 („in das Gebiet von Judäa [und?] jenseits des Jordan") hat zu vielen Spekulationen Anlaß gegeben. Markus hat es wohl so verstanden, daß Jesus in einen jenseits des Jordan liegenden Teil Judäas kommt. Wichtig für Markus ist „Judäa", denn dadurch richtet sich die Reiseroute, die von Cäsarea Philippi (Mk 8,27) über Galiläa (Mk 9,30) und speziell Kafarnaum (Mk 9,33) geführt hat, immer eindeutiger nach Jerusalem aus (vgl. Mk 10,32).

Ehe, Kinder, Reichtum und Nachfolge Mk 10,2–12.13–16.17–31: Typische Konstellationen des menschlichen Lebens und mithin der Gemeinde werden aufgegriffen. Jesus ergreift jeweils Partei für die schwächeren gesellschaftlichen Glieder: In den VV. 2–12 für die Frau, die entlassen wird; Markus kennt allerdings – hellenistisch-römischem Brauch entsprechend – auch den umgekehrten Fall, daß der Mann entlassen wird. Die VV. 13–16 sind eine Parteinahme für die Kinder, und die Perikope gegen den Reichtum VV. 17–31 ist nicht zuletzt eine Parteinahme für die Armen (V. 21). In der Parteinahme für die Schwächeren vollzieht sich der Dienst, der auf Herrschaft verzichtet und sein Leben (konkret z. B. den Reichtum) hingibt. Auf diese Weise findet der Jünger das Leben, schon „jetzt in dieser Welt" und dann „in der kommenden Welt das ewige Leben" (V. 30).

Die Heilung eines Blinden Mk 10,46–52

Schon auf dem Wege nach Jerusalem (vgl. Mk 10,32), beim Verlassen von Jericho, spielt die Geschichte, die den Übergang vom dritten zum vierten Hauptteil des Evangeliums bildet. Im Blick auf die Gesamtkomposition des Evangeliums sei nur auf ein erzählerisches Element aufmerksam gemacht.

Der blinde Bartimäus „schreit" seine Bitte heraus, mit der er seine Not wenden will (V. 47). Als man ihm das verbietet, „schreit" er noch lauter (V. 48). Jesus nennt dieses der Entmutigung trotzende Schreien „Glauben" (V. 52a). Bartimäus wird geheilt „und folgt ihm (Jesus) auf dem Weg" (V. 52b). Der Weg führt nach Jerusalem. Dort wird Jesus – am Kreuz hängend – selbst seine Not zu Gott „schreien" (Mk 15,34). Er, der anderen geholfen hat (vgl. Mk 15,30f), ist nicht bereit, das Wunder der eigenen Rettung zur Selbstbeglaubigung einzusetzen (Mk 15,32). Er stirbt vielmehr mit einem „lauten Schrei". Der die beiden Erzählungen verbindende Schrei vermag deutlich zu machen, wozu – im Sinn des Markusevangeliums – Wundergeschichten ermutigen wollen und wie mit ihnen in gläubiger Existenz umzugehen ist. Wundergeschichten fordern dazu auf, die eigene Not vor dem, der wirklich Not wenden kann, laut werden zu lassen. Wundergeschichten wollen Vertrauen wecken, daß der Schrei auch erhört wird. An dieser Stelle wird deutlich, daß Wundergeschichten auf den Kreuzweg verwiesen sind. Denn anders als in den Wundergeschichten, wo die Not erzählerisch ganz einfach überwunden wird, sieht die erfahrene Realität oft ganz anders aus. An Wunder zu glauben und an dem aus Not befreienden Gott festzuhalten, bedarf des Glaubens an den Gekreuzigten, dessen Schrei der Gottverlassenheit (Mk 15,34) nicht das Ende Gottes, sondern den Beginn einer neuen Schöpfung signalisiert. Mit diesem Glauben eröffnen Wundergeschichten die Perspektive eschatologischer Hoffnung, mit der sich nicht mehr nur partielle Not, wie sie in den Erzählungen inventarisiert ist, sondern der prinzipielle Notstand der menschlichen Existenz bestehen läßt.

13.2 Jesus auf dem Weg nach Jerusalem – Jüngerunterweisung Mt 16,21–20,34

Matthäus folgt weitgehend der Reihenfolge und dem Stoff des Markus, fügt jedoch Material aus Sondergut ein und setzt so neue Akzente. Mit Mt 16,13–20, dem feierlichen Bekenntnis des Petrus und der ihm korrespondierenden Verheißung des Kirchenbaus, endete der zweite Hauptteil des Evangeliums (Mt 12,1–16,20), der mit dem ersten Hauptteil (Mt 4,12–11,30) eng zusammengehört und – wie dieser – vor allem der öffentlichen Wirksamkeit Jesu gewidmet war. Stand am Anfang des öffentlichen Wirkens Jesu die Bemerkung: *„Von da an begann Jesus* zu verkündigen und zu sprechen: ‚Kehrt um, denn das Himmelreich ist nahegekommen!'"* (Mt 4,17), so wird der jetzt folgende dritte Hauptteil eingeleitet mit den Worten: *„Von da an begann Jesus* seinen Jüngern zu zeigen, daß er nach Jerusalem gehen müsse..."* (Mt 16,21). Die Übereinstimmung unterstreicht die bewußt gestaltete Komposition. Der Unterschied zeigt an, daß es jetzt um Jüngerunterweisung geht. Damit ist die Thematik des dritten Hauptteils umschrieben. Der Weg nach Jerusalem wird zum Weg besonderer Jüngerbelehrung.

Der Abschnitt Mt 16,21–17,23

Bei der *ersten Ankündigung des Leidens Mt 16,21–23* schließt sich Matthäus weitgehend Mk 8,31–33 an. Auf die in V. 21 zu Tage tretende Differenz (Jüngerbelehrung, Weg nach Jerusalem) wurde bereits aufmerksam gemacht. Der Einwand des Petrus gegen das angekündigte Leidensgeschick Jesu ist zwar vorhanden, klingt aber keineswegs mehr so grundsätzlich wie bei Mk 8,32. Petrus ist eher betroffen und reagiert emotional: „Gott bewahre dich, Herr! Das darf dir nicht geschehen!" (V. 22). Die Petrusschelte behält Matthäus in der ganzen Schärfe bei. Es geht ihm also nicht um eine Heroisierung des Petrus. Die an ihn ergangene Verheißung (Mt 16,17–19) beinhaltet nicht persönliche Unfehlbarkeit. Selbst Petrus kann in der Praxis sein eigenes Bekenntnis pervertieren. Auch insofern ist Petrus der Typus der Gemeinde, die in Mt 18,18 die Binde- und Lösegewalt auf sich beziehen wird, sich aber dennoch der beständigen Gefährdung bewußt bleiben muß.

Mt 16,24–17,23 läuft mit Markus ziemlich parallel, so daß wir hier nur kursorisch die Strecke abschreiten und hie und da auf einige Besonderheiten aufmerksam machen wollen. *Die Einweisung in die Leidensnachfolge Mt 16,24–28* ist für Matthäus selbstverständlich genauso bedeutsam wie für Markus (Mk 8,34–9,1). Wichtig für Matthäus ist die Feststellung zum Kommen des Menschensohnes: „Und dann wird er einem jeden vergelten nach seinem Tun" (V. 27b; im Anschluß an Ps 62,13). Matthäus betont die Praxis. Formal geht er darin einig mit Markus. Inhaltlich ist die Praxis jedoch nicht nur allgemein als Kreuzesnachfolge und Dienst bestimmt, sondern durch die Weisungen der Bergpredigt konkretisiert.

Bei der *Verklärung Mt 17,1–9.10–13* gleicht Matthäus die Himmelsstimme ganz an die Taufszene an: „Dies ist mein geliebter Sohn, an dem ich Wohlgefallen habe" (V. 5). Das entscheidende Wort ist auch für Matthäus: „Auf ihn sollt ihr hören!" (V. 5). Doch sind die Jünger so von der Audition überwältigt, daß sie auf ihr Angesicht fallen und sich fürchten (V. 6). Erst die Berührung durch Jesus bringt sie wieder auf die Beine (V. 7). Eine im Sinn des Matthäusevangeliums ganz typische Spannung der Jüngerexistenz wird deutlich. Jüngerexistenz braucht die himmlische Vision; einzuholen und festzuhalten ist sie aber nur im lebenspraktischen Kontakt mit dem irdischen Jesus. Nach dem Schweigegebot (über „das Geschaute"!) (V. 9) entfällt das Jüngerunverständnis (Mk 8,10). Matthäus kennt kein Messiasgeheimnis im markinischen Sinn. Das „Schweigegebot" hat lediglich den Sinn, die christologische Würde im Raum des Jüngerkreises zu wahren, bis dieser nach Ostern zur Mission aller Völker ausgesandt wird. Im folgenden Disput um Elija wird die bei Markus vorhandene Spannung zwischen der Wiederherstellung von allem durch Elija und dem Wirken des Menschensohnes beseitigt (V. 11). Elija, der ausdrücklich als Johannes der Täufer identifiziert wird (V. 13), und der Menschensohn werden über das gemeinsame Geschick zusammengeschlossen (V. 12).

Die Heilung des besessenen Knaben Mt 17,14–21 hat Matthäus bis auf das nackte Handlungsgerippe gekürzt. Dies entspricht seiner Tendenz der christologischen Konzentration (vgl. die Bearbeitung von Mk 5,1–43 in Mt 8,28–34; 9,18–26). Matthäus sieht das Unvermögen der Jünger, das Kind zu heilen (V. 16), in deren „Kleinglauben" begründet (V. 20a). Dieser ist um so beschämender, als es nur eines „Glaubens wie ein Senfkorn" bedürfte, um Berge zu versetzen (V. 20b). Bei der *zweiten Leidensansage Mt 17,22f* fehlt wieder (wie bei Mt 17,9 par Mk 9,9f) das Jüngerunverständnis. Statt dessen sind die Jünger „sehr traurig" (V. 23; vgl. Mt 16,22b). Die Perikope von der *Tempelsteuer Mt 17,24–27* stammt aus judenchristlicher Überlieferung. Ihr geht es um die Frage, ob Christen Tempelsteuer zahlen müssen. Jeder Jude ab 20 mußte jährlich einen halben Silberschekel (= eine Doppeldrachme) entrichten. Die Erzählung zielt auf einen Kompromiß ab, mit dem die Gemeinde im jüdischen Religionsverband verbleiben konnte. Für Matthäus ist die Frage nicht mehr aktuell. Er überliefert die Geschichte aus Respekt vor der Tradition und zur Veranschaulichung der wunderbaren Kräfte Jesu.

Die Gemeinderede Mt 18,1 – 19,1

In der vierten der fünf großen Reden des Matthäusevangeliums wird explizit thematisiert, worum es im ganzen dritten Hauptteil des Evangeliums geht. Die Jünger- bzw. Gemeindeunterweisung wird zu einer Art Gemeinderegel konzentriert. Matthäus wahrt die von Markus vorgegebene Reihenfolge und ergänzt den Stoff durch Material aus der Logienquelle Q und aus Sondergut. Anlaß ist der *Rangstreit der Jünger Mt 18,1–5*, den Matthäus aus Mk 9,33–37 kennt. Das Kind wird für ihn aber eindeutiger zum Bild des Jüngers (V. 4). Auch in V. 5 sind es nicht primär die Lebensjahre, sondern die Herzenseinstellung, die das „Kind" definieren. Als wenig zu seinem Thema passend übergeht Matthäus Mk 9,38–41 und schwenkt mit *Mt 18,6–9* wieder auf die Markusfolge (Mk 9,42–48) ein. Die „Kleinen, die *an mich* glauben" (V. 6), sind, wie vorher die Kinder, die Jünger. Das „*Ärgernis-Geben*" meint: zum Abfall, d. h. zum Glaubensabfall, verführen. Deshalb droht eine harte Strafe, nämlich Ausschluß aus dem

Himmelreich. Das Himmelreich verlangt Entscheidung. Dies war schon in der Bergpredigt klar gemacht worden und wird jetzt in VV. 8f mit Worten unterstrichen, die an Deutlichkeit nicht zu überbieten sind. Wer diejenigen sind, die zum Abfall verführen (V. 7), Juden oder Christen, ist nicht sicher. *Mt 18,10* ist thematisch wahrscheinlich noch zu VV. 6–9 zu ziehen. Das „Verachten der Kleinen" wäre dann auf die Verführung zu beziehen. „Ihre Engel im Himmel, die allezeit das Angesicht meines Vaters im Himmel schauen", sind nicht die Schutzengel (die sich indirekt aus der Völkerengelvorstellung entwickelt haben), sondern die Engel, die den himmlischen Gottesdienst vollziehen (vgl. 1 QSb 4,25f; 1 QH 6,13). Dahinter steht das Bewußtsein der christlichen Gemeinde, Gottes heilige (priesterliche?) Versammlung auf Erden zu sein.

Das anschließende *Gleichnis vom verirrten Schaf Mt 18,12–14*, das aus der Q-Tradition stammt (par Lk 15,3–7), geht sicherlich auf Jesus selbst zurück. Jesus verwendete das Gleichnis, um seine provozierende Gemeinschaft mit Sündern zu rechtfertigen und plausibel zu machen. Jesus verstand sein Tun als Zeichenhandlung, mit der er deutlich machen wollte, wie entschlossen Gott auf Israel zugeht und es in einem umfassenden Schulderlaß als sein heiliges Volk restituiert. Das Gleichnis soll mit der altbekannten Metapher vom Hirten und seiner Herde die Zuhörer für dieses ergreifende Handeln Gottes einnehmen. Für Matthäus gewinnt das Gleichnis – vor allem durch V. 14 – einen etwas anderen, ekklesiologischen Sinn. Aus der Gemeinde darf niemand verloren gehen. Wie sich die Verse vorher gegen ein Verhalten wandten, das geeignet war, Christen zum Ausscheiden aus der Gemeinde zu bewegen, so wird jetzt eingeschärft, daß Gemeindemitglieder, die durch ihre Sünde sich verirrt haben, nicht ihrem Schicksal überlassen werden dürfen, sondern zu suchen sind.

Mt 18,15–17 stellt ein konkretes *Verfahren zur Rückgewinnung der Sünder* vor. Es geht also keineswegs um ein Ausschlußverfahren, wie oft unterstellt wird. Der Ausschluß ist nur die disziplinarische ultima ratio, die – wie sich gleich zeigen wird – für ekklesiale Praxis gerade nicht das letzte Mittel sein darf. Die Gemeinderegel selbst, die aus einem Q-Logion (par Lk 17,3) entwickelt wurde, stammt aus judenchristlichem Milieu. Ähnliche Regeln gibt es in Qumran (vgl. 1 QS 5f). V. 17b spiegelt eine gewisse neue Abgrenzung wider (vgl. Mt 5,46f), die allerdings auch von Jesus nie prinzipiell aufgehoben wurde. Wie die Gemeinde im Falle einer fehlgeschlagenen Rückgewinnung des Bruders (vgl. V. 15b) den Ausschluß vollzogen hat: durch Entscheidung der Vollversammlung oder durch Entscheidung anerkannter Schriftgelehrter (vgl. Mt 13,52), wissen wir nicht. Entscheidend ist, daß der Sünder als „dein Bruder" bezeichnet wird. Die Gemeinde versteht sich als Gemeinde von Brüdern und Schwestern. Das vorgestellte Verfahren rechnet mit der Anwesenheit des Betroffenen in der Gemeindeversammlung (V. 17). Dies setzt die Offenheit zum Gespräch voraus. Ein Denunziantentum und eine bürokratische Disziplinierung, die aus der Unsichtbarkeit der Disziplinargewaltigen heraus erfolgt, sind nicht gemeint. *Mt 18,18* stimmt fast wörtlich mit Mt 16,19b überein. Doch während dort die Lehrgewalt (die verbindliche Festlegung der authentischen Tradition) im Vordergrund stand, ist hier aufgrund des Kontextes eindeutig *die Disziplinargewalt* (die verbindliche Festlegung authentischer Praxis) angezielt. Für Matthäus handelt es sich dabei allerdings nur um die beiden Seiten derselben Medaille, da die Tradition die von Jesus gebotene Praxis zum Inhalt hat. Ein Widerspruch zwischen Mt 16,19 und 18,18 ergibt sich nur, wenn man beide Sprüche verfassungsrechtlich versteht. Doch darum geht es der matthäischen Gemeinde (noch) nicht. Die Autorität, die die Gemeinde in Ausübung ihrer Disziplinargewalt beansprucht, hat die gleiche Verbindlichkeit wie die auf der Autorität des Petrus gründende Tradition. Wie sie diese Autorität ausgeübt hat (durch einzelne oder kollektiv), wissen wir nicht.

Die Verbindung der (aus Sondergut stammenden) Verse *Mt 18,19f*, die *das gemeinsame Gebet* zum Thema haben, zu den vorhergehenden Aussagen ist schwierig zu beurteilen. Soll die Gemeinde gemahnt werden, auf ihre Disziplinargewalt zu verzichten und lieber ihre Zuflucht zum Gebet zu nehmen? Doch ist von der Gemeinde gar nicht mehr die Rede, sondern von zwei oder drei einzelnen. Wahrscheinlich will Matthäus ein positives Pendant schaffen zur Aussage von Mt 18,15–17.18. Die Zusage himmlischer Gültigkeit bezieht sich nicht nur auf das Binden und Lösen, sondern auch auf das Gebet, sofern es nur gemeinsam geschieht. Zu V. 20 gibt es eine jüdische Analogie: „Wo zwei zusammensitzen und sich mit Worten der Tora beschäftigen, da ist die Schekhina (das „Wohnen", die Gegenwart Gottes) unter ihnen, denn es heißt (Mal 3,16) . . ." (Abot III 2 b). Ohne auf das Problem einer möglichen traditionsgeschichtlichen Verwandtschaft eingehen zu können, zeigen sich die unterschiedlichen Akzente. Was für das (pharisäische) Judentum die Tora, das ist für die christliche Gemeinde das Sich-Versammeln im Namen Jesu. Eine Ablehnung der Tora läßt sich daraus allerdings nicht ableiten, da Jesus das innerste Anliegen der Tora zur Geltung bringen will (vgl. zu Mt 5,17–19). Der Name Jesu, „Immanuel – Gott mit uns" (Mt 1,23), ist die Gewähr für die Gegenwart Gottes. „Da bin ich mitten unter ihnen" blickt voraus auf Mt 28,20b: „Und siehe, ich bin bei euch alle Tage bis zum Ende der Welt". Vorösterliche und nachösterliche Situation verschwimmen aus der Innenperspektive der Gemeinde.

Mit V.20 ist die Rede Jesu an sich abgeschlossen. Durch *die Frage des Petrus nach der Häufigkeit der Vergebung Mt 18,21f* wird sie erneut in Gang gebracht. Petrus greift auf das Problem von V. 15, die Verfehlung des Bruders, zurück. Die Antwort Jesu in V. 22 mitsamt dem angeschlossenen

Gleichnis (VV. 23–35) einerseits und das Gleichnis von VV. 12–14 andererseits geben der Disziplinarregel von VV. 15–17 den sachgerechten Rahmen. Alle kirchlichen Disziplinarmaßnahmen müssen eingebettet sein in Barmherzigkeit. Die Bereitschaft zur Vergebung und die Suche nach den Verirrten müssen das gemeindliche Handeln tragen, auch und gerade dort, wo abgrenzende Maßnahmen wie in V. 17 zu treffen sind. Die disziplinarische ultima ratio kann eben nie die ultima ratio gemeindlicher Bemühung sein! Unsicher ist, wie ἕως ἑβδομηκοντάκις ἑπτά zu übersetzen ist: 77mal oder 70mal sieben (= 490mal)? Ersteres wäre eine Bezugnahme auf Gen 4,24. Doch handelt es sich in beiden Fällen um hyberbolische Zahlenangaben. Gemeint ist jeweils: Nicht siebenmal, sondern unbegrenzt (ist zu vergeben)!

Das Gleichnis vom unbarmherzigen Knecht Mt 18,23–35 gehört zwar nicht ursprünglich mit VV. 21f zusammen, gibt aber den tieferen sachlichen Grund für das unbegrenzte Vergeben an. Von der Dramaturgie her besteht es aus drei Szenen. Die erste spielt zwischen König bzw. Herrn und Knecht (VV. 23–27). Die Schuld des Knechtes ist unvorstellbar groß. 10 000 Talente sind 100 Millionen Denare. Eine Rückzahlung ist gar nicht möglich. Das Versprechen V. 26 ist aus der Not geboren. Dennoch läßt sich der Herr auf die damit verbundene Bitte ein. Er hat Mitleid und erläßt (!) dem Knecht die Schuld (V. 27). Die zweite Szene spielt zwischen Knecht und Knecht (VV. 28–30). Der Knecht, der seine 100 Denare zurückhaben will und seine Forderung mit Rechtsmitteln durchsetzt, handelt durchaus recht. Wie er sich verhält, entspricht dem üblichen menschlichen Verhalten. In ein schiefes Licht gerät sein Handeln nur durch die Parallele mit der ersten Szene. Erzählerisch geschickt sind die Bitten in V. 26 und V. 29 gleich formuliert. Doch anders als der Herr geht der Knecht auf die Bitte seines Mitknechtes nicht ein: „Er aber wollte nicht" (V. 30). Die dritte Szene spielt wieder zwischen Herr und Knecht (VV. 31–34). Der Herr spricht den Knecht auf die Parallelität der beiden Vorfälle an und folgert: „Hättest nicht auch du dich deines Mitknechtes erbarmen müssen, wie ich mich deiner erbarmt habe?" (V. 33). Das Gericht von V. 34 gehört zum Gleichnis narrativ notwendig dazu. Der Knecht hat die Barmherzigkeit, die er beansprucht hat, sich nicht zu eigen gemacht. Deshalb steht er am Ende außerhalb der Barmherzigkeit und findet sich weiterhin behaftet mit seiner Schuld. Das Gleichnis geht in seinen Grundzügen sicherlich auf Jesus zurück. Es zeigt den Zusammenhang von Eschatologie und Ethik. Die grenzenlose Güte Gottes, die Jesus verkündigt, ermöglicht den Verzicht auf das eigene Recht. Das Gleichnis stellt eine Art Pendant zum Gebot der Feindesliebe dar (vgl. Mt 5,44f.48 par Lk 6,27f.35f), die das geforderte Tun ebenfalls mit dem Verhalten Gottes begründet. Matthäus liegt stärker am Gerichtsgedanken, den er mit V. 35 unterstreicht. Der Indikativ (Güte

Gottes) ist gleichzeitig Imperativ (mitmenschliche Güte), bzw. der Imperativ ist der Vollzug der göttlichen Güte. Das Heil des Himmelreichs verlangt Entscheidung! Christliche Existenz ist Leben aus der Barmherzigkeit, die die Güte ermöglicht. Die göttliche Barmherzigkeit braucht ihren erfahrbaren Ort. Das ist für Matthäus die Gemeinde. Insofern ist die Geschichte des Gleichnisses zugleich die Geschichte mißglückter Kirche.

Mt 19,1 beschließt in gewohnt stereotyper Weise die vierte Rede Jesu: „Und es geschah, als er diese Worte beendet hatte ..." (V. 1 a). Zugleich nimmt Matthäus wieder den Markusfaden auf (Mk 10,1), mit dem er Jesus einen Ortswechsel – „von Galiläa ... in die Gebiete Judäas jenseits des Jordan" – vollziehen läßt. Thematisch ändert sich dadurch wenig. Es geht auch im folgenden primär um Jüngerunterweisung.

Der Abschnitt Mt 19,2 – 20,34

Mit einer Ausnahme folgt Matthäus im wesentlichen Markus. Der Disput über *die Ehescheidung Mt 19,2–9* wird der rabbinischen Diskussion angepaßt: „Darf man seine Frau *aus jedem (beliebigen) Grund* entlassen?" (V. 3). Dies war die Auffassung des Hillel, während die Schule Schammais eine Entlassung nur im Falle von Unzucht (Ehebruch) akzeptierte. Auf diese Linie schwenkt de facto die matthäische Gemeinde ein (V. 9; vgl. Mt 5,32). Für Matthäus ist der Disput ganz wesentlich Hinführung zu der folgenden Jüngerbelehrung *Mt 19,10–12*, in der Jesus *die Ehelosigkeit* „um des Himmelreiches willen" herausstellt. Willkommener Anlaß zur Jüngerbelehrung ist auch die folgende Segnung der Kinder. Die Kinder werden zur Metapher: „... denn solchen gehört das Himmelreich" (V. 14). Das erinnert an die „Unmündigen", die nach dem Jubelruf die Adressaten der Offenbarung sind (Mt 11,25). Die Erzählung von dem *reichen Jüngling Mt 19,16–22* steht bei Matthäus unter dem Stichwort des „Vollkommen-Seins" (V. 21), das von den Jüngern verlangt ist (vgl. Mt 5,48). Die mißglückte Nachfolgegeschichte wird zum Anlaß, die Jünger vor den *Gefahren des Reichtums* zu warnen: *Mt 19,23–30*. Eingefügt in den Markus-Stoff ist aus der Q-Tradition die Verheißung an die Jünger, daß sie „die zwölf Stämme Israels richten werden" (V. 28 par Lk 22,28–30). Die aufgrund der Sendung Jesu unaufgebbare Bindung der Gemeinde an Israel ist damit selbst vor der Negativfolie des Gerichts noch deutlich. Daß dies für die Gemeinde kein Grund zur Überheblichkeit gegenüber Israel sein kann, zeigt u. a. das folgende Gleichnis.

Das Gleichnis von den Arbeitern im Weinberg Mt 20,1–16 stammt aus Sondergut und geht in seinen Grundzügen auf Jesus zurück. Jesus setzt voraus, daß der Ruf Gottes (Erwählung) immer Gnade ist, so daß Lohn nicht beansprucht, sondern nur als Ausdruck der Gnade in Empfang genommen werden kann. Weil Jesus in dieser Einschätzung wohl mit seinen (pharisäischen) Gegnern übereinstimmt, kann er darauf hoffen, sie mit dem Gleichnis für seine Mission zu gewinnen. Denn wenn Jesus sich jetzt aufgrund des von ihm vorausgesetzten eschatologischen Schulderlasses den Sündern zuwendet (vgl. Mt 18,12–14.23–35), dann praktiziert er genau das, was Israel schon immer konstituiert hat: Erwählung aufgrund freier Gnade Gottes. Für Matthäus, der mit dem Gleichnis die Jünger über das Himmelreich belehren will (V. 1), sind zwei Aspekte von Bedeutung. Auf der einen Seite ist es Veranschaulichung der Macht Gottes, die jenseits der menschlichen Möglichkeiten Heil schafft (vgl. Mt 19,25f). Auf der anderen Seite ist es wichtig zu sehen, daß Matthäus das Gleichnis nicht zur Verifizierung seiner heilsgeschichtlichen Sicht, sondern zur Unterweisung der Jünger einsetzt. Noch ist nicht die Stunde des Gerichts. Die am Ende betonte eschatologische Umkehrung der jetzigen Verhältnisse (V. 16; vgl. Mt 19,30) kann auch die Jünger treffen. Insofern ist die in Mt 19,28 bemühte Vision vom Gericht über Israel ambivalent.

Mt 20,17–19 bringt im Duktus des Markusevangeliums (Mk 10,32–34) *die dritte Leidensansage.* Matthäus streicht jedoch das Furchtmotiv, das bei Mk 10,32 das Jüngerunverständnis anzeigte, und gestaltet die Leidensansage selbst zu einer Spezialbelehrung für die Jünger (V. 17). Die Einweisung der Jünger in den Dienst aus Mk 10,41–45 behält er bei: *Mt 20,24–28,* wobei er allerdings den auslösenden *Wunsch der Zebedäussöhne* Mk 10,35–40 von deren Mutter äußern läßt: *Mt 20,20–23.* Bei der anschließenden *Heilung Mt 20,29–34* sind zwei matthäische Besonderheiten zu vermerken: eine leichte Verkürzung der Geschichte (christologische Konzentration) und die Duplizierung des blinden Bartimäus zu zwei (namenlosen) Blinden (Dualitätsprinzip). Mit dieser Heilungsgeschichte ist der dritte Hauptteil des Evangeliums abgeschlossen. Der Weg nach Jerusalem, der der Jüngerunterweisung gewidmet war, ist nahezu vollendet. Jesus befindet sich am Ausgang von Jericho (V. 29). In der nächsten Szene ist er in der Nähe von Jerusalem, in Betfage, anzutreffen (Mt 21,1).

13.3 Der Weg Jesu hinauf nach Jerusalem –
Der lukanische Reisebericht Lk 9,51–18,14 bzw. 19,27

Den Faden der lukanischen Erzählung haben wir mit Lk 9,10–17, der Speisung der Fünftausend, verlassen (siehe oben Kapitel 12.2). Lukas hatte dort seinerseits die markinische Reihenfolge aufgegeben bzw. den markinischen Stoff Mk 6,45–8,26 ausgelassen. Mit Lk 9,18–22, dem Petrusbekenntnis, erreicht er wieder den markinischen Erzählfaden (Mk 8,27–30).

Lk 9,18–50 folgt weitgehend dem Markusevangelium (Mk 8,27 – 9,41), so daß hier nur auf einige Besonderheiten aufmerksam zu machen ist. Durch die Auslassung von Mk 6,45 – 8,26 rücken Lk 9,7–9, wo Herodes seine Besorgnis über die über Jesus umlaufenden Meinungen zum Ausdruck gebracht hat, und *Lk 9,18–22*, wo Petrus diesen Meinungen das adäquate Bekenntnis gegenüberstellt, enger zusammen. *Petrusbekenntnis und Leidensansage* werden von Lukas nicht als Wendepunkt bzw. Peripetie des Evangeliums verstanden, wie dies bei Markus und in gewisser Weise auch bei Matthäus der Fall ist. Die eigentliche Zäsur kommt erst in Lk 9,51. Lk 9,18–50 gehört noch zum ersten Hauptteil des Lukasevangeliums, der mit Lk 4,14 beginnt und das Wirken Jesu in Galiläa schildert. Das Petrusbekenntnis stellt im Duktus des Lukasevangeliums einen ersten Höhepunkt der Christusoffenbarung dar, eine Art Vorgipfel vor dem Hauptgipfel der Verklärung in Lk 9,28–36. Das Schweigegebot ist eng mit der Ansage vom Leiden und Auferstehen des Menschensohnes verbunden (VV. 21 f; im Griechischen ein einziger Satz), so daß das Messiasbekenntnis des Petrus (V. 20) zwar auf das Leidensgeschick in Jerusalem ausgerichtet ist, die Problematik dieses Bekenntnisses aber nicht näher reflektiert wird. Konsequenterweise ist das Jüngerunverständnis mitsamt der Petrusschelte (Mk 8,32 f) gestrichen. Die folgende *Unterweisung zur Leidensnachfolge Lk 9,23–27* ist an „alle" gerichtet; sie sollen offensichtlich für die Jüngerschaft gewonnen werden. Aus der Kreuzesübernahme als Bild der Martyriumsbereitschaft wird bei Lukas eine „tägliche" aszetische Bemühung (V. 23).

Die Verklärung Jesu Lk 9,28–36 bildet den Höhepunkt des ersten Hauptteils des Lukasevangeliums. Typisch lukanisch ist die Verknüpfung mit dem Gebetsmotiv (VV. 28 f). Das Gebet stellt gleichsam das auslösende Moment dar, daß „das Aussehen seines Angesichts anders wurde (Lukas vermeidet den Begriff „verwandeln"!) und sein Gewand weiß wurde und glänzte" (V. 29 b). Die beiden Gesprächspartner Jesu werden in der Reihenfolge Mose – Elija genannt; Lukas empfindet die beiden als Repräsentanten von Gesetz und Propheten. Die Vorstellung vom wiederkehrenden Elija teilt Lukas nicht. Deswegen streicht er auch das darauf bezogene Gespräch beim Abstieg vom Berg Mk 9,11–13 (vgl. Lk 9,7–9.19). Im Unterschied zu Markus gibt Lukas an, worüber Mose und Elija mit Jesus sprechen: „über seinen ‚Exodus' (ἔξοδος), der sich in Jerusalem erfüllen sollte" (V. 31 b). Damit ist bereits das Thema intoniert, das Lukas im bald folgenden Reisebericht entfalten wird. Jerusalem ist die Erfüllung des Weges Jesu, wobei ‚Exodus' sowohl das „Ende" des Lebensweges Jesu als auch dessen „Ausgang" zur Herrlichkeit bezeichnet. Die ganze Szene ist nichts anderes als eine Offenbarung der künftigen Herrlichkeit, die Jesus über seinen Weg zum Leiden und Tod in Jerusalem erreichen wird. Daher erklärt sich auch die Betonung der „Herrlichkeit" in V. 31 f. Auffällig ist, daß Petrus seinen Vorschlag, drei Hütten zu bauen, erst macht, als „die zwei Männer" sich verabschieden (V. 33). Dadurch soll wohl das Festhalten-Wollen unterstrichen werden. Die Herrlichkeit Jesu kann man jedoch nicht festhalten, man kann ihr nur entgegengehen: auf dem Weg hinauf nach Jerusalem. Das müssen die Jünger, die – vom Schlaf überwältigt – das Gespräch zwischen Jesus und seinen Gesprächspartnern nicht mitbekommen haben, noch lernen. Vorab wird ihnen das Ziel des Weges durch Offenbarung vermittelt: Sie „sehen die Herrlichkeit" Jesu (V. 32) und werden „in die Wolke hinein" gezogen (V. 34 diff Mk), wo ihnen Gott selbst Jesus als seinen „auserwählten Sohn" offenbart, auf den es zu „hören" gilt (V. 35). Am Ende wird das Schweigegebot des Markus übergangen (Mk 9,8) bzw. in einen Bericht über das Schweigen der Jünger „in jenen Tagen" umgewandelt. Am Messiasgeheimnis im markinischen Sinn ist Lukas nicht interessiert; ihm kommt es vor allem auf das Leiden als Durchgang zur (geschauten) Herrlichkeit an.

Das folgende Stück *Lk 9,37–50* ist formal kontrapunktisch gerahmt. In *Lk 9,37–43 a* sind es die Jünger, die den unreinen Geist nicht austreiben können (V. 40), in *Lk 9,49 f* dagegen ist es einer, der nicht mit den Jüngern nachfolgt und doch im Namen Jesu Dämonen austreibt. Von erheblichem Gewicht im Rahmen des theologischen Konzeptes des Lukas ist *die Leidensansage Lk 9,43 b–45*. Eindringlich werden die Worte den Jüngern „in die Ohren" gelegt (V. 44 a): „Der Menschensohn wird in die Hände der Menschen überliefert werden" (V. 44 b). Anders als bei der ersten Leidensansage (vgl. Mk 8,31), wo Lukas auch das „Auferweckt-Werden am dritten Tage" erwähnt hat (Lk 9,22), konzentriert er hier die Aussage auf das Leiden. Dadurch unterstreicht er, daß das nachfolgende Unverständnis vor allem durch das Leiden motiviert ist: „Sie aber verstanden dieses Wort nicht, und es war vor ihnen verborgen, so daß sie es nicht begriffen, und sie fürchteten sich, ihn über dieses Wort zu fragen" (V. 45). An diesem Jüngerunverständnis, das – anders als bei Markus – sich nicht auf das Bekenntnis zu Jesus bezieht (siehe zu Mk 8,31–33), liegt Lukas sehr viel. Die Jünger sind noch nicht in der Lage zu begreifen, daß Jesus leiden muß, um so in seine Herrlichkeit einzugehen (Lk 24,26). Sie in diesen Zusammenhang einzuweihen, ist ein wichtiges Ziel des von Lukas so betonten Weges hinauf nach Jerusalem (siehe zu Lk 9,51). Doch auch die gegenüber Markus vermehrten Leidensansagen (vgl. neben Lk 9,22.44 [par Mk 8,31; 9,31] Lk 12,49 f; 13,31–33; 17,25) führen nicht zur Erkenntnis. Bei der Parallele zur dritten Leidensansage Mk 10,33 f bringt Lukas sinngemäß die gleiche Feststellung wie hier in V. 45 (Lk 18,34). Die wirklich durchschlagende Einsicht wird den Jüngern erst durch Ostern zuteil, wo sie sich „seiner Worte erinnern"

(Lk 24,8). Daß sie – derart unverständig gegen den Leidensweg des Messias – sich selbst den Rang ablaufen wollen (*Lk 9,46–48*), nimmt nicht wunder.

Der Beginn des Weges hinauf nach Jerusalem Lk 9,51

Mit Lk 9,51 beginnt der zweite Hauptteil des Lukasevangeliums, der sogenannte *lukanische Reisebericht*, der den Weg Jesu hinauf nach Jerusalem zum Thema hat. Daß Lukas hier ganz bewußt gestaltet, ergibt sich schon aus Lk 9,51: „Es geschah aber, als sich die Tage seiner Hinaufnahme erfüllten, entschloß er sich, nach Jerusalem zu gehen". Jesus geht nicht zufällig, sondern im Zuge eines heilsgeschichtlichen Erfüllungsgeschehens nach Jerusalem, das jetzt anhebt und in Jerusalem seinen Höhepunkt findet. „Hinaufnahme" meint sowohl den Tod Jesu als auch seine Aufnahme in den Himmel (vgl. Lk 24,51; Apg 1,9.21f). Die Entschlossenheit, mit der Jesus sich nach Jerusalem wendet, ist im Griechischen wesentlich stärker ausgedrückt als dies in der deutschen Wiedergabe möglich ist (wörtlich müßte man etwa übersetzen: „er machte sein Angesicht fest, hinaufzuziehen nach Jerusalem"; vgl. Lk 9,53: „und sie nahmen ihn nicht auf, weil sein Angesicht auf dem Weg nach Jerusalem war").

Das Material des lukanischen Reiseberichtes stammt bis Lk 18,14 aus der Logienquelle Q und aus Sondergut. Insofern spricht man auch von der *großen lukanischen Einschaltung Lk 9,51–18,14* (im Unterschied zur kleinen Einschaltung Lk 6,20–8,3). Mit Lk 18,15 kehrt Lukas wieder zur markinischen Reihenfolge zurück. Der *Reisebericht* selbst geht bis *Lk 19,27*. Eine Gliederung des Reiseberichtes ist schwierig, da er weder geographisch noch sachlich einen kontinuierlichen Fortschritt erkennen läßt. Aufgrund der eingestreuten Bemerkungen über die Wanderung nach Jerusalem (Lk 9,51; 13,22; 17,11; 19,28) lassen sich drei Abschnitte unterscheiden, denen man auch thematisch gewisse Schwerpunkte zuschreiben kann: Jüngerschaft und Mission Lk 9,51–13,21, Rettung des Verlorenen Lk 13,22–17,10, Jüngerschaft und Eschatologie Lk 17,11–19,27. Eine strikte Systematik liegt dieser Gliederung allerdings nicht zugrunde. Der folgende Durchgang ist nach thematisch zusammengehörigen Texteinheiten gegliedert.

Zum Thema „Jünger" Lk 9,51–10,24

Die Perikope *Lk 9,51–56* ist weniger an den *ungastlichen Samaritern* als an den Jüngern interessiert. Worum es eigentlich geht, bringt am besten eine sekundäre Lesart zum Ausdruck, die zwischen V.55 und V.56 einfügt: „und er sagte: ‚Ihr wißt nicht, wes Geistes ihr seid. Der Menschensohn ist nicht gekommen, um Menschenleben zu vernichten, sondern zu retten'."

Die drei anschließenden Logien *Lk 9,57–62* nennen die radikalen Bedingungen der *Nachfolge*, die ausdrücklich in das lukanische Weg-Schema eingebunden ist (V. 57a). Lukas betont zudem die Ausrichtung der Nachfolge auf die Verkündigung des Reiches Gottes (V. 60 diff Mt 8,22). Schon in der Logienquelle mit den Nachfolgesprüchen verbunden war *die Aussendungsrede Lk 10,1–16* (par Mt 9,37f; 10,7–16), mit deren Hilfe Lukas nach der aus Mk 6,6b–13 entnommenen Aussendung der Zwölf (Lk 9,1–6) eine zweite Aussendung – nun von 72 Jüngern – gestaltet. Eine symbolische Anspielung auf die Heidenvölker soll die Zahl 72 wohl nicht sein. Doch hat Lukas mit der Hervorhebung der Stadtmission (V. 8; vgl. VV. 1.10f) und der ausdrücklichen Erlaubnis, alles zu essen, was vorgesetzt wird (VV. 7f; Aufhebung der Speisegebote), die spätere Heidenmission vorweggenommen. Die mit Jesus anwesende Nähe des Heils zeigt sich in Krankenheilungen (V. 9), wird aber auch zur Folie des Gerichts für die Städte, die sich den Boten Jesu widersetzen (VV. 12.13–15). Es gilt: „Wer euch hört, der hört mich, und wer euch verwirft, der verwirft mich" (V. 16).

Vor dem schon in Q folgenden *Jubelruf Lk 10,21f* (par Mt 11,25–27) schiebt Lukas (aus Sondergut) den Bericht über *die Rückkehr und den Erfolg der Jünger Lk 10,17–20* ein. So erreicht er, daß die Sendung der Jünger durch die im Jubelruf gepriesene Machtübergabe an den Sohn begründet wird. Auch *die Seligpreisung der Jünger Lk 10,23f* (Q; par Mt 13,16f) erscheint als Reaktion Jesu auf die Missionstätigkeit der Jünger.

Das Gleichnis vom barmherzigen Samariter Lk 10,25–37

Das eigentliche Gleichnis wird durch VV. 25–28 vorbereitet. Im Unterschied zu Mk 12,28–31 fragt der Gesetzeslehrer allerdings nicht nach dem ersten Gebot, sondern: „Was muß ich *tun*, um das ewige Leben zu gewinnen?" (V. 25). Die Antwort im Sinne des Gesetzes (V. 26) gibt der Schriftgelehrte selbst (V. 27 = Dtn 6,5; Lev 19,18). Das Entscheidende ist freilich auch hier das *Tun*, wie Jesus mit Lev 18,5 hervorhebt (V. 28). Es zeigt sich, daß Lk 10,25–28 auf das nachfolgende Gleichnis hin gestaltet ist, mit dem Jesus auf die Frage „Und wer ist mein Nächster?" (V. 29) antwortet. Durch die Fragen in VV. 28 und 36 wird die ursprüngliche Parabel zu einer Beispielerzählung.

Zur Sprachregelung: Beim Gleichnis im engeren Sinn und bei der Parabel läßt sich zwischen Sachhälfte und Bildhälfte unterscheiden. Das Gleichnis im engeren Sinn arbeitet mit regelmäßigen Gesetzmäßigkeiten (z. B. das Gleichnis vom Senfkorn). Die Parabel hingegen geht von einem markanten Einzelfall aus. Davon zu unterscheiden ist wiederum die Beispielerzählung, die die Sache selbst als Musterfall (Exempel) darstellt.

Mit der Parabel wollte Jesus seine Volksgenossen zum Umdenken bewegen. Sie ist aus der Perspektive des Zusammengeschlagenen erzählt. Deshalb ist es gleichgültig, aus welchen Motiven heraus der Priester und der Levit vorbeigehen (VV. 31f). Entscheidend ist die tatsächliche Hilfe. Daß diese ein Samariter leistet, der aufgrund der zwischen Juden und Samaritern bestehenden Feindschaft am ehesten einen Grund hätte, vorbeizugehen, ist erzählerisch äußerst geschickt gemacht. Das nötigt die (jüdischen) Hörer, ihre Einstellung gegenüber den Samaritern zu revidieren. Für Lukas steht das beispielhafte Tun im Vordergrund. Nächstenliebe kann man nicht theoretisch – durch Definition des Nächstenbegriffs – abklären; dies läuft immer auf Ausgrenzung hinaus. Nicht theoretische Liebe zu allen möglichen Menschen ist gefordert, sondern hilfreiche Tat im konkreten Fall. Nächster ist, wer mir mit seiner Not nahekommt. Ob V. 36 die Frage von V. 29 umdrehen oder lediglich variieren will, ist umstritten. Für die gemeinte Sache, die Notwendigkeit des Tuns, bleibt dies letztlich unerheblich.

Die Geschichte von Maria und Marta Lk 10,38–42 (aus Sondergut) bringt – im Sinn des Lukas – das Pendant zu Lk 10,25–37. Konnte man dort den Eindruck gewinnen, es käme nur auf das Tun an, so wird jetzt deutlich, daß dieses Tun im „Hören auf sein (d.h. Jesu) Wort" gegründet sein muß (V. 39). Nur dieses Eine ist letztlich notwendig (V. 42). Humanität als solche reicht nicht. Sie braucht ihren Grund, ihr Maß und die sie bewegende Kraft. Dafür steht Maria.

Vom Gebet Lk 11,1–13

In sachlicher Fortführung der vorausgehenden Jüngerunterweisungen folgen in Lk 11,1–13 drei Einheiten, die vom Gebet handeln. *VV. 1–4* enthält *das Vaterunser* als hohe Schule des Jüngergebets (aus Q: par Mt 6,9–13). Beginnend mit der für Jesus bezeichnenden „Vater"-Anrede ist es dezidiert theozentrisch ausgerichtet. Primärer Inhalt des Gebets ist Gott selbst: Sein Name soll geheiligt werden (Passivum divinum!), sein Reich soll kommen (V. 2). Die so erbetene Verherrlichung Gottes bringt auch das Heil des Menschen. Die Bedürfnisse des Menschen müssen nicht ausgeblendet werden. Auf sie geht der zweite Teil des Vaterunsers ein. Genannt werden die elementaren Bedürfnisse: 1. Das tägliche Brot (V. 3), das für den materiellen Lebensunterhalt steht (allerdings nicht in exzessiver Befriedigung; vgl. „täglich"!). 2. Die Vergebung der Sünden (V. 4a). Menschliches Leben ist immer Leben aus der Vergebung. Die Hoffnung und die Gewißheit, daß Gott vergibt, ist die Voraussetzung dafür, gleichsam die Versicherung des Urvertrauens, das dann auch mit menschlicher Vergebung zu rechnen wagt. 3. Die Bewahrung vor der Versuchung (V. 4b). Dahinter steht das Wissen um die eigene Gefährdung. Niemand kann sich seiner selbst sicher sein, weder seiner Tugendhaftigkeit noch seiner Kraft noch seines Glaubens. Wenngleich das Bittgebet nicht die erste Stelle einnimmt, braucht der Jünger davor nicht zurückzuschrecken. *Das Gleichnis vom bittenden Freund VV. 5–8* (Sondergut) empfiehlt sogar eine gewisse Dreistigkeit bzw. Zudringlichkeit (V. 8). Getragen ist solches Vorgehen vom Vertrauen auf die Erhörung *VV. 9f*, das im Vater-Sein Gottes seinen Grund hat *VV. 11–13*. Der „Vater" ist überhaupt die Klammer, die die Gebetsanweisungen zusammenhält. Der „heilige Geist" in V. 13 darf nicht nur auf die spirituellen (inneren) Gnadengaben gedeutet werden. Es geht um die Teilhabe am schöpferischen Atem Gottes, der den Menschen in jeder Hinsicht leben läßt.

Die Verteidigungsrede Jesu Lk 11,14–23 folgt weitgehend der Vorgabe der Logienquelle (par Mt 12,22–30). Inhaltlich am bedeutendsten ist V. 20. Nach der Bitte um das Kommen des Reiches Gottes im Vaterunser macht dieses (mit hoher Sicherheit authentische) Wort deutlich, daß das Reich Gottes im Wirken Jesu bereits zu den Menschen gelangt ist. Es gilt daher, sich für Jesus zu entscheiden (V. 23). Der (schon in Q) anschließende *Spruch vom Rückfall Lk 11,24–26* (par Mt 12,43–45) ist nur locker durch Stichwortanschluß angehängt. Ebenfalls nur locker – ohne stringente thematische Ordnung – sind im folgenden *die Seligpreisung der Mutter Jesu Lk 11,27f* (Sondergut), *die Zeichenforderung Lk 11,29–32* (aus Q; par Mt 12,38–42) und *die Sprüche vom Licht Lk 11,33–36* (teils aus Q) angefügt.

Die Rede gegen die Pharisäer und Schriftgelehrten Lk 11,37–54

In den aus der Logienquelle Q stammenden Weherufen und Anklagen (par Mt 23,1–36) spiegelt sich noch etwas von der Auseinandersetzung Jesu mit Schriftgelehrten und Pharisäern. Der hauptsächliche Konfliktpunkt dürfte Jesu einfache, weisheitlich bzw. eschatologisch motivierte Begründung des Gotteswillens gewesen sein. Die Pharisäer hingegen legten Wert auf eine schrift- und traditionsgebundene Auslegung des Gotteswillens. Dies führte zum Teil zu einer sehr kasuistischen Bestimmung der religiösen und ethischen Verpflichtungen, was wiederum die Gefahr der Veräußerlichung mit sich brachte. Man darf den Text allerdings nicht nur auf der Ebene des historischen Jesus lesen. In den Ausführungen ist auch ein Stück Auseinandersetzung zwischen dem sich formierenden Christentum und dem sich formierenden pharisäischen Judentum nach dem Jahr 70 erhalten. Lukas unterscheidet drei Weherufe gegen die Pharisäer (VV. 39–44) und drei gegen die Schriftgelehrten (VV. 45–52) und rahmt das Ganze durch die Situation eines Mahles, zu dem ein Pharisäer Jesus eingeladen hat (VV.

37 f.53 f). Situativ passend steht das Problem der Reinheit an erster Stelle (VV. 38–41). Das ursprüngliche Plädoyer gegen die äußere zugunsten der inneren Reinheit (so Mt 23,25 f = Q) wird von Lukas auf das Almosengeben als Kriterium der Reinheit hin ausgelegt (V. 41). Die folgenden Weherufe behandeln das Verzehnten, die öffentliche Ehrung und die innere Verderbnis (VV. 42–44). Der Satz „Dies sollte man tun und jenes nicht unterlassen!" (V. 42) ist offensichtlich das Motto eines Judenchristentums, das an einer bestimmten Gesetzesobservanz noch festhält, aber – ganz im Sinne prophetischer Kritik – auf die dahinter stehende Haltung Wert legt (Ethisierung des Rituellen). Das dritte Wehe, das ursprünglich (Mt 23,27 = Q) das schöne Äußere dem unreinen Inhalt eines Grabes gegenüberstellte, wird von Lukas nur noch auf die von außen unkenntliche Bosheit des Inneren bezogen (V. 44). VV. 47 f stehen in der Tradition des deuteronomistischen Geschichtsbildes: Israel hört nicht auf die von Gott gesandten Propheten. Deuteronomistische Tradition steht auch hinter dem folgenden Wort der Weisheit (VV. 49–51). Die Parallelisierung von Weisheit und Jesus (VV. 49a.51b) steht im Zusammenhang mit einer sich herausbildenden Weisheitschristologie, die letztendlich in die Präexistenzvorstellung mündet. Das letzte Wehe gegen die Schriftgelehrten deckt deren pervertierte Lehrpraxis auf.

Wirkungsgeschichtlich wurden die Weherufe gerne zur Abrechnung des Christentums mit dem Judentum verwendet. Der historisch fixierte Konflikt (zur Zeit Jesu bzw. des entstehenden Christentums) wurde als heilsgeschichtlich verbindliches Urteil gelesen. Dies ist hermeneutisch illegitim. Die Weherufe verweisen auf Gefahren, denen auch das Christentum erliegen kann: Erstarrung des kirchlichen Lebens im Rituellen, wo die Liebe das entscheidende Kriterium sein sollte (VV. 39–42)! Kirchliche Ehrsucht (V. 43)! Kirchliche Lehre als Last, wo sie doch Leben heil machen sollte (V. 46)! V. 52 ist eine ständige Frage an die kirchliche Verkündigung und an die Theologie (auch an die Exegese)!

Im folgenden *Abschnitt Lk 12,1–12* verbleibt Lukas in der Abfolge der Logienquelle (par Mt 10,26 f.28–33), verbindet die relativ locker aneinandergereihten Sprüche aber stärker mit den vorausgehenden Weherufen, indem er sie mit einer Warnung vor dem „Sauerteig bzw. der Heuchelei der Pharisäer" einleitet (V. 1). Doch wird alles ans Licht kommen (VV. 2 f). Von seinen „Freunden" (V. 4) fordert Jesus Bekennermut (VV. 4–12). Hervorzuheben sind die VV. 8 f, die noch zwischen Jesus und Menschensohn unterscheiden. Möglicherweise handelt es sich um ein authentisches Jesuswort. Für Lukas ist der Menschensohn selbstverständlich mit Jesus identisch. Das Wort von der „Lästerung" (Blasphemie, diff Mt 12,32) des heiligen Geistes ist wahrscheinlich auf die Zeit der Kirche zu beziehen.

Thematisch zusammen gehören Lk 12,13–21.22–32.33 f. *Das Gleichnis vom törichten Reichen Lk 12,13–21* (aus Sondergut) will zeigen, daß niemand über sein Leben verfügt (vgl. V. 15 b). Für Lukas gehört der individuelle Tod zu den Themen der Eschatologie. Es gilt, Vorsorge zu treffen für den (unvermuteten) Zeitpunkt, wo das Leben von einem gefordert wird (V. 20). Dann ist es entscheidend, „vor Gott reich" zu sein (V. 21). Die folgenden *Sprüche vom Sorgen und Schätzesammeln Lk 12,22–32* (aus Q; par Mt 6,25–33) ziehen die Nutzanwendung aus dem im Gleichnis erzählten Beispielfall. Bemerkenswert ist, daß Lukas den Gegensatz von VV. 29 f und V. 31 durch die Verwendung des gleichen Verbums (diff Mt 6,31 f.33) profiliert: „Und ihr, *suchet nicht*, was ihr essen und was ihr trinken sollt, ... Vielmehr *suchet* sein (des Vaters) Reich, und dies (andere) wird euch dazugegeben werden!" Es geht um die grundsätzliche Ausrichtung und Orientierung des Lebens. Das Reich Gottes duldet keine Kompromisse: Es fordert den Menschen ganz und schenkt dem, der es sucht, alles! Die Jüngergemeinde, die so lebt, wird wohl immer eine „kleine Herde" bleiben; doch ihr gilt die Verheißung des „Reiches" (V. 32 = Sondergut). Die folgende (aus Q stammende) Spruchgruppe *Lk 12,33 f* stellt den für sich gesammelten Schätzen von V. 21 den „Schatz im Himmel" gegenüber: „Wo dein Schatz ist, da ist auch dein Herz!" Eingeleitet werden die Verse durch die typisch lukanische Maxime: „Verkauft eure Habe und gebt Almosen!" Der Sinn des Besitzes liegt für Lukas in der Wohltätigkeit.

Die folgende *Mahnung zur Wachsamkeit und Treue Lk 12,35–48* hat die Parusie im Auge. VV. 35–38 stellen eine Art Pendant zu dem matthäischen Gleichnis von den Jungfrauen (Mt 25,1–13) dar. VV. 39–46 stammen aus Q (par Mt 24,43–51), V. 47 ist Sondergut. Inhaltlich geht es darum, bereit zu sein für das Kommen des Menschensohnes (V. 40). Durch die (von Lukas eingebrachte) Frage des Petrus (V. 41) wird deutlich zwischen „uns" und „allen" unterschieden, d. h. zwischen der Gemeinde und besonderen Gemeindeverantwortlichen. Deren Aufgabe als „treue und kluge *Verwalter*" wird herausgestellt (V. 42; diff Mt 24,46). Um so schlimmer ist das Gericht, wenn ein Verwalter sein „Amt" mißbraucht (VV. 45–48)!

Auch die folgenden Spruchgruppen bleiben beim Thema Eschatologie. *Lk 12,49–53* spricht von der Entscheidung, die Entzweiung in Kauf nehmen muß. Lk 12,49 f spricht davon, daß Jesus selbst die Entscheidung sucht. Mit der „Taufe, mit der er getauft werden muß", deutet er seinen Tod an. *Lk 12,54–59*, wieder an das Volk gerichtet (V. 54), fordert eine *zutreffende Beurteilung der Gegenwart*, die Zeit vor dem Gericht ist. Insofern fügt sich gut *die Mahnung zur Umkehr Lk 13,1–9* (aus Sondergut) an. Die Doppelszene von den beim Opfer umgebrachten Galiläern und den achtzehn Menschen, die vom Turm von Schiloach erschlagen wurden (VV. 1–5), könnte historisch zutreffend sein. Die Reaktion Jesu zeigt, daß er wie Johannes der Täufer und die deuteronomistischen Gerichtsprediger von einer allgemeinen Gerichtssituation ausgeht: „Wenn ihr nicht umkehrt, werdet ihr alle ebenso umkommen!" (VV. 3.5). Im Kontext mit VV. 6–9 geht es um die letzte Gnadenfrist. Ob Lukas sie auf Israel bezogen hat, ist schwer zu sagen. Sachlich gilt sie für alle, die der Umkehr bedürfen.

Die Heilung einer Frau am Sabbat Lk 13,10–17 (aus Sondergut) greift das Thema der „Heuchelei" wieder auf, das bereits in Lk 12,1 (im Blick auf die Pharisäer) und 12,56 (im Blick auf das Volk) angesprochen war. „Löst nicht jeder von euch am Sabbat seinen Ochsen oder Esel von der Krippe und führt sie zur Tränke?" (V. 15). Das Wort soll entlarven. „Diese (Frau) aber, die eine Tochter Abrahams ist, die der Satan nun schon achtzehn Jahre gebunden hat, sollte nicht am Sabbat von dieser Fessel gelöst werden?" (V. 16). Das Wortfeld von „fesseln" und „lösen" zeigt, daß Lukas darin eine Konkretion der Befreiungsgeschichte sieht, die durch das Evangelium in Gang gesetzt wird (vgl. Lk 4,16–21); sie führt nicht nur aus seelischem, sondern auch aus leiblichem Kerker heraus. Oder darf man bei der Bindung durch den Satan ein Wissen um psychosomatische Zusammenhänge voraussetzen? Im Gegensatz zu dem „empörten Synagogenvorsteher" (V. 14) „freut sich die Menge" am Ende „über all die herrlichen Taten, die durch ihn geschahen" (V. 17). Der Gegensatz ist für die Sicht des Lukas symptomatisch. Das Wirken Jesu führt beim Volk und bei seinen Führern zu ganz unterschiedlichen Reaktionen (vgl. zu den Führern Lk 11,53f).

Die Gleichnisse vom Senfkorn und vom Sauerteig Lk 13,18f.20f übernimmt Lukas aus der Logienquelle Q (par Mt 13,31f.33). Aus diesem Grund hatte Lukas die Gleichnisse von der selbstwachsenden Saat und vom Senfkorn in der markinischen Reihenfolge (Mk 4,26–29.30–32) übergangen. Die Besonderheit der Q-Gleichnisse liegt in dem Kontrast von dem Senfkorn (dessen Kleinheit nicht betont wird) und dem daraus werdenden „Baum" (V. 19) bzw. der Durchsäuerung des „ganzen" Teiges (V. 21). Dabei ist es unverkennbar, daß auch der Prozeß des „Wachsens" bzw. „Durchsäuerns" betont ist. Für Lukas ist dies ein Bild für das Reich Gottes, das seit Jesus verkündigt wird und durch die Verkündigung wirkmächtig die Welt ergreift. „Die Vögel des Himmels" (V. 19) sind in diesem Zusammenhang eindeutig auf die Heidenvölker zu beziehen.

Von der engen und von der verschlossenen Tür Lk 13,22–30

Mit Lk 13,22 wird erneut (nach Lk 9,51) der Weg hinauf nach Jerusalem in den Blick gefaßt. Insofern kann man *mit Lk 13,22 einen neuen Abschnitt* beginnen lassen, der bis *Lk 17,10* reicht und vorwiegend dem *Thema der Rettung des Verlorenen* gewidmet ist. Entsprechend wird die unmittelbar folgende Rede Jesu durch die Frage ausgelöst: „Herr, sind es wenige, die *gerettet werden?*" (V. 23). Für die Antwort Jesu stützt sich Lukas auf Material der Logienquelle Q, deren Abfolge er hier beibehält (VV. 24–29 par Mt 7,13f.22f; 8,11f). Inhaltlich verweist Jesus auf die „enge Tür", was der „kleinen Herde" von Lk 12,32 entspricht. Es genügt nicht, Zeitgenossen und Hörer Jesu gewesen zu sein (VV. 25f). Entscheidend ist die Tat der Gerechtigkeit (V. 27), die sich für Lukas nach der Weisung Jesu definiert. Das anschließende Logion VV. 28f setzt das Motiv von der Völkerwallfahrt (vgl. Jes 2,1–5; Mi 4,1–5) zur Gerichtsdrohung gegen die jüdischen Zuhörer Jesu ein. Für Lukas verwirklicht sich die Völkerwallfahrt bereits in der Mission, so daß das Wort Jesu eine heilsgeschichtliche Perspektive bekommt. Eine Verwerfung Israels ist damit jedoch nicht ausgesagt, da Lukas die faktische Entwicklung nicht heilsgeschichtlich dogmatisieren, sondern an ihr nur exemplarisch klar machen will, was prinzipiell an anthropologischer Reaktion für das Heilshandeln Gottes vorauszusetzen ist. Wer im Reich Gottes zu Tisch liegt, hängt nicht von der Gruppenzugehörigkeit, sondern von der Entscheidung des einzelnen ab. Lukas bringt dies sehr feinfühlig in seiner Version des Wanderlogions von V. 30 zum Ausdruck: „Und siehe, es gibt Letzte, die werden Erste sein, und Erste, die Letzte sein werden". Damit gilt die Gerichtsdrohung für die Kirche genauso wie für Israel.

Vom Sterben Jesu in Jerusalem Lk 13,31–35

Die Pharisäer, die Jesus freundlich vor Herodes warnen (V. 31), sind womöglich von diesem selbst geschickt. Doch läßt sich Jesus von der Drohung des (schlauen) Fuchses Herodes nicht beeindrucken. Er heilt „heute und morgen", und „am dritten Tag" wird er „vollendet" (V. 32). Auch der dritte Tag ist, wie V. 33a verdeutlicht, Teil des von Gott vorgegebenen Weges: „denn es geht nicht an, daß ein Prophet außerhalb Jerusalems umkomme" (V. 33b). Damit gibt Jesus wiederum (wie in Lk 9,22.43; 12,49f) das Ziel seines Weges hinauf nach Jerusalem an. Lukas hat die (wohl aus Sondergut stammende) Szene zwischen die in der Logienquelle aufeinander folgenden Gerichtsworte Lk 13,28f par und Lk 13,34f par geschoben. Schon durch die Formulierung von V. 33b war Jesu Tod als Prophetengeschick gedeutet worden. Diese Sicht wird durch VV. 34f noch weiter verstärkt. Das Logion atmet den Geist deuteronomistischer Tradition und war wohl ursprünglich ein Wort der Weisheit. Die Übertragung auf Jesus steht im Zusammenhang mit der bereits bei Lk 11,49–51 beobachteten christologischen Entwicklung. V. 35a intoniert die drohende Zerstörung des Tempels. Wie die Weisheit, die sich zurückzieht (vgl. Spr 1,24–32), wird Jesus sich entziehen bis zum Tag der Parusie (V. 35b).

Tischgespräche Lk 14,1–24

Lukas stellt zwei Szenen aus Sondergut (VV. 1–6.7–14) und ein Gleichnis aus der Logienquelle Q (VV. 15–24) zusammen. Die semantische Klammer bildet das Mahl. Als Kontrahenten werden die Pharisäer genannt, die „dabei waren, ihn zu belauern" (V. 1). Sie sind die unmittelbaren Adressaten, an die Jesus sein Wort richtet. *Die Heilung am Sabbat (VV. 2–6)* ist ein Normenwunder, das von vornherein auf die zu legitimierende Norm abzielt (V. 3). Ähnlich wie Lk 13,10–17 (vgl. Lk 6,6–11 par Mk 3,1–6) endet es mit einem schlagfertigen Wort (V. 5), welches das auf Befreiung ausgerichtete Handeln Jesu unterstreicht.

Die anschließenden *Sprüche VV. 7–11* nehmen das Schielen auf die *ersten Plätze* aufs Korn. Die Aufforderung *VV. 12–14*, die *rechten Gäste* einzuladen: „Arme, Krüppel, Lahme und Blinde" (V. 13), entspricht dem in der Feldrede geforderten Ethos, das ein auf Gegenseitigkeit bedachtes Verhalten überwinden will. Im übrigen sind die Gäste auch die primären Adressaten der Botschaft Jesu, die sich gerade an die sozial Benachteiligten wendet. Das Lukasevangelium ist das „Evangelium der Armen"!

Das Gleichnis vom großen Gastmahl Lk 14,15–24 (par Mt 22,1–10) geht wohl auf eine Parabel Jesu zurück, mit der er seine Hinwendung zu Sündern rechtfertigen wollte. Bereits in der Logienquelle Q bekommt das Gleichnis im Zuge einer heilsgeschichtlichen Anwendung allegorische Züge. Mit der Einladung an die „Armen, Krüppel, Lahmen und Blinden" (V. 21b), die nach der Ablehnung der zuerst Geladenen (VV. 17–21a) hereingeholt werden sollen, greift Lukas auf V. 13 zurück. Über die konkret bezeichneten Notleidenden hinaus sind hier aber auch alle diejenigen gemeint, die im Sinne von Lk 4,17–21 der Botschaft der Befreiung harren. Die nochmalige Sendung des Knechtes „auf die Straßen und an die Zäune" (V. 23; gemeint sind die Landstraßen jenseits der Stadtgrenzen) spielt auf die Heidenmission an. Die abschließende Drohung V. 24 richtet sich auf der Ebene der Erzählung gegen die Pharisäer von V. 1. Das hindert nicht, daß das Gesagte auch für die Jünger gilt, die Forderung und Einladung (VV. 7–14.15–23) jeweils existentiell einholen müssen. Diese verallgemeinernde Auslegung hat bereits Lukas mit V. 11 grundgelegt.

Vom Ernst der Jüngerschaft Lk 14,25–35

In schroffem Szenenwechsel zur Ablehnung durch die Pharisäer und Schriftgelehrten stellt Jesus – wieder an die Volksmenge gewandt (V. 25) – nun heraus, worauf es bei der Nachfolge ankommt. Die Sprüche aus Q (VV. 26 f par Mt 10,37 f) und das Doppelgleichnis vom Turmbau und vom Kriegführen aus Sondergut (VV. 28-30.31 f) lassen noch etwas von der von Jesus geforderten radikalen Entschlossenheit erkennen. Für Lukas, der Jüngerschaft nicht mehr als konkretes „Hinter-Jesus-Hergehen" definieren kann (so V. 27: ἔρχεσθαι ὀπίσω μου), äußert sich die Radikalität der Nachfolge im Besitzverzicht: „So kann auch keiner von euch, der sich nicht von seinem ganzen Besitz verabschiedet, mein Jünger sein" (V. 33). Das Ziel derartiger Radikalität ist die Wohltätigkeit gegen Arme (vgl. Lk 12,32; 18,22). Die gemeindliche Verwirklichung sieht Lukas im Gemeinschaftsbesitz (vgl. Apg 2,44 f; 4,32). Man wird sich schwer tun, die klare Anweisung auf heutige kirchliche Verhältnisse umzudeuten. Eine Kirche, die nicht einmal mehr das Bedürfnis hat umzudeuten, ist auf dem besten Wege, schales Salz zu werden (VV. 34 f).

Die Gleichnisse vom Verlorenen Lk 15,1–32

Das Gleichnis vom verlorenen Schaf Lk 15,3–7 stammt aus der Logienquelle Q (VV. 4–7 par Mt 18,12–14). *Die Gleichnisse von der verlorenen Drachme und vom verlorenen Sohn Lk 15,8–10.11–32* hat Lukas aus Sondergut. Thematisch veranschaulicht die Komposition das Programm Jesu: die Rettung des Verlorenen. Es geht also nicht um die Heimholung der „Verirrten" (Gemeindemitglieder) wie bei Mt 18,12–14, sondern um die Gewinnung der „Verlorenen" bzw. der Sünder für die Gemeinde. Die Situationsangabe VV. 1 f mit dem Zustrom von „Zöllnern und Sündern" einerseits und der Kritik der „Pharisäer und Schriftgelehrten" andererseits ist typisch lukanisch. Doch wird sich darin auch historisch Zutreffendes erhalten haben. Die Gleichnisse sprechen von der Güte Gottes, die Jesus aufgrund seiner Überzeugung von der Nähe des eschatologischen Heils gepredigt und gerade den Sündern gegenüber praktiziert hat. Die Gleichnisse sollten die Zuhörer – Sünder wie Kritiker – in diese Güte hineinziehen. Stand im Vordergrund der Gleichnisse Jesu die Proklamation der Güte Gottes, die aller Umkehr vorausgeht bzw. diese – im Sinne der Annahme des angebotenen Heils – erst provozieren will, so wird bei Lukas die Umkehr betont. Das Gleichnis vom verlorenen Schaf schließt er mit dem Wort: „Ich sage euch, ebenso wird im Himmel mehr Freude sein über einen einzigen Sünder, der umkehrt, als über neunundneunzig Gerechte, die der Umkehr nicht bedürfen" (V. 7 diff Mt 18,14!). Ähnlich heißt es am Ende des Gleichnisses von der verlorenen Drachme: „Ebenso, sage ich euch, wird Freude sein bei den Engeln Gottes über einen einzigen Sünder, der umkehrt" (V. 10). Im Sinn der beispielhaften Umkehr wird Lukas auch das Gleichnis vom verlorenen Sohn verstanden haben. Dadurch findet eine gewisse Akzentverlagerung statt. Die Botschaft von der unbedingten Sünderliebe Gottes wird indirekt zum Appell der Umkehr. Doch ist dies nicht illegitim, sofern die Güte Gottes vom Menschen im Akt der Umkehr angenommen werden muß und eine so verstandene Umkehr nicht selbstmächtige Tat des Menschen, sondern Antwort auf die vorgängige Güte und Vergebung Gottes ist. Die Umkehr, die für Lukas die Voraussetzung für die existentielle Heilsaneignung ist, setzt selbstverständlich die Verkündigung des Gnadenjahrs des Herrn voraus (vgl. Lk 4,19). Diese Priorität des Heils ist bei der Auslegung in jedem Fall zu wahren.

Für das Gleichnis vom verlorenen Sohn ist auf einige Besonderheiten aufmerksam zu machen. Das Schuldbekenntnis, das sich der Sohn in der Fremde zurechtlegt, hat drei Teile: „Vater, (1) ich habe gesündigt vor dem Himmel und vor dir, (2) ich bin nicht mehr wert, dein Sohn zu heißen, (3) nimm (wörtlich: *mach*) mich wie einen deiner Taglöhner!" (VV. 18f). Als der Sohn tatsächlich vor seinem Vater steht, spricht er wörtlich Teil 1 und Teil 2 seines Bekenntnisses (V. 21). Der Vater beschönigt weder die Schuld noch ihre tatsächliche Folge: den Verlust der Sohnschaft. Teil 3, die Ersatzlösung, die der Sohn sich ausgedacht hat, läßt der Vater allerdings nicht mehr aussprechen. Dies kann er nach dem Kuß, mit dem er vor dem Bekenntnis den Sohn in die Arme genommen hat (V. 20), auch nicht mehr zulassen. Der Kuß nimmt vorweg, daß der Vater etwas ganz Neues – in einem durchaus schöpferischen Sinn – *„machen"* wird: Er macht den Verlorenen erneut zum Sohn, indem er eine Re-investitur veranstaltet, dem Sohn das beste Gewand anziehen und ihm den Ring und die Schuhe des freien Mannes überreichen läßt (V. 22). Insofern ist „der Sohn, der tot war", tatsächlich „wieder lebendig" geworden (V. 24 a). Durch diese Tat des Vaters bekommt der Satz „Er war verloren und *wurde gefunden*" (V. 24 b) erst seine wahre Dimension. Für diese Dimension der Freude muß der ältere Bruder, der an der Güte des Vaters Anstoß nimmt (VV. 28–30), erst noch gewonnen werden (V. 32). Er hat übersehen, daß auch er nur als Geschöpf des Vaters „Kind" ist, das der Vater „allezeit bei sich" haben und „das Seinige mit ihm" teilen will (V. 31). Das Gleichnis läßt es offen, wie der Sohn reagiert. Wird am Ende der ältere der verlorene Sohn sein? Es bleibt Spielraum für den Leser, seine eigene Rolle zu bestimmen.

Lk 16,1–17,10 enthält thematisch recht disparates Material aus Q und Sondergut. Lukas setzt es teils zur Pharisäerkritik, teils zur Jüngerunterweisung ein. *Das Gleichnis vom ungerechten Verwalter Lk 16,1–8a* war ursprünglich ein Aufruf (Jesu) zu entschiedenem Handeln in bedrängter (eschatologischer) Situation. *V. 8b* schafft die Voraussetzung, um das Gleichnis für christlichen Umgang mit Geld auswerten zu können. Dies geschieht in *V. 9*: „Und ich sage euch: Macht euch Freunde mit (wörtlich: aus) dem ungerechten Mammon, damit man euch, wenn es zu Ende geht, aufnimmt in die ewigen Wohnungen". Dies ist die Sicht des Lukas, der in dem Gleichnis eine Anleitung sieht, sich durch Almosen Freunde und einen Schatz im Himmel zu verschaffen (vgl. Lk 12,33; 18,22). Die folgenden Sprüche *VV. 10–13* sind unter dem Stichwort „Mammon" angehängt. Als Negativfolie zum rechten Umgang mit dem Mammon treten in *Lk 16,14f* die „geldgierigen" Pharisäer auf, die „ihn verlachen". An sie als Primäradressaten ist nicht nur V. 15, sondern wohl auch Lk 16,16–18 und Lk 16,19–31 gerichtet gedacht. Der Zusammenhang mit *Lk 16,16–18* ist allerdings schwierig. Wahrscheinlich bildete die Spruchgruppe schon in Q eine Einheit (par Mt 11,12f; 5,18.32). In V. 16 kommt die heilsgeschichtliche Sicht des Lukas zum Ausdruck. Anders als Matthäus setzt Lukas die Zäsur zwischen Johannes und Jesus: „Das Gesetz und die Propheten (reichen) bis Johannes, von da an wird das Reich Gottes verkündigt, und alle drängen danach, hineinzukommen". V. 17 will wohl einer Mißdeutung des V. 16 im Sinne einer Abschaffung des Gesetzes vorbeugen. Das Verbot der Wiederheirat (diff Mt 5,32: Entlassung!) wird als Beispiel zu verstehen sein, daß Jesu Weisung das Gesetz in keiner Weise aufhebt.

Das Gleichnis vom armen Lazarus Lk 16,19–31 handelt wieder eindeutig vom Thema „Reichtum". Wie beim Gleichnis vom barmherzigen Samariter (Lk 10,25–37) soll auch hier kein allgemeines Prinzip der Hilfsbereitschaft angemahnt werden. Es geht um die Hilfe im konkreten Fall. Der arme Lazarus liegt „vor der Tür" des Reichen. Entscheidend für das Funktionieren der Geschichte ist geradezu, daß der Reiche und der Arme in Sichtweite sind. Das gilt auch für das Jenseits, wo der Reiche den Lazarus „von weitem" in Abrahams Schoß „sieht" (V. 23). Zu einfach wäre es, wenn man aus der Geschichte nur die Umkehrung der Verhältnisse herauslesen wollte (vgl. V. 25). Verschränkt damit ist die Fixierung des Abstandes. Der Abstand, den der Reiche auf Erden leicht hätte überwinden können, aber nicht einmal durch die Gabe der Tischabfälle überwunden hat (V. 20f), ist im Jenseits eschatologisch fixiert; er ist unüberwindlich geworden (V. 26). Die anschließenden VV. 27–31 sind im Duktus des Lukasevangeliums wohl auf die Pharisäer zu beziehen (vgl. V. 14). Ihnen wird unterstellt, daß sie auf

„Mose und die Propheten" nicht hören (VV. 29.31), wo es an Weisungen zur Armenfürsorge gewiß nicht fehlt. Dann werden sie sich auch nicht überzeugen lassen, „wenn einer von den Toten aufersteht" (V. 31). Lukas wird darin eine Anspielung auf die Auferstehung Jesu gesehen haben. Abgesehen von der antipharisäischen Abzweckung bei Lukas bleibt das Gleichnis zeitlos gültig. Die christliche Gemeinde wird sich fragen müssen, wie sie mit der Not umgeht, die vor ihrer Tür liegt.

Die abschließenden Mahnungen und Weisungen *Lk 17,1–10*, die Lukas größtenteils der Logienquelle Q entnimmt (bis auf VV. 7–10), sind der Jüngerunterweisung gewidmet. Daß nach den „Jüngern" (V. 1) ausdrücklich die „Apostel" (V. 5) genannt sind, ist von untergeordneter Bedeutung. Was zur Vermeidung des Ärgernisses (VV. 1 f), zur Vergebung (VV. 3 f) und zum Glauben (VV. 5 f) gesagt ist, hat die ganze Jüngergemeinde im Blick. Das gilt auch für *das Gleichnis vom unnützen Knecht* (VV. 7–10). Es geht nicht um sklavische Unterwürfigkeit, sondern um das Wissen um das Ungeschuldetsein der Gnade.

Der dankbare Samariter Lk 17,11–19

Wie in Lk 9,51 und 13,22 wird wieder das Thema des *Weges nach Jerusalem* in Erinnerung gerufen (V. 1), dessen *letzter Abschnitt* nun anhebt. Im Mittelpunkt steht der Ausblick auf das Eschaton bzw. wie der Jünger damit umgehen soll. Die Reiseroute „mitten durch Samaria und Galiläa" (V. 1) ist merkwürdig. Wahrscheinlich hat Lukas Samaria wegen der anschließenden Heilungsgeschichte vorangestellt. Ihr geht es primär um den Gegensatz von Undankbarkeit und Dankbarkeit. Daß ein Samariter, ein „Fremder", zu Jesus findet und „Gott die Ehre gibt" (V. 18), verleiht der Geschichte einen leicht missionarischen Akzent. Im Duktus des Lukasevangeliums ist das abschließende Wort Jesu entscheidend: „Steh auf und geh! Dein *Glaube* hat dich *gerettet*" (V. 19). Das Thema der Rettung (des Verlorenen), das den Abschnitt Lk 13,22–17,10 bestimmt hatte, bleibt auch im letzten Abschnitt des Wegberichtes lebendig (vgl. Lk 19,10), wird aber jetzt stärker durch das Thema des Glaubens als der anthropologischen Entsprechung ergänzt (vgl. Lk 18,42, wo V. 19 b wörtlich wiederholt wird). Der Glaube ist die entscheidende Haltung in bezug auf die Endzeit. Der Glaube ist das entscheidende Kriterium beim Kommen des Menschensohnes (Lk 18,8 b). Insofern bilden die Heilung des Samariters Lk 17,11–19 und das Gleichnis vom Richter und von der Witwe Lk 18,1–8 den sachgerechten Rahmen für die dazwischenliegende eschatologische Rede.

Vom Kommen des Reiches Gottes und den Tagen des Menschensohnes Lk 17,20–37

Das Problem der Naherwartung ist bei Lukas bereits entschärft. Worauf es ihm bei der Eschatologie ankommt, zeigen die beiden Endzeitreden, die man nach ihrer Länge auch als die „kleine" (Lk 17,20–37) und die „große Apokalypse" (Lk 21,5–36) unterscheidet. Schon die Frage „Wann kommt das Reich Gottes?" ist für Lukas illegitim; er läßt sie deshalb die Pharisäer stellen (V. 20a). Das Reich Gottes läßt sich weder zeitlich fixieren noch räumlich begrenzen (VV. 20b.21a): „denn siehe, das Reich Gottes ist unter euch" (V. 21b). „Unter euch" ist nicht räumlich („mitten unter euch"), sondern sachlich zu interpretieren: Das Reich Gottes steht zu eurer Disposition. Weil es mit Jesus schon gekommen ist, kommt es nur darauf an, sich dafür zu engagieren. Damit ist die Fragestellung umgedreht. Nicht passives Warten, sondern aktives Gestalten ist die angemessene Reaktion. Die Frohbotschaft vom Reiche Gottes muß verkündigt und in befreiender, heilsamer Tat praktiziert werden.

Die anschließenden Sprüche vom Menschensohn sind fast ausnahmslos der Logienquelle entnommen. Der erste Teil, die VV. 22–25, stellt das Kommen des Menschensohnes als *allumfassendes Geschehen* heraus (V. 24). Die Sehnsucht der Jünger, auch nur „einen der Tage des Menschensohnes zu sehen", wird mit einem schlichten „Ihr werdet nicht sehen" beantwortet (V. 22). Einer nur auf die Parusie fixierten Qualifizierung der Gegenwart wird eine klare Absage erteilt. Die Gegenwart wird offen für eine Bewährung im positiven Sinn. Der redaktionell von Lukas eingefügte V. 25 ruft das Leiden des Menschensohnes als Standardthema des Weges hinauf nach Jerusalem in Erinnerung (vgl. Lk 9,22.43; 12,49f; 13,31–33). Der zweite Teil, die VV. 26–30, betont das *unvermutete Kommen* des Menschensohnes. Die (indirekt) daraus zu ziehende Konsequenz ist *stete Bereitschaft*. Die Jünger dürfen nicht in den Tag hineinleben, wie es die Leute zur Zeit des Noach oder des Lot getan haben. Der dritte Teil, die VV. 31–37, faßt in gewisser Weise zusammen. Unterstrichen wird die *Plötzlichkeit* (V. 31f) und die mit der Parusie verbundene *Scheidung* unter den Menschen (VV. 34f). Entscheidend ist daher das rechte *Verhalten im Leben*: Sein Leben „gewinnen" (eigentlich: „lebendig machen" = ζῳογονέω) wird nur, wer bereit ist, es „zu verlieren" (V. 33). Die Frage nach dem *Wo der Parusie* wird mit dem drastischen Bild von V. 37 abgelehnt. Wenn es soweit ist, werden alle davon erfaßt sein, so wie die Geier vom Aas angezogen werden.

Das Gleichnis vom Richter und von der Witwe Lk 18,1–8

Im Sinn des Lukas soll das Gleichnis die Mahnung zur Stetsbereitschaft unterstreichen und veranschaulichen: „sie sollen allezeit beten und nicht nachlassen" (V. 1). Das Gleichnis selbst (VV. 2–5) spricht für sich und bedarf keiner näheren Erläuterung. Interessant sind die verschiedenen Anwendungen, die das Gleichnis im Laufe des Traditionsprozesses gefunden hat. Ursprünglich sollte die Gewißheit gestärkt werden, daß Gott „seinen Auserwählten Recht schaffen wird" (VV. 6.7a). In einer zweiten Etappe wird die Verzögerungsthematik aufgegriffen und „das Rechtschaffen in Kürze" betont (VV. 7b.8a). Hierbei bleibt Lukas nicht stehen. Ähnlich wie in Lk 17,20f dreht er die Fragestellung in dem von ihm geschaffenen V. 8b um: Nicht *daß* oder *wann* Gott Recht schaffen wird, ist die Frage (das ist selbstverständlich!), sondern, ob „der Menschensohn bei seinem Kommen *Glauben* findet". Die Bewährung im Glauben ist die entscheidende Aufgabe der Jünger in bezug auf das Eschaton.

Das Gleichnis vom Pharisäer und Zöllner Lk 18,9–14

Das Gleichnis will nicht in Korrektur zur vorausgegangenen Geschichte sagen, daß es nicht auf lautes Schreien, sondern auf demütiges Bitten ankommt. Im Sinn des Lukas geht es dem Gleichnis um Veranschaulichung des rettenden Glaubens. Dem heutigen Leser sind die Fronten der Geschichte von vornherein klar: Der Pharisäer ist die Negativgestalt, der Zöllner wird positiv gewertet. Zumindest zur Zeit Jesu verliefen die Fronten umgekehrt. Mit einer Sympathievorgabe konnte die Figur des Zöllners kaum rechnen, eher schon die des Pharisäers. Was dieser an guten Taten aufzählt (V. 12), ist nicht an sich schon heuchlerisch. Die Geschichte muß die (intendierte) Disqualifizierung des Pharisäers, wie umgekehrt die positive Rolle des Zöllners, erst inszenieren. Sie tut es, indem sie die beiden Gestalten in Verbindung setzt. Der Pharisäer sagt: „Gott, ich danke dir, daß ich nicht bin wie die anderen Menschen, die Räuber, Betrüger, Ehebrecher oder auch *wie dieser Zöllner da*" (V. 11). Mögen die Hörer dem Pharisäer diese Wertung für sich noch abgenommen haben, so werden sie stutzig geworden sein, sobald sie erfahren haben, wie fromm und demutsvoll „dieser Zöllner da" tatsächlich agiert: „Der Zöllner aber stand von ferne und wagte nicht einmal, seine Augen zum Himmel zu erheben, sondern schlug an seine Brust und sprach: ‚Gott, sei mir Sünder gnädig!'" (V. 13). Im Lichte dieser Szene kehren sich die Wertungen um. Die Hörer spüren, daß der Pharisäer falsch geurteilt hat. Er hat Gott die Freiheit genommen, sich auch des Sünders zu erbarmen. Letztlich hat er damit die Grundlage seiner eigenen Gerechtigkeit in Frage gestellt. Denn auch seine

„Gerechtigkeit" ist nicht sein Verdienst, sondern Antwort auf die Erwählung, die ihm ohne eigene Leistung zuteil wurde. So sind die Hörer gerne bereit, der Schlußfolgerung zuzustimmen: „Ich sage euch, dieser ging gerechtfertigt nach Hause, jener nicht!" (V. 14a). Lukas sieht in der Geschichte ein abschreckendes Beispiel gegen falsches Selbstvertrauen (V. 9) und Selbsterhöhung (V. 14b). Nur sollte man diese so verurteilten Haltungen nicht ausschließlich ethisch (als Hochmut) auslegen. Durch den Bezug zur Rechtfertigung (V. 14a) behalten sie auch für Lukas eine soteriologische Dimension. Wer gerettet (und am Ende erhöht) werden will, muß in der Demut des Sünders auf das Erbarmen Gottes setzen. Insofern ist die Geschichte aus menschlicher Perspektive eine Veranschaulichung rechten Glaubens, aus göttlicher Perspektive die Konkretion des von Jesus vertretenen Programms der Rettung des Verlorenen.

Mit Lk 18,14 ist der lukanische Reisebericht, sofern man ihn literarisch definiert (Einfügung von Q-Stoff und Sondergut in den Markusfaden), abgeschlossen und die markinische Reihenfolge wieder erreicht. Sachlich ist das Thema des Weges hinauf nach Jerusalem allerdings noch nicht zu Ende geführt. Es reicht bis Lk 19,27. Die erste Perikope des nun wieder erreichten Markusfadens Mk 10,2–12 übergeht Lukas. Offensichtlich kann er mit dem jüdischen Kolorit der Fragestellung nichts anfangen. Im übrigen hat er das entscheidende Jesuswort bereits in Lk 16,18 (aus Q) festgehalten.

Der Abschnitt Lk 18,15–43

Jesus und die Kinder Lk 18,15–17: Ein spezielles Interesse an der Segnung der Kinder hat Lukas nicht (diff Mk 10,16). Entscheidend ist für ihn das Wort Jesu: „Wer das Reich Gottes nicht aufnimmt wie ein Kind, wird nicht hineinkommen" (V. 17). In erster Linie ist auch diese Perikope – wie die vorhergehende – Veranschaulichung des Glaubens, der diesmal als rechte Haltung gegenüber dem Reich Gottes thematisiert ist. Daß diese Haltung nicht zur Passivität verurteilt, sondern eine höchst radikale Aktivität verlangt, zeigt die nächste Perikope.

Reichtum und Nachfolge Lk 18,18–30: Lukas folgt weitgehend Markus. Das Thema der Rettung, die allein durch Gott möglich ist, wird in VV. 26f aufgegriffen. Diese hoffnungsvolle Perspektive, die auch dem Reichen nicht versagt wird, dispensiert jedoch nicht von der Unbedingtheit der Forderung, die sich – ganz im Sinn des Lukas – in dem Satz konzentriert: „Verkaufe alles, was du hast, und verteile es unter die Armen, und du wirst einen Schatz im Himmel haben, dann komm und folge mir nach!" (V. 22). Durch die Gegenüberstellung zu den Geboten (2. Tafel des Dekalogs) (VV. 20f) werden Besitzverzicht und Wohltätigkeit zum Spezifikum der Nachfolge und des von Jesus gewiesenen Weges zum Leben (VV. 18.30).

Der Gegensatz wird noch dadurch verstärkt, daß Lukas den Fragesteller als (jüdischen) „Vorsteher" bezeichnet (V. 18 diff Mk 10,17). Damit partizipiert die Geschichte noch zusätzlich an der Opposition zwischen Jesus und seinen Jüngern einerseits und den Pharisäern und Schriftgelehrten andererseits. Unabhängig von dieser – aus der Sicht des Lukas biographisch bedingten – Opposition ist die Erzählung in erster Linie eine Jüngergeschichte und dient der Jüngerunterweisung. Dies kommt insbesondere durch die Frage des Petrus (V. 28) und die anschließende Verheißung Jesu (VV. 29 f) zum Ausdruck. Sie ist bleibender Ansporn jedweder Jesusnachfolge.

Ansage des Leidens und der Auferstehung Lk 18,31–34: Es gehört zum Lehrprogramm des Weges hinauf nach Jerusalem, daß Jesus seine Jünger auf das vorbereitet, was dort geschehen soll: „Es wird sich alles vollenden, was durch die Propheten über den Menschensohn geschrieben ist" (V. 31). Doch trotz Vermehrung der Leidensansagen gegenüber Markus (siehe zu Lk 9,43–45) verstehen die Jünger nicht, was Jesus ihnen sagt (V. 34). Erst im nachhinein, von Ostern her, werden sie es verstehen (vgl. Lk 24,7 f.25–27.44–46). Die bei Mk 10,35–45 folgende Geschichte von den Zebedäussöhnen läßt Lukas aus, trägt aber eine Entsprechung zu Mk 10,41–45, gleichsam als Testament, im Anschluß an das Abendmahl nach: Lk 22,24–27. Die lukanische Version zur Lebenshingabe für viele (Mk 10,45) findet sich in Lk 19,10.

Die Heilung des Blinden Lk 18,35–43 erfolgt bei Lukas schon vor Jericho (V. 35 diff Mk 10,46). Dadurch gewinnt er Raum für die beiden folgenden Perikopen, die er bewußt an das Ende des Weges nach Jerusalem setzen wollte. Der Ruf des Blinden „Erbarme dich meiner!" (VV. 38 f) und die Feststellung Jesu „Dein Glaube hat dich gerettet" (V. 42) ziehen die Sinnlinie des vertrauensvollen und rettenden Glaubens, die für diesen Abschnitt des lukanischen Wegberichtes bezeichnend ist, weiter aus (vgl. Lk 17,19; 18,8.13 f.17.26 f). Am Ende betont Lukas den Lobpreis Gottes, in den Geheilter und Volk (!) ausbrechen (V. 43 b diff Mk).

Jesus im Haus des Zöllners Zachäus Lk 19,1–10

Lukas hat die Geschichte – zusammen mit dem folgenden Gleichnis Lk 19,11–27 – bewußt an das Ende des Weges hinauf nach Jerusalem gestellt. Sie ist gleichsam die narrative Quintessenz des gesamten Wirkens Jesu. Bewußt sucht Jesus die Zöllner und Sünder (vgl. Lk 5,27–32; 7,34.36–50; 15,1 f). Er „muß" daher im Hause des Zachäus bleiben (V. 5), der als „Oberzöllner" und „Reicher" (V. 2) gleich doppelt unheil ist. Der redaktionelle V. 10 bringt Jesu Sendung auf den Punkt und ist eine Art Zusammenfassung der Soteriologie des gesamten Lukasevangeliums: „Der Menschensohn ist gekommen, zu suchen und zu retten, was verloren ist". Das gesamte Wirken Jesu ist soteriologisch qualifiziert.

Im Blick auf das übrige Neue Testament könnte man fragen, wie die Relation zum stellvertretenden Heilstod Jesu zu bestimmen ist, der zum Beispiel für Paulus das soteriologische Ereignis schlechthin ist. Das Markusevangelium hat mit seiner Theorie vom Messiasgeheimnis diese Verhältnisbestimmung ein Stück weit geleistet. Bei Lukas fehlt Vergleichbares. Obwohl er aus der Abendmahlsüberlieferung um die Heilsbedeutung des Todes Jesu weiß und diese auch festhält (Lk 22,19f), sieht er darin eher einen (allerdings wichtigen) Punkt auf einer fortschreitenden Linie des mit Jesus präsenten Heils, die mit dem „Heute" der Nazaretpredigt begonnen hat (Lk 4,21) und sich bis zur Himmelfahrt Jesu durchzieht, ja auf der Ebene des der Kirche verliehenen Geistes sich in dieser fortsetzt. Diese Sicht der Heilsgeschichte als Aneinanderreihung von Heilstatsachen hat gewiß ihre Probleme, ermöglicht aber, das göttliche Heilswirken als Kontinuum zu begreifen, was es – sub specie Dei – ja auch ist.

Diese spezifische Sicht des Lukas dürfte der Grund sein, daß er Mk 10,45 wegläßt bzw. durch seine Version in V. 10 ersetzt. Der Suche des Verlorenen von seiten des Menschensohnes muß von seiten der Sünder die Umkehr entsprechen (vgl. Lk 5,32 [diff Mk 2,17]; 15,7[diff Mt 18,14].10; auch 18,13[Bitte um Erbarmen]). Zachäus ist dazu bereit. Es ist mehr als Neugier, was ihn auf den Maulbeerfeigenbaum treibt (V. 4). Ganz im Sinn der lukanischen Sicht des Jüngers will er seinen Besitz für die Armen einsetzen bzw. damit wiedergutmachen, was er erpresserisch sich angeeignet hat (V. 8). Die Umkehr erweist ihn als „Sohn Abrahams" (V. 9; vgl. Lk 3,8). So wird für ihn das zunächst nur zeitlich gemeinte „Heute" von V. 5 zum „Heute" des in Jesus gegenwärtigen Heils (V. 9; vgl. Lk 4,21).

Das Gleichnis vom anvertrauten Geld Lk 19,11–27

Das Gleichnis bildete möglicherweise den Abschluß der Logienquelle Q. Die Differenzen zu Mt 25,14–30 erklären sich vielleicht aus unterschiedlichen Rezensionen. Lukas hat das Gleichnis mit der Thronanwärtergeschichte verbunden (VV. 12.14f.27). Als historisches Vorbild steht dahinter wohl die Beschwerde, die eine Gesandtschaft aus Judäa und Samaria gegen die Einsetzung des Herodessohnes Archelaos in Rom vorbrachte (Jos.Ant. 17,9,1–3; Bell. II 2,4ff). Für Lukas dient der Vorgang nur als Folie zur Allegorisierung des Gleichnisses. Er sieht im Haß der Mitbürger (V. 14) einen Hinweis auf die Ablehnung Jesu. Die Reise, die „der Mann von vornehmer Herkunft in ein fernes Land" macht, um „sich die Königswürde zu nehmen" (V. 12), wird zum Bild der Himmelfahrt, und die Rückkehr des zum König Eingesetzten, der Rechenschaft von seinen Knechten verlangt (V.15) und mit seinen Feinden ins Gericht geht (V.27), wird durchsichtig für die Parusie. Was Lukas mit dieser Geschichte verdeutlichen will, ergibt sich aus der Einleitung: Die Meinung, daß jetzt, wo Jesus „nahe bei Jerusalem" ist, „sogleich das Reich Gottes erscheinen" werde (V. 11), soll zurückgewiesen werden. Worauf es ankommt, ist Treue gegenüber der Hinterlassenschaft des Herrn (V. 17).

14. Die Wirksamkeit Jesu in Jerusalem

Mit Mk 11,1 beginnt die letzte Etappe der Wirksamkeit Jesu. Matthäus und Lukas laufen von nun an – von kleineren Umstellungen abgesehen – mit Markus parallel, ergänzen aber hie und da die markinische Darstellung. Die im folgenden vorgenommene Einteilung des Stoffes in vier Themenbereiche (Wirksamkeit in Jerusalem, Endzeitrede, Passionsgeschichte, Auferstehungsbotschaft) hat ihren Grund überwiegend in der Zweckmäßigkeit der Darbietung. Narrativ und dramaturgisch gehört der noch verbleibende Stoff zusammen und bildet – bei allen Synoptikern – den letzten Hauptteil des Evangeliums.

14.1 Die markinische Darstellung Mk 11,1–12,44

Der Einzug Jesu in Jerusalem Mk 11,1–11

Jesus erreicht die Nähe Jerusalems: Betfage und Betanien am Ölberg (V. 1). Was nun geschieht, ist durch die vorausgehende Geschichte bereits vorbereitet. Der blinde Bartimäus hatte – in seherischer Weise – die messianische Würde Jesu erkannt, als er ihn als „Sohn Davids" anrief (Mk 10,38f). Als Messias will Jesus in Jerusalem einziehen. Dem dient auch die Inszenierung, die er selbst vornimmt. Der junge Esel, den er holen läßt (VV. 1b–7), ist aufgrund Sach 9,9 – zumindest in bestimmten Kreisen des Judentums (vgl. b.Ber 56b) – das zum Messias passende Reittier. Die Kleider, die auf das Tier (V. 7b) und sogar auf den Weg gelegt werden (V. 8a), erinnern an eine Königsinthronisation (vgl. 2 Kön 9,13). „Hosanna" ist Hilfe- und Festruf zugleich und gehört wohl schon zum Zitat aus Ps 118,25f: „Gesegnet ist, der da kommt im Namen des Herrn" (V. 9). Ursprünglich von den Priestern am Tempeltor den Einziehenden zugerufen, wird das Wort hier – durch den Zusatz „Gesegnet ist das kommende Reich unseres Vaters David!" (V. 10) messianisch interpretiert – zur feierlichen Begrüßung des zu inthronisierenden Königs an den Toren der Stadt. Der tiefere Sinn der

Geschichte liegt freilich nicht auf der Ebene des vordergründigen Geschehens. Für Markus kommt Jesus tatsächlich zur Inthronisation nach Jerusalem. Aber diese Inthronisation wird sich völlig anders vollziehen, als man gemeinhin sie sich vorstellt. Dies dürfte der Grund sein, daß Jesus selbst keine Reaktion auf die Ovationen zeigt und der Königs- bzw. Messiastitel nicht verwendet wird. Der Königstitel wird über dem Kreuz stehen (Mk 15,26). Dort findet die Inthronisation statt. Von einem Empfang *in* Jerusalem weiß die Erzählung nichts zu berichten. Jesus zieht sich alsbald wieder nach Betanien zurück (V. 11). Die zuvor erwähnte kurze Visite im Tempel dient schon der Vorbereitung der nächsten Szene. Mit V. 11 beginnt ein Tagesschema, das sich über Mk 11,12.19f bis in die eigentliche Passion hinein fortsetzen wird. Bezeichnend ist, daß Jesus an diesem und an den folgenden Tagen nicht in Jerusalem bleibt. Jerusalem ist nach markinischer Sicht die feindliche Stadt. Von dort kommen die Gegner Jesu (Mk 3,6; 7,1), dort wird man ihn töten.

Die Verfluchung des Feigenbaums und die Tempelreinigung Mk 11,12–33

Feigenbaum- und Tempelthematik sind in Mk 11,12–33 in merkwürdiger, für Markus aber typischer Weise (Sandwich-Technik) nach dem Muster A – B – A – B ineinander verschränkt: VV. 12–14 (Feigenbaum) – VV. 15–19 (Tempel) – VV. 20–25 (Feigenbaum) – VV. 27–33 (Tempel). Dabei werden A und B jeweils auch zeitlich als Geschehen des gleichen Tages zusammengehalten.

Die Verfluchung des Feigenbaums Mk 11,12–14 ist wohl nicht als Fluchwunder, sondern als prophetische Zeichenhandlung zu verstehen. Nicht der Baum soll bestraft werden, sondern am Baum soll demonstrativ vorgeführt werden, wie es dem ergeht, der in entscheidender Situation nicht die erforderlichen Früchte bringt. Die Bemerkung „es war nämlich nicht die Zeit der Feigen" (V. 13b) hat wohl ein erklärungsbeflissener Tradent hinzugefügt. Auf wen sich die Zeichenhandlung bezieht, ist nicht eindeutig. Nach dem jetzigen Kontext ist am ehesten an die Hohenpriester, Schriftgelehrten und Ältesten gedacht (vgl. Mk 11,18.27), die nach markinischer Auffassung die für Tempel, Jerusalem und Israel verantwortlichen Führer sind. Zu beachten ist, daß die Zeichenhandlung noch nicht die Verfluchung selbst ist, sondern nur deren Androhung für den Fall des Versagens. Eine kollektive Deutung im Sinne einer Verwerfung Israels ist daher nicht angezeigt. Im Kontext der folgenden Passion hat die Szene die Funktion, dem Leser eine Deutekategorie zu vermitteln: Diejenigen, die über Jesus richten, werden selbst mit dem Gericht bedroht (vgl. Mk 14,62).

Das am nächsten Morgen stattfindende *Gespräch am verdorrten Feigen-*

baum Mk 11,20–25 bestätigt diese Deutung. Man darf nur nicht den Fehler machen und das Verdorren als Folge des Glaubens interpretieren. „Habt Glauben an Gott!" (V. 22) soll vielmehr den Glauben bestärken, daß Gott das symbolisch angedrohte Gericht gegebenenfalls auch verwirklichen wird. Die folgenden Sprüche VV. 23 f (unter dem Stichwort „glauben" angeschlossen) verlagern den Akzent vom Gericht zur Rechtfertigung. Die angefochtene (!) Gemeinde, die auf das sie rechtfertigende Gericht noch wartet, findet ihre Rechtfertigung in der Erhörung dessen, was sie im Glauben erbittet. In dieser Situation macht auch die Forderung der Vergebung einen guten Sinn (V. 25). Das Gericht ist Vorrecht Gottes. Nicht Richten, sondern Vergeben ist die Aufgabe der Gemeinde, die selbst auf die Vergebung des Vaters im Himmel angewiesen ist (beachte: im Markusevangelium spricht Jesus nur hier von „eurem Vater"!).

Die Tempelreinigung Mk 11,15–19 ist in diesem Kontext wohl ebenfalls als Zeichenhandlung zu verstehen.

Das gilt auch für das historische Substrat, soweit man es überhaupt noch rekonstruieren kann. Da der Verkauf von (rituell einwandfreien) Tieren und das Wechseln der im Tempel akzeptierten Münzen der Aufrechterhaltung des Kultbetriebes dienten, lief eine Störung dieser Abläufe nicht auf eine Reinigung, sondern auf eine Infragestellung des Tempels hinaus. Genau so hat Jesus seine provozierende Handlung wohl auch gemeint. Er wollte an heiligster Stätte das Volk und seine Führer vor die Entscheidung stellen. Denn wenn seine eschatologische Botschaft wirklich von Gott war, dann konnte man auch am Tempel nicht einfach zur Tagesordnung des Kultbetriebes übergehen. Die Hohenpriester reagierten (wie die Kultbeamten aller Zeiten) auf solche Störung allergisch. Sie sahen darin eine Lästerung Gottes, die die Botschaft Jesu disqualifizierte. Die Konsequenz aus ihrer Sicht war klar: Jesus mußte – um Gottes willen – beseitigt werden. Die Weichen für die Passion waren gestellt.

Markus sieht im Tun Jesu (V. 15) ein *Symbol* der nötigen Reinigung, auf die er mit Jer 7,11 hinweist: „Ihr aber habt es (mein Haus) zu einer Räuberhöhle gemacht" (V. 17 b). Es ist also nicht die Vertreibung der Händler als solche, die den Tempel reinigen würde. Die Vertreibung will den Kultbetrieb symbolisch lahm legen und ist insofern ein Symbol des Gerichts. Gott will an diesem Ort nur wohnen, wenn seine Verehrer auch in ihrem Verhalten und Tun Gerechtigkeit üben (vgl. Jer 7,3–10). Ein rechtes Verhalten, und das wäre im Sinne des Markusevangelium ein Hören auf die Botschaft Jesu, wäre die Reinigung, die erforderlich wäre. Da sie nicht erfolgt, vollzieht Jesus (symbolisch) das Gericht. Für Markus, der wahrscheinlich auf die Tempelzerstörung schon zurückblickt, ist dieses Gericht bereits Wirklichkeit geworden. Doch daran haftet nicht sein Hauptinteresse. Er verbindet mit dem Handeln Jesu zugleich die Vision eines neuen Tempels: „Mein Haus soll ein Bethaus für alle Völker werden" (V. 17 a = Jes 56,7). Markus erkennt darin den „Tempel" der Gemeinde, zu dem alle Völker geladen sind. Man muß sich hüten, die Geschichte von der Tempel-

reinigung nur als heilsgeschichtliche Deutung des 1. Jahrhunderts wahrzunehmen. In ihrer kritischen Funktion betrifft sie jeden Ort, an dem Gott
wohnen soll.

Die Vollmachtsfrage Mk 11,27–33, die ursprünglich mit der Tempelreinigung eine Erzähleinheit bildete, findet nach dem markinischen Zeitschema
erst am nächsten Tag – nach dem Gespräch am Feigenbaum – statt. Jesus
geht nur im Tempel umher. Die Hohenpriester, Schriftgelehrten und
Ältesten, die schon am Vortag seine Beseitigung beschlossen haben (V. 18),
fürchten wohl neue Symbolik. So fragen sie ihn nach seiner „Vollmacht"
(V. 28). Die Antwort und Gegenfrage Jesu (V. 30) ist keineswegs rätselhaft.
Sie legt den eigentlich wunden Punkt offen. Die Gegner Jesu haben schon
Johannes nicht ernstgenommen. Sie waren nicht bereit, umzukehren. Das
sind sie auch jetzt nicht. So verweigert Jesus die Antwort (V. 33).

Mk 11,12–33 ist gleichsam die Ouvertüre zu den folgenden Tagen und vor
allem zur Passion Jesu in Jerusalem. Die symbolischen Szenen wollen
verdeutlichen, an wem sich wirklich das Gericht vollzieht. Die Symbolik
hat für die christliche Gemeinde bleibende Bedeutung, wenngleich sie es
am Bekenntnis zu Jesus gewiß nicht fehlen läßt. Doch auch das Bekenntnis
kann den Tempel zu einer Räuberhöhle machen.

Das Gleichnis von den bösen Winzern Mk 12,1–12

Das „Gleichnis", das sich im Bild vom Weinberg an Jes 5,1f anlehnt (ganz
deutlich in V. 1), greift auf die deuteronomistische Vorstellung vom Geschick der Propheten zurück, die Gott schickt, um zur Umkehr zu
bewegen, die aber abgelehnt werden (VV. 2–5). Das Gleichnis hat wohl von
Anfang an allegorische Züge besessen. Am deutlichsten schlagen sie zu
Buche in der Gestalt des Sohnes, der unter Rückgriff auf Mk 1,11; 9,7 als
„geliebter Sohn" bzw. als „mein Sohn" bezeichnet wird. Selbstverständlich
ist Jesus gemeint. Sein Todesgeschick ist in VV. 7f erzählerisch vorweggenommen. Die anschließenden VV. 9–11 machen das Gleichnis zu einer
Gerichts- bzw. Rechtfertigungsrede. Mit Ps 118,22f wird Jesu Verwerfung
als Sinn seiner messianischen Erwählung ins Positive gewendet. Als Eck-
stein ist er die Grundlage des in Mk 11,17 angekündigten Tempels (der
Gemeinde).

Eine Verwerfung Israels ist im markinischen Kontext mit dem Gleichnis
nicht ausgesagt (auch nicht mit V. 9). Die unmittelbaren Adressaten sind
immer noch die Hohenpriester, Schriftgelehrten und Ältesten von Mk
11,27 (V. 1), von denen in V. 12 eine ähnliche Reaktion wie in Mk 11,18f
berichtet wird. Das Gleichnis stellt das Pendant zu Mk 11,12–33 dar. Was
dort in symbolischer Handlung inszeniert war, erscheint hier in symbolischer (gleichnishafter bzw. allegorischer) Rede. Ganz ähnlich lautet die

Botschaft: Der Weinberg als der Ort der Erwählung und Gegenwart Gottes ist dort, wo auf dessen Boten bzw. dessen Sohn gehört wird. Was Markus im biographischen Rahmen seines Evangeliums gegen die Gegner Jesu gerichtet sein läßt, kann sich schnell gegen die christliche Gemeinde wenden, zumal Markus daran liegt, daß das Hören in der Kreuzesnachfolge zu konkretisieren ist. Ein christliches Selbstbewußtsein, das verworfene Israel beerbt zu haben, läßt sich mit dem Gleichnis nicht rechtfertigen.

Die Jerusalemer Streitgespräche Mk 12,13–37.38–44

War im symbolischen Handeln und Reden von Mk 11,12–33 die Initiative von Jesus ausgegangen, so kommen nun Gegner unterschiedlicher Provenienz, um Jesus „mit einem Wort zu fangen" (V. 13). Die Jerusalemer Streitgespräche stellen eine Art Pendant zu den Streitgesprächen in Galiläa dar (Mk 2,1–3,6). Der Terminus „Streitgespräche" ist als Gattungsbezeichnung problematisch, hat sich jedoch eingebürgert und gibt sachlich den entscheidenden Aspekt im narrativen Programm des Markus wieder. Die Streitgespräche konzentrieren die Gegner um Jesus. Sie finden auch alle am gleichen Tag – unmittelbar im Anschluß an die provozierende Symbolrede Mk 12,1–12 – statt. Sie dienen der Zuspitzung des Konflikts. Da dieser Konflikt sich verbal nicht lösen läßt – Jesus hat jeweils ein schlagendes Wort, das die Gegner zum Schweigen bringt –, wird er schließlich dramatisch auf der Handlungsebene des Evangeliums ausgetragen.

Die Frage nach der Kaisersteuer Mk 12,13–17 wird von den schon aus Mk 3,6 bekannten „Pharisäern und Herodianern" gestellt (V. 13). Sie zielt darauf ab, Jesus theologisch und politisch in die Falle zu locken. Die Antwort Jesu entlarvt die Gegner, die sich, wie die bereitwillig hervorgeholte Münze zeigt, längst schon mit dem Kaiser arrangiert haben, und hält die von den Gegner heuchlerisch suggerierte Option für Gott offen.

Die Frage nach der Auferstehung der Toten Mk 12,18–27 konfrontiert Jesus mit einem theologischen Problem, das im Frühjudentum umstritten war. Da die Auferstehung der Toten im Pentateuch nicht ausdrücklich genannt wird, wird sie von den Sadduzäern bestritten. Doch auch ihre gelehrte Konstruktion (VV. 19–23) pariert Jesus. „Gott ist nicht ein Gott der Toten, sondern der Lebenden" (V. 27) ist bleibender Grund menschlicher Hoffnung.

Die Frage nach dem ersten Gebot Mk 12,28–34 unterscheidet sich etwas von den vorausgehenden. Der jetzt auftretende Schriftgelehrte (V. 28) hat eher die (positive) Funktion, Jesu theologische Kompetenz zu bestätigen. Die Kombination von Gottes- und Nächstenliebe hebt das entscheidende sittliche Anliegen Jesu hervor. Daß beide Gebote hier ausdrücklich als Gebote der Tora zitiert werden (Dtn 6,5f = V. 30; Lev 19,18 = V. 31) und daß der Schriftgelehrte seinerseits die Trefflichkeit der Antwort Jesu mit Schriftzitaten unterstreicht und den Primat des Ethos vor dem Kult betont (VV. 32 f), gibt der Geschichte einen versöhnlichen Ton. Was dem Schriftgelehrten, der nach den Worten Jesu „nicht mehr fern vom Reich Gottes" ist (V. 34 a), noch fehlt, wird man Mk 10,17–31 entnehmen dürfen. Im Sinn des Markusevangeliums haben die Gegner und Fragesteller ihr Pulver verschossen. Jesus ist theologisch und argumentativ nicht zu fassen. So „wagte niemand mehr, ihn zu fragen" (V. 34 b).

Der Messias als Sohn Davids Mk 12,35–37 a: Jesus ergreift nun selbst die Initiative und lenkt die bisherige Sachdebatte auf die Ebene der personalen Frage. Als Davidssohn wurde Jesus auf dem Weg nach Jerusalem begrüßt (Mk 10,47f; vgl. 11,10). Diese Würde soll hier nicht bestritten werden. Wohl aber soll deutlich gemacht werden, daß der Messias (Jesus) nicht in der üblichen (pharisäischen) Messianologie aufgeht. Als Davidssohn ist der Messias einer aus dem Volke. Der Messias Jesus hingegen ist der „Herr", wie mit Ps 110,1 gefolgert wird (V. 36). Ob Markus hierbei an die himmlische Inthronisation (Auferstehung) oder an Jesu himmlische Würde als Menschensohn gedacht hat, ist nicht eindeutig. Jedenfalls ist der Messias als der „Herr" auch der Herr Davids, so daß die Davidssohnschaft zur Definition nicht ausreicht. Im nachhinein erklärt diese indirekte Inanspruchnahme christologischer Würde die „Vollmacht", mit der Jesus gehandelt (vgl. Mk 11,12–33), und die Souveränität, mit der er geredet hat (vgl. Mk 12,1–34).

Die Reaktion des Volkes Mk 12,37 b ist wie in Mk 11,18 positiv, so daß Jesus den bestehenden Konflikt mit einer *Schelte der Schriftgelehrten Mk 12,38–40* in Erinnerung ruft und aufrechterhält. Das Stichwort „Witwe" leitet über zur abschließenden Perikope *Mk 12,41–44.* Die arme Witwe wird der Jüngergemeinde als Beispiel des Handelns, vielleicht sogar des Glaubens (sie gibt „alles, was sie hatte"!), vor Augen gestellt. Darüber hinaus muß sie als der bevorzugte Adressat christlichen Engagements gesehen werden.

14.2 Die matthäische Bearbeitung Mt 21,1–23,39

Matthäus übernimmt den Markusstoff und ergänzt ihn durch einige Überlieferungen aus Sondergut und Q. Es genügt hier, auf Differenzen und anders gesetzte Akzente aufmerksam zu machen.

Beim *Einzug Jesu in Jerusalem Mt 21,1–11* bringt Matthäus die schon bei Markus zugrundeliegende Schriftstelle ausdrücklich als Erfüllungszitat (kombiniert mit Jes 62,11): „Sagt der Tochter Zion: Siehe, dein König kommt zu dir, sanftmütig und reitend auf einem Esel und auf einem Füllen, dem Jungen eines Lasttiers" (V.5). In strikter Entsprechung dazu werden die Jünger nicht nur nach dem Jungen eines Esels geschickt (so Mk 11,2), sondern nach „einer Eselin und ihrem Jungen" (V.2). Matthäus unterstreicht die Friedfertigkeit und Gewaltlosigkeit des Messias. Dies entspricht der Botschaft (Bergpredigt) und dem Geschick dieses Messias. In VV.10f ergänzt Matthäus die bei Markus fehlende Reaktion in der Stadt. Doch nimmt sich die Auskunft „Das ist der Prophet Jesus von Nazaret in Galiläa" eher distanzierend aus und deutet auf die Ablehnung Jerusalems. Im folgenden nimmt Matthäus die bei Markus vorliegende Verschachtelung von Tempelreinigung und Feigenbaumgeschichte auseinander und macht aus den Feigenbaumperikopen eine einheitliche Geschichte nach der Tempelreinigung.

Die Tempelreinigung Mt 21,12–17: Wie Markus begründet Matthäus die Aktion Jesu im Tempel (V.12) mit Jes 56,7 und Jer 7,11 (V.13). Jes 56,7 versteht er als positives Pendant zu Jer 7,11. Er spricht daher nur vom „Bethaus" und läßt die für Markus so bedeutsame Zielangabe „für alle Völker" fort. Dafür legt Matthäus Wert darauf, daß Jesus sich auch im Tempel als der barmherzige Davidssohn erweist, der Lahme und Blinde heilt (V.14) und dem die Kinder zujubeln (V.15). Diese christologische Demonstration erregt den Unwillen der Hohenpriester und Schriftgelehrten (V.15). Wenn Jesus den Lobpreis mit Ps 8,3 rechtfertigt, dann lassen die „Unmündigen" an den Jubelruf Mt 11,25f denken.

Die Verfluchung des Feigenbaums Mt 21,18–22 wird bei Matthäus zu einer puren Demonstration der Glaubensstärke (V.21!). Den Charakter symbolischen Gerichts kann man bestenfalls aus Markus einlesen.

Die Vollmachtsfrage Mt 21,23–27 wird fast wörtlich von Markus übernommen. Doch ist bezeichnend, daß die „Hohenpriester und Ältesten *des Volkes*" das *„Lehren"* Jesu zum Ausgangspunkt ihrer Frage machen (V.23). Was schon bei Markus der tiefere Grund für die Verweigerung einer Antwort war (Mk 11,22 par Mt 21,27), wird bei Matthäus mit dem angeschlossenen Gleichnis ausdrücklich gesagt.

Das Gleichnis von den ungleichen Söhnen Mt 21,28–32 stammt aus Sondergut. Worauf es ankommt, ist nicht das Ja-Sagen, sondern das Tun (VV. 28–31a). Da dieses Tun durch Reue zustande kommt (V.30), kann Matthäus das Gleichnis auf die Situation am Ende der vorausgehenden Perikope anwenden. Dies geschieht durch die VV. 31b.32: Die „Zöllner und Dirnen" haben dem Johannes geglaubt, die Hohenpriester und Ältesten haben „nicht bereut und nicht geglaubt"; deshalb gilt: „Die Zöllner und Dirnen kommen eher in das Reich Gottes als ihr."

Das Gleichnis schließt sich ohne erzählerische Zwischenbemerkung sofort mit der Aufforderung an: „Hört (noch) ein anderes Gleichnis!" (V. 33). Gegenüber Markus gibt es einige Modifikationen. Der Weinbergsbesitzer wird als „Hausherr" bezeichnet (V. 33). Anstelle einzelner Knechte werden „(seine) Knechte" (im Plural) gesandt (VV. 34–36). Damit wird das Gleichnis noch stärker im Sinn des deuteronomistischen Prophetengeschicks allegorisiert. Eine Angleichung an die historischen Umstände des Todes Jesu vor der Stadt liegt in V. 39 vor. Verstärkt ist das Motiv der Früchte (VV. 34[*seine* Früchte].40.43). Das führt schon hinüber zur entscheidenden Neuakzentuierung. Seinen Kontrahenten, die selbst (!) das Gleichnis auswerten (V. 41), hält Jesus nicht nur Ps 118,22f entgegen, sondern zieht daraus auch noch die Folgerung: „Deshalb sage ich euch: Das Reich Gottes wird euch genommen und einem Volk gegeben werden, das seine (die dem Reich Gottes entsprechenden) Früchte bringt (wörtlich: tut)" (V. 43). Obwohl konkret immer noch „die Hohenpriester und die Ältesten des Volkes" (Mt 21,23) angesprochen sind und „die Hohenpriester und die Pharisäer" sich betroffen fühlen (V. 45), kommt mit dem Terminus „Volk" doch stärker eine kollektive Sicht in den Blick. Im konkreten geschichtlichen Rückblick stellt Matthäus fest, daß Israel in seiner Mehrheit die Botschaft Jesu abgelehnt hat. Daher ist ihm das Reich Gottes, das mit Jesus bereits gekommen und in der Fortsetzung seines Wirkens (Mt 10,7f) und im Tun seiner Weisung präsent ist, genommen und einem „Volk" gegeben. Konkret gemeint damit ist sicherlich die Kirche (aus Juden und Heiden). Dennoch ist es wohl kein Zufall, daß Matthäus nicht ausdrücklich von der „Kirche", sondern von einem „Volk" spricht, „das seine Früchte bringt". Dies zeigt, daß Matthäus differenzierter denkt, als ihm gelegentlich unterstellt wird. Die heilsgeschichtliche Abfolge von Israel und Kirche, die er zu konstatieren scheint, bedeutet für ihn nicht, daß Gott das eine Volk verworfen und das andere erwählt hat. Israel und Kirche sind für ihn vielmehr Typen *menschlicher Reaktion* auf die Erwählung Gottes. Daß Gott diese niemals zurückzieht, scheint für Matthäus keine Frage zu sein (vgl. Mt 3,9). Im übrigen ist die Erwählung der Kirche keine andere als die Israels bzw. steht nach matthäischer Sicht (vgl. die Erfüllungszitate) in Kontinuität zur Erwählung Israels. Das entscheidende Kriterium ist das Bringen der Früchte. Unter dieser Rücksicht muß die Kirche sich erst noch als „das Volk, das seine Früchte bringt" bewähren, genauso wie es umgekehrt – so wird man heute hinzufügen müssen – möglich (und zu erwarten) ist, daß Israel doch seine Frucht bringt. Im Rahmen der biographischen Abfolge des Evangeliums endet die Geschichte mit dem Wunsch der Hohenpriester und Pharisäer, Jesus festzunehmen; aus Furcht vor den

Volksscharen, die Jesus für einen Propheten halten, wagen sie es aber nicht, ihn auszuführen.

Das Gleichnis vom königlichen Hochzeitsmahl Mt 22,1–14

Jesus läßt nicht locker. Er fährt fort, in Gleichnissen zu sprechen (V. 1). Den ersten Teil der Rede (VV. 1–10) entnimmt Matthäus der Logienquelle Q (par Lk 14,16–24), den Anhang (VV. 11–14) hat er aus Sondergut. Die Gastmahlsgeschichte der Logienquelle erscheint in erheblicher Modifikation, die sich hauptsächlich dem Wunsch zur Allegorisierung verdankt. In V. 7 wird deutlich, daß Matthäus das Gleichnis im Spiegel des Untergangs Jerusalems rezipiert hat: „Da wurde der König zornig und schickte seine Heere aus und ließ jene Mörder umbringen und ihre Stadt in Brand stecken." Der Fall Jerusalems wird (deuteronomistisch) als Gericht gedeutet, das Gott wegen der permanenten Ablehnung der Propheten und schließlich Jesu verhängt hat. Weil die Eingeladenen „nicht würdig" waren (V. 8), werden die Knechte an die Straßenkreuzungen geschickt, um einzuladen, „wen immer sie finden" (V. 9). Daß sie „Böse und Gute" in den Hochzeitssaal bringen, wird schon im Blick auf den folgenden Anhang VV. 11–14 vermerkt. Der Anhang ist deutlich aufgesetzt, für das matthäische Verständnis dieses und der vorausgehenden Gleichnisse aber sehr aufschlußreich. Der Mann ohne Hochzeitsgewand wird, obwohl schon im Festsaal zugegen, hinausgeworfen (V. 13). Die nächste Parallele stellt das Gleichnis vom Unkraut unter dem Weizen dar, das die Kirche als corpus permixtum zeichnet (Mt 13,24–30.36–43). Die Jünger stehen also unter dem gleichen Gesetz, das in der Sicht des Matthäus zum Gericht über Jerusalem geführt hat. Das Entscheidende ist die Annahme der Einladung Gottes und das hochzeitliche Gewand, d. h. das Bringen der Früchte. Unter dieser Rücksicht (von Mt 22,11–14) kommt den drei Gleichnissen von Mt 21,28–32.33–46; 22,1–10 eine exemplarische Bedeutung zu, die für die Kirche bis heute noch genauso aktuell ist, wie sie nach Meinung des Matthäus für das zeitgenössische Judentum aktuell war.

Die Jerusalemer Streitgespräche Mt 22,15–46

Matthäus folgt nun wieder dem Markusfaden, den er bei Mt 21,46 (par Mk 12,12) verlassen hat. Bei der *Frage nach der Kaisersteuer Mt 22,15–55* und der *Frage nach der Auferstehung der Toten Mt 22,23–33* sind keine nennenswerten Veränderungen gegenüber Markus zu verzeichnen. Dagegen enthält die *Frage nach dem größten Gebot Mt 22,34–40* aufschlußreiche Modifikationen. Der versöhnliche Ton ist gewichen. Die Einleitung VV. 34f läßt erkennen, daß Matthäus die Geschichte als weitere gegnerische Attacke („um ihn zu versuchen") versteht. Gottes- und Nächstenliebe (Dtn 6,5; Lev 19,18) werden stärker zusammengebunden (VV. 37–39; das zweite ist dem ersten Gebot „gleich"!). Entscheidend ist der abschließende Kommentar: „An diesen beiden Geboten hängt das ganze Gesetz und die Propheten" (V. 40). Jesus ist nicht gekommen, das Gesetz oder die Propheten aufzuheben, sondern zu erfüllen (Mt 5,17). Zur hermeneutischen Umsetzung wird hier – vergleichbar der Goldenen Regel in Mt 7,12 – das Doppelgebot der Liebe angegeben. Ihre im Sinn des Matthäus notwendige Konkretion erhält sie in den Antithesen der Bergpredigt. Die nächste *Perikope über den Messias als Sohn Davids Mt 22,41–46*, die sich bei Markus vor allgemeinem Publikum im Tempel abspielte, wird nun ebenfalls zum Streitpunkt mit den Pharisäern (V. 41). Insgesamt ist also eine deutliche Konzentration auf den Konflikt mit den Pharisäern zu beobachten. Sie sind nach matthäischer Sicht die Hauptgegner Jesu. Matthäus nutzt daher die kurze Schelte der Schriftgelehrten bei Mk 12,38–40, um daraus eine ausführliche Anklage Jesu zu machen.

Die Rede gegen die Schriftgelehrten und die Pharisäer Mt 23,1–39

Die Rede, die sich der Rahmenbemerkung nach „an die Volksmassen und die Jünger" richtet (V. 1), gliedert sich nach den in der Rede Angesprochenen in drei Teile: Die VV. 2–12 wenden sich an das Volk und die Jünger (an letztere besonders VV. 8–12). Die VV. 13–33 enthalten Weherufe gegen Schriftgelehrte und Pharisäer. Gegen sie richten sich zunächst auch die abschließenden Gerichtsworte (VV. 34f), die dann aber ausgeweitet (V. 36) und schließlich gegen Jerusalem gerichtet werden (VV. 37–39). Der Gliederung entspricht in etwa die unterschiedliche Quellenlage. VV. 2–12 sind aus Mk 12,38f (Reihenfolge!) – unter Verarbeitung und Hinzufügung von Sondergut – herausgesponnen. VV. 13–33 nehmen das Material der Weherufe aus der Logienquelle Q auf (par Lk 11,39–48). Auch der den Abschlußteil eröffnende Gerichtsspruch VV. 34–36 stammt aus dieser Rede (par Lk 11,49–51); er wird ergänzt durch das ebenfalls aus Q stammende Jerusalemwort VV. 37–39 (par Lk 13,34f).
Die Jüngerweisung VV. 2–12: Die eigentliche Jüngerweisung VV. 8–12 wird eingeleitet durch Ausführungen über „die Schriftgelehrten und die Pharisäer", die „auf dem Stuhl des Mose sitzen" (V. 3). Die erste Einlassung fällt – gemessen an den folgenden Weherufen – erstaunlich positiv aus: „Alles, was sie euch sagen, das tut und befolgt!" (V. 3 a). Die Spannung zu Mt 16,11f ist evident, wo Jesus vor dem „Sauerteig (der Lehre) der Pharisäer und Sadduzäer" gewarnt hat. Vielleicht kann man die Spannung nach dem Muster der Bergpredigt ausgleichen, wo die Befolgung des ganzen Gesetzes (Mt 5,17–20), mit der die Gerechtigkeit der Schriftgelehr-

ten übertroffen werden soll, unter die Hermeneutik des Liebesgebotes gestellt wird (Mt 5,21–48; 7,12; vgl. Mt 22,40). In diese Richtung könnte auch V. 4 weisen; die VV. 5–7 erinnern sachlich ohnehin an Mt 6,1–18. Im übrigen ist zu betonen, daß der entscheidende Punkt, auf den die Rede abzielt, nicht die Lehre ist (insofern kann hier leicht Zustimmung signalisiert werden), sondern die Praxis, vor der gewarnt wird (VV. 3 b.5–7). Ihr wird das von den Jüngern erwartete Verhalten gegenübergestellt (VV. 8–12): „Ihr sollt euch nicht Rabbi … nicht Vater … und nicht Lehrer nennen lassen!" Die Begründung ist christologisch bzw. theologisch: „Nur einer ist euer Meister … euer Vater … euer Lehrer!" Selbst der christliche Schriftgelehrte bleibt „Jünger" (vgl. Mt 13,52). Ekklesiologisch wird deutlich, wie konkret Matthäus die Gemeinde der Brüder und Schwestern, die schon in Mt 18 in den Blick kam, realisiert wissen will. Weil alle Brüder und Schwestern sind, darf es keine Titel geben, die dies verdunkeln. Daß dieser Aspekt heute sträflich mißachtet wird, wird meist damit entschuldigt, daß es sich bei den Titeln nur um Äußerlichkeiten handle. Gerade dann könnte man allerdings fragen, warum man nicht auf sie verzichtet.

Die Weherufe Mt 23,13–33 sind sorgfältig zu einer Siebenerreihe gestaltet (V. 14 ist textgeschichtlich sekundär aus Mk 12,40 eingedrungen). Sie alle beginnen mit der stereotypen Einleitung: „Wehe euch, Schriftgelehrte und Pharisäer, ihr Heuchler!" Einen ähnlichen Vorwurf gegen die Pharisäer gibt es schon innerjüdisch von seiten der Sadduzäer bzw. der Qumrangemeinde, meint dort aber die Verwässerung des Gesetzes aufgrund der von den Pharisäern vorgenommenen Interpretation. Hier hingegen bezieht sich der Vorwurf der Heuchelei im wesentlichen auf die Diskrepanz zwischen Anspruch und Praxis. Auf Einzelheiten kann nicht eingegangen werden. Für die Gesamtwürdigung ist ein Doppeltes zu beachten. Auf der einen Seite sind ganz eindeutig die Schriftgelehrten und Pharisäer angesprochen. Im Duktus des Evangeliums dient die Rede daher auch der Konstatierung und Verschärfung des Konfliktes zwischen Jesus und seinen Gegnern. Auf der anderen Seite will beachtet sein, daß die eigentlichen Adressaten das Volk bzw. die Jünger sind (V. 1). Dabei geht es nicht nur um Warnung, sondern auch um Mahnung an die Adresse der Jünger, wie insbesondere der Vorspann der VV. 8–12 nahelegt. Wie bei der Jerusalemer Gleichnistrilogie Mt 21,28–22,14 wird wieder deutlich, wie sich bei Matthäus heilsgeschichtliche und paradigmatische Deutung des in den Blick gefaßten Historisch-Faktischen überlagern. Im Blick auf die (christliche) Leserschaft ist das Paradigmatische sogar der übergeordnete Aspekt. Insofern sind die Weherufe zugleich eine Checkliste für die christliche Gemeinde und ihre Autoritäten, die ebensowenig vor Veräußerlichung, Bürokratie, Legalismus und Selbstgefälligkeit gefeit sind wie die kritisierten religiösen Führer des Judentums. Der die Weherufe abschließende V. 33 ist bewußt an die Gerichtsbotschaft des Johannes angeglichen (Mt 3,7). Seine Predigt bleibt aktuell. Sie anzuerkennen bedeutet Umkehr und Heil. *Die Gerichtsworte Mt 23,34–39:* Die VV. 34–36 atmen den Geist deuteronomistischer Gerichtspredigt. Matthäus hat das Wort dem Geschick Jesu und der Erfahrung verfolgter Gemeinde angepaßt (V. 34). Im biographischen Kontext des Evangeliums wendet es sich zunächst noch an die vorher angesprochenen Schriftgelehrten und Pharisäer, die hier aber als Repräsentanten „dieses Geschlechts" gesehen werden (V. 36). In diese Perspektive fügt sich das Drohwort über Jerusalem (VV. 37–39), das sich aus der Sicht des Matthäus mit der Zerstörung des Tempels bereits bewahrheitet hat. Diesen zeitgeschichtlichen Kontext gilt es zu beachten, wenn man aus solchen Drohworten – wie es leider in der Geschichte der Kirche nicht selten geschehen ist – nicht generelle Verwerfungsurteile über das Judentum machen will. Hinzu kommt, daß der paradigmatische Charakter, der bei den Weherufen herausgestellt wurde, selbstverständlich auch für diesen letzten Abschnitt von Mt 23 gilt.

14.3 Die lukanische Bearbeitung Lk 19,28–21,4

Anders als Matthäus, der den Markusstoff erheblich aufgefüllt hat, bleibt Lukas relativ eng an der Markusvorlage. Die einzige Ergänzung, die er vornimmt, ist die Perikope vom *Weinen Jesu über Jerusalem Lk 19,41–44.* Auf sie hin ist schon der *Einzug in Jerusalem Lk 19,28–40* gestaltet (V. 37). Jubel (V. 38) und Trauer (VV.41–44) bilden einen eindrucksvollen Kontrast. Entsprechend seiner Konzeption extrapoliert Lukas das „Voranschreiten und Hinaufgehen nach Jerusalem" zu einem eigenen einleitenden Satz (V. 28). In Analogie zu der schon vorher zurückgewiesenen Meinung, daß nun das Reich Gottes in Erscheinung treten werde (Lk 19,11), preisen die Jünger (V. 27 diff Mk!) nicht das „Reich unseres Vaters David", sondern den „König, der da ankommt" (V. 28). Die Feigenbaumgeschichte hat Lukas ausgelassen. An ihre Stelle ist Lk 19,41–44 getreten. Die *Tempelreinigung Lk 19,45–48* ist für Lukas nur der Auftakt für ein tägliches Lehren im Tempel, das den Grund für die Tötungsabsicht der Hohenpriester und Schriftgelehrten abgibt (VV. 47f). Ebenso ist bei der *Vollmachtsfrage Lk 20,1–8* die Lehre Jesu das auslösende Moment (V. 1). Das *Winzergleichnis Lk 20,9–19* ist an das Volk gerichtet (V. 9). Doch die Schriftgelehrten und Hohenpriester merken, daß sie gemeint sind (V. 19). Sie sind es dann auch, die ihn „belauern" und „Spitzel" zu ihm schicken, „um ihn bei einem Wort zu fassen" (V. 20). Als Beispiel dient die *Frage nach der Kaisersteuer Lk 20,20–26.* Doch am Ende ist zu konstatieren: „Sie vermochten ihn nicht bei einer Rede vor dem Volk zu fassen" (V. 26). Den Sadduzäern geht es mit ihrer *Frage nach der Auferstehung Lk 20,27–40* nicht besser. Die Frage nach dem ersten Gebot Mk 12,28–34 übergeht Lukas, da er die Sache bereits im Kontext des barmherzigen Samariters dargeboten hat (Lk 10,25–37). Die Perikope von der *Messiasfrage Lk 20,41–44* setzt das „ganze Volk" als Zuhörer voraus, wie aus V. 45 zu erfahren ist. Die Relation von „Sohn Davids", „Messias" und „Herr" ist bei Lukas eindeutig geklärt. Jesus ist der Davidssohn (vgl. Lk 3,23–38), den Gott durch die Auferstehung „zum Herrn und Messias gemacht" hat (Apg 2,35 f; ähnlich wie in Lk 20,42 wird in Apg 2,34 Ps 110,1 zitiert!). Bei der *Rede gegen die Schriftgelehrten Lk 20,45–47* übernimmt Lukas wörtlich seine Vorlage, läßt die Warnung aber an die Jünger gerichtet sein (V. 45). Dadurch verklammert er die Geschichte noch stärker mit der folgenden, dem *Opfer der Witwe Lk 21,1–4*, die den Jüngern als Beispiel dienen kann.

15. Die Endzeitrede Jesu

Alle drei Synoptiker bringen vor der Passion eine große Rede Jesu, die sich mit dem Thema der Endzeitereignisse beschäftigt. Matthäus und Lukas folgen damit dem Vorbild des Markus, modifizieren bzw. erweitern dessen Stoff aber nicht unerheblich.

15.1 Die Endzeitrede nach Mk 13

Schon aufgrund ihrer Länge besitzt die Rede Jesu Mk 13,5–37 eine Sonderstellung im Markusevangelium. Sie ist bestenfalls mit der Gleichnisrede Mk 4,1–34 zu vergleichen. Doch sind dort die einzelnen Gleichnisse durch Zwischenbemerkungen voneinander abgesetzt. Hier aber handelt es sich um eine einzige zusammenhängende Rede Jesu.

Die szenische Einleitung Mk 13,1–4

Die Einleitung weist eine zweifache Staffelung auf. Im Anschluß an die vorausgehende Szene Mk 12,41–44 verweist zunächst „einer seiner Jünger" auf die prachtvollen Bauten des Tempels (V. 1). Jesus reagiert darauf mit der Vorhersage der Tempelzerstörung (V. 2). Auf dem Ölberg nehmen ihn Petrus, Jakobus, Johannes und Andreas (die zuerst berufenen Jünger; vgl. Mk 1,16–20) beiseite: „Sag uns, wann wird *dies* sein, und was wird das

Zeichen sein, wenn *dies alles* vollendet wird?" (V. 4). Während das erste „dies" sich auf die in V. 2 angesagte Tempelzerstörung bezieht, kann das folgende „dies alles" nur die Endzeitereignisse meinen. Wie kommt es zu dieser bemerkenswerten Verquickung? Die einfachste Erklärung dürfte immer noch die sein, daß Markus um das Jahr 70 n. Chr. schreibt, sei es, daß er die unmittelbar bevorstehende Tempelzerstörung vor Augen hat, sei es (m. E. wahrscheinlicher), daß er auf die bereits erfolgte Zerstörung zurückblickt. Wahrscheinlich hat der Untergang des Tempels in apokalyptisch orientierten Kreisen des Judentums einen ungeheuren Erwartungsdruck bezüglich eines göttlichen Eingreifens ausgelöst. Im Judenchristentum – und von dort auf das Heidenchristentum überschwappend – führt dies zu einer Intensivierung der Parusieerwartung. Von daher erklärt sich, daß die Frage nach der Tempelzerstörung nur den Auftakt bildet für die eigentliche Frage nach der Vollendung von „*all diesem*". Nur darauf geht Jesus in seiner folgenden Rede ein.

Nur zum geringsten Teil handelt es sich um authentische Jesusworte. Der Text stellt ein Konglomerat von relectures dar, die sich gegenseitig durchdringen und überlagern. Zu bewältigen sind die eigene Angst und Unsicherheit von seiten des Autors bzw. der von ihm anzielten Leserschaft, aber auch die Traditionen einer jüdischen und christlichen Apokalyptik. Die relecture erfolgt mit Hilfe der Heiligen Schrift (des Alten Testaments) und im Geiste Jesu, wobei die Heilige Schrift und bestimmte Worte Jesu dann selbst wieder einer relecture unterzogen werden.

Wahrscheinlich ist schon die Antwort Jesu in V. 2b die relecture des sog. Tempello-gions (vgl. Mk 14,58 15,29 par; Joh 2,19), das im Prozeß Jesu eine Rolle gespielt haben dürfte (siehe unten Kapitel 16.1). Im Wortlaut ist es kaum mehr rekonstru-ierbar. Inhaltlich übte es Kritik an einer Kultpraxis, die der eschatologischen Situation nicht Rechnung trug. Angesichts der tatsächlich erfolgten Tempelzerstö-rung wird auch dieses Wort zur Steigerung der eschatologischen Stimmung beigetra-gen haben.

Die Zeit bis zum Kommen des Menschensohnes Mk 13,5–23

Die Hauptsinnlinie dieses Abschnitts ist die Zeitachse. Die entscheidenden Stichwörter lauten: „noch nicht das Ende" (V. 7), „Anfang der Wehen" (V. 8), „zuerst" (V. 10), „bis zum Ende" (V. 13), „in jenen Tagen" (V. 17), „jene Tage ... seit Beginn der Schöpfung ... bis jetzt" (V. 19), „die Tage" (V. 20), „und dann" (V. 21). Die Bedeutung der Zeit wird in keiner Weise negiert oder relativiert. Im Gegenteil, der zeitliche Bezug der Ereignisse ist bedeutsam, da sie eben dadurch zu Zeichen der in Gang gekommen Endzeit werden. Mit der Proklamation der Gottesherrschaft ist die Zeit erfüllt (Mk 1,15). Was noch aussteht, ist die volle Frucht des ausgestreuten

Samenkorns (vgl. Mk 4). Was sich jetzt ereignet, ist das Auslaufen der alten, chaosdurchdrungenen Weltzeit und das Anlaufen der Gottesherrschaft. Daß in dieser Begegnung unversöhnlicher Herrschaften die Mächte des Chaos sich noch einmal aufbäumen, ist ein geläufiges Motiv apokalyptischer Endzeitbetrachtung. Die einzelnen Krisensituationen, die in den VV. 7f genannt werden (Kriege, Erdbeben, Hungersnöte), entstammen denn auch gelehrter Schriftbetrachtung, wie sie für die Apokalyptik typisch ist. Als konkreter Hintergrund mögen die Wirren des Jüdischen Krieges genügen. Entscheidend aber ist, daß dies „geschehen muß", wie im Anschluß an Dan 2,28f.45 gesagt wird (V. 7). Die Negativität der Geschehnisse ist kein Einwand gegen die Geschichtsmächtigkeit Gottes, sondern das Vorzeichen von dessen sich durchsetzender Herrschaft. So bedeutungsvoll daher die ablaufende Zeit erscheint, so ist aber doch nicht zu übersehen, daß die genannten Ereignisse sich nicht als sukzessive Folge von Stationen deuten lassen, deren letzte für das Ende signifikanter wäre als die erste. Semantisch übereinstimmend wird festgestellt, daß alle diese Ereignisse „noch nicht das Ende" bzw. erst „der Anfang der Wehen" sind (VV. 7f). Entscheidend ist, daß das „Ende" nicht die Folge des Zeitablaufs ist, sondern umgekehrt das Kommende, die Parusie, den Zeitablauf beenden wird.

Die VV. 9–13 lenken den Blick auf das Geschick der Gemeinde. Der Stoff der Verse steht bei Mt 10,17–21 par in seinem wahrscheinlich ursprünglichen Zusammenhang: im Kontext einer Mahnung zu furchtlosem Bekenntnis. Doch besteht die Treue zum Jesuswort nicht in formaler Konservierung, sondern in einer der Situation angepaßten relecture. Die chaotischen Mächte, die die Welt erschüttern (vgl. VV. 5–8), machen auch vor der Gemeinde nicht halt. Gerade sie ist von der todbringenden Atmosphäre einer todgeweihten Welt am meisten betroffen. Doch wer am Namen Jesu festhält „bis zum Ende, der wird gerettet werden" (V. 13). Für die Sicht des Markusevangeliums besonders wichtig ist V. 10, wonach „unter allen Völkern *zuerst* das Evangelium verkündet werden muß". Auch hier handelt es sich nicht um eine Station in einer Kette weiterer Ereignisse. Die Mission der Völker ist vielmehr die permanente Situation der von Jesus eingeleiteten Endzeit. Die Verkündigung des Evangeliums an alle Völker ist die Konsequenz der Geschichte Jesu, die als „Anfang und Grundlage des Evangeliums" Gegenstand der markinischen Darstellung ist (Mk 1,1). Mit Jesus hat die Proklamation des Evangeliums begonnen (Mk 1,14f). Das betonte „Zuerst" will nicht das Ende berechenbar machen, sondern deutet die ablaufende Zeit als göttliche Verfügung zur Einlösung der dem Evangelium innewohnenden Verheißung.

Die VV. 14–23 fallen etwas aus dem Rahmen, sofern es jetzt auf einmal um Judäa geht. Das hat wohl traditionsgeschichtliche Gründe. Der Text stellt im wesentlichen eine schriftgelehrte Reflexion dar, insbesondere zu Stellen aus Ez 7,12–16 (vgl. VV. 15 f) und Dan 12,1 (vgl. V. 19). Die geschichtliche Verortung hängt von der Interpretation des „Greuels der Verwüstung" ab (V. 14), der seinerseits auf eine relecture von Dan 9,27; 11,31; 12,11 (vgl. 1 Makk 1,54; 6,7) zurückgeht. Die griechische Satzkonstruktion (die das neutrische βδέλυγμα[= Greuel] mit dem maskulinen Partizip ἑστηκότα [= stehend] verbindet) läßt an eine Person denken. Meist vermutet man eine Anspielung auf Caligula, der um 40 n. Chr. sein Standbild im Tempel aufstellen lassen wollte. Doch könnte es sich auch um eine Chiffre für die Zerstörung des Tempels durch Titus handeln, der zudem das Allerheiligste betreten hat. Den VV. 14–20 läge dann eine (judenchristliche) Reflexion des Jahres 70 zugrunde, die die Tempelzerstörung als den unmittelbaren Auftakt der „in jenen Tagen" einsetzenden Endereignisse wertete. Dieser Zusammenhang wird im markinischen Kontext deutlich gelockert. Denn jetzt erscheint der „Greuel der Verwüstung" nicht mehr als unmittelbares Vorzeichen des Endes, sondern als ein weiteres Exempel der „in jenen Tagen" (der Endzeit) stattfindenden Drangsale, die als solche über die Länge der verbleibenden Zeit nichts aussagen. Wie seine Vorlage richtet Markus seine Hoffnung darauf, daß Gott „die Tage verkürzen" wird (V. 20). Die verbleibenden VV. 21–23 gehören pragmatisch und semantisch aufs engste mit der Einleitung der Rede in VV. 5 f zusammen. Der Imperativ „Gebt acht!" legt sich wie eine Klammer um die bisherigen Ausführungen (VV. 5 b.23). Damit verbunden ist die Warnung vor der Verführung (VV. 5 b.22), die inhaltlich darin besteht, daß viele im Namen Jesu bzw. als „falsche Christusse" auftreten werden (VV. 6.21 f). Wahrscheinlich stehen dahinter Propheten (V. 22 nennt sie „falsche Propheten"), die die Tempelzerstörung als unmittelbaren Auftakt der Parusie Christi gedeutet und damit die Gemeinde beunruhigt haben. Gegen derartige Verunsicherung wenden sich die VV. 5–23. Die beunruhigenden Ereignisse gehören zwar notwendig zur Endzeit, sind aber nicht als Stationen einer zum Ende führenden Zeit*linie* zu bestimmen. Das Vorstellungsmodell ist eher das einer Zeit*achse*, um die sich (wie ein Rad) die Endzeitereignisse drehen, ohne daß man aus ihnen die Strecke des Achsenlaufes erschließen könnte. Über die Kürze oder Länge der Endzeitstrecke entscheidet allein Gott.

Das Kommen des Menschensohnes Mk 13,24–27

„In jenen Tagen" (V. 24) erinnert formal an V. 17. Wie dort geht es um eine ganz allgemeine Charakterisierung der Endzeit. Eine Festlegung des in den VV. 24–27 geschilderten Geschehens auf die „Tage" von V. 17 ist ausgeschlossen. Ausdrücklich wird betont, daß das Folgende „nach jener Drangsal" stattfinden wird. Weder der „Greuel der Verwüstung" noch irgendein anderes der im vorausgehenden erwähnten Ereignisse erlauben einen exakten Schluß auf das Kommen des Menschensohnes. Sein Kommen setzt dem Zeitlauf das Ende, ohne selbst Folge des Zeitablaufs zu sein. Inhaltlich greifen die VV. 24f auf Jes 13,10 und Jes 34,4 (bzw. 34,10) zurück. Beide Stellen gehören in den Kontext klassischer Gerichtsthematik (Babel: Jes 13; Edom: Jes 34). Doch nicht die Gerichtsaussage, die die bibelgewandte Gemeinde des Markus durchaus mitgehört haben mag, steht im Vordergrund der relecture des Propheten. Aus dem Kontext herausgegriffen sind jeweils Ereignisse von kosmischer Dimension. Was mit ihnen ausgesagt werden soll, ergibt sich aus dem Gegensatz zu den vorausgehenden Ereignissen, die samt und sonders nur von begrenzter Reichweite sind. Ein Zusammenbruch dieser Welt läßt sich aus VV. 24f kaum ablesen, genauso wenig wie im folgenden von einer kontinuitätslosen Neuschöpfung die Rede ist. Es geht darum, daß sich die Gottesherrschaft in dieser Welt durchsetzen wird. Das geht nicht ohne grundlegende Erschütterung. Eben deshalb ist das Kommen des Menschensohnes nicht „hier" oder „dort" zu erwarten (vgl. V. 21), sondern ein unübersehbares und unmißverständliches Ereignis, das die ganze Welt erschüttern und umgestalten wird.

Ist damit der kosmisch-universale Rahmen festgestellt, so können die VV. 26f sich dem Kommen des Menschensohnes selbst zuwenden. Auffällig ist, daß ihr Inhalt nicht als eigenständige Rede Jesu formuliert, sondern nahezu ganz aus Zitaten zusammengesetzt ist: Dan 7,13; Sach 2,6 bzw. 10; Dtn 30,4 (vgl. Dtn 13,8). Offensichtlich standen der überliefernden Gemeinde keine diesbezüglichen (authentischen) Jesusworte zur Verfügung. So ist sie auf relecture der Bibel (des Alten Testaments) angewiesen, die sie im Geiste Jesu und natürlich in dem Wissen betreibt, daß der kommende Menschensohn niemand anders als Jesus selbst ist. Gerade für Markus, der Wert darauf legt, daß der Christus der leidende und auferstehende Menschensohn ist (vgl. zu Mk 8,30–33), bündelt sich in dieser Aussicht brennpunktartig die gesamte Christologie und Eschatologie. Doch was bedeutet es, daß Jesus als „Menschensohn" erscheint?

Meist verweist man auf die Richterfunktion des Menschensohnes, die zweifellos zum Inventar der frühjüdischen Menschensohntradition gehört, im Kontext der markinischen Endzeitrede allerdings nicht realisiert ist. Zwar ist nach Mk 8,38 die Stellungnahme des Menschensohnes im Gericht von entscheidender Bedeutung, das Gericht selbst aber scheint Sache Gottes zu sein. Auch in Mk 14,62 ist das Gericht bestenfalls der (aus dem Kontext erschließbare) Hintergrund, nicht aber Gegenstand der explizit gemachten Aussage.

In Dan 7 ist der Menschensohn der Repräsentant der eschatologischen Gottesherrschaft, der *nach* dem Gericht des Hochbetagten (VV. 9–12) „auf den Wolken des Himmels" kommen wird und dem die „Vollmacht" und die „Herrlichkeit" übergeben wird (LXX). Darauf spielt Markus in V. 26 an, freilich mit dem Unterschied, daß die Gottesherrschaft mit dem Auftreten Jesu bereits nahegekommen ist (Mk 1,14f), so daß die Parusie nichts grundlegend Neues, sondern die kosmisch-universale Explikation des mit Jesus Gekommenen bringt. Eben dies will Markus seinen Lesern vor Augen stellen. Die Wirren der Endzeit können die Jünger nicht erschüttern, deren Interpretation sie nicht beunruhigen. Eingespannt zwischen der Proklamation der Gottesherrschaft durch Jesus und ihrer umfassenden Realisierung bei der Parusie des Menschensohnes können sie den erniedrigenden und zum Kreuz führenden Weg des Dienstes gehen, den auch der Menschensohn – leidend und auferstehend – durchschritten hat. So gewiß der Menschensohn von den Toten auferstanden ist, so gewiß wird er am Ende kommen, um die Ernte der Auserwählten aus allen Himmelsrichtungen einzubringen. Der kosmischen Evidenz der Gottesherrschaft entspricht das universale In-Erscheinung-Treten des Gottesvolkes. Dies sind die wahren Zeichen der Vollendung von allem (vgl. V. 4).

Mahnung zur Wachsamkeit Mk 13,28–37

Sind die Jünger nach den vorausgehenden Ausführungen von aller berechnenden Zeitbeobachtung entlastet, so bleibt doch die Tatsache bestehen, daß sie in der Endzeit leben. Dem warnenden „Gebt acht!" in VV. 5.9.23 vergleichbar, wird der folgende Abschnitt mit der Mahnung zum Lernen eingeleitet. Was zu lernen ist, wird mit einem Gleichnis verdeutlicht. Wie man an den hervorsprossenden Blättern des Feigenbaums erkennen kann, „daß der Sommer nahe ist" (V. 28), so sollen die Jünger erkennen, wenn „sie all dies geschehen sehen (gemeint sind wohl die Endzeitereignisse der VV. 5–23), ... daß (er/es) nahe vor der Türe steht". Als Subjekt dieses im Griechischen subjektlosen Satzes ist wohl doch nicht ein vages „Ende" (es), sondern der „Menschensohn" (er) von V. 26 vorauszusetzen. Die „Nähe" der Gottesherrschaft, die Jesus proklamiert hat (Mk 1,14f), wird durch die noch ablaufende Zeit nicht in Frage gestellt. Die ganze Endzeit – vom Auftreten Jesu bis zur Parusie – ist eine Periode der „Nähe". Als Zeichen der „Nähe", nicht als Indizien eines Zeitablaufs, sind die Endereignisse von den Jüngern wahrzunehmen. Die Zeitfrage, die die Gemeinde des Markus bedrängt, ist damit deutlich relativiert bzw. auf eine andere Ebene gehoben. Die VV. 30f sind möglicherweise die relecture eines Jesuswortes, wie es ursprünglicher in Mt 5,18 erhalten ist. V. 30 verrät zudem Einfluß von Mk 9,1. Wenngleich Markus die Nähe nicht mehr an einen kalkulierbaren Zeitablauf bindet, so hält er grundsätzlich doch an der Naherwartung fest und erwartet die Parusie noch in dieser Generation. Das bekräftigende Wort von V.31 ist jedoch wohl nicht allein darauf, sondern auf die

Verkündigung Jesu insgesamt zu beziehen. V.32 schließt eine exakte Terminangabe ausdrücklich aus. Die „Engel im Himmel", die eigens genannt werden, sind die Engel, die mit dem Menschensohn bei der Parusie erscheinen werden (vgl. Mk 8,38; 13,27). Daß auch „der Sohn" den Termin nicht kennt, läßt darauf schließen, daß es authentische Überlieferung über den Termin nicht gab. Insofern könnte man V.32 als situationsbedingte relecture einer überlieferungsgeschichtlichen Leerstelle deuten.

Sind solchermaßen Termin und Zeitablauf relativiert, während die „Nähe" als bleibend bedeutsam betont wird, so kann die Konsequenz nur die Mahnung zur Wachsamkeit sein. Der Imperativ „Wachet!" (VV. 33.35.37) stellt das performative Signal dar, auf das die ganze Endzeitrede hinausläuft. Inhaltlich wird die Mahnung durch ein Gleichnis zum Ausdruck gebracht, bei dem sich die Bilder von der Heimkehr des auf Reisen befindlichen Herrn und von der nächtlichen Heimkehr des Hausherrn mischen. Für beides gibt es Parallelmaterial in der Logienquelle Q (vgl. Lk 19,12f par; 12,38–40 par). Zweimal wird im Gleichnis selbst die Wachsamkeit betont (VV. 34.36). Zweimal wird der Grund dafür genannt: „... ihr wißt nicht, wann die Zeit da ist" (V.33) und: „... ihr wißt nicht, wann der Hausherr kommt" (V.35). Wie die geforderte Bereitschaft inhaltlich zu füllen ist, wird nicht direkt gesagt, ergibt sich aber aus den Worten Jesu, deren Unvergänglichkeit kurz vorher betont wurde (V.31), bzw. aus der „Vollmacht", die der abreisende Herr seinen Knechten übertragen hat. Es ist die „Vollmacht" des Menschensohnes, die im irdischen Lehren und Wirken Jesu zum Zuge kam (Mk 1,22.27; 2,10; 11,28f) und nun auf seine Jünger übergegangen ist (vgl. Mk 3,15; 6,7). Nicht zufällig hat diese Vollmacht im Kontext des Markusevangeliums mit Dämonenbannungen zu tun. Wo die Gottesherrschaft auf den Plan tritt, müssen die chaotischen Mächte weichen. Diese Platzhalterschaft der Gottesherrschaft haben die Jünger zu praktizieren, wenn sie ihrer Verpflichtung zur Wachsamkeit gerecht werden wollen.

Fragt man nach der bleibenden *theologischen Bedeutung* der Endzeitrede, so ist zunächst einzuräumen, daß eine Naherwartung, wie sie in V.30 (vgl. Mk 9,1) zum Ausdruck kommt, heute nicht mehr zu teilen ist. Die Relativierung, die bereits Markus vorgenommen hat (VV.31f), ist hilfreich, genügt aber nicht. Heute ist eine grundsätzlich neue relecture vonnöten. Man kann den Zeitablauf von nahezu 2000 Jahren nicht mehr apokalyptisch als Endzeit deuten. Dagegen ist der Gedanke einer eschatologisch verstandenen Nähe durchaus von bleibender Bedeutung, insbesondere im Bereich der individuellen Eschatologie. Darüber hinaus wird man allerdings auch die apokalyptische Perspektive insofern offen halten müssen, als die Gottesherrschaft die Vorstellung einer gesellschaftlichen bzw. die ganze Welt betreffenden Veränderung in sich schließt. Hier stehen wir weitgehend vor einem Dilemma. Denn so sehr wir uns einerseits gedrängt fühlen, die apokalyptischen Bilder zu entmythologisieren, so bleiben wir andererseits auf Bilder angewiesen und kommen ohne sie nicht aus. Noch mangelt es an einer neuen Symbolsprache, mit der wir unsere heutige Erfahrungswelt deuten könnten. Derart sprachlos, können uns die alten Bilder immer noch hilfreich sein, wenn wir uns nur klar machen, daß sie die Zukunft nicht beschreiben, sondern deuten.

Was die inhaltliche Seite betrifft, so ist Mk 13 vor dem Hintergrund der Botschaft Jesu zu sehen. Die bange Frage einer permanent vom Chaos bedrohten Schöpfung ist durch die Proklamation der Gottesherrschaft beantwortet. Dieser *Sinndimension*, der das Markusevangeliums bisher Audruck verliehen hatte, verleiht nun die *Zeitdimension*, die von Mk 13 ins Spiel gebracht wird, bleibende Geltung. Dabei ist es von grundsätzlicher Bedeutung, daß die Kategorie des Zeitlaufs durch die der Zeitachse ersetzt wird. Die *Nähe* des Menschensohns wird zum bleibenden Grund hoffnungsvoller Zukunft. Bis diese Nähe durch die Parusie einmal endgültig besiegelt wird, ist es die Aufgabe der Jünger, die Nähe im nachfolgenden Dienst zu suchen, der sie auf den Kreuzweg des leidenden und auferstehenden Menschensohnes führt. Insofern entspricht die Position der Endzeitrede vor der Passionsgeschichte durchaus ihrer literarischen und theologischen Funktion.

15.2 Die Endzeitrede nach Mt 24; 25

Matthäus übernimmt im wesentlichen den Stoff von Mk 13, ergänzt ihn aber durch Material aus der Logienqelle und durch Sondergut. Wie die redaktionelle Abschlußbemerkung in Mt 26,1 belegt, gehört die Rede zu den fünf großen Redekomplexen, die der Evangelist bewußt konzipiert hat (Bergpredigt [5–7], Aussendungsrede [10], Gleichnisrede [13], Gemeinderede [18]).

Die Bearbeitung der markinischen Vorlage Mt 24,1–44

In der *szenischen Einleitung Mt 24,1–3* sind nun einheitlich die „Jünger" die Fragesteller (VV. 1.3). Die Frage, ob die Tempelzerstörung den Auftakt des Endes darstellt, ist für Matthäus offensichtlich nicht mehr akut. Die eigentliche Hauptfrage konzentriert sich auf „das Zeichen deiner Ankunft und der Vollendung der Welt" (V. 3 b). „Vollendung der Welt" ist eine matthäische Eigenbildung unter Rückgriff auf apokalyptische Vorgaben (vgl. Dan 11,35; 12,4.13 LXX). Mit „Ankunft" (παρουσία) wird gezielt die „Parusie" als terminus technicus eingeführt.

Die Zeit bis zum Kommen des Menschensohnes Mt 24,4–28 ist wie in der markinischen Vorlage in drei Abschnitte gegliedert. Die *VV. 4–8* referieren die Kriege und Katastrophen, die notwendigerweise (V. 6) zur Endzeit gehören, allerdings „noch nicht das Ende" (V. 6) bzw. erst „den Anfang der Wehen" (V. 8) darstellen. Den zweiten Abschnitt – die *VV. 9–14* – gestaltet Matthäus relativ frei. Ein mit Mk 13,9–13 vergleichbares Material hatte er bereits in Mt 10,17–21 verarbeitet. Durch das dreifach gestaffelte „dann" wird gegenüber der markinischen Zeitachse nun doch eine Zeitlinie sichtbar (VV. 9.10.14). Ein echter Zeitablauf kommt allerdings auch bei Matthäus nicht zustande, da die aufgeführten „Etappen" nur semantische Varianten sind. Den Rahmen bildet die universale Dimension: Die Gemeinde wird „von allen Völkern gehaßt" werden (V. 9), wie umgekehrt „das Evangelium des Reiches auf dem ganzen Erdkreis zum Zeugnis für alle Völker verkündet werden" muß (V. 14). Daß „viele zu Fall kommen" (V. 10), ist zum einen die Folge des Hasses von V. 9, zum andern aber bedingt durch die Agitation von „falschen Propheten", in denen Matthäus offensichtlich eine akute Bedrohung der Gemeinde sieht (V. 11; vgl. V. 24; 7,15). Mit dem Stichwort der „Gesetzlosigkeit" (als Ausdruck der erkalteten Liebe) ist die permanente Gefahr der Gemeinde in typisch matthäischer Manier zur Sprache gebracht. Der dritte Abschnitt – die *VV. 15–28* – lehnt sich bis V. 25 sehr eng an Markus an. Mit dem (neutrisch konstruierten) „Greuel der Verwüstung" in V. 15 ist nicht mehr eine Person, sondern ein (wohl noch ausstehendes) Ereignis gemeint. Ausdrücklich wird als Referenz der „Prophet Daniel" genannt (Dan 9,27; 11,31; 12,11), der auch sonst in der Endzeitrede einer relecture unterzogen wird (vgl. VV. 6.10.21.30). Die von Markus übernommene Warnung vor falschen Propheten (VV. 23–25) wird durch Material aus der Logienquelle noch verstärkt (VV. 26–28). Den verführerischen Aufforderungen wird jeweils die Anweisung gegenübergestellt: „so glaubt es nicht!" (VV. 23.26). Die Bilder der VV. 27f weisen „die Ankunft (Parusie) des Menschensohnes" als überall und allgemein wahrnehmbares Ereignis aus.

Wie Markus ist auch Matthäus der Meinung, daß das *Kommen des Menschensohnes Mt 24,29–31* nicht eine Folge des Zeitlaufs ist, sondern selbst das Zeichen des Endes bzw. der Vollendung setzt. Neu gegenüber Markus ist das „Zeichen des Menschensohnes", das „am Himmel erscheinen" wird (V. 30). Es ist wahrscheinlich mit dem Menschensohn selbst identisch. Die Frage der Jünger nach dem „Zeichen" (V. 3) ist damit eindeutig beantwortet. Mit dem „Wehklagen aller Stämme der Erde" (vgl. Sach 12,10.12.14) wird – matthäischer Sicht entsprechend – die Gerichtsthematik berührt. Doch auch bei Matthäus zielt das Kommen des Menschensohnes letztlich auf die Sammlung „seiner Auserwählten" (V. 31).

Bei der anschließenden *Mahnung Mt 24,32–44* folgt Matthäus zunächst fast wörtlich seiner Vorlage (Mk 13,32–36). Grundsätzlich teilt er also mit Markus die Naherwartung (V. 34), lehnt aber wie dieser eine Festlegung des Termins ab (V. 36). Mk 13,33–37 übergeht Matthäus (wohl im Blick auf vergleichbares Material aus der Logienquelle Q, das wenig später folgt: vgl. Mk 13,33 f mit Mt 25,14 f; Mk 13,34 f mit Mt 24,42; Mk 13,35 mit Mt 25,13). An die Stelle von Mk 13,33–37 rücken zwei Sprüche aus der eschatologischen Rede der Logienquelle, mit denen Matthäus darlegen will, wie es sich mit der „Ankunft (Parusie) des Menschensohnes" verhält (VV. 37–39.40 f par Lk 17,26 f.34 f). Das entscheidende Stichwort ist das „Nicht-Wissen" (V. 39). Die Folgerung lautet: „Wachet also, denn ihr wißt nicht, an welchem Tag euer Herr kommt" (V. 42). Verdeutlicht wird dies mit dem aus Q stammenden Bildwort vom Hausherrn und vom Dieb (V. 43 f par Lk 12,39 f).

Mahnung und Warnung Mt 24,45 – 25,46

Im folgenden bringt Matthäus vier Perikopen, in denen positives und negatives Verhalten gegenübergestellt werden. Da das negative Beispiel jeweils am Schluß steht, erhält der ganze Abschnitt einen deutlich warnenden Charakter. Das gilt ganz besonders von der ersten Perikope, dem Gleichnis *von dem treuen und dem bösen Knecht Mt 24,45–51*. Es stammt aus der Logienquelle und stand dort schon im Anschluß an das vorhergehende Bildwort (Mt 24,43 f.45–51 par Lk 12,39 f.42–46). Das erzählerische Schwergewicht liegt auf dem bösen Knecht. Der Gedanke „Mein Herr bleibt noch lange aus!" (V. 48) ist offensichtlich eine akute Schwierigkeit, mit der sich die matthäische Gemeinde auseinandersetzen muß. Das massive Strafgericht am Ende (VV. 50.51 a), das zu dem für Matthäus typischen „Heulen und Zähneknirschen" führt (V. 50 b), stellt die üblen Folgen unverantwortlichen Handelns bedrohlich vor Augen. Ob das Gegenüber zu den Mitknechten nur Teil der Metapher ist, um die Verantwortlichkeit des guten bzw. bösen Knechtes zu unterstreichen, ist nicht sicher. Es könnte sich auch – wie es in der lukanischen Version der Fall ist (Lk 12,41!) – um eine Spezifizierung der Verantwortlichkeit handeln. Man hätte dann an Leute (Schriftgelehrte, Lehrer) zu denken, die in der Gemeinde besondere Verantwortung tragen.

Dagegen spricht das folgende *Gleichnis von den törichten und klugen Jungfrauen Mt 25,1–13* eindeutig alle Christen an. Das Gleichnis bezieht sich ausdrücklich auf das „Himmelreich" (V. 1). Ob es ursprünglich vom Kommen Gottes (als Bräutigam) sprach und mit dem Hochzeitsmahl in V. 10 ein versöhnlicheres Ende hatte, ist schwer auszumachen. Im matthäischen Kontext ist der Bräutigam der kommende Menschensohn. Sich für sein Kommen zu rüsten, heißt die Einlaßbedingungen für das Himmelreich erfüllen (vgl. Mt 5,20). Das Öl in den Lampen ist daher identisch mit dem Tun der Gerechtigkeit, wie es in der Bergpredigt verlangt ist. Der Akzent liegt wieder auf dem negativen Beispiel. Die törichten Jungfrauen werden zuerst genannt (V. 2!), mit ihrem Geschick schließt das Gleichnis (VV. 11 f). Unverkennbar sind die Anklänge an Lk 13,25–27 par aus der Logienquelle, worauf Matthäus schon am Ende der Bergpredigt Bezug genommen hatte (Mt 7,22 f). Das Bekenntnis allein nützt nichts, entscheidend ist das Tun. Der performative Schlußsatz nimmt die Mahnung von Mt 24,42 wieder auf: „Wachet also, denn ihr wißt weder den Tag noch die Stunde" (V. 13).

Diese Mahnung will auch das folgende *Gleichnis von den Talenten Mt 25,14–30* unterstreichen. Es stammt aus der Logienquelle Q. Die lukanische Version (Lk 19,12–27) unterscheidet sich vor allem durch die dort eingebaute Thronprätendentengeschichte. Ansonsten stimmt die Erzählstruktur bei Matthäus und Lukas überein. Matthäus steigert die Minen (1 Mine = 100 Denare) zu Talenten (1 Talent = 60 Minen). Das Gleichnis, das der erzählerischen Dreierregel folgt, gipfelt in der Verurteilung des schlechten und faulen Knechtes (VV. 24–30). Doch ist das Geschick der beiden vorher erwähnten guten Knechte mehr als nur erzählerischer Hintergrund. Das ergibt sich vor allem aus der gleichlautend wiederkehrenden Schlußverheißung: „Recht so, du guter und treuer Knecht, über weniges warst du treu, ich will dich über vieles setzen; geh ein in die Freude deines Herrn!" (VV. 21.23). Damit ist der unmittelbare Rahmen des Bildes gesprengt und (allegorisierend) die Sachebene des Gleichnisses – das Eingehen in das Himmelreich – angesprochen. Negativ entspricht dem der V. 30, wo das endzeitliche Gericht des Menschensohnes ins Bild rückt. Im negativen wie im positiven Ausgang liefert so das Gleichnis einen starken Anreiz, der in der Zwischenzeit verlangten, aber auch eingeräumten (!) Verantwortung gerecht zu werden. Daß das Gericht sich nach dem erbrachten Ergebnis bemißt, darf nicht als Belohnung von (eigenmächtiger) Leistung ausgelegt werden. Es geht vielmehr um den verantwortlichen Umgang mit den anvertrauten *Gaben*. Daß hierbei nicht die Gesinnung, sondern die Tat entscheidet, steht für Matthäus außer Zweifel. Inhaltlich wird man bei den Talenten weniger an die natürliche Veranlagung des Menschen, sondern an die Gerechtigkeit zu denken haben, die durch die Worte und Weisungen Jesu vorgegeben ist (bes. Bergpredigt), von den Jüngern aber – entsprechend der individuell vorhandenen Möglichkeiten – in der Praxis einzuholen und zu verwirklichen ist (vgl. Mt 7,24.26; 28,20).

Die eschatologische Rede Jesu schließt mit dem *Gericht über die Völker Mt 25,31–46*. Trotz des Bildes in VV. 32 f handelt es sich nicht um ein Gleichnis, sondern um eigentliche Rede. Der Menschensohn, der „in seiner Herrlichkeit" kommen und „auf dem Thron seiner Herrlichkeit" Platz nehmen wird, ist anders als in Mk 13,24–27 nun selbst der Richter. Dies war an der matthäischen Parallelstelle (Mt 24,29–31) bereits angeklungen und entspricht der sonstigen Sicht des ersten Evangelisten (vgl. Mt 19,28). Die Vorstellung vom Menschensohn als dem Repräsentanten der Gottesherrschaft bleibt indirekt jedoch lebendig, wenn der unvermittelt als *„König"* bezeichnete Menschensohn zu denen zu seiner Rechten sagt: „Kommt her, ihr Gesegneten *meines Vaters*, nehmt als Erbe das *Reich*, das euch seit Grundlegung der Welt bereitet ist" (V. 34; vgl. Mt 16,28; 13,41).

Ob das Bild in V. 32 auf eine Scheidung „der Schafe von den Böcken" oder „der Schafe von den Ziegen" anspielt, ist umstritten. Im ersten Fall wäre die Milchgewinnung der diakritische Punkt, im zweiten Fall die (in Palästina übliche) allabendliche Trennung einer gemischten Weideherde. Für beide Möglichkeiten lassen sich gute Gründe anführen. Der griechische Sprachbefund scheint eher für die erste Möglichkeit zu sprechen (ἔριφος V. 32 = „Bock", ἐρίφιον V. 33 = „Böckchen"), ist aber nicht völlig eindeutig (ἔριφος kann auch den „Ziegenbock" bezeichnen, so daß im Gegenüber zu den „Schafen" nur an „Ziegen" gedacht sein könnte).

Mit „allen Völkern", die vor dem Richter versammelt werden (V. 32), sind nicht nur die Heiden gemeint. Diese jüdische Perspektive (Gottesvolk [= Juden] vs Völker [= Heiden]) ist aus matthäischer Sicht insofern überholt, als nun auch die Heiden zum Gottesvolk gerufen sind. „Alle Völker" sind daher im weitesten Sinn universal auf alle Menschen zu beziehen, unabhängig ob sie Juden oder Christen oder Heiden sind. Als sachliches Kriterium der Trennung fungieren sechs Werke der Barmherzigkeit, die viermal – in zunehmender Konzentration – genannt werden (VV. 35f.37b–39. 42f.44b). In typisch matthäischer Weise zeigt sich wieder, daß das *Tun* über Heil und Unheil entscheidet (vgl. Mt 7,15–27). Die Ausrichtung auf die Mitmenschlichkeit ist das praktische Pendant zu der an der Liebe orientierten Gesetzesrezeption (vgl. Mt 7,12). Am bemerkenswertesten ist der Umstand, daß die mitmenschliche Tat als Dienst am Menschensohn (König) ausgelegt wird: „Amen, ich sage euch: Was ihr einem dieser *meiner geringsten Brüder* getan (bzw. nicht getan) habt, das habt ihr *mir* getan (bzw. nicht getan)" (V. 40 bzw. V. 45). Ausgangspunkt derartiger *christologischer* Begründung des christlichen Ethos ist ein Wort wie Mt 12,50: „Wer den Willen *meines Vaters* im Himmel tut, der ist mir *Bruder und Schwester* und Mutter." Begünstigt wurde die Verklammerung von Christologie und Anthropologie wohl auch durch die Vorstellung, daß der Menschensohn selbst an der Not (vgl. Mt 8,20; 18,11; 20,28) und dem Ausgeliefert-Sein menschlicher Existenz (vgl. Mt 17,22; 20,18; 26,2.24.45) Anteil hatte. Sachlich ist an die Verquickung von Gottes- und Nächstenliebe zu erinnern, an denen nach Matthäus „das ganze Gesetz und die Propheten hängen" (22,40). Die Geschichte gipfelt in der Verurteilung der Verfluchten (VV. 41–45). Durch dieses Achtergewicht bekommt die gesamte Rede eine deutlich warnende Ausrichtung. Doch liegt Matthäus nichts an einer Ausmalung des Gerichts. Von der bedrohlichen Note eines „ewigen Feuers" bzw. einer „ewigen Strafe" einmal abgesehen (VV. 41.46), bleibt das Geschick der „Verfluchten" auffallend blaß. Die Gerichtsschilderung hat keine selbständige Funktion, sondern will primär vor der Möglichkeit des Heilsverlustes warnen (vgl. V. 46). Insofern aber gehören Gericht und Heil integral zusammen. Mit der Gerichtsrede Jesu schließt sich der Kreis, der mit der Gerichtspredigt des Täufers (Mt 3,7–12) begonnen wurde. Der Täufer hatte „Umkehr" verlangt, um dem Feuergericht zu entgehen. Jetzt ist die Umkehr inhaltlich präzisiert. Die Barmherzigkeit, die Jesus verlangt (Mt 9,13; 12,7) und praktiziert hat (Mt 12,17–21), eröffnet die Perspektive, dem zur Nichtung verurteilten Leben in der Zukunft des Menschensohnes ewige Dauer zu verleihen.

15.3 Die Endzeitrede nach Lk 21,5–36

Anders als Matthäus, der die eschatologische Rede der Logienquelle mit der Endzeitrede aus Mk 13 zu einer einheitlichen Komposition verbunden hat, übernimmt Lukas beide Vorlagen und verarbeitet sie zur „kleinen" (17,20–37) bzw. „großen Apokalypse" (21,5–36). Während die kleine Apokalypse die Plötzlichkeit der Parusie hervorhebt, will die große deren Gewißheit unterstreichen. Zu diesem Zwecke greift Lukas sehr stark in den Markusstoff ein.

Der *szenische Einleitung Lk 21,5 f* zufolge findet die Rede – anders als bei Markus – im Tempel statt. Was Jesus über die Tempelzerstörung sagt, wird durch die Einführung „es werden Tage kommen" noch deutlicher als Weissagung gekennzeichnet.
Die *Zeit bis zum Kommen des Menschensohnes Lk 21,7–24* wird als echte Zeitstrecke verstanden, die sich (als von Gott eingeräumte Geschichte) bis zu den eigentlichen, die Parusie einleitenden Endzeitereignissen erstreckt, von diesen aber zu unterscheiden ist. Ohne Ortswechsel mit dem Vorhergehenden verbunden (diff Mk), erscheint die Frage nach dem eschatologischen „Wann" in V. 7 noch enger mit der Tempelzerstörung verknüpft. Um so energischer wird dieser Zusammenhang dann aber sofort durchschnitten: „Gebt acht, daß ihr nicht verführt werdet! Denn viele werden unter meinem Namen kommen und sagen: ,Ich bin es!', und: ,Die Zeit ist gekommen!'; lauft ihnen nicht nach!" (V. 8). Was bei Mk 13,7 f als Abfolge endzeitlicher Ereignisse erschien, versieht Lukas mit einer deutlichen Zäsur. Mit neuer Redeeinleitung versehen und gegenüber Mk 13,8 inhaltlich gesteigert, werden in VV. 10 f die eigentlichen Endzeitereignisse einge-

führt. Die „schrecklichen Dinge" und „großen Zeichen am Himmel"
(V. 11) nehmen die Geschehnisse vorweg, die nach den VV. 25 f den
Auftakt der Parusie markieren. Sie sind damit klar von den Ereignissen in
VV. 7 f abgesetzt, die zum notwendigen Geschichtsverlauf zwischen Himmelfahrt und Parusie gehören, aber keine Rückschlüsse auf das Ende
zulassen. Alles, was zwischen V. 11 und V. 25 angesprochen wird, gehört
zu diesen „geschichtlichen" Ereignissen. Zunächst – in den *VV. 12–19* –
werden die Verfolgungen der Gemeinde ins Auge gefaßt, die Lukas als
Chance zum „Zeugnis" versteht (V. 13). Damit klingt ein Thema an, das in
vielfältiger Weise in der Apostelgeschichte zum Zuge kommt. Die Verheißung unwiderstehlicher „Weisheit" (VV. 14 f) findet konkrete Erfüllung in
der Stephanusgeschichte (vgl. Apg 6,10). Es ist für Lukas daher bereits
lebendige Erfahrung, daß die Jünger der Sorge Gottes gewiß sein können
(V. 18; im Anschluß an Q = Lk 12,7 par). Der markinischen Zusage „Wer
ausharrt bis zum Ende (Parusie), der wird gerettet werden!" (13,13) gibt
Lukas einen strikt lebenszeitlichen Bezug: „Durch eure Standhaftigkeit
(bis zum Tode) werdet ihr euer Leben gewinnen!" (V. 19 vgl. Lk 17,33).
Der folgende Abschnitt – die *VV. 20–24* – behandelt den Fall Jerusalems
ausschließlich als geschichtliches Ereignis. Jede apokalyptische Chiffrie-
rung ist vermieden. Statt vom „Greuel der Verwüstung" (Mk 13,14) wird
von der „Verwüstung" der Stadt gesprochen (V. 20). Was Lukas Jesus sagen
läßt, ist aus der Perspektive seiner Leser Vergangenheit. Ein Bezug zur
Parusie wird nicht hergestellt. Den Fall Jerusalems deutet Lukas (unter
Rückgriff auf Sach 12,3 [LXX]) als innergeschichtliches Gericht über
„dieses Volk" (VV. 23 b.24). Das Ende der heidnischen Herrschaft über
Jerusalem – „bis die Zeiten der Heiden erfüllt sind" (V. 24) – bleibt wohl
bewußt unbestimmt. Ob an die Parusie (indirekt an den Abschluß der
Völkermission) oder an irgendeinen anderen, von Gott festgesetzten Termin zu denken ist, muß offen bleiben. Festzuhalten ist, daß auch dem
Gericht nicht die heilsame Perspektive fehlt.
Das *Kommen des Menschensohnes Lk 21,25–28* hebt mit den in V. 11
angekündigten „Zeichen" an (VV. 25 f). Die bei Mk 13,24 noch vorhandene
zeitliche Verknüpfung („in jenen Tagen nach jener Drangsal") ist gestrichen. Noch deutlicher als bei Markus und Matthäus ist damit herausgearbeitet, daß die Parusie nicht durch Vor-zeichen vorbereitet wird, sondern
daß diese selbst das Zeichen ihres Kommens setzt. Das Kommen des
Menschensohnes wird zunächst im Anschluß an Mk 13,26 geschildert
(V. 26). Eigens betont wird der Heilsaspekt: „Wenn dies zu geschehen
anfängt, dann richtet euch auf und erhebt eure Häupter, weil eure *Erlösung*
sich naht" (V.28). Die direkt an die Hörer und Leser gerichtete Anrede soll
die Gewißheit stärken, daß die mit Jesus begonnene Geschichte der Befreiung (siehe zu Lk 4,16–30) zur Vollendung kommt. Die von Lukas betonte

Zeiterstreckung redet nicht einer unqualifizierten Zwischenzeit das Wort, sondern reflektiert die Füllung der Zeit im Sinne eines geschichtlichen Voranschreitens des in Jesus begründeten Erfüllungsgeschehens (siehe zu Lk 1,1–4).

Bei der folgenden *Mahnung zur Wachsamkeit Lk 21,29–36* übernimmt Lukas das Feigenbaumgleichnis von Mk 13,28f (in verallgemeinerter Form VV. 29f). Allerdings bezieht er es wohl ausschließlich auf die in VV. 25–28 erwähnten Zeichen der Parusie. War dort von der „Erlösung" die Rede (V. 28), so wird jetzt – in der Sache identisch – das „Reich Gottes" als nahe vor Augen gestellt (V. 31). Nicht ganz klar ist, wie Lukas den aus Mk 13,30 übernommenen V. 32 verstanden hat. Worauf bezieht er „dieses Geschlecht" bzw. „bis alles geschieht"? Eine Deutung im Sinne der Naherwartung läßt sich für Lukas schwerlich aufrecht erhalten. Gut ins lukanische Konzept paßt hingegen V. 33. Er hebt die Verläßlichkeit der Worte Jesu hervor, mit denen hier unmittelbar das in der Endzeitrede Vorhergesagte gemeint ist. Mk 13,32 entfällt wohl aus christologischen Gründen. Der Sache nach wird das Wort in Apg 1,7 – verbunden mit dem Auftrag zu weltweiter Mission – aufgegriffen. An der Stelle von Mk 13,33–37 (vgl. dazu Lk 19,12; 12,38.40) setzt Lukas zu einer eigenständigen Mahnung an (VV. 34–36). Irdische Freuden und Sorgen dürfen die Herzen nicht „beschweren", damit „euch jener Tag nicht überrascht wie eine Schlinge" (VV. 34f; vgl. Jes 24,17 LXX). Als Mittel werden stete Wachsamkeit und Gebet empfohlen. So können die Jünger dem Schrecken der kommenden Geschehnisse (vgl. V. 25f) entrinnen und „vor dem Menschensohn stehen" (V. 36). Mit diesem positiven Ausblick schließt die eschatologische Rede.

Blickt man auf die gesamte Rede zurück, so werden zwei spezifisch lukanische Tendenzen und Intentionen deutlich. Zum einen will Lukas die Zerstörung Jerusalems und andere apokalyptisch deutbare Ereignisse von der Frage nach der Parusie entlasten. Er tut dies, indem er die im Zeitablauf verankerten Ereignisse als Geschichte versteht, die strikt von den eigentlichen Endzeitereignissen zu unterscheiden ist. Die geschichtlichen Ereignisse werden dadurch nicht belanglos. Gerade soweit sie in der Gegenwart der lukanischen Leser schon eingetroffen sind, vermögen sie diesen die Zuversicht zu geben, daß alles, was Jesus vorhergesagt hat, mit Gewißheit sich erfüllen wird. Dies ist das zweite Anliegen, das Lukas verfolgt. Die geschichtlichen Ereignisse bekommen heilsgeschichtliche Bedeutung. Sie werden zu Zeugnissen des Erfüllungsgeschehens, das letztlich auch das Kommen des nicht von der Geschichte, sondern von Gott bzw. vom Menschensohn abhängigen Heils garantiert. Mit dieser heilsgeschichtlichen Konzeption hat Lukas einen wichtigen Beitrag geliefert, um das zu seiner Zeit anstehende Problem der Naherwartung zu bewältigen. Darüber hinaus hat er mit seiner Sicht der Geschichte als Erfüllungsgeschehen ein immer noch tragfähiges Modell geschaffen, um das mit dem Menschensohn schon gekommene und doch mit diesem erst noch kommende Heil zusammenzudenken. Dabei ist freilich der Versuchung zu widerstehen, die ablaufende Geschichte bzw. Kirchengeschichte unmittelbar als Repräsentanz des Erfüllungsgeschehens zu interpretieren, wie es umgekehrt des Mutes bedarf, geschichtliche bzw. kirchengeschichtliche Ereignisse als Zeichen in diesem Sinne zu deuten.

16. Die Passionsgeschichte und der Tod Jesu

16.1 Zur Problematik einer historischen Auswertung der Passionsgeschichte

Die meisten Menschen, die die Passionsgeschichte lesen, tun dies mehr oder minder bewußt aus einem historischen Fragehorizont heraus. Dies ist durchaus legitim. Allerdings stößt man sehr schnell auf Grenzen. Historischer Fixpunkt der Passionsüberlieferung ist die Kreuzigung Jesu. Auch die Kreuzesinschrift (der sog. titulus crucis) „der König der Juden" (Mk 15,26) gibt mit hoher Wahrscheinlichkeit historische Realität wieder. Es ist also davon auszugehen, daß Jesus von den Römern aufgrund messianischer Anschuldigungen hingerichtet wurde. Messianische Ansprüche standen aus römischer Sicht – mit einer gewissen inneren Konsequenz – meist unter dem Verdacht politischer Ambitionen. Von Josephus wissen wir, daß die Römer in solchen Fällen meist kurzen Prozeß gemacht haben. Potentielle Messias-, d. h. Königsanwärter wurden gefangengenommen und in aller Regel gekreuzigt.

Die messianischen Anschuldigungen gegen Jesus kamen der markinischen Passionsgeschichte zufolge von seiten des Hohen Rates, der zuvor Jesus in einem *offiziellen Verfahren* wegen seines Messiasanspruchs verurteilt hatte (Mk 14,61–64). Ob dies historisch zutrifft, ist schon weniger sicher. Selbst die christliche Überlieferung ist in diesem Punkt nicht eindeutig. Das Johannesevangelium weiß nichts von einem jüdischen Prozeß gegen Jesus, sondern kennt nur eine Befragung durch den bzw. die Hohenpriester (Joh 18,19–24).

Hinzu kommt, daß der Prozeß Jesu unter Voraussetzung des mischnischen Strafrechts gewisse Irregularitäten aufweist. So schreibt die Mischna vor (mSanh IV,1h), daß Kriminalfälle im Unterschied zu Zivilsachen am Tage verhandelt und entschieden werden müssen. Ferner muß zwischen Beweisführung und Urteilsverkündung mindestens ein Tag verstreichen. Überhaupt sind Verhandlungen am Rüsttag eines Sabbats oder Feiertags verboten. Diesen Schwierigkeiten wollte man mit der These entgehen, daß Jesus nicht nach pharisäischem (mischnischem), sondern nach sadduzäischem Recht abgeurteilt wurde (J. Blinzler, Der Prozeß Jesu, Regensburg ⁴1969). Dem widersprach mit guten Gründen August Strobel, der seinerseits zeigen wollte, daß bei grundlegenden religiösen Vergehen pharisäische und sadduzäische Rechtsauffassung nicht zu unterscheiden sind (Die Stunde der Wahrheit, Tübingen 1980). Dies gilt vor allem für die in Dtn 13; 17 geregelten, speziellen Vergehen des Abfalls von Gott bzw. der Verführung zum Götzendienst durch falsche Propheten und Verführer. In diesem Fall kann tatsächlich auch in der Nacht verhandelt und das Urteil sofort verkündet werden (tSanh X,11). Die Hinrichtung soll sogar – mit Rücksicht auf Dtn 17,13 – an einem der großen Wallfahrtsfeste vollstreckt werden (tSan XI,3.7). Lassen sich dadurch auch die scheinbaren Irregularitäten des Prozesses Jesu erklären, so bleibt es m. E. doch schwierig, eine gegen Jesus gerichtete Anschuldigung als falschen Propheten oder Verführer historisch plausibel zu machen. Aus der historisch verifizierbaren Botschaft Jesu ist sie kaum abzuleiten. So wird man feststellen müssen, daß ein offizieller jüdischer Prozeß gegen Jesus nicht über alle Zweifel erhaben ist. Es ist nicht auszuschließen, daß Jesus lediglich durch die sadduzäische Hochpriesterschaft verhört und dann Pilatus überstellt wurde.

Nicht minder problematisch ist die Antwort auf die Frage, *aus welchem Grund Jesus von jüdischer Seite für schuldig* befunden und mit messianischer Anschuldigung dem römischer Präfekten präsentiert wurde.

Das Markusevangelium führt dies unmittelbar auf einen *messianischen Anspruch* Jesu zurück. Als Jesus die Frage des Hohenpriesters „Bist du der Messias, der Sohn des Hochgelobten" bejaht, fällt der Hohe Rat einstimmig das Urteil: „Er ist des Todes schuldig" (Mk 14,61–64). In der Antwort Jesu spiegelt sich zweifellos das Bekenntnis der jungen Christengemeinde, durch das sie sich von anderen jüdischen Gruppen unterschied. Unter historischer Rücksicht wird man aber zweifeln müssen, ob der Anspruch, Messias zu sein, für Juden ein hinreichender Grund war, um einen Volksgenossen zu verurteilen oder den Heiden auszuliefern. Es gab in der Zeit bis zum 2. Jüdischen Krieg immer wieder Juden, die als messianische Führer auftraten (der prominenteste war Bar Kochba!), ohne daß eine jüdische Behörde eingeschritten wäre. Im übrigen steht historisch nicht einmal fest, ob Jesus selbst sich ausdrücklich als Messias bezeichnet oder verstanden hat.
Als weiterer Grund für eine jüdische Verurteilung werden die *Gesetzeskonflikte* Jesu angeführt. Doch auch hier ist unter historischen Prämissen Vorsicht geboten. Zwar finden sich in der Bergpredigt einige Worte Jesu, die mit der Auffassung der Pharisäer oder Sadduzäer nicht konform gehen. Nicht zuletzt durch die Qumran-Schriften wissen wir aber, daß die mögliche Bandbreite halachischer (religionsgesetzlicher) Differenzen im Frühjudentum relativ groß war. Der Umstand, daß eine konkrete Halacha über den unmittelbaren Wortlaut der Tora hinausging, hinderte nicht, sie als Offenbarung vom Sinai zu verstehen. Unter dieser Rücksicht bleibt auch für Jesus festzustellen, daß alles, was er gelehrt hat, im Rahmen des frühjüdisch Möglichen blieb. Dies schließt nicht aus, daß Jesus durch seine Lehre und seine Praxis sich Feinde geschaffen hat. Ein Grund, ihn zu töten, ergibt sich daraus aber nicht.

Historisch gesehen, wird man den Hauptgrund für eine jüdische Verurteilung Jesu in einem *Wort bzw. einer Aktion Jesu gegen den Tempel* sehen müssen. Die synoptische Tradition spricht von einer „Tempelreinigung" (Mk 11,15–19.27–33 par). Tatsächlich ging es Jesus wohl um mehr. Der Verkauf kultisch einwandfreier Opfertiere und das Wechseln in die allein im Tempel akzeptierte tyrische Währung dienten der Aufrechterhaltung eines geordneten Kultbetriebes. Wenn Jesus hier störend eingriff, dann stellte er den Kultbetrieb in Frage. Dies bedeutet nicht, daß Jesus den Kult abschaffen wollte. Seine Aktion hatte die Qualität prophetischer Zeichenhandlung. Sie wollte zum Ausdruck bringen, daß Tempel und Kult nichts nützen, ja von Gott verworfen werden, wenn diejenigen, die den Kult vollziehen, sich nicht dem eschatologischen Anspruch seiner Botschaft stellen. In diesen Zusammenhang gehört wahrscheinlich auch das (im Wortlaut nicht mehr rekonstruierbare) Tempellogion (Mk 14,58; 15,29 par; Joh 2,19; vgl. Apg 6,13 f). Daß die sadduzäische Priesteraristokratie auf derartige Reden und Aktionen allergisch reagierte, wissen wir von einem ähnlich gelagerten Vorgehen gegen einen Propheten namens Jesus ben Ananja (Jos. Bell. 6,300–305). Tempelkritische Worte und Aktionen mußten den Sadduzäern verdächtig erscheinen. Sie stellten nicht nur deren wirtschaftliche Existenzgrundlage in Frage, sondern auch die theologische Basis Israels, dessen Heil – nach sadduzäischer Auffassung – durch den Kult (Sühne!) gewährleistet war. Theokratie und Eschatologie prallten in Form unversöhnlicher Gegensätze aufeinander. Von da aus ist es nur zu verständlich, daß die Hochpriesterschaft Jesus beseitigen wollte und ihn der römischen Behörde überstellte. Die messianische Anschuldigung war dabei sicherlich ein (sadduzäisches) Interpretament, entbehrte aber insofern nicht der sachlichen Grundlage, als man Aktionen gegen den Tempel auch als politischen Umsturzversuch deuten konnte.

16.2 Das Problem der Überlieferung der Passionsgeschichte

Verfolgt man in der Synopse den Ablauf der Passionsgeschichte, so stellt man unschwer fest, daß die Synoptiker auf weiten Strecken parallel gehen. Nur bei Lukas finden sich mehrere bemerkenswerte Umstellungen und Erweiterungen, so daß schon vermutet wurde, daß Lukas eine Sonderquelle verarbeitet hat. Weit stärker sind die Differenzen zur Passionsgeschichte des Johannesevangeliums. Will man nicht annehmen, daß die (vor)johanneische Passionsgeschichte bereits auf die synoptischen Passionsgeschichten zurückgreifen konnte, so stellt sich die Frage, ob es gelingen kann, vormarkinische und vorjohanneische Passion auf eine gemeinsame Überlieferung zurückzuführen. Eine konsensfähige Verhältnisbestimmung ist immer noch nicht gefunden und wird sich wahrscheinlich auch nicht finden lassen. Der Befund zeigt aber hinlänglich, daß die Passionsüberlieferung relativ variabel war und keineswegs von Anfang an feststand. Es ist im Gegenteil mit einem vielschichtigen Wachstumsprozeß zu rechnen.

Den kompositorischen Charakter der Passionsgeschichte unterstreichen die *unterschiedlichen Materialien, Erzählelemente und Gattungen*, die sich in ihr finden. Die folgende Übersicht mag dies verdeutlichen, wobei Vereinfachungen in Kauf genommen werden müssen.

– Einige Stücke lassen sich relativ leicht ausscheiden. Sie sind *für sich überlieferbar* und offensichtlich erst in den Zusammenhang eingefügt worden. Dazu gehören z. B. die Salbungsgeschichte Mk 14,3–9 (vgl. Lk 7,36–50), wahrscheinlich auch die Abendmahlsüberlieferung Mk 14,22–24. Sie enthält das Sühnemotiv, das sonst in der Passionsgeschichte keine Rolle spielt. Allenfalls könnte man überlegen, ob die Abendmahlstradition einen ursprünglichen Bericht vom Letzten Mahl (Paschamahl) verdrängt hat. Mk 14,25 wäre dann das Rudiment einer bei Lk 22,15–18 noch vollständiger erhaltenen Tradition. In jedem Fall wird man die Abendmahlstradition als eigenständig ansehen müssen. Sie hat ihren Sitz im Leben in der Feier der Eucharistie und ist erst sekundär in die Passionsgeschichte eingefügt worden. Von Gattung und Thematik her wohl sekundär ist die Paschamahlperikope Mk 14,12–16, der es primär um das wunderbare Vorherwissen Jesu geht. Die verbleibenden Materialien sind von der Gattung bzw. von der Textsorte her recht unterschiedlich. Sie lassen auf unterschiedliche Überlieferungsinteressen schließen:

– *Paränetischen oder erbaulichen Charakter* haben die Getsemaniperikope Mk 14,32–42 (Ergebung in den Willen Gottes) und die Perikope von der Verleugnung des Petrus Mk 14,66–72 (Petrus als Beispiel der Reue). Beide Perikopen waren allerdings nie selbständig, sondern wurden immer schon im Rahmen der Passionsgeschichte überliefert, wenngleich wohl erst im Zuge einer sekundären Fortschreibung oder Erweiterung.

– Andere Perikopen haben mehr „*berichtenden bzw. historisierenden*" Charakter, wobei die Anführungszeichen mit Bedacht gesetzt sind, weil es sich keinesfalls um protokollarische Darstellungen handelt. Zu dieser Kategorie gehören die beiden Verhörszenen vor dem Synhedrium Mk 14,53–65 und vor Pilatus Mk 15,1–5. Die Parallelität zwischen den beiden Geschichten ist nicht zufällig. Wahrscheinlich wurde die erste nach der zweiten gestaltet. In gewisser Weise „berichtend", aber doch schon mit der Tendenz zu legendarischer Ausschmückung, sind die Perikopen von der Gefangennahme Jesu Mk 14,43–52, von seiner Verspottung durch die Soldaten Mk 15,16–20a und die Barabbasszene Mk 15,6–15.

– Eine letzte Gruppe von Perikopen hat *deutenden Charakter*. Dazu zählt vor allem die Kreuzigungsperikope Mk 15,20b–41, wo die Leidenspsalmen den Deutehorizont abgeben. Mit dem Phänomen gedeuteter Geschichte haben wir es auch in bestimmten Jüngerperikopen zu tun, so bei der Bezeichnung des Verräters Mk 14,17–21 und der Vorhersage der Verleugnung des Petrus Mk 14,26–31. Doch liegt hier teilweise schon eine sehr reflektierte Bezugnahme auf die Schrift vor (vgl. Mk 14,27: „es steht geschrieben" mit Zitat von Sach 13,7), so daß diese Schicht der Deutung gegenüber dem Verfahren in der Kreuzigungsperikope sekundär sein dürfte. Eine Zwischenstellung nehmen unter dieser Rücksicht die Getsemaniperikopen Mk 14,32–42.43–52 ein (vgl. V.34 und bes. V.49: „damit die Schriften erfüllt werden").

Wenn man diese Beobachtungen überlieferungsgeschichtlich auswertet, dann läßt sich mit aller Vorsicht ein *Modell der Entstehung der Passionsgeschichte* erstellen, das etwa folgendermaßen aussieht:

– Am Anfang stand das *historische Faktum der Kreuzigung Jesu.* Vorausgegangen war eine römische Verurteilung. Dem Ablauf des römischen Verfahrens entspräche auch eine vorhergehende Geißelung. Der römischen Verurteilung lag eine Anklage von seiten jüdischer Stellen zugrunde. Ob man hierbei an das Synhedrium, die Hochpriesterschaft oder ganz allgemein an einflußreiche sadduzäische Kreise zu denken hat, ist ein Problem, das oben bereits erörtert wurde. Zu betonen bleibt, daß das Urchristentum an einer erzählerischen oder literarischen Fixierung der puren historischen Fakten (bruta facta) nicht interessiert war. Um die Fakten, insbesondere um die Kreuzigung Jesu, wußte man. Die entscheidende Frage war, wie man die Fakten bewältigte, d. h. deutete.

– Das älteste Überlieferungsinteresse im Zusammenhang mit der Passion Jesu ist am klarsten in der *Kreuzigungsperikope Mk 15,20b–41* zu finden. Die Gemeinde überlieferte das furchtbare Geschick Jesu, indem sie es mit Hilfe der Schrift – allerdings indirekt – deutete. Darauf ist später noch einzugehen.

– Um diesen Kern lagerten sich weitere Erzählungen an. Eine gewisse *„historisierende" Tendenz* ist dabei unverkennbar. Man wollte darstellen, wie es zur Kreuzigung kam und was nach der Kreuzigung geschah: der Prozeß vor Pilatus, das Verfahren vor dem Hohen Rat, das Begräbnis. Allerdings ging es auch hier nicht um das Festhalten der bruta facta. Die „historisierende" Darstellung ist durchaus tendentiell. Vor allem in den Verhörszenen spiegelt sich die aktuelle, innerjüdische (!) Auseinandersetzung, in die die junge Christengemeinde geraten war. Was sie von sonstigen jüdischen Gruppierungen unterschied, war das Bekenntnis zum Messias Jesus. Dieses Bekenntnis wurde – aus nachösterlicher Sicht durchaus zu Recht – in den Prozeß Jesu zurückverlegt. Die Messianität Jesu, die für die einen, die Gegner der Christengemeinde, durch den gewaltsamen Tod Jesu widerlegt war, erschien den anderen, den Christen, geradezu als Grund der Verurteilung. Bei der narrativen bzw. literarischen Gestaltung des Stoffes ging es allerdings weniger um eine Apologie (nach außen) als vielmehr um eine Grundlegung und Vergewisserung des eigenen Bekenntnisses. Die von außen erhobene Ablehnung mußte intern aufgearbeitet werden. Insofern haben gerade die Verhörperikopen durchaus *kerygmatischen* Charakter.

– Die „historisierende" Tendenz wirkt auf der nächsten Stufe der Entwicklung weiter. Doch macht sich allmählich das Interesse an *legendarischer Ausschmückung* von Einzelheiten bemerkbar. Dabei läßt sich wieder eine doppelte Tendenz beobachten. Mehr nach außen abgrenzenden Charakter haben die Barabbasszene Mk 15,6–15 und die Verspottungsszene

Mk 15,16–20a. Indirekt – im Spiegel der abgelehnten oder zum Spott gemachten Würde Jesu als „König der Juden" – bleibt auch hier noch das *kerygmatische* Anliegen gewahrt. Stärker *paränetischen* Charakter haben dagegen die legendarischen Ausgestaltungen der Getsemani- und der Verleugnungsperikope Mk 14,32–42.54–62. Das negative Verhalten des Petrus bzw. der Jünger liefert gleichsam das Kontrastbild zu dem eigentlich adäquaten Verhalten der Gemeinde.

– Diese erbaulichen Jüngerperikopen leiten über zu einer thematisch verwandten, überlieferungsgeschichtlich aber zu unterscheidenden Schicht der Passionsgeschichte: den *Jüngerperikopen, die mit Hilfe von Schriftworten* das Verhalten bzw. Versagen der Jünger deuten. Dazu gehört die Bezeichnung des Verräters Mk 14,17–21 und die Vorhersage des Jüngerversagens Mk 14,26–31. Ob diese Schicht älter oder jünger ist als die eben genannte, erbaulich-paränetische Perikope von der Verleugnung des Petrus, ist nicht leicht zu entscheiden. Das überlieferungsgeschichtliche Bindeglied dürfte in jedem Fall die Getsemaniperikope sein, die Erbaulichkeit und Schriftgemäßheit miteinander verbindet. Inhaltlich geht es den auf die Schrift Bezug nehmenden Jüngerperikopen nicht um Erbauung, sondern um den Aufweis der *heilsgeschichtlichen Planmäßigkeit* selbst von so negativen Dingen wie dem Jüngerversagen.

16.3 Theologische Akzente der Passionsgeschichten

1. Der älteste Kreuzigungsbericht Mk 15,20b–41

Der Text enthält *historische Reminiszenzen*. Dazu gehören die Namen: Simon von Zyrene, Alexander und Rufus (V. 21). Bei letzteren handelt es sich offensichtlich um Leute, die man noch kannte, als man den Text verfaßte. Historisch ernst zu nehmen ist der Ortsname Golgota, der später übersetzt werden mußte (V. 22). Mit ziemlicher Sicherheit historisch ist die Kreuzesinschrift (titulus crucis): „Der König der Juden" (V. 26). Wahrscheinlich ist auch die Angabe, daß Jesus mit zwei „Räubern" gekreuzigt wurde (V. 27), historisch zutreffend. Das gilt schließlich auch für die Notiz, daß Frauen, Jüngerinnen Jesu, von ferne zuschauten (VV. 41f), wenngleich die Auflistung der Frauennamen in Mk 14,40.47; 16,1 nicht einheitlich ist. Das Drei-Stunden-Schema (die dritte, sechste und neunte Stunde: VV. 25.33f) dient der szenischen Gliederung. Es ist wohl erst sekundär eingefügt oder wenigstens sekundär erweitert worden (vgl. die Wiederholung in VV. 24f: „Und sie kreuzigen ihn ... Es war die dritte Stunde, und sie kreuzigten ihn").

Am bemerkenswertesten ist der Umstand, daß das Geschehen nicht protokollarisch festgehalten wird. Was überliefert wird, ist *gedeutetes Geschehen*. Einen rein historischen Bericht, der nur die Fakten verzeichnete, hat es offensichtlich nie gegeben. Insofern entspricht der Begriff „Kreuzigungsbericht" mehr dem eingebürgerten Sprachgebrauch als dem Textbefund. Zur Deutung werden die sog. *Leidenspsalmen* herangezogen, insbesondere *Ps 22 und Ps 69*. Dabei ist es bezeichnend, daß sich nirgends eine Zitationsformel findet, sondern immer nur indirekt zitiert oder mit Anspielungen operiert wird. „Sie verteilten seine Kleider, indem sie das Los über sie warfen" (V. 24) stammt aus Ps 22,19. „Und die Vorübergehenden lästerten ihn, indem sie ihre Köpfe schüttelten und sagten: . . ." (V. 29 a) ist Anspielung auf Ps 22,8. Der Inhalt der Lästerung ist weiter ausgestaltet und konkretisiert unter Rückgriff auf das Tempelwort (VV. 29 b.30) und das Wunderwirken Jesu (V. 31). Wie die Anspielung auf die Messianität Jesu (V. 32) überlieferungsgeschichtlich zu bewerten ist, kann hier dahingestellt bleiben. „Eloï, Eloï, lema sabachthani?, das heißt übersetzt: Mein Gott, mein Gott, warum hast du mich verlassen?" (V. 34) ist direkte Wiedergabe von Ps 22,2 (aramäisch bzw. griechisch). In VV. 34 f folgen – ähnlich wie im Anschluß an V. 29 a – adaptierende Erläuterungen: zunächst in V. 34 ein konterkarierender Kommentar, der dann in V. 35 – unter Anspielung auf Ps 69,22 – weitergeführt wird. Inhaltlich werden auf Jesus also Züge aus dem Motivkreis des *leidenden Gerechten* übertragen. Mit Hilfe dieses alttestamentlich vorgegebenen Motivs soll das schwer faßbare Geschick eines gewaltsamen Todes, noch dazu des Kreuzestodes, gedeutet werden. Das Geschick Jesu soll als Geschick des Messias verständlich gemacht werden, das im Einklang mit der Schrift steht. In den gleichen Motivzusammenhang gehört – jedenfalls von seinen Ursprüngen her – auch das Wort des Hauptmanns (V. 39). Wenngleich es im jetzigen Kontext des Markusevangeliums als Bekenntnis verstanden werden will, läßt doch die Formulierung in der Vergangenheit erkennen, daß im strengen Sinn kein Bekenntnis ausgesprochen, sondern eine Feststellung getroffen war. Der Hauptmann konstatiert: „Wahrhaftig, dieser Mensch *war* (ein) Sohn Gottes." Das erinnert sehr stark an das Diptychon von Weish 2,12–20; 5,1–7. Dort wird der Gerechte gelästert, weil er Gott seinen Vater nennt (2,16), und dann von ihm gesagt: „Ist der Gerechte wirklich Sohn Gottes, dann nimmt sich Gott seiner an und entreißt ihn der Hand seiner Gegner" (2,18).
Verfehlt wäre jedoch die Schlußfolgerung, die alte Kreuzigungsüberlieferung hätte Jesus nur als exemplarischen Gerechten darstellen wollen. Zwei Aspekte sind es, die die *Singularität Jesu* unterstreichen. Jesus, auf den das Motiv vom leidenden Gerechten angewandt wird, ist nicht irgendwer, sondern der „König der Juden" (V. 26) bzw. der „Messias, der König Israels" (V. 32). Nicht eigentlich Jesus, sondern das Geschick des *Messias*

Jesus ist daher das Ziel der Deutung. Das Geschick des Messias soll mit Hilfe des Motivs vom leidenden Gerechten erklärt werden. Die Geschichte setzt also das christologische Bekenntnis voraus und will es mit dem tatsächlichen Geschick Jesu in einen schriftgemäßen Verstehenszusammenhang bringen. Im Lichte der vorausgesetzten Messianität Jesu bekommt dann auch die Aussage des Hauptmanns in V. 39 einen spezifischen, d. h. christologischen Klang, der es nicht mehr gestattet, den „Sohn Gottes" auf die Bedeutung „Gerechter" einzuengen. Noch ein zweiter Punkt läßt die Singularität Jesu hervortreten. Sein Geschick wird nicht als prinzipiell wiederholbares, sondern als einmaliges, *eschatologisches* Ereignis dargestellt. Dies deutet sich mit apokalyptischen Ausdrucksmitteln in V. 33 an. Die „Finsternis" ist kein astronomisches, sondern ein endzeitliches Phänomen, das dem Ereignis kosmische Dimension verleiht. Der Tod Jesu bringt die bisherige Welt und Geschichte zu Ende. In etwas anderer Weise ist der (eschatologische) Bruch mit dem Bisherigen in V. 38 festgehalten. Das Zerreißen des Tempelvorhangs, das den Blick ins Allerheiligste freigibt, soll wohl zum Ausdruck bringen, daß der Tempelkult seine Bedeutung verloren hat. Der Grund für diese Auffassung liegt möglicherweise in der Vorstellung vom Sühnetod Jesu, der vor allem bei den griechisch sprechenden Judenchristen (den sog. Hellenisten) reflektiert wurde. Dann dürfte V. 38 auf eine Bearbeitung des Kreuzigungsberichtes durch die Hellenisten zurückgehen.

Damit läßt sich zusammenfassen: Der älteste Kreuzigungsbericht deutet das Geschick des Messias Jesus als eschatologisches Ereignis, das über das Motiv vom leidenden Gerechten mit der Schrift im Einklang steht. Unbeschadet der möglichen Anspielung auf den Sühnetod Jesu in V. 38 (die allerdings sekundär sein dürfte) bleibt zu beachten, daß der älteste Kreuzigungsbericht den Tod Jesu nicht (direkt) als Sühnetod darstellt. Entgegen einer häufig vertretenen Meinung ist es daher wohl nicht zutreffend, daß die Passionsgeschichte (hier der Kreuzigungsbericht) aus dem Kerygma entwickelt wurde bzw. die narrative Entfaltung des Kerygmas darstellt, wie es etwa in der Formel von 1 Kor 15,3b–5 festgehalten ist. Allenfalls die Schriftgemäßheit ist dem Kreuzigungsbericht und der kerygmatischen Formel gemeinsam. Doch geht es letzterer um die Schriftgemäßheit des Sühnetodes, ersterem um die Schriftgemäßheit des Leidensgeschicks des Messias. Beide haben einen unterschiedlichen Sitz im Leben. Das Kerygma will Heilszuspruch an die Gemeinde sein, der Kreuzigungsbericht die Schriftgemäßheit des Bekenntnisses erweisen. Die Gemeinde hat die Herausforderung der ursprünglich politisch gemeinten Kreuzesinschrift angenommen. Was für die Römer ein umstürzlerischer Anspruch und für die gegnerischen Gruppen im Judentum ein Grund zum Spott war, nimmt die Gemeinde ernst. Sie bekennt sich zu Jesus als dem eschatologischen

Gesalbten und versichert sich der Schriftgemäßheit ihres außergewöhnlichen Bekenntnisses mit Hilfe des Motivs vom leidenden Gerechten. Das ist der Sinn und Zweck des ältesten Kreuzigungsberichtes.

2. Die Intention der Passionsgeschichte des Markusevangeliums

Die folgenden Ausführungen beschränken sich auf die christologischen Intentionen. Ganz im Sinne des markinischen Konzepts ist die traditionelle Vorstellung von der *Schriftgemäßheit des Leidensgeschicks Jesu*. Markus verstärkt dieses Motiv noch, indem er der Passionsgeschichte im dritten Teil seines Evangeliums die Leidensansagen vorausschickt und dadurch noch mehr die heilsgeschichtliche Notwendigkeit des Leidens herausstellt: „Der Menschensohn *muß* vieles leiden ..." (Mk 8,31). Die Passionsgeschichte wird zur Geschichte von der *Dahingabe des Menschensohnes*. „Dahingeben, ausliefern" ist das Stichwort, das die zweite und dritte Leidensansage (Mk 9,31; 10,33) mit der Passionsgeschichte verklammert und diese insgesamt prägt (Mk 14,10f.18.21.41f.44; 15,1.10.15):

> Der Menschensohn geht zwar dahin, wie über ihn geschrieben steht; wehe aber dem Menschen, durch den der Menschensohn ausgeliefert wird. (Mk 14,21)
> Die Stunde ist gekommen. Siehe, der Menschensohn wird in die Hände der Sünder ausgeliefert. (Mk 14,41 b)

Dadurch, daß Jesus von vornherein der Menschensohn ist, wird die Singularität seines Leidensgeschicks noch mehr betont als in der vorgegebenen Tradition. War dort die Singularität Jesu dadurch gewahrt, daß sein Geschick als eschatologisches Ereignis dargestellt wurde, so wird jetzt Jesus selbst als *eschatologische Gestalt* eingeführt: Er ist der Menschensohn; er hat in der Vollmacht des Menschensohns gewirkt (Mk 2,10.28). Die Hoheit des Menschensohns bestätigt sich in der Passionsgeschichte: in dem wunderbaren Vorherwissen (Mk 14,12–16), in der Voraussage des Verrats (Mk 14,17–21) und des Jüngerversagens (Mk 14,26–31), in der souveränen Art, wie Jesus seinem Geschick entgegengeht (Mk 14,41f) und schließlich in der ausdrücklichen Ankündigung Jesu, daß er in der Hoheit des Menschensohns kommen wird: „Ich bin es. Und ihr werdet den Menschensohn sehen sitzend zur Rechten der Kraft (vgl. Ps 110,1) und kommend mit den Wolken des Himmels (vgl. Dan 7,13)" (Mk 14,62).

Wichtig für Markus ist, daß die *Hoheit des Menschensohns* nicht den Leidensweg ausschließt, sondern sich im Gegenteil gerade darin erweist, daß er *den Leidensweg geht*. Das *Motiv vom leidenden Gerechten* kommt Markus daher sehr entgegen. Die Singularität des Leidensgeschicks unterstreicht Markus zusätzlich noch dadurch, daß er *die Lebenshingabe des Menschensohns soteriologisch qualifiziert*: „... der Menschensohn ist nicht gekommen, um sich bedienen zu lassen, sondern um zu dienen und sein

Leben als Lösegeld für viele zu geben" (Mk 10,45). In der Passionsge-schichte entspricht diesem Wort die Abendmahlsüberlieferung, die eben-falls den Sühnecharakter des Todes Jesu herausstellt: „Das ist mein Blut des Bundes, das für viele vergossen wird" (Mk 14,24). Die Passionsgeschichte ist die Geschichte des Menschensohns, der – wie der Gottesknecht (Jes 53,4–6.10–12) – sein Leben als Lösegeld für viele eingesetzt hat.

Mit der soteriologischen Qualifizierung des Sterbens des Menschensohns verbindet Markus allerdings kein kerygmatisches Anliegen im Sinne des Heilszuspruchs. Was er an kerygmatischen Formulierungen aufgreift, stellt er in den Dienst einer anderen Intention. In erster Linie will er seiner Gemeinde klar machen, daß sie sich nur deswegen zu Jesus als dem Messias und Sohn Gottes bekennen kann, weil der Menschensohn sein Leben nicht bewahrt, sondern hingegeben hat, also gekommen ist, um den Leidensweg zu gehen. Der *soteriologische Charakter des Todes Jesu* wird also letztlich *paränetisch eingesetzt*, um auf den pragmatischen Charakter des christolo-gischen Bekenntnisses hinzuweisen. Deswegen fehlen in der Passionsge-schichte auch die Schweigegebote. Jesus selbst bekennt sich zu seiner messianischen Würde (Mk 14,61 f). Die Feststellung des Hauptmanns unter dem Kreuz „Wahrhaftig, dieser Mensch war Gottes Sohn" (Mk 15,39) wird ohne Schweigegebot stehen gelassen, nicht etwa deshalb, weil Jesus nun tot ist und Schweigen nicht mehr gebieten kann, sondern weil die Aussage – unter dem Kreuz – den ihr gemäßen Ort hat. Mag das Wort des Haupt-manns auch kein stilgerechtes Bekenntnis (im Sinn einer Prädikation) sein, so wird es doch zum entscheidenden Kriterium für eine Ortsbestimmung des christlichen Bekenntnisses. Ein wahrhaftiges und wirklich heilsames Bekenntnis kann nur unter dem Kreuz bzw. auf dem Kreuzweg abgelegt werden, den Markus als Weg der Lebenshingabe und des Dienens bestimmt (siehe dazu oben die Ausführungen zu Mk 8,30 – 10,52).

3. Die Intention der Passionsgeschichte des Matthäusevangeliums

Die Sicht des Matthäus soll an zwei Perikopen exemplarisch verdeutlicht werden. Zum einen geht es um die Perikope Mt 27,31 b–56 als die unmittel-bare Parallele zum eben behandelten Kreuzigungsbericht des Markusevan-geliums. Zum andern soll die Perikope von der Verurteilung Jesu Mt 27,15–26 wegen ihrer Wirkungsgeschichte bedacht werden.

Die Verurteilung Jesu Mt 27,15–26

Unser Blick gilt vor allem den VV. 19–21.24–26. Die schon bei Markus vorhandene Tendenz, Pilatus in relativ freundlichem Licht erscheinen zu lassen, wird verstärkt. Die Frau des Pilatus, die ein Traumgesicht hatte, erkennt Jesus als „Gerechten" (V. 19). Pilatus selbst bemüht sich, Jesus freizulassen. Erst als er sieht, daß er nichts ausrichten kann, läßt er Jesus geißeln und übergibt ihn zur Kreuzigung (V. 26). Er tut dies nicht, ohne sich vorher „vor der Menge" die Hände zu waschen: „Ich bin unschuldig an diesem Blute; seht ihr zu!" (V. 24). Reingewaschen ist er damit – auch im Sinne des Matthäusevangeliums – allerdings noch nicht. Sein Handeln wider besseres Wissen bleibt verwerflich. Die matthäische Zeichnung des Pilatus wird man daher kaum mit einer prorömischen Tendenz allein erklären können, so sehr den Gemeinden des 1. Jahrhunderts daran gelegen sein wird, ihre grundsätzliche Loyalität gegenüber der Staatsmacht herauszustellen.

Die Darstellung des Pilatus ist narrativ kein selbständiger Zug, sondern dient als Hintergrund, vor dem sich das negative Verhalten der jüdischen Seite um so dunkler abheben soll. Alle Personenkonstellationen der Geschichte dienen diesem Ziel. Bewußt wird zweimal Jesus nicht nur als „König der Juden", sondern als „Messias" der Menge vorgestellt (VV. 17.22). Die Perikope ist eine massive Anklage, zunächst gegen die jüdischen Führer, „die Hohenpriester und die Ältesten", dann aber auch gegen die „Massen", die sich gegen Jesus aufwiegeln lassen (V. 20). Am Ende greift „das ganze Volk" die ihm von Pilatus zugespielte Schuld geflissentlich auf und sagt: „Sein Blut komme über uns und unsere Kinder!" (V. 26). Dieser Vers hat eine schlimme Wirkungsgeschichte aus sich entlassen. Den Juden, die das Evangelium ablehnten, wurde eine „Erbschuld" attestiert. Als „Gottesmörder" wurden sie verfolgt. In Pogromen betätigten sich Christen als Rächer des Blutes Christi.

Es zeigt sich, wie fatal es ist, wenn man Bibeltexte unabhängig von ihrem geschichtlichen Kontext auslegt. Die Aussage des V. 26 ist nur verständlich im Rahmen einer Auseinandersetzung zwischen dem sich formierenden Judentum und dem sich davon abspaltenden und allmählich eigenständig werdenden Christentum. Das Unterscheidende ist das christologische Bekenntnis. Gerade weil man aus der gleichen Wurzel kommt, ist die Abgrenzung um so heftiger. In die Debatte spielt die Frage nach dem wahren Israel hinein, die schon innerjüdisch zu heftigen Reaktionen und Sezessionen geführt hat (vgl. Qumran-Gemeinde). Aber auch hier muß man noch einmal differenzieren. Selbstverständlich geht es nicht um eine Selbstverfluchung Israels, aber auch nicht, wie immer wieder zu hören ist, um eine Ablösung Israels durch die universale Kirche. Das läßt sich auch durch andere Texte des Matthäusevangeliums nicht belegen (vgl. zu Mt 21,33–46; 22,1–14). Zwar liegt Matthäus daran, nicht nur die Volksführer, sondern die „Massen" (V. 20), die „Menge" (V. 24) und – mit einem gewissen Zug zum Repräsentativen – das „ganze Volk" (V. 26) zu belasten. Aber im Sinne der erzählten Geschichte ist dieses Volk zunächst einmal das

Volk von Jerusalem, wenngleich Jerusalem auch repräsentativ für Israel ist. Matthäus wird konkret an den Untergang Jerusalems im Jahre 70 gedacht haben, den er als Gericht über die Stadt interpretiert (vgl. Mt 22,1–10; 23,37f). Nicht zuletzt wegen der Tempelzerstörung betrifft dieses Gericht dann auch das gesamte Judentum, das nach der Erfahrung des Matthäus den Messias Jesus überwiegend ablehnt. In diesem Kontext konkreter Erfahrung – der Zerstörung Jerusalems einerseits und der Ablehnung seitens der Mehrheit des jüdischen Volkes andererseits – ist V. 26 zu werten. Das Wort interpretiert, was Matthäus erlebt hat. Ein immer gültiges heilsgeschichtliches Gesetz läßt sich daraus nicht ableiten. Im übrigen hat Matthäus (als einziger der Synoptiker) ausdrücklich festgehalten, daß eben das in V. 26 zitierte Blut Jesu „für viele vergossen wird zur Vergebung der Sünden" (Mt 26,28). Israel ist damit genauso wenig vom Heil ausgeschlossen, wie die Heidenvölker, denen sich die matthäische Gemeinde zuwendet, sich des Heils sicher sein können. Von einer Kollektivschuld oder gar Erbschuld des Judentums kann nicht die Rede sein. Die These von einer Rücknahme oder Ablösung der Erwählung Israels trägt die Wirkungsgeschichte in den Text hinein. Der Text selber gibt diese These nicht her. Es bleibt allerdings die Tatsache, daß der Text die Wirkungsgeschichte mitverantworten muß, wenngleich er nicht die alleinige Schuld trägt. Es zeigt sich, wie problematisch heilsgeschichtliche Deutungen der Geschichte sind. Man kann aus diesem Text und seiner Wirkungsgeschichte nur lernen, daß alle religiösen Selbstdefinitionen mit negativer Abgrenzung und Schuldzuweisung nach außen höchst gefährlich sind.

Die Kreuzigung Jesu Mt 27,31 b–56

Es kann hier nur auf einige wichtige Punkte eingegangen werden, vor allem auf solche, durch die der matthäische Text sich vom markinischen unterscheidet. Anstelle des mit Myrrhe gewürzten Weines (Mk 15,23), der der Betäubung des Delinquenten dienen sollte, gleicht Matthäus an Ps 69,22 an: „Sie gaben ihm Wein zu trinken, der mit Galle vermischt war" (V. 34). Durch die Anklänge an den Leidenspsalm wird der dargereichte Trunk zu einem weiteren Akt des Spottes, den man mit dem Gerechten treibt. Die Inschrift, die nach Matthäus „über seinem Haupt" angebracht ist, gerät fast zur Proklamation: „Dies ist Jesus, der König der Juden" (V. 37). Der Spott der Vorübergehenden entzündet sich nicht mehr nur am Tempelwort, sondern ist christologisch zugespitzt: „Hilf dir selbst, wenn du *Gottes Sohn* bist, und steig herab vom Kreuz!" (V. 40). Ein ähnliches Verfahren ist beim Spott der jüdischen Führer, die jetzt „Hohepriester, Schriftgelehrte und Älteste" umfassen (V. 41), festzustellen, wobei zusätzlich noch Ps 22,9 bemüht wird: „Er ist der König von Israel! Er steige jetzt herab vom Kreuz, und wir werden an ihn glauben. ‚Er hat auf Gott vertraut, der soll ihn jetzt retten, wenn er Gefallen an ihm hat' (Ps 22,9); er hat doch gesagt: Ich bin *Gottes Sohn*" (VV. 42b.43). Ähnlich wie in der Perikope von der Verurteilung Jesu (vgl. die zweimalige Betonung des „Messias" Mt 27,17.22) wird auch hier die Christologie als der eigentliche Gegenstand der jüdischen Ablehnung hervorgehoben. Beim Zitat aus Ps 22,2 im Munde Jesu ändert Matthäus die aramäische Gottesanrede „Eloï" in die hebräische: „Eli, Eli" (der Rest des Zitats [‚lema sabachthani'] ist allerdings wieder aramäisch; bei der griechischen Übersetzung gleicht Matthäus teilweise an die LXX an). Durch „Eli" wird das Mißverständnis, Jesus habe „Elija" gerufen, verständlicher.

Die auffälligste Änderung gegenüber Markus besteht in den VV. 51–53. Markus hatte nach dem Tode Jesu lediglich festgestellt: „Und der Vorhang des Tempels riß entzwei von oben bis unten" (15,38). Matthäus baut diese kurze Notiz zu einer ausführlichen dramatischen Szene aus:

(51) Und siehe, der Vorhang des Tempels riß von oben bis unten entzwei, und die Erde bebte, und die Felsen spalteten sich, (52) und die Gräber öffneten sich, und viele Leiber der entschlafenen Heiligen wurden auferweckt, (53) und sie kamen heraus aus ihren Gräbern *nach seiner Auferstehung* und gingen in die heilige Stadt und erschienen vielen.

Der Text liest sich wie eine kleine Apokalypse. Interessant ist in diesem Zusammenhang ein Gemälde aus der Synagoge von Dura Europos, das die Metapher von der Erweckung Israels aus Ez 37,1–14 thematisiert (3. Jh. n. Chr.; heute im Nationalmuseum in Damaskus). Übereinstimmend mit dem Matthäustext zeigt das Bild einen gespaltenen Felsen, aus dem die Toten heraustreten. Das Gemälde bietet also eine eschatologische Interpretation von Ez 37, dessen Metapher als Bild der Hoffnung für die endzeitliche Totenauferstehung gelesen wurde. Eine genauere traditionsgeschichtliche Verhältnisbestimmung von Text und Gemälde ist schwierig. Vielleicht ist aber die Schlußfolgerung erlaubt, daß auch hinter Mt 27,51–53 eine apokalyptische relecture von Ez 37 steht, wie sie im Judentum offensichtlich geläufig war. Zu Recht wird meist angenommen, daß die VV. 51–53 (mit Ausnahme von „nach seiner Auferstehung") einer Tradition entstammen, mit deren Hilfe bereits vormatthäisch der Kreuzigungsbericht interpretiert wurde. Der Tod Jesu wird so als *das* eschatologische Ereignis gedeutet, das die Welt erschüttert, d. h. die Weltenwende einleitet, und die Geschichte dieser Weltzeit – mit der Auferstehung der Heiligen – beendet. Da von einer Auferstehung Jesu ausdrücklich nicht die Rede ist, steckt möglicherweise dahinter die Vorstellung von einer Auferstehung Jesu vom Kreuze aus. Strukturell ergäben sich gewisse Parallelen zum Erhöhungsgedanken im Johannesevangelium, wo ja auch Erhöhung am Kreuz und himmlische Erhöhung zusammenfallen (vgl. Joh 3,14; 12,32.34). In jedem

Fall wird durch die Einfügung der Tradition der eschatologische Charakter des Todes Jesu gegenüber der markinischen Version noch verstärkt. Dem Evangelisten Matthäus selbst geht es allerdings weniger um eine eschatologische Pointierung des Todesgeschicks Jesu, sondern um eine Pointierung der Christologie im Sinne des Kerygmas von Tod und Auferstehung Jesu. Deswegen stellt er die apokalyptischen Geschehnisse unter christologischen Vorbehalt: Die Toten kommen erst *„nach seiner Auferstehung"* aus ihren Gräbern heraus. Damit ist nicht mehr der Tod, sondern die – davon auch zeitlich zu unterscheidende – Auferstehung Jesu der Beginn der endzeitlichen Totenerweckung. Die Vorstellung von Christus als dem „Erstling der Entschlafenen" (1 Kor 15,20; vgl. Kol 1,18) ist auf die Schiene irdischer Zeitvorstellung aufgetragen. Das ist theologisch nicht unproblematisch, kommt aber dem menschlichen Vorstellungsvermögen entgegen, das im Bereich der Auferstehung ohnehin auf Bilder angewiesen ist. Für Matthäus unterstreicht die apokalyptische Inszenierung die christologische Würde Jesu. Er tritt schon am Kreuz als der in Erscheinung, dem – wie er dann selbst zu seinen Jüngern sagt – „alle Macht gegeben ist im Himmel und auf Erden" (Mt 28,18). Literarisch führt die Rezeption des „apokalyptisch" gedeuteten Kreuzigungsberichts dann auch zu einer „Apokalyptisierung" der Grabesgeschichte (vgl. Mt 28,2).

4. Die Intention der Passionsgeschichte des Lukasevangeliums

Beginnen wir mit dem Tode Jesu, auf den sich unser Interesse schon bei Markus und Matthäus konzentriert hat, so fällt eine bemerkenswerte Änderung auf. Hatte der Hauptmann bei Markus und Matthäus bekenntnisartig vom „Sohn Gottes" gesprochen, so sagt er bei Lukas: „Wirklich, dieser Mensch war ein *Gerechter"* (Lk 23,47). Bewußt oder unbewußt hat Lukas das schon der vormarkinischen Tradition zugrundeliegende Motiv erkannt und ihm zu neuem, explizitem Ausdruck verholfen. Dies kommt nicht von ungefähr, denn das *Motiv vom leidenden Gerechten* ist das Leitmotiv der lukanischen Passionsdarstellung. Die Theologie des Weges, die mit dem Reisebericht begonnen wurde (Lk 9,51), setzt sich fort. Die Passion Jesu ist der Leidensweg, der letztendlich zur Herrlichkeit führt: „Mußte der Messias nicht dies leiden und (so) in seine Herrlichkeit eingehen?" (Lk 24,26). Unter dieser Voraussetzung besteht allerdings die Gefahr, daß das Kreuz zum bloßen Durchgang wird. Immerhin hat Lukas in der Abendmahlsüberlieferung auch den Sühnegedanken festgehalten (Lk 22,19f). Eine konstitutive Rolle spielt er im lukanischen Doppelwerk jedoch nicht.

Ist so die lukanische Passionsgeschichte gewiß kein aufregender Schritt in der Entwicklung der urchristlichen Christologie, so gelingt es ihr doch recht eindrucksvoll, ihr *paränetisches Anliegen* zum Zuge zu bringen. Jesus ist der exemplarische Gerechte, der selbst auf dem Leidensweg das Ethos der Feldrede verwirklicht und – lukanischer Akzentsetzung entsprechend – nicht Gleiches mit Gleichem vergilt (vgl. Lk 6,27–36). Den Knecht des Hohenpriesters, dem einer der Jünger das Ohr abgeschlagen hat, heilt er wieder (Lk 22,49–51). Noch mit dem Kreuz auf den Schultern schenkt er den weinenden Frauen seine Aufmerksamkeit und spricht zu ihnen (Lk 23,27–31). Für die, die ihn kreuzigen, betet er: „Vater, vergib ihnen, denn sie wissen nicht, was sie tun" (Lk 23,34). Dem Verbrecher zu seiner Rechten, der Reue zeigt, sagt er: „Amen, ich sage dir: Heute wirst du mit mir im Paradies sein" (Lk 23,43). Jesus wird so zum leuchtenden moralischen Vorbild, wie Christen sich im Umgang mit Menschen verhalten sollen. Darüber hinaus ist Jesus das Vorbild der Ergebung in den Willen Gottes. Auch für die Christen gilt, daß sie „durch viele Drangsale in das Reich Gottes gelangen müssen" (Apg 14,22). Wer sich wie Jesus in den Willen Gottes schickt, wird den Trost Gottes erfahren. Dem betenden Jesus im Garten von Getsemani erscheint ein Engel vom Himmel, der ihn für das kommende Leiden stärkt (Lk 22,43; die Stelle ist allerdings textkritisch unsicher). Er stirbt dann auch in Gelassenheit und Gottergebenheit mit dem Wort: „Vater, in deine Hände empfehle ich meinen Geist" (Lk 23,46). Damit hat Lukas den klagenden Ruf des Ps 22,2 „Mein Gott, mein Gott, warum hast du mich verlassen?" (Mk 15,34; Mt 27,46) durch den Ruf des Ps 31,6 ersetzt, der den Geist vertrauensvoll in die Hände des Schöpfergottes zurückgibt.

Das abrupte synoptische Nebeneinander von unterschiedlichen „Schlußworten" provoziert vielleicht die Frage: Wer hat nun recht, Markus, der Jesus mit dem Schrei der Gottverlassenheit sterben läßt, oder Lukas, der ihn im Einklang mit dem Willen Gottes seinen Geist aushauchen läßt? Historisch, wie die Frage gemeint ist, läßt sie sich in dieser Alternative nicht beantworten. Wahrscheinlich haben weder Markus noch Lukas das historische „Schlußwort" Jesu bewahrt. In beiden Fällen handelt es sich um Deutungen, wie überhaupt die Kreuzigungsberichte gedeutete Geschichte sind. Unter dieser Rücksicht haben beide recht. Beide haben die Wahrheit gesagt, nicht weil die fromme Phantasie ihre eigene Wahrheit konstruiert, sondern weil der Tod Jesu zu beidem berechtigt: Zu einem gottergebenen Sterben und Sich-Fügen in das Unabänderliche und – aus gläubiger Sicht – von Gott Verfügte. Der Tod Jesu klammert aber auch die Möglichkeit tödlicher Verlassenheit nicht aus. Wohl dem, der in vergleichbarer Situation, in der Einsamkeit des Kreuzes, die von Gott und Menschen abschneidet, selbst seine Verlassenheit noch Gott gegenüber zu artikulieren vermag.

Abschließend ist noch ein Wort zur Rolle des „Volkes" bei der Verurteilung und Kreuzigung Jesu zu sagen. Zunächst fällt auf, daß Lukas wohl ganz bewußt den Begriff „Volk" (λαός) wählt, während Markus und Matthäus meist von „Menge" oder „Massen" sprechen. Selbständig handelnd kommt das „Volk" in der markinischen und matthäischen Passionsgeschichte nur in Mt 27,25 bei der Verurteilung Jesu vor. Bei Lukas hingegen ist das Volk sehr häufig auf der Seite Jesu. Wenn die Ankläger Jesu vor Pilatus behaupten: „Er wiegelt das ganze *Volk* auf, indem er seine Lehre im ganzen jüdischen Land verbreitet, von Galiläa angefangen bis hierher" (Lk 23,5), dann ist das aus ihrer Sicht durchaus korrekt, denn gerade in Jerusalem war das „Volk" begierig, Jesus zu hören. Nach der Tempelreinigung wissen die Führer nicht, wie sie es anstellen sollen, um Jesus aus dem Weg zu räumen, „denn das ganze Volk hing an ihm und hörte ihm zu" (Lk 19,48). Gleich im nächsten Vers wird betont, daß Jesus „das Volk im Tempel lehrte" (Lk 20,1). „Als das ganze Volk zuhörte", sprach Jesus seine Warnung vor den Schriftgelehrten (Lk 20,45). Nach der großen Endzeitrede heißt es: „Und das ganze Volk kam schon frühmorgens zu ihm, um ihn im Tempel zu hören" (Lk 21,38). Nach lukanischer Konzeption wohl ganz bewußt, ruft Pilatus vor dem Urteil in der Sache Jesu „die Hohenpriester und die Obersten *und das Volk*" zusammen (Lk 23,13). Bei dieser Gelegenheit versagt allerdings das Volk. Zusammen mit seinen Führern ruft es so lange nach der Kreuzigung Jesu, bis Pilatus nachgibt (Lk 23,18–25). Demgegenüber fällt auf, daß der Gekreuzigte zwar von den Obersten, den Soldaten und einem Mitgekreuzigten verspottet wird (Lk 23,35 f.39), nicht aber vom Volk. Von ihm heißt es an dieser Stelle: „Und das Volk stand da und sah zu" (Lk 23,35 a). Das „Zusehen" ist hier durchaus meditierend gemeint, denn nach dem Tod Jesu stellt Lukas fest: „Und alle, die zu diesem Schauspiel zusammengekommen waren und sahen, was sich ereignete, schlugen sich an die Brust (wie der Zöllner in Lk 18,13!) und kehrten heim" (Lk 23,48). Diese positive oder doch wenigstens moderate Darstellung des „Volkes" hängt mit der „ekklesiologischen" Konzeption des Lukas zusammen. Das „Volk" ist Repräsentant Israels, das zu sammeln das Ziel der Sendung Jesu (vorher schon des Johannes) ist. Die Sammlung gelingt zwar nicht auf der ganzen Linie, aber das „Volk" steht doch überwiegend positiv zu Jesus, so daß am Pfingstfest nach der Auferstehung Jesu die Ernte Israels eingebracht werden kann (Apg 2,1–41). Diese Sammlungsbewegung mündet schließlich in die Kirche aus Juden und Heiden (Apg 15,14–18). Nach Lukas ist die Kirche das Ergebnis einer Sammlungsbewegung, die schon im Alten Testament begonnen hat und schließlich in die Hinzunahme der Heiden mündet. Lukas kann so die Kontinuität von Israel und Kirche viel deutlicher herausstellen als Matthäus. Vor diesem Hintergrund ist das „Volk" in der Passionsgeschichte zu sehen. In ihm spiegelt sich die grundsätzliche Bereitschaft für das Evangelium, die die Möglichkeit des Versagens – und der Reue – nicht ausschließt.

17. Die Auferstehungsbotschaft

Mit dem Tod am Kreuz ist das irdische Leben Jesu beendet. Dennoch schließen alle drei Synoptiker nicht mit dem Tode bzw. dem Begräbnis Jesu, sondern mit seiner Auferstehung. Die Perspektive, aus der schon die Geschichte des irdischen Jesus betrachtet wurde, wird gleichsam von einer höheren Warte aus reflektiert und zur Sprache gebracht. Es ist die Perspektive derer, die mit Jesus heilsame Erfahrung gemacht haben. Diese Erfahrung reißt mit dem Tode Jesu nicht ab, sondern findet nach dem Zeugnis der neutestamentlichen Texte ihre eschatologische Aufgipfelung in der Ostererfahrung. Durch sie verliert die Geschichte Jesu im Rückblick der Glaubenden die Ambivalenz, die ihr historisch anhaftet, und wird zur Geschichte des Messias und Sohnes Gottes, der mitsamt seiner Geschichte als Evangelium aller Welt zu verkündigen ist. Im Gegensatz zum Kerygma, das schon bald nach Ostern eine relativ stabile Form gewann (vgl. 1 Kor 15,3 b–5), bedurfte die narrative Umsetzung dieser Erfahrung eines längeren Überlieferungsprozesses, der sich teilweise noch in den Ostergeschichten der Synoptiker spiegelt.

17.1 Die Auferstehungsbotschaft des Markusevangeliums Mk 16,1–8

Bereits die vormarkinische Passionsgeschichte schloß mit einem Bericht vom Begräbnis Jesu. Ob dazu auch schon eine Geschichte wie Mk 16,1–8 – wenigstens in Grundzügen – gehörte, ist dagegen umstritten. Eine narrative Analyse läßt es wahrscheinlich erscheinen, daß ursprünglich nur von einem Besuch am Grabe (nicht von einem Hineingehen in das Grab) die Rede war, der mit der Grablegung Jesu eine zusammenhängende einheitliche Geschichte bildete. Sie könnte etwa folgendermaßen gelautet haben:

(15,42) Und als es Abend wurde, da Rüsttag war, (43) kam Josef von Arimathäa, ein vornehmer Ratsherr, ... und wagte es und ging zu Pilatus und bat um den Leichnam Jesu. (44) Pilatus aber wunderte sich, daß er schon tot sei, und rief den Hauptmann und fragte ihn, ob er schon gestorben sei. (45) Und als er dies von dem Hauptmann erfahren hatte, überließ er Josef den Leichnam. (46) Und er kaufte ein Leinentuch, nahm ihn ab und wickelte ihn in das Leinentuch und legte ihn in ein Grab, das aus Felsen herausgehauen war, und wälzte einen Stein vor die Tür des Grabes. (47) Aber Maria von Magdala und Maria, die (Frau bzw. Tochter) des Joses, sahen, wo er hingelegt wurde. (16,2) Und sehr früh am Morgen, am ersten Tag der Woche, kommen sie zum Grab. (4) Und (aufschauend) sehen sie, daß der Stein weggewälzt ist. (8) Und sie flohen vom Grab; denn es ergriff sie Zittern und Entsetzen.

Zu betonen bleibt, daß der hier wiedergegebene Text hypothetisch ist. Er beansprucht auch nicht, den Wortlaut, sondern bestenfalls das narrative Programm der Geschichte festzuhalten. Mit dem Begräbnis Jesu scheint die Geschichte Jesu abgeschlossen zu sein. Das Grab ist die letzte Konsequenz des Todes. Das Grab besiegelt den Tod. Mit den Frauen, die nach Mk 15,47 „sahen, wo er hingelegt wurde", eröffnet sich eine neue narrative Perspektive. Vor dem Hintergrund der Grablegung reicht sie zunächst jedoch nicht weiter als bis zur Erwartung eines Besuchs am Grab, der seinem Charakter entsprechend nur den Tod Jesu in Erinnerung rufen und insofern die abgeschlossene Geschichte Jesu bestätigen würde. In diese Richtung weist zunächst auch der tatsächliche Fortgang der Erzählung. Die Frauen gehen in aller Frühe am ersten Tag der Woche zum Grab (16,2). Was immer dort an Handlung von seiten der Frauen zu erwarten gewesen wäre, wird durch das Erlebnis des weggewälzten Steins beiseite geschoben (16,4). Die bisherige Erzählperspektive, die auf das Begräbnis Jesu, auf das Zu-Ende-Bringen seiner Geschichte und bestenfalls noch auf das Bewahren seines Gedächtnisses ausgerichtet war, wird ad absurdum geführt. Das trotz sorgfältiger Verschließung (15,46) nun geöffnete Grab gibt dem Leser zu erkennen, daß die Geschichte Jesu trotz Grablegung nicht abgeschlossen ist, sondern weitergeht, ja gerade an den Grenzen menschlicher Möglichkeiten erst ihre grenzüberschreitende Wirkung entfaltet.

Ob das Grab leer war, wird von der Erzählung wohl vorausgesetzt, von den Frauen auf dieser Stufe der Überlieferung aber nicht festgestellt. Erzählerisch ist der Stein also nicht *für die Frauen* weggewälzt. Unzulässig ist allerdings der Schluß, daß das Grab für Jesus geöffnet wurde. Die Geschichte ist nicht daran interessiert, die näheren Umstände der Auferstehung zu erklären. Insofern ist das geöffnete Grab nicht die narrative Entfaltung des Kerygmas, sondern der narrative Widerpart zur vorher erzählten Grablegung, deren (vordergründiges) Handlungsziel (den Abschluß der Geschichte Jesu) er destruieren will. Die Frauen haben die Botschaft des weggewälzten Steins durchaus richtig verstanden. Ihre entsetzt vollzogene Flucht zeigt, daß sie den weggewälzten Stein als erfahrungsweltlich nicht mehr erklärbares Zeichen werten, welches das menschliche Urteil einer abgeschlossenen Geschichte Jesu durchkreuzt und aufhebt. So schafft die Erzählung den imaginativen Spielraum, der es dem rezipierenden Leser erlaubt, die gesamte Passionsgeschichte als gottgewirkte Geschichte zu lesen, die gerade am vermeintlichen Ende neue Zukunft eröffnet. Obwohl das Kerygma in der Erzählung nicht explizit verkündet wird, ist es die selbstverständliche Voraussetzung, daß der Leser das – an sich mehrdeutige – Motiv des weggewälzten Steins so aufnimmt, daß er die Erzählung in dem von ihr selbst intendierten Sinn wahrnehmen kann.

Vor diesem Hintergrund läßt sich nun auch das Profil des *kanonischen Textes Mk 16,1–8* verdeutlichen. Formal besteht die Leistung des Evangelisten darin, daß er aus der kurzen Szene vom Besuch der Frauen am Grab, mit der die traditionelle Erzählung vom Begräbnis Jesu schloß (Mk 16,2.4), eine eigene Perikope gestaltet hat. In Entsprechung zum „Prolog" (Mk 1,1–13) kann man von einem „Epilog" sprechen, der das Gesamtwerk abschließt. Um dieses Ziel zu erreichen, muß Markus die überkommene Geschichte neu inszenieren.

Durch die erneute und erweiterte Aufzählung der Frauen in Mk 16,1 gelingt es, alle in Mk 15,40 genannten Frauen am Gang zum Grab zu beteiligen. Durch den in Mk 15,40 eingebrachten Zusatz „*die Mutter* von Jakobus dem Kleinen *und Joses*" wird Maria, die ursprünglich wohl als Frau bzw. als Tochter des Jakobus bezeichnet werden sollte, mit der Maria von Mk 15,47 identifiziert, bei der der Genitiv „des Joses" ursprünglich wohl ebenfalls den Gatten oder Vater anzeigte. Doch ist dies für das inhaltliche Verständnis von untergeordneter Bedeutung.

Den entscheidenden Akzent erhält die Neuinszenierung dadurch, daß Markus die Chance des geöffneten Grabes nutzt und die Frauen, bevor sie am Ende fliehen, das Grab betreten läßt. Motiviert wird der Gang ins Grab durch das Vorhaben der Salbung (Mk 16,1), das historisch zwar relativ unwahrscheinlich, als Motiv dem Evangelisten aber durch Mk 14,8 vorgegeben ist. Der eigentliche Grund, weswegen die Frauen in das Grab hineingehen müssen, ist die Botschaft des Jünglings (Engels), die die Frauen dort zu hören bekommen: „Erschreckt nicht! Ihr sucht Jesus von Nazaret, den Gekreuzigten. Er ist auferstanden, er ist nicht hier. Seht, da ist der Ort, wo man ihn hingelegt hatte" (Mk 16,6). Die von den Frauen beabsichtigte Salbung ist der adäquate letzte Dienst, der eine abgeschlossene Geschichte endgültig besiegelt. Daß gerade an diesem Ort des letzten Endes die Auferstehungsbotschaft ertönt, macht nicht nur die Salbungsabsicht der Frauen zunichte, sondern führt mit äußerster Nachdrücklichkeit die Gültigkeit der durch diesen Ort markierten Wirklichkeit ad absurdum. Der Leser wird bewußt an diesen Ort geführt, wo die im Markusevangelium erzählte Geschichte zur letzten Ruhe kommt, allerdings nicht, um dort auf eine abgeschlossene Geschichte zurückzublicken, sondern um dort die Botschaft zu hören, die eine abschließende Retrospektive unmöglich macht und die Geschichte Jesu aus der fortdauernden und zukunftweisenden Perspektive des Kerygmas zu lesen lehrt. Wenn es die Absicht des Evangelisten war, die Geschichte Jesu von der Taufe bis zum Tod am Kreuz als „Anfang und Grundlage des Evangeliums Jesu Christi, des Sohnes Gottes", darzustellen (Mk 1,1), dann gab es keinen geeigneteren Ort als das Grab, um die dort abgeschlossene Geschichte Jesu durch die Auferstehungsbotschaft neu aufzubrechen und im Sinne von Mk 1,1 bleibend in Gang zu setzen. So hilfreich die Verbindung von Kerygma und leerem Grab unter dieser Rücksicht ist, so kontraproduktiv könnte sie sich allerdings auswirken, wenn dadurch das Interesse des Lesers auf das leere Grab konzentriert würde, so daß dieses geradezu als Bestätigung des Kerygmas erscheinen könnte. Damit geriete der Evangelist auch in Widerspruch zu seiner Vorlage, die mit dem Motiv vom geöffneten Grab nicht Interesse für dieses wecken, sondern vom Grab weg auf die durch das Grab nicht beendete Geschichte Jesu verweisen wollte. Dieser Intention bleibt der Evangelist treu. Zu diesem Zweck kehrt er den zentripetalen Schub der Geschichte (das Hineingehen der Frauen in das Grab) um und gibt ihr zentrifugale Richtung. Die Frauen werden mit einem Auftrag aus dem Grab entlassen: „Sagt seinen Jüngern und dem Petrus: Er geht euch voraus nach Galiläa; dort werdet ihr ihn sehen, wie er euch gesagt hat" (Mk 16,7). Für den Leser bringt dieser Auftrag freilich keinen Erkenntniszuwachs, da er – genauso wie die Jünger – über diesen Fortgang der Dinge bereits informiert ist (Mk 14,28). So wird der Leser aus dem merkwürdigen Schluß, daß die Frauen nicht nur – wie in der Vorlage – entsetzt vom Grab fliehen, sondern – wie der Evangelist ausdrücklich hinzufügt – „niemandem etwas sagen" (Mk 16,8), nicht folgern, daß die Jünger in Jerusalem verbleiben und die Erscheinung des Auferstandenen in Galiläa womöglich verpassen werden. Das Kerygma ist durch das Schweigen der Frauen nicht gefährdet. Im Gegenteil! Wie die erste, in das Grab hineinführende Erzählperspektive (die Salbungsabsicht der Frauen) am Kerygma scheiterte, so lenkt das Scheitern der zweiten, aus dem Grab herausführenden Erzählperspektive (der Auftrag an die Frauen) zum Kerygma zurück. Die narrative Verquickung von Kerygma und leerem Grab, die zur abschließenden Verifizierung des in Mk 1,1 vorgestellten Programms so hilfreich war, wird wieder gelöst. Das Kerygma wird aus der hermeneutischen Umklammerung des leeren Grabes befreit. Zugleich wird der Leser durch das Schweigen der Frauen aus der Bindung an das leere Grab entlassen und auf das Kerygma zurückverwiesen. Das Kerygma, das – im Grab verlautbart – die dort zu Ende gebrachte Geschichte Jesu als Anfang und Grundlage des Evangeliums Jesu Christi wahrzunehmen erlaubte, wird als der bleibende hermeneutische Schlüssel einer so zu lesenden Geschichte Jesu festgehalten. Nicht die „Evidenz" des leeren Grabes, sondern der Glaube an das Kerygma ist der bleibende Grund christlicher Existenz.

Es wird deutlich, daß Auferstehung nicht ein Geschehen dieser Welt ist und innerweltlich daher nicht verifiziert oder bewiesen werden kann. Das widerspräche dem eschatologischen Charakter, den die Auferstehung Jesu (im Unterschied etwa zur Auferstehung der Jairustochter in Mk 5 oder des Lazarus in Joh 11) im Neuen Testament durchweg hat. Der Auferstandene wird nicht wieder lebendig, kehrt nicht ins irdische Leben zurück, sondern ist neue Schöpfung, ist der Beginn einer neuen Geschichte in einer verwandelten Welt. Die Auferstehungsbotschaft ist daher nicht das Ergebnis sinnlicher Wahrnehmung, so sehr sie durch bestimmte Erfahrungen angestoßen und getragen sein mag. Letztlich ist sie die Frucht des Glaubens an die symbolische Welt Gottes, die der wahrnehmbaren Welt allein Sinn verleihen kann. Daß Menschen ihre Erfahrungen, die sie vor und nach Ostern mit Jesus machten, im Lichte dieses Glaubens im Sinne des Kerygmas gedeutet haben, das ist der eigentliche Grund dieses Kerygmas, das paradoxerweise den Tod Jesu als Heilsereignis feiert und den Gekreuzigten als Auferstandenen preist.

Das Schweigen der Frauen wird häufig mit den markinischen Schweigegeboten in Verbindung gebracht. Gerne sieht man darin eine Art Inversion. Während Schweigegebote zu Lebzeiten Jesu nicht gehalten worden seien, werde jetzt – nach der Auferstehung, wo das nach Mk 9,9 gebotene Schweigen nicht mehr gilt – tatsächlich geschwiegen. Gerade dadurch solle der Leser in das Evangelium zurückverwiesen werden; ihm solle signalisiert werden, daß das Verständnis der Osterbotschaft nur in der Nachfolge des zum Kreuz gehenden Gottessohnes gewonnen werden könne. So richtig diese Schlußfolgerung ist, so muß ihre Voraussetzung doch zurückgewiesen werden. Die „Schweigegebote", die (im Rahmen von Wundererzählungen) durchbrochen werden, sind genauer als Geheimhaltungsgebote einzustufen (siehe zu Mk 1,40–45); sie haben mit dem markinischen Messiasgeheimnis nichts zu tun. Dennoch ist es richtig, daß das Schweigen der Frauen auf den Kreuzweg zurückverweist. Dies geschieht allerdings nicht durch eine Inversion der „Schweigegebote" (besser: der Geheimhaltungsgebote), sondern dadurch, daß der Leser durch das Schweigen der Frauen auf das Kerygma als den Verstehensschlüssel der Geschichte Jesu verwiesen bleibt. Das Kerygma aber wird nicht durch verbale Verlautbarungen von Bekenntnissen und kerygmatischen Formeln, sondern nur durch die Praxis des Dienens und des Kreuzwegs eingeholt. Dies ist es, was Markus mit seiner Evangelienschrift seiner Gemeinde vor Augen stellen will.

17.2 Die Ostergeschichten des Matthäusevangeliums Mt 28,1–20

Die Auferstehungsbotschaft und die Erscheinung Jesu vor den Frauen Mt 28,1–10

Die Geschichte basiert auf Mk 16,1–8. Allerdings greift Matthäus erheblich in seine Vorlage ein, so daß sowohl narrativ wie auch inhaltlich-theologisch ein neuer Text entsteht.

Von geringerer Bedeutung ist noch, daß Matthäus nur zwei Frauen zum Grab gehen läßt und die Kombination der Frauennamen von Mk 16,1 (aus Mk 15,40 und 47) nicht nachvollzieht. Er bleibt bei den Mk 15,47 (par Mt 27,61) genannten Frauen, wobei er die „Maria des Joses" (wohl mit Rücksicht auf Mt 27,56) relativ allgemein als „die andere Maria" bezeichnet.

So gehen „Maria von Magdala und die andere Maria" zum Grabe, und zwar – die Zeitangaben von Mk 16,1.2 sind zusammengezogen – „nach dem Sabbat beim Aufstrahlen (des Lichtes) zum ersten Wochentag" (V. 1). Als Motiv wird nicht mehr das Vorhaben einer Salbung angegeben (Mk 16,1), sondern schlicht der Wunsch, „das Grab zu sehen". Matthäus wußte wohl, daß die Salbung eines Toten im Judentum nicht üblich war. Sie paßt zudem nicht in sein narratives Konzept, da die vorher eingeführte Grabwache (Mt 27,62–66) ein solches Unternehmen von vornherein als aussichtslos erscheinen läßt. Der für Markus ausschlaggebende Grund – die Frauen sollen in das Grab hineingeführt werden, damit ihnen dort die Auferstehungsbotschaft verkündet wird – entfällt für Matthäus (siehe unten).

Das Corpus der Geschichte zerfällt deutlich in zwei Teile, deren Beginn durch „Und siehe" auch formal hervorgehoben ist (VV. 3.9). Inhaltlich handelt es sich um eine Angelophanie (VV. 3–9) und eine Christophanie (VV. 9f). Gegenüber Markus völlig neu gestaltet ist die Begebenheit mit dem Stein (VV. 3–5). Während nach Mk 16,3f die Frauen den Stein weggewälzt vorfinden, erzählt Matthäus den Vorgang selbst:

> (2) Und siehe, es geschah ein großes Erdbeben. Denn ein Engel des Herrn stieg vom Himmel herab, trat hinzu und wälzte den Stein weg und setzte sich darauf. (3) Seine Gestalt war wie ein Blitz und sein Gewand weiß wie Schnee. (4) Aus Furcht vor ihm erbebten die Wächter und wurden wie tot.

Auf der einen Seite ist diese Darstellung eine Folge des „apokalyptischen" Einschubes in die Kreuzigungsszene (Mt 27,51–53). Die kosmische Dimension, die damit dem Tode Jesu beigemessen wurde, muß auch im Zusammenhang mit seiner Auferstehung betont werden. Andererseits handelt es sich wohl auch um einen Zug fortschreitender Erzählfreude. Gerade an den „Leerstellen" der Tradition entzündet sich die fromme Phantasie, die jedoch keineswegs Phantastereien produzieren muß. Hier jedenfalls wird eine symbolische Welt ins Spiel gebracht, die theologisch durchaus ernst zu nehmen ist. Schon bei Markus war der weggewälzte Stein ein Symbol dafür, daß die Geschichte Jesu trotz ihres Abschlusses im Grab nicht abgeschlossen ist, sondern auf der Ebene einer von Gott beherrschten Welt neu anhebt. Durch den „Engel des *Herrn*", der „*vom Himmel*" herabkommt und den Stein wegwälzt (V. 2), unterstreicht Matthäus, daß Auferstehung kein innerweltlicher Vorgang ist. Gott selbst ist am Werk, so daß Auferstehung nicht nur eine neue Geschichte, sondern auch eine *neue Welt* begründet, deren Heraufkommen die alte Welt erschüttert (vgl. das

Erdbeben!). Was im Zusammenhang mit Markus bereits gesagt wurde, bleibt auch hier zu betonen: Der Stein wird nicht für Jesus weggewälzt; am Auferstehungs*vorgang* ist die Erzählung nicht interessiert. An dieser Stelle bleibt in der Geschichte eine „Leerstelle", die erst das apokryphe Petrusevangelium aus der Mitte des 2. Jahrhunderts füllen wird:

> In der Nacht aber, in welcher der Herrentag aufleuchtete, als die Soldaten, jede Ablösung zu zweit, Wache standen, erscholl eine laute Stimme im Himmel, und sie sahen die Himmel geöffnet und zwei Männer in einem großen Lichtglanz von dort herniedersteigen und sich dem Grabe nähern. Jener Stein, der vor den Eingang des Grabes gelegt war, geriet von selbst ins Rollen und wich zur Seite, und das Grab öffnete sich, und beide Jünglinge traten ein. Als nun jene Soldaten dies sahen, weckten sie den Hauptmann und die Ältesten – auch diese waren nämlich bei der Wache zugegen. Und während sie erzählten, was sie gesehen hatten, sehen sie wiederum drei Männer aus dem Grabe herauskommen und die zwei den einen stützen und ein Kreuz ihnen folgen und das Haupt der zwei bis zum Himmel reichen, dasjenige des von ihnen an der Hand Geführten aber die Himmel überragen. Und sie hörten eine Stimme: „Hast du den Entschlafenen gepredigt?", und es wurde vom Kreuze her die Antwort laut: „Ja." (EvPetr 35–42)

Mit dieser legendarischen Ausgestaltung ist die bei Matthäus noch vorherrschende Symbolik schon deutlich strapaziert. Doch muß über den theologischen Wert dieser Darstellung hier nicht weiter gesprochen werden, so daß wir wieder zur matthäischen Geschichte zurückkehren können. Im Kontext des Matthäusevangeliums erfüllt der vom Himmel herabgestiegene Engel noch eine weitere (narrative) Funktion: Er läßt die Wächter erbeben und in Todesstarre fallen. Damit ist die Voraussetzung geschaffen, daß die Frauen am Grab die Auferstehungsbotschaft hören und schließlich in das Grab eintreten können. Auf der Ebene der Symbolik entsteht ein reizvoller Kontrast: Wo Gottes neue Schöpfung sich offenbart, verfällt die alte, sich Gott verschließende Welt in die Starre des Todes.

Noch bevor die Frauen das Grab betreten, spricht sie der Engel an: „Fürchtet euch nicht! Ich weiß ja, daß ihr Jesus, den Gekreuzigten, sucht. Er ist nicht hier, denn er ist auferweckt worden, wie er gesagt hat" (VV. 5 b.6 a). Anders als bei Markus ist das matthäische Erzählkonzept nicht mehr unbedingt darauf ausgerichtet, daß die Auferstehungsbotschaft *im Grab* ertönt. Nicht die zentrifugale Umkehrung der zentripetal ins Grab strebenden *Geschichte* Jesu steht im Vordergrund. Matthäus kehrt hervor, was diese Umkehrung für die *Welt* bedeutet, die der erschütternden Botschaft vom neuschöpferischen Handeln Gottes ausgesetzt wird. Das Ergebnis wird dem Leser des Evangeliums mit dem auf dem Stein sitzenden Engel vor Augen gestellt (V. 2), der von dort aus den Frauen die Auferstehungsbotschaft verkündet. Die scheinbare Abgeschlossenheit der Welt ist aufgebrochen. Sie muß hergeben, was sie in ihrer Geschichte an Verderbnis gezeigt hat. Der verschlossene Schoß der Erde, der die Fülle der Verderbnis in sich sammelt, wird zum gebärenden Schoß, aus dem Gott die neue Welt entbindet. Daß der Engel die Auferstehung und nicht wie bei Markus das Vorausgehen nach Galiläa (Mk 16,7b) an die Vorhersage Jesu zurückbindet: „wie er gesagt hat", unterstreicht die Kontinuität zu den sog. Leidensansagen, deren Formulierung Matthäus auch ganz bewußt dem Kerygma der Ostergeschichte („er ist auferweckt worden") angeglichen hat; die matthäischen Parallelen zu den Leidensansagen sprechen durchweg nicht vom „Auferstehen", sondern vom „Auferweckt-Werden" (Mt 16,21; 17,23; 20,19).

Erst in einem zweiten Anlauf werden die Frauen vom Engel in das Grab gebeten: „Kommt, seht den Ort, wo er gelegen hat" (V. 6 b). Das Grab, das bei Markus der adäquate Ort der Auferstehungsbotschaft war, wird zum Zeichen für diese. Zumindest sind die Akzente in diese Richtung verschoben. Wenn die Auferstehungsbotschaft dann doch im Grab wiederholt wird, geschieht dies im Rahmen des Auftrags der Frauen an die Jünger: „Und geht schnell hin und sagt seinen Jüngern: ‚Er ist auferweckt worden von den Toten'" (V. 7 a). Dieser Auftrag, der bei Markus angesichts des definitiven Schweigens der Frauen so kaum denkbar gewesen wäre, macht die Frauen bei Matthäus zu den ersten Hörerinnen und Trägerinnen des Kerygmas. Daß die Jünger nach Mt 28,16 tatsächlich nach Galiläa gehen, ist die Folge dieses Auftrags an die Frauen, der dann noch in Entsprechung zu Markus ergänzt wird: „Und siehe, er geht euch voraus nach Galiläa, dort werdet ihr ihn sehen" (V. 7 b). Das abschließende „Siehe, ich habe es euch gesagt" (anstelle von „wie *er* [Jesus] euch gesagt hat" bei Mk 16,7) faßt die Rede des Engels als Einheit zusammen und unterstreicht die Feierlichkeit und die himmlische Autorität des Auftrags. Anders als bei Markus laufen daher die Frauen „vom Grab weg mit Furcht und *großer Freude*, um *seinen Jüngern (die Botschaft) zu verkünden*" (V. 8).

Während sie noch auf dem Wege sind, wird ihnen eine Christophanie zuteil: „Und siehe, Jesus trat ihnen gegenüber" (V. 9 a). Die Darstellung erinnert zum Teil an Joh 20,14–18. Wahrscheinlich hat Matthäus an dieser Stelle eine Tradition verarbeitet, die – in möglicherweise ursprünglicherer Form – dann auch ins Johannesevangelium eingegangen ist. Die matthäische Szene bringt im Detail nicht viel Neues. Nach einem kurzen Gruß Jesu fallen die Frauen vor ihm nieder und umfassen seine Füße. Die Proskynese ist die angemessene Haltung, die Jesus gegenüber im Matthäusevangelium oft eingenommen wird (vgl. Mt 2,2.8.11; 8,2; 9,18; 14,33; 15,25; 20,20; 28,17). Was Jesus den Frauen sagt (V. 10), ist im Grunde eine Wiederholung des bereits vom Engel gegebenen Auftrags (V. 7). Das Entscheidende sind offensichtlich nicht die Einzelheiten, sondern die Tatsache der Christophanie als solche. Die ersten Hörerinnen und Trägerinnen der Auferstehungsbotschaft werden zu den ersten Erscheinungszeugen. Meist wird diese

Wendung der Geschichte mit einer Übertragung der im Kerygma vorgegebenen Struktur erklärt, wo ebenfalls Auferstehungsbotschaft und Erscheinung zusammengeordnet sind (vgl. 1 Kor 15,4b.5). Dies mag eine Rolle gespielt haben, erklärt aber keineswegs die konkrete Durchführung der matthäischen Erzählung. Daß nicht Kephas oder die Zwölf als Ersterscheinungszeugen genannt werden, ist kaum aus der Eigengesetzlichkeit narrativer Überlieferung zu erklären. Neben den ins Kerygma eingegangenen Überlieferungen von Erscheinungen vor Männern muß es auch solche von Erscheinungen vor Frauen gegeben haben. Daß im Kerygma nur Männer genannt werden, hängt möglicherweise mit dem (jüdischen) Recht zusammen, das nur Männer als Zeugen zugelassen hat. Das Kerygma, das die Außenperspektive mitzubedenken hatte, hat darauf offensichtlich Rücksicht genommen. Um so bemerkenswerter ist es, daß in einer Erzählung, die für die Innenperspektive der Gemeinde bestimmt ist, ganz selbstverständlich Frauen als Ersterscheinungszeugen figurieren und daß ihnen diese Rolle auch im nachhinein nicht von Petrus oder den übrigen Jüngern streitig gemacht wird. Auf historischer Ebene wird sich daher kaum mehr entscheiden lassen, ob Männer *oder* Frauen die ersten Erscheinungszeugen gewesen sind. Dies ist auch gar nicht entscheidend. Viel wichtiger ist, daß Männer *und* Frauen Erscheinungen des Auferstandenen hatten. Wenn man bedenkt, daß die Erscheinungszeugenschaft (nach Jerusalemer und nach paulinischer Tradition) das fundamentale Element der Apostolizität ist, dann verwundert es nicht, daß es im Urchristentum zumindest Ansätze für eine nicht geschlechtsspezifische Rollenaufteilung in der Gemeinde gegeben hat, auch wenn die faktische Realisierung unter dem Druck der gesellschaftlichen Außenperspektive die Männer bevorzugt hat.

Bedenkenswert ist noch ein weiterer Punkt. Sehr häufig wird die Meinung vertreten, daß nicht das leere Grab, sondern die Erscheinungen das Auferstehungskerygma begründet haben. Ersteres ist zweifellos richtig (siehe oben zu Mk 16,1–8). Für letzteres kann man zumindest nicht die matthäischen Ostergeschichten in Anspruch nehmen. Und auch die kerygmatische Kombination von Auferstehung und Erscheinung, wie sie für 1 Kor 15,4b.5 bezeichnend ist, scheint traditionsgeschichtlich sekundär zu sein. Am Anfang dürfte das einfache Auferstehungskerygma gestanden haben: „Gott hat ihn von den Toten auferweckt" (vgl. Röm 10,9b; 1 Kor 6,14; 15,15; 1 Thess 1,10; u. ö.). In der matthäischen Geschichte kennen die Frauen die Auferstehungsbotschaft schon, bevor Jesus erscheint (vgl. VV. 6.7). Sie wird in der Geschichte nicht aus der Erscheinung abgeleitet oder erschlossen, sondern von einem *Engel aus dem Himmel*, d. h. als *göttliche* Botschaft vermittelt. Phänomenologisch stoßen wir hier auf erfahrungsweltlich nicht mehr Erklärbares. Der Glaube an die symbolische Welt Gottes, die der wahrnehmbaren Welt allein Sinn verleihen kann, läßt sich nicht anders als mit der Realität dieser symbolischen Welt selbst begründen. Dies ist das Wagnis, aber auch die Gewißheit des Glaubens, die sich aus der gesetzten Wirklichkeit einer sinnvollen Welt speist, statt der „Realität" bedeutungsloser Fakten zu trauen.

Zu warnen ist vor einer bloß metaphorischen Auslegung der Auferstehungsbotschaft. Selbstverständlich kennen Menschen und insbesondere glaubende Menschen Erfahrungen von „Auferstehung" inmitten ihrer Alltagswelt, so daß sich die Auferstehungsbotschaft in befreiende, Angst und Perspektivlosigkeit überwindende Situationen übersetzen läßt. Es bleibt zu bedenken, daß es sich um eine Übersetzung handelt. Gerade die mythologische Gewandung der matthäischen Erzählung macht darauf aufmerksam, daß die Auferstehungsbotschaft selbst aus der symbolischen Welt Gottes stammt und unmittelbar von ihr Zeugnis geben will. Die Botschaft ist daher nicht nur metaphorisch (in die Erfahrungswelt) zu übersetzen. Sie will auch und sogar in erster Linie Hoffnung wecken, daß die symbolische Welt sich letztlich als die wahre Wirklichkeit erweisen wird. Insofern will eine Geschichte wie Mt 28,1–10 neben aller möglichen Metaphorik unmittelbar symbolisch gelesen werden: als Vergewisserung des Glaubens an die Wirklichkeit der symbolischen Welt und als Ermutigung zur Hoffnung auf deren uns einholende Realisierung.

Der Betrug der Hohenpriester und Ältesten Mt 28,11–15

Die Geschichte gehört eng mit der Erzählung von der Sicherung des Grabes (Mt 27,62–66) zusammen. Beide Perikopen legen sich wie ein Ring um die Geschichte vom leeren Grab (Mt 28,1–10), in der sie zudem Spuren hinterlassen haben (V. 4). Ob Mt 27,62–66; 28,11–15 vom Evangelisten gebildet oder von ihm der (mündlichen) Tradition entnommen sind, ist nicht mehr sicher festzustellen. Historische Realität wird man nicht voraussetzen können, so daß die Funktion der Erzählungen allein aus ihren textlichen Gegebenheiten zu erschließen ist. Theologisch nicht ohne Probleme ist die Bedeutung, die das leere Grab durch Mt 27,62–66; 28,11–15 für die Auferstehungsbotschaft zu gewinnen scheint. Da die Auferstehung kein innerweltliches Geschehen ist (siehe oben zu Mk 16,1–8), kann sie durch ein leeres Grab genauso wenig verifiziert werden, wie sie durch einen Leichnam im Grab falsifiziert werden könnte. Matthäus ist es allerdings gar nicht darum zu tun, das leere Grab als Beweis für die Auferstehung einzusetzen. Was ihn bewegt, ist offensichtlich eine von außen kommende Verdächtigung, die „Auferstehung" Jesu sei dadurch zustande gekommen, daß die Jünger heimlich den Leichnam Jesu aus dem Grab entfernt hätten (V. 13; vgl. Mt 27,64). Diese Unterstellung setzt freilich voraus, daß das leere Grab von Gegnern wie von Befürwortern der Auferstehung Jesu als gegeben angenommen wurde. Der Streitpunkt ist nicht das leere Grab, sondern seine Deutung. Es zeigt sich, daß das leere Grab als solches ambivalent ist. Für die einen ist es Zeichen der Auferstehung, für die anderen das Ergebnis eines Betrugs. Mit dieser Betrugshypothese, die seit Reimarus (1694–1768) auch in der Neuzeit immer wieder Befürworter findet, setzt sich Mt 27,62–66; 28,11–15 auseinander. Häufig leitet man daraus ein apologetisches Interesse der Erzählung ab. Dies dürfte jedoch nicht zutreffen. Eine historisch nicht verifizierbare, gegebenenfalls sogar falsifizierbare Geschichte kann schnell in noch größere Beweisnöte führen. Worauf Matthäus hinaus will, ergibt sich aus dem letzten Satz der Perikope: „Und so verbreitete sich dieses Wort bei den Juden bis heute" (V. 15 b). Diese „Rede" soll erklärt werden, allerdings nicht apologetisch nach außen, sondern für den Binnenraum der Gemeinde. Es handelt sich um eine Art Ätiologie. Dabei ist es wichtig zu sehen, daß die Betrugshypothese, mit der man sich auseinandersetzen muß, speziell die Auferstehungsbotschaft ad absurdum führen will. Dies ist die Prämisse, unter der die Hohenpriester und Pharisäer zu Pilatus kommen: „Jener Betrüger, als er noch lebte, hat gesagt: ‚Nach drei Tagen werde ich auferweckt'" (Mt 27,63). Deswegen muß das Grab „bis zum dritten Tag" bewacht werden, „damit nicht seine Jünger kommen, ihn stehlen und dem Volk sagen: ‚Er ist auferweckt worden von den Toten!'" (Mt 27,64). Doch ist das, was das Matthäusevangelium gegen die Betrugshypothese ins Feld führt, nicht selbst ein (literarischer) Betrug? Handelte es sich um eine Apologie, dann wäre dieser Vorwurf berechtigt. Im Binnenbereich der Gemeinde bekommt die Geschichte jedoch eine andere Zielsetzung. Was die Geschichte bewegt, ist nicht die Erfindung historisch nicht verifizierbarer Fakten, um damit den Glauben an die Auferstehung zu sichern. Es ist genau umgekehrt. Der Ausgangspunkt ist die Auferstehungsbotschaft bzw. der Glaube an die Auferstehung, dem der unterstellte Betrug absolut fremd ist. Gerade deswegen muß er wenigstens erzählerisch aufgearbeitet werden. Ob die Art und Weise, wie das geschehen ist, die glücklichste ist, darüber kann man gewiß streiten. Die matthäische Erzählung bedient sich der Ironie. Die Gegner, die Jesus einen „Betrüger" nennen und einen Betrug der Jünger verhindern wollen (Mt 27,63 f), werden am Ende selbst zu Betrügern, indem sie die Soldaten mit Geld bestechen, um ihre Betrugshypothese in Umlauf zu bringen (Mt 28,12–15). Die Gemeinde macht sich klar, daß ihr Glaube an die Auferstehung Jesu durch die Betrugshypothese nicht zu erschüttern ist. Das darin laut werdende gegnerische Interesse, einen Betrug zu verhindern, ist für die Gemeinde nur ein Vorwand, sich der Herausforderung der Auferstehungsbotschaft zu entziehen. So inszeniert man die Betrugsverhinderungsabsicht erzählerisch und gibt sie der Lächerlichkeit preis. Streng genommen, handelt es sich auch hier nicht um deskriptive, sondern um deutende Sprache, wie man an der als unproblematisch empfundenen Einbeziehung der Wächter in die Engelerscheinung (Mt 28,2–4.11) noch relativ gut erkennen kann. Ansonsten bleibt die Grenze zur historischen Fiktion allerdings schmal.

Die bleibende Gegenwart des Auferstandenen Mt 28,16–20

Mit einer feierlichen Schlußszene beschließt Matthäus sein Evangelium. Inwieweit er das Material dafür der Tradition verdankt, ist umstritten. Der Liturgie entstammt sicherlich die Taufformel in V. 19. Die trinitarische Taufformel, die nur hier im Neuen Testament vorkommt, war offensichtlich in Syrien verbreitet (vgl. Did 7,1.3). Weitere Tradition kenntlich zu machen, ist schwierig, da nahezu jedes Wort der matthäischen Intention entspricht.

Die Jünger gehen auftragsgemäß nach Galiläa (Mt 28,10; vgl. 26,32; 28,7). Wie Jesus in Galiläa begonnen hatte (Mt 4,12–17; vgl. 21,11), so sollte auch die Bewegung seiner Jünger von dort ausgehen. Dies dürfte dem historischen Ablauf entsprechen. Die Symbolzahl „zwölf", die für Matthäus im Rahmen der Sendung der „zwölf Jünger" an Israel von Bedeutung war (Mt 10,1f.5; 11,1; 19,28), ist – nach dem Ausscheiden des Judas (Mt 27,3–10), der „einer der Zwölf" war (Mt 26,14.47), – zugunsten der numerisch richtigen „elf Jünger" aufgegeben. Von dem „Berg, wohin Jesus sie beordert hatte" (V. 16), erfährt der Leser erst jetzt. Doch handelt es sich ohnehin nicht um eine geographische, sondern um eine theologische Ortsangabe. Es ist derselbe Ort der Offenbarung, an dem Jesus die messianische Lehre der Bergpredigt verkündet (Mt 5,1; 8,1) und die messianischen Taten der Heilung vollbracht hat (Mt 15,29–31). Auch an den Berg der Verklärung (Mt 17,1.9) ist zu erinnern. Die Erscheinung Jesu spiegelt sich zunächst nur im Gesicht der Jünger, die ihn sehen (V. 17a). Der Hauptakzent ruht auf der Proskynese, mit der auch die Frauen in Mt 28,9 den Auferstandenen begrüßt haben. Für Matthäus ist sie überhaupt die adäquate Haltung, mit der man bittend an Jesus herantritt (Mt 8,2; 9,18; 15,25; 20,20) oder huldigend ihn verehrt (Mt 2,2.11). Daß „einige aber zweifelten" (V. 17b), steht wohl nicht im Zusammenhang mit dem Kleinglauben, der sonst für die matthäischen Jünger charakteristisch ist (siehe zu Mt 8,23–27; 14,22–33). Eher handelt es sich um ein Moment aus dem traditionellen Repertoire der Erscheinungsgeschichten, mit dem die Erscheinung als überwältigende und nicht selbst produzierte Erfahrung ausgewiesen wird. Entsprechend ist es Jesus, der nun auf die Jünger „zukommt" (V. 18a). Was er in den VV. 18b–20 zu sagen hat, verleiht der Perikope ihr eigentliches Gewicht. Formal und teilweise auch inhaltlich erinnert die Rede Jesu an das Dekret des Kyros aus 2 Chron 36,23, mit dem die hebräische Bibel schließt:

Alle Reiche der Erde hat mir der Herr, der Gott des Himmels, gegeben, und er hat mir aufgetragen, ihm in Jerusalem, das in Judäa ist, ein Haus zu bauen. Wer von euch zu seinem Volk gehört, mit dem sei der Herr, sein Gott, und er ziehe hinauf.

Matthäus setzt bewußt ein Schlußwort von biblischer Dimension, welches das des Kyros allerdings in jeder Hinsicht überbietet. Das Wort Jesu läßt sich in drei Teile gliedern:

1. Die Selbstpräsentation: „Mir ist alle Vollmacht gegeben im Himmel und auf der Erde" (V. 18b).

Wie Kyros präsentiert sich Jesus als Herrscher, nur daß es diesmal kein Fremdherrscher, sondern der „König Israels" ist, wie die Gegner Jesu unter dem Kreuz zwar ironisch, aber nichtsdestoweniger zutreffend festgestellt haben (Mt 27,42). Als die vorauszusetzende Inthronisation wird die Auferstehung oder vielleicht sogar schon die Kreuzigung zu gelten haben, die bei Matthäus als weltenwendendes Geschehen gestaltet ist (siehe zu Mt 27,31b–56). Das Wort Jesu sprengt jedoch die herkömmlichen messianischen Kategorien. Es erinnert an den Menschensohn von Dan 7,13f, der die (vier) Weltreiche ablöst und als der Repräsentant der Gottesherrschaft über alle Völker und Nationen herrscht. Jesus präsentiert sich demnach als der messianische Herrscher, dem – in der Funktion des Menschensohnes – die Weltherrschaft übertragen ist. Durch die Adaption auf Jesus gerät die Vorstellung von Dan 7 in das christologisch bedingte Spannungsfeld christlicher Eschatologie. Dem Menschensohn Jesus ist zwar schon die Weltherrschaft übertragen, die Gottesherrschaft, deren Frohbotschaft Jesus ausgerufen hat, muß sich in ihrer vollen Endgestalt aber erst noch durchsetzen (vgl. dazu bes. die Gleichnisse von Mt 13). Insofern sind Himmelreich und Reich des Menschensohnes zu unterscheiden (vgl. Mt 13,36–43). Erst bei der Parusie des Menschensohnes wird die endgültige Scheidung zwischen den Söhnen des Reiches und den Söhnen des Bösen stattfinden (vgl. Mt 24,29–31). Zu der Jesus übergebenen „Vollmacht" (V. 18) gehört die Funktion universalen Rechtsentscheids (vgl. Mt 25,31–46). Indirekt ist also auch hier die für Matthäus so typische Themenverbindung von Heil und Gericht präsent. Das Kriterium ist das „Evangelium vom Reiche" (Mt 4,23), wie es in der Bergpredigt niedergelegt ist (vgl. Mt 7,24–27). Zu Recht wird deshalb nicht selten auf die Verwandtschaft von V. 18 mit Mt 11,27 hingewiesen, wo der Sohn als der entscheidende Offenbarungsmittler des Vaters herausgestellt wird. Das Evangelium vom Reiche ist auch das konkrete Medium, durch das der Auferstandene seine Weltherrschaft ausüben will. Deshalb gehört zur Selbstpräsentation

2. der Auftrag: „Geht also hin und macht alle Völker zu Jüngern, indem ihr sie tauft auf den Namen des Vaters und des Sohnes und des heiligen Geistes und sie lehrt, alles zu halten, was ich euch geboten habe" (VV. 19.20a).

War die Sendung Jesu noch ganz auf Israel konzentriert (vgl. Mt 10,5f), so weitet sich jetzt der Horizont: „Alle Völker" sollen einbezogen werden. Nach jüdischer Sprachkompetenz sind damit zunächst die Heiden gemeint. Daß jedoch Israel ausgeschlossen sein soll, ist weder aus diesem Wort noch aus Mt 21,43 (siehe dort) oder anderen Stellen des Matthäusevangeliums herauszulesen. Der sog. Missionsbefehl ist nichts anderes als die zentrifugale Version der prophetischen Vision von der Völkerwallfahrt (Jes 2,1–5; Mi 4,1–5; vgl. Jes 60). Auch wenn Matthäus feststellen mußte, daß die Mehrheit Israels die Botschaft Jesu nicht angenommen hat, so daß er den Fall Jerusalems als Strafgericht wertete, bedeutet dies nicht, daß Israel vom Heil des Himmelreiches ausgeschlossen ist. Für Matthäus wird der Auftrag Jesu, „alle Völker" zu Jüngern zu machen, sich auch auf Israel bezogen haben. Ob dies heute noch in der gleichen unmittelbaren Weise geschehen kann, ist eine andere Frage. In keinem Fall sollte man im Blick auf das Judentum von „Mission" sprechen, da dieses – anders als das Heidentum – sich zu Gott nicht erst zu bekehren braucht. Aber auch mit dem Christuszeugnis sollten Christen gegenüber dem Judentum vorsichtig sein. Die Schuld, die Christen und christliche Kirchen in Jahrhunderten auf sich geladen und in diesem Jahrhundert ins Unermeßliche gesteigert haben, muß den Mund verstummen lassen. Der Christus, den Christen verkünden, ist für Israel auf lange Sicht, vielleicht sogar für immer, nicht akzeptabel. Die Schuld gegenüber dem Judentum hat christologische Dimension. So wird man es dem „Vater" überlassen müssen, auf welche Weise er Israel den „Sohn" nahebringen wird.

Sofern „Kirche" nach matthäischem Verständnis die Einbeziehung der Heiden einschließt, ist die Aussendung der Jünger von erheblicher ekklesiologischer Relevanz. Kirche ist österlichen Ursprungs (vgl. Mt 16,18). Von einer Kirchenstiftung sollte man im Zusammenhang mit Mt 28,16–20 allerdings nicht reden, da die Sendung Jesu zu Israel nicht minder kirchenstiftenden Charakter hat. Es geht hier und da um die Sammlung von Jüngern. Das Jünger-Sein ist das eigentliche Kennzeichen der Kirche Jesu. Deshalb werden die elf Jünger beauftragt, alle Völker „zu Jüngern zu machen". Dies geschieht einerseits durch den Ritus der Taufe „auf den Namen des Vaters und des Sohnes und des heiligen Geistes". Mit „auf den Namen" soll wohl die Übereignung zum Ausdruck gebracht werden. Die Relation von „Vater" und „Sohn" ist dem Leser durch Mt 11,25–27 klar. Die Relation der beiden zum „heiligen Geist" wird im Evangelium nicht ausdrücklich reflektiert. Doch weiß der Leser, daß es der Geist Gottes ist, der die Existenz Jesu bewirkt (Mt 1,18.20) und seine Sendung initiiert (Mt 3,16) und getragen hat (Mt 3,11; 12,18.28). Das Zweite, was zu tun ist, um Menschen zu Jüngern zu machen, ist nur die lebenspraktische Kehrseite der Taufe. Der Auftrag Jesu gipfelt in der Lehre, die aber nicht auf eine (theoretische) Doktrin zielt, sondern auf die Praxis. Der Blick wird zurückgelenkt auf das „Evangelium des Reiches", das Jesus zu Beginn seiner Sendung in der Bergpredigt verkündet hat. Indirekt wird damit noch einmal die Gnade des Imperativs unterstrichen, um die es Matthäus so sehr zu tun ist (siehe oben zu Mt 5 – 7). Dies leitet über zum dritten Element der Rede Jesu.

3. Die Verheißung: „Und siehe, ich bin bei euch alle Tage bis zur Vollendung der Welt" (V. 20 b).

Das Matthäusevangelium hat begonnen mit der Verheißung des Kindes, dessen Name „Jesus" bzw. – in der Sprache von Jes 7,14 – „Immanuel", d. h. „Mit uns ist Gott" genannt werden soll (Mt 1,21–23). Jetzt, wo Jesus nicht mehr handgreiflich unter seinen Jüngern weilt, stellt sich um so mehr die Frage, ob dieser „Mit uns ist Gott" nur eine Episode und damit eine Illusion war. Die Verheißung Jesu gibt darauf Antwort. Derjenige, der gekommen ist, um „sein Volk von ihren Sünden zu erlösen" (Mt 1,21), nimmt nichts zurück von seiner heilsamen Präsenz. Tod und Auferstehung entfernen ihn nicht von den Seinen, sondern geben seiner Gegenwart eine neue, durch nichts zu beeinträchtigende Qualität. Dies gilt bis zur „Vollendung der Welt", d. h. bis zur Parusie (vgl. Mt 24). Zu beachten ist, daß der Sinn dieses letzten Satzes des Matthäusevangeliums zwei Seiten hat, die sich gegenseitig stützen. Das Erste und Wichtigste ist die Verheißung, die von Jesus her ergeht. Daß Jesus beständig mit den Jüngern ist, kann von diesen weder postuliert noch autogen von ihnen erzeugt werden. Mit-Sein ist mehr als bloßes Gedächtnis. Weil das Gegenüber entfällt, ohne das irdisches Mit-Sein nicht denkbar zu sein scheint, gewinnt das zugesagte „Ich bin bei euch" eine nicht mehr überbietbare Unmittelbarkeit und Nähe. Darauf dürfen sich die Jünger verlassen, wenn sie im Auftrag Jesu in die Welt ziehen. Diese Unmittelbarkeit ist es aber auch, die dem Mit-Sein die Konkretion gibt. Sie ist gleichsam die Kehrseite der Verheißung. Nicht zufällig schließt sie sich an den vorausgehenden Auftrag an, in dem das Jünger-Sein als Halten der Gebote Jesu definiert wird. Das Tun der Worte Jesu ist die konkrete Form, in der seine Gegenwart erfahren wird.

17.3 Die Ostergeschichten des Lukasevangeliums Lk 24,1–53

Das leere Grab und die Auferstehungsbotschaft Lk 24,1–12

Der lukanischen Geschichte liegt Mk 16,1–8 zugrunde. Zum Teil führt Lukas dort angelegte Erzählzüge weiter, zum Teil ergänzt er die Geschichte durch traditionelle Elemente oder eigene theologische Einsichten.

Die schon bei Markus vorhandene Tendenz, alle bei der Kreuzigung anwesenden Frauen am Grabbesuch zu beteiligen, wird weitergeführt. Von den zunächst nicht namentlich genannten Frauen (V. 1) werden im nachhinein einige vorgestellt, doch wird der Kreis durch die Hinzufügung von „und die übrigen, die bei ihnen waren", bewußt offen gelassen (V. 10). Neben den schon aus Mk 16,1 bekannten beiden Marien („Maria von Magdala", „Maria des Jakobus") und anstelle der „Salome" erscheint „Johanna", die wohl mit der Lk 8,3 genannten „Johanna, der Frau des Chuzas", identisch ist. Damit wird die Kontinuität unterstrichen, die in Lk 23,49 (vgl. 23,55) auf den einfachen sprachlichen Nenner gebracht ist: „die Frauen, die ihm von Galiläa aus nachgefolgt waren". Der weggewälzte Stein, der in der vormarkinischen Geschichte noch den narrativen Wendepunkt bildete, bei Markus aber bereits die Funktion erhalten hatte, den Zutritt ins Grab zu ermöglichen, wird konsequent auf diese Funktion reduziert. Lukas begnügt sich daher mit der Feststellung, daß die Frauen „den Stein weggewälzt fanden" (V. 2). Im Grab treten den Frauen „zwei Männer" gegenüber, die durch ihr „blitzendes Gewand" (V. 4) und die Reaktion der Frauen (V. 5a) eindeutig als Engel zu erkennen sind. Die Zweizahl verdankt sich wohl mündlicher Tradition, die mit Joh 20,11–13 verwandt ist. Als angeli interpretes (Deuteengel) tauchen sie nach der Himmelfahrt wieder auf (Apg 1,10; vgl. auch Lk 9,30). Im Wort der Engel kommt überwiegend lukanische Intention zum Zuge. Die den Gegensatz betonende Frage „Was sucht ihr den *Lebenden* bei den *Toten?*" (V. 5b) setzt die entscheidende Leseanweisung für die nachfolgende Botschaft: „Er ist nicht hier, sondern auferweckt worden" (V. 6a). Im griechisch-römischen Kulturkreis muß Lukas vor allem den *leiblichen* Charakter der Auferstehung betonen. Diesem Ziel diente vorher schon der Vermerk, daß die Frauen beim Betreten des Grabes „den Leib des Herrn Jesus nicht fanden" (V. 3). Die markinische Aussage, daß Jesus „nach Galiläa vorausgehen" und dort zu „sehen" sein wird (Mk 16,7), biegt Lukas zur bestätigenden Erinnerung um: „Erinnert euch, wie er euch gesagt hat, als er noch in Galiläa war" (V. 6b). Die lukanische Perspektive, die den Weg hinauf nach Jerusalem bewußt thematisiert (siehe zu Lk 9,51–19,27, bes. Lk 9,51), wird konsequent fortgeführt. Jerusalem ist der Knotenpunkt der lukanischen Heilsgeschichte. Die Stadt, in der der Weg Jesu endete, wird zum Ausgangspunkt des nachösterlichen Weges weltweiter Zeugenschaft (vgl. Apg 1,8). Daher spielen die Ostergeschichten in der theologischen Geographie des Lukas in und um Jerusalem. Als Inhalt dessen, was Jesus in Galiläa gesagt hat, wird angegeben: „Der Menschensohn muß in die Hände der Sündermenschen übergeben und gekreuzigt werden und am dritten Tag auferstehen" (V. 7). Und ausdrücklich wird vermerkt, daß „sie sich seiner Worte erinnerten" (V. 8). Mit beidem schlägt das lukanische Konzept der

Heilsgeschichte voll durch. Die Auferstehungsbotschaft (vgl. V. 6 a) wird zurückgebunden an die sog. Leidensansagen, die Lukas zudem noch vermehrt hat (siehe zu Lk 9,43 b–45). Die Spannung zwischen der Geschichte Jesu und dem Kerygma, die Markus durch das Messiasgeheimnis in sein Evangelium integriert hat, wird zugunsten einer stärkeren Kontinuität relativiert. Allerdings bleibt auch bei Lukas ein Moment der Spannung, sofern die Jünger vor Ostern nicht verstehen, daß der Leidensweg ein notwendiger Durchgang zur Herrlichkeit ist. Das Jüngerunverständnis, das sich bei Markus auf die Blindheit gegenüber dem Zusammenhang von Bekenntnis (Kerygma) und praktischer Kreuzesnachfolge bezieht, erscheint bei Lukas als mangelnde Einsicht in den heilsgeschichtlichen Ablauf (vgl. zu Lk 9,28–36). Daß sich die Frauen der Worte Jesu „erinnern", darf wohl nicht als Ausdruck eines noch nicht vorhandenen Osterglaubens ausgelegt werden. Die Frauen, von denen Lukas ausdrücklich berichtet, daß sie beim Tod und beim Begräbnis Jesu zugegen waren (Lk 23,49.55 f), werden im leeren Grab von der Tatsächlichkeit der Auferstehung überzeugt. Wenn sie sich daher der vorhergesagten Abfolge von Leiden, Tod und Auferstehung „erinnern", dann haben sie genau das verstanden, was für Lukas Gegenstand des österlichen Glaubens ist: die Notwendigkeit des Leidens als Durchgang zur Herrlichkeit (vgl. Lk 24,26). Die von Markus initiierte Verquickung von Geschichte Jesu und Kerygma wird in einer Weise konsequent zu Ende gedacht. Die soteriologische Bedeutung des Kerygmas wird auf die ganze Geschichte Jesu ausgedehnt, und zwar in der Weise, daß die Heilsbotschaft von Tod und Auferstehung in die Folge der mit dem Auftreten Jesu beginnenden Heilstatsachen eingereiht wird (vgl. auch zu Lk 19,1–10). Die Auferstehung bekommt in diesem Konzept die Funktion der Bestätigung des mit Jesus präsenten Heils. Unter dieser Voraussetzung sind die Frauen die ersten, die durch ihr „Erinnern" zum Osterglauben kommen.

Sie werden dann auch zu den ersten Botschafterinnen vor „den Elf und den anderen Jüngern" (V. 9). Allerdings halten „die Apostel" (V. 10) die Botschaft der Frauen „für Geschwätz" und glauben ihnen nicht (V. 11). Dies hat einerseits damit zu tun, daß Lukas – wie vorher schon Markus – alles vermeiden möchte, was den Eindruck erwecken könnte, die Auferstehungsbotschaft sei aus dem leeren Grab erschlossen. Andererseits ist dies eine Folge der lukanischen Konzeption, nach der die *Zeugen*, die die *Kontinuität* zwischen der Jesuszeit und der Zeit der Kirche garantieren, die „Apostel" sind. Lukas steht hier sicherlich unter dem Einfluß des vorgegebenen Kerygmas, wonach „Kephas und die Zwölf" die traditionsbegründenden Erscheinungszeugen sind. Dabei gerät die traditionelle Vorgabe dann ihrerseits in den Sog der lukanischen Heilsgeschichte, so daß die Zeugenschaft der „zwölf Apostel" sich nicht mehr nur auf die Erscheinung des Auferstandenen, sondern auf die „ganze Zeit" bezieht, „in der der Herr Jesus bei uns ein und aus ging, angefangen von der Taufe des Johannes bis zu dem Tag, an dem er von uns (in den Himmel) aufgenommen wurde" (Apg 1,21f). Daß Frauen nach lukanischer Sicht nicht im gleichen Sinn zu Garanten der Tradition werden wie die „zwölf Apostel", ist demnach die Folge der männerweltlich orientierten Außenperspektive des Kerygmas. Die Kehrseite dieser Sicht ist allerdings, daß die Auferstehungsbotschaft, die aus der männerweltlichen Perspektive als Frauengeschwätz erscheint, gerade darauf abzielt, diese ad absurdum zu führen. Daß dies nicht schon durch die Inspektion des leeren Grabes durch Petrus gelingt (V. 12), hängt wieder damit zusammen, daß die Auferstehungsbotschaft kerygmatisch an die Erscheinungszeugenschaft gebunden ist. Der Vers (12) ist – ähnlich wie V. 6a (und später Lk 24,36b.40.51b.52a) – textkritisch nicht ohne Probleme, da er in der westlichen Textüberlieferung fehlt. Inhaltlich weist er Parallelen mit Joh 20,3.5 auf. Doch wird man diese traditionsgeschichtlich und nicht im Sinne eines späteren glossarischen Eintrags in den Lukastext zu erklären haben. Daß ausdrücklich „die Leinenbinden" erwähnt werden, die Petrus sieht, und daß dieser sich am Ende nur „wundert über das, was geschehen war", unterstreicht einerseits die Leiblichkeit der Auferstehung und andererseits die Glaubwürdigkeit der Zeugen, die nicht leichtfertig einem in sich mehrdeutigen Augenschein nachgegeben haben. An beidem ist Lukas sehr gelegen.

Die Selbstoffenbarung des Auferstandenen vor den Emmausjüngern Lk 24,13–35

Lukas übernimmt die Geschichte aus der Tradition, die er jedoch so stark bearbeitet, daß eine Abhebung der redaktionellen Schicht nur schwer möglich ist. Die Erzählung beginnt kontrapunktisch zur lukanischen Konzeption mit einer zentrifugalen Bewegung weg von Jerusalem (V. 13). Die Jünger, die zu dem 60 Stadien (ca. 12 km) entfernten Emmaus (wohl identisch mit Amwas / Nikopolis [das allerdings 160 Stadien entfernt ist!]) unterwegs sind, sind – gemessen an der theologischen Topographie des Lukas – orientierungslos. Die Blindheit, die sie Jesus nicht erkennen läßt (V. 16), macht sich schon in ihrer Unfähigkeit bemerkbar, in Jerusalem auf die Offenbarung des Auferstandenen zu warten. Zwar reden sie miteinander über die vergangenen Ereignisse (V. 14). Doch, derart auf die Vergangenheit fixiert, fehlt ihnen die Perspektive, den hinzutretenden Jesus zu erkennen. Ihre „Augen waren gehalten" (V. 16).
Der Aufdeckung und Konkretion dieser Blindheit dient die Frage Jesu, mit der der nächste, bis V. 27 reichende Abschnitt beginnt: „Was sind das für Reden, die ihr unterwegs miteinander führt?" (V. 17a). Die Gegenfrage des

Kleopas – erst jetzt wird ein Name genannt – dient nur der Scharfeinstellung auf die Ereignisse um Jesus (V. 18), über die sich Jesus dann auch „informieren" läßt (V. 19 a). Beide Jünger berichten über Jesus, den sie für einen „Propheten, mächtig in Tat und Wort vor Gott und dem ganzen Volk" halten (V. 19). Seine Hinrichtung am Kreuz steht quer zu ihrer bisherigen Hoffnung, „daß er es ist, der Israel erlösen wird" (V. 21 a). Die Erwartung ist offensichtlich realpolitisch gemeint. Dann referieren die beiden die Geschehnisse der vorausgehenden Perikope – mit der gleichen Reserve, die bereits dort den Befunden entgegengebracht wurde (VV. 22–24). Die Desorientierung wird deutlich. Sie sind nicht in der Lage, den Messias Jesus und sein prophetisches Geschick in einer Weise zusammenzudenken, wie es den Ankündigungen Jesu entsprochen hätte (vgl. Lk 9,22; 13,31–33; 18,31–33). Gerade „am dritten Tag" laufen sie davon! Doch Jesus verweist sie nicht auf seine eigenen Ankündigungen, sondern auf „Mose und alle Propheten" und legt ihnen aus, was „in allen Schriften über ihn" geschrieben steht (V. 27). Das Ziel ist der Aufweis, daß „der Messias dies leiden und (so) in seine Herrlichkeit eingehen mußte" (V. 26). Das Schema, das Lukas dabei voraussetzt, ist das von Verheißung und (christologischer) Erfüllung. Aber es verdient beachtet zu werden, daß Lukas nicht einfach die Christologie zur Deutung der Schrift einsetzt, sondern umgekehrt die Schrift verwendet, um das von Jesus angekündigte und erlittene Geschick als Geschick des Messias zu deuten. Das Verhältnis von Altem und Neuem Testament ist keine hermeneutische Einbahnstraße. Das Neue will das Alte Testament deuten, bedarf aber auch der Deutung durch das Alte. Nach dieser Erschließung der Schrift werden die Jünger die Notwendigkeit des messianischen Leidens eingesehen haben, Jesus selbst erkennen sie aber immer noch nicht.

Dies geschieht erst in der nächsten Szene (VV. 28–32). Der Wunsch, der durch die Absicht Jesu weiterzugehen (V. 28) geradezu provoziert wird, ist durchaus tiefsinnig: „Bleibe bei uns, denn es ist gegen Abend, und der Tag hat sich schon geneigt" (V. 29). Was den Jüngern noch fehlt, ist die Gemeinschaft mit Jesus, die äußerlich zwar schon besteht, von den Jüngern aber nicht wahrgenommen wird. „Ihre Augen wurden geöffnet, und sie erkannten ihn" (V. 31 a), als „er mit ihnen zu Tisch saß, das Brot nahm und den Segen sprach, es brach und ihnen gab" (V. 30). Ob das Brotbrechen direkt an das Abendmahl (Lk 22,19) oder allgemein an die Mahlgemeinschaft mit Jesus erinnern soll (vgl. Lk 9,16), ist umstritten. Doch ist diese retrospektiv gerichtete Fragestellung ohnehin von untergeordneter Bedeutung, da der Leser das Berichtete sofort mit seiner Erfahrung des „Brotbrechens" in der Gemeinde verbinden wird (vgl. Apg 2,42.46; 20,7). Dies ist das pragmatische Signal, das die Erzählung setzen will: In Schriftauslegung und Brotbrechen ist der Auferstandene auch dem Leser präsent, so daß die

Geschichte von dessen eigenen Erfahrungsmöglichkeiten erzählt. Das Verhältnis der beiden Größen, die diese Möglichkeiten eröffnen, sollte jedoch nicht rein additiv bestimmt werden. Die Schriftauslegung ist gleichsam die Hinführung (Propädeutik), die das „Herz" zum „Brennen" bringt (V. 32), damit die Augen den Auferstandenen in der erfahrenen Gemeinschaft der Gemeinde erkennen. Auf der Ebene der Erzählung entschwindet Jesus im Augenblick des Erkennens. Seine handgreifliche Anwesenheit ist nicht mehr nötig, da die Augen geöffnet sind. Das ist die permanente Situation der glaubenden Gemeinde, wenn sie in Schriftauslegung und Brotbrechen sich der Gegenwart des Auferstandenen vergewissert.

Nach den mehr prospektiv ausgerichteten VV. 30–32 wenden sich die folgenden VV. 33–35 wieder stärker dem heilsgeschichtlichen Rückblick zu. Noch „in derselben Stunde" brechen die Jünger auf und kehren nach Jerusalem zurück (V. 33 a). Sie haben die Orientierung wiedergefunden und streben dem Ort zu, von dem die Zeugenschaft später ausgehen soll. Dort treffen sie die „Elf und die bei ihnen" (V. 33 b). Noch bevor sie ihr Erlebnis berichten können, sagen diese ihnen: „Der Herr ist *wirklich* auferweckt worden und dem Simon erschienen" (V. 34). In der zeitlichen Vorordnung dieser Mitteilung spiegelt sich der sachliche Vorrang des Kerygmas, das ja auch die Formulierung bestimmt (vgl. 1 Kor 15,4 f.). Die Betonung, daß der Herr wirklich auferweckt wurde, gibt die neu gewonnene Gewißheit wieder, die gegenüber der Mitteilung der Frauen noch nicht vorhanden war (vgl. Lk 24,11). Sie resultiert aus der Erscheinung des Auferstandenen, die dem Simon zuteil wurde. Auch hier macht sich wieder der Einfluß des Kerygmas bemerkbar (siehe zu Lk 24,1–12). Erst nach dieser narrativen Reverenz vor dem traditionellen Kerygma erzählen die Emmausjünger von dem, was ihnen unterwegs widerfahren ist und wie sich ihnen Jesus „durch das Brotbrechen" offenbarte (V. 35).

Die Erscheinung des Auferstandenen in Jerusalem Lk 24,36–49

Durch die Einheit von Ort und Zeit mit dem Schluß der vorausgehenden Perikope verbunden, beginnt V. 36 mit einer neuen Personenkonstellation, die der Szene der VV. 36–49 eine gewisse Eigenständigkeit verleiht. Die VV. 36–43 berühren sich zum Teil mit Joh 20,19 f. Ob dies traditionsgeschichtlich (gemeinsame Tradition) oder literarkritisch (Joh hängt von Lk ab) zu erklären ist, kann hier auf sich beruhen. Inhaltlich sind die VV. 36–43 ganz von dem Anliegen geprägt, die *Leiblichkeit* der Auferstehung und die *Glaubwürdigkeit* der Zeugen unter Beweis zu stellen. Letzteres wird vor allem durch die demonstrative Skepsis der Jünger bewerkstelligt. Der Gruß des Auferstandenen (V. 36) löst zunächst Erschrecken und Furcht aus, da sie meinen, „einen Geist zu sehen" (V. 37). Die bestehenden Zweifel (V. 38) müssen in einem zweistufigen Verfahren abgebaut werden. Jesus zeigt seine Hände und Füße (nicht die Wundmale wie bei Joh 20,20.25.27!) und fordert seine Jünger auf, ihn „anzufassen": „Ein Geist hat nicht Fleisch und Knochen, wie ihr sie mich haben seht" (V. 39). Doch die Jünger bleiben „vor Freude" immer noch ungläubig (V. 41 a), so daß Jesus sich „ein Stück gebratenen Fisch" geben läßt und es „vor ihnen" ißt (VV. 41 b.42). Die gläubige Reaktion der Jünger wird vorausgesetzt, jedoch nicht mehr berichtet. Das Entscheidende ist die Zurückhaltung der Jünger. Dem Leser wird signalisiert: Die Zeugen waren nicht leichtgläubig. Obwohl sie aufgrund der Erscheinung vor Simon schon wußten, daß „der Herr wirklich auferweckt wurde" (Lk 24,34), mußten sie erst davon überzeugt werden, daß ihnen wirklich der Auferstandene – und nicht irgendein Hirngespinst – erschienen ist. Die Zeugen sind also glaubwürdig. In der narrativen Explikation der Leiblichkeit der Auferstehung bewegt sich die Geschichte hart an der Grenze des theologisch noch Sagbaren. Wenn man bedenkt, daß Auferstehung nicht Rückkehr in das Leben, sondern neue Schöpfung und Beginn einer neuen Geschichte in einer verwandelten Welt bedeutet (siehe oben zu Mk 16,1–8), dann ist ein Auferstandener, der sich anfassen läßt und ein Stück gebratenen Fisch ißt, schon eine schwierige Vorstellung. Verständlich wird diese provokative Demonstration nur vor dem Hintergrund einer dichotomistischen Anthropologie (der Mensch „besteht" aus „Leib" und „Seele" bzw. „Geist"), die Lukas bei seinen hellenistisch-römischen Lesern voraussetzen muß. Lukas weiß offensichtlich, daß die Auferstehungsaussage in den Kontext der biblisch-jüdischen Anthropologie gehört, für die „Leib" und „Seele" nur unterschiedliche Aspekte des *einen* Menschen sind. Um seinen Lesern die damit verbundene Ganzheit des erwarteten Heils zu vermitteln, greift Lukas zu der gewagten narrativen Explikation. Die von Paulus entwickelte Vorstellung eines „geistlichen Leibes" (1 Kor 15,42–49) kennt Lukas wahrscheinlich nicht bzw. vermag sie nicht narrativ umzusetzen.

Im zweiten Teil der Szene (VV. 44–49) setzt der Auferstandene zu einer vergleichsweise längeren Rede an, die er aber als Wiederholung der zu seinen Lebzeiten („als ich noch bei euch war") gesprochenen Worte kennzeichnet (V. 44 a). Sie wollen das hermeneutische Gesetz der mit Jesus eröffneten heilsgeschichtlichen Periode verdeutlichen: „Es muß alles erfüllt werden, was im Gesetz des Mose und in den Propheten und Psalmen über mich geschrieben steht" (V. 44 b). War oben in V. 27 mit „Mose und alle Propheten" mehr die Schrift in ihrer prophetischen Kraft angesprochen, so wird jetzt die Gesamtheit der Schrift betont. Die Einteilung des alttestamentlichen Kanons in Gesetz (Tora), Propheten (Nebiim) und Schriften (Ketubim) deutet sich an. Wie bereits bei der letzten Perikope ist auch hier die Hermeneutik der Verhältnisbestimmung von Verheißung und Erfüllung genau zu beachten. Es ist nicht so, daß Schrift und Verheißung durch die Erfüllung überflüssig oder obsolet würden. Schrift und Verheißung sind vielmehr die bleibende Gewähr, daß das Geschick Jesu das des Messias war, der „leiden und am dritten Tag auferstehen" mußte (V. 46). Insoweit ist die Schrift erfüllt. Diese bereits erfüllte Verheißung gibt darüber hinaus die Gewißheit, daß auch die übrigen Verheißungen der Schrift in Erfüllung gehen werden. An erster Stelle nennt Lukas die universale Verkündigung. „Angefangen von Jerusalem" sollen „alle Völker in seinem (Jesu) Namen" zur „Umkehr" aufgerufen werden, die „zur Vergebung der Sünden" führt. Die Befreiungsgeschichte, die Jesus – schriftgemäß (vgl. Lk 4,16–21) – mit der Sammlung Israels begonnen hatte, soll nun auf alle Völker ausgedehnt werden. Die kommende Zeit, die Zeit der Kirche, ist nach lukanischem Konzept ein immer weiter fortschreitendes Erfüllungsgeschehen, wobei es gleichermaßen das verheißene wie das in Jesus präsente Heil ist, das sich fortdauernd erfüllt. Damit ist das Programm der Apostelgeschichte angedeutet (vgl. Apg 1,4–8). Die versammelten Männer und Frauen sind die Zeugen, daß sich in Tod und Auferstehung Jesu die Verheißung erfüllt hat. Aber noch müssen sie mit der „Kraft aus der Höhe" ausgestattet werden, bevor von der „Stadt" (Jerusalem) aus die zentrifugale Bewegung der Umkehrpredigt an alle Völker beginnt (V. 49). Gemeint ist die Gabe des heiligen Geistes, der am Pfingstfest auf die Zeugen herabkommen wird (Apg 2,1–36). Die Geistsendung wird ein weiterer Akt im Erfüllungsgeschehen sein (vgl. Apg 2,16–21), weswegen Jesus von der „Verheißung des Vaters" spricht (V. 49). Im geschichtlichen Kontext des Lukasevangeliums sind die „Zeugen" (des Todes und der Auferstehung Jesu) eine Größe der Vergangenheit. Sofern das Erfüllungsgeschehen aber weitergeht, sind alle Christen zu Zeugen berufen.

Die Himmelfahrt Jesu Lk 24,50–53

Der Erzählform nach haben wir es mit einer *Entrückung* zu tun. In der Antike sind solche Entrückungen sowohl in der griechisch-römischen wie in der biblisch-jüdischen Tradition bekannt (Romulus, Herakles, Empedokles, Alexander der Große, Apollonius von Tyana; Elija, Henoch). Obwohl die Darstellungen von Lk 24,50–53 und Apg 1,9–11 erheblich voneinander abweichen, dürfte es Lukas gewesen sein, der die beiden Geschichten – unter Rückgriff auf traditionelle Elemente – gestaltet hat. Lukas ist jedenfalls der einzige der neutestamentlichen Autoren, der von einer Entrückung Jesu zu erzählen weiß. Er bedient sich der Symbolik einer antiken Erzählform, um etwas auszusagen, was mit den Mitteln der beschreibenden Sprache überhaupt nicht auszudrücken ist. Ausgangspunkt ist der urchristliche Glaube, daß zur Auferweckung Jesu ganz wesentlich seine himmlische Erhöhung gehört. Vorausgesetzt oder direkt ausgesagt ist die Erhöhung Jesu an vielen Stellen des Neuen Testaments (1 Thess 1,9f; Röm 1,3f; 8,34; Phil 2,6–11; Kol 3,1; Eph 1,19f; 2,5f; 4,8–10; 1 Tim 3,16; 1 Petr 3,21f; Hebr 1,3; 2,9; 12,2; Mt 20,18b). Vielfach steht Ps 110,1 im Hintergrund. Die Vorstellung von der Erhöhung ist eigentlich selbstverständlich, wenn man die Auferweckung Jesu nicht als Rückkehr in das (irdische) Leben, sondern als eschatologisches Geschehen versteht. Dabei liegt es in der Natur der Sache, daß die Erhöhung als unsichtbarer Vorgang gedacht wird. Ist aber die Erhöhung nur die (himmlische) Kehrseite der Auferweckung, die diese Welt eschatologisch verwandelt, dann ist auch mit einer Parusie des Erhöhten zu rechnen, mit der die Geschichte dieser Welt endgültig zu Ende gehen wird. In der ersten nachösterlichen Begeisterung rechnete das Urchristentum mit einer baldigen Wiederkunft Jesu, war doch die christliche Existenz trotz weiterlaufender Geschichte schon eschatologisch qualifiziert. Durch Jesu Verkündigung war die Gottesherrschaft inmitten der Geschichte schon präsent, durch seine Auferweckung ragte das Ende dieser Weltzeit bereits in die Geschichte hinein. Nicht zuletzt die Erfahrung der sich dehnenden Zeit dürfte es gewesen sein, die Lukas veranlaßte, die traditionelle Erhöhungsaussage im Stile einer Entrückung zu interpretieren. Literarisch bedeutete dies zunächst, daß es möglich wurde, die unsichtbare Erhöhung *anschaulich* zu erzählen. Zugleich konnte die Erhöhung, die sachlich mit der Auferweckung zusammenfällt, als gesonderter Akt dargestellt werden, der die Erscheinungen des Auferstandenen (bis zur Parusie) abgeschlossen hat. In Apg 1,3 weiß Lukas sogar einen Zeitraum von vierzig Tagen anzugeben, während derer der Auferstandene erschienen ist, bis er (in den Himmel) „aufgenommen wurde" (Apg 1,2). Die Zahlenangabe ist wahrscheinlich als zeitliche Variation der Vollendung zu verstehen, die sachlich mit der Auferweckung Jesu gegeben und während der Zeit der Erscheinungen den Zeugen zu vermitteln ist. In Lk 24,50–53 fehlt diese zeitliche Explikation. Erscheinungen und Himmelfahrt fallen noch auf einen Tag. Schon diese Differenz zeigt, daß es Lukas nicht um eine Beschreibung, sondern um die (anschauliche) Deutung innerweltlich gar nicht beschreibbarer „Vorgänge" ging. Über die Möglichkeit anschaulicher Darstellung hinaus erlaubte es die Erzählform der Entrückung, die Erhöhung als einen weiteren Akt in der Abfolge der Heilstatsachen nach der Auferweckung und den Erscheinungen zu würdigen. Dies kommt dem heilsgeschichtlichen Konzept des Lukas entgegen. Und schließlich gestattete es die Erzählform der Entrückung, ein anschauliches Gegengewicht zur erwarteten Parusie zu setzen. Der dazwischen liegende Zeitraum mußte nicht mehr ausschließlich oder überwiegend unter dem Erwartungsdruck der Parusie stehen, sondern war in gleicher Weise von dem in Jesus schon präsent gewordenen Heil, d.h. als fortdauernde Zeit des Erfüllungsgeschehens, bestimmt. Die Zeit der Erwartung wird zur Zeit weltweiter Verkündigung und Zeugenschaft „von Jerusalem ... bis an die Grenzen der Erde" (Apg 1,8). Eben darauf zielt das theologische Konzept des Lukas ab. Dem entspricht es, daß Jesus sich in Lk 24,50–53 von den Seinen mit einem Segen verabschiedet, der fast liturgisch die heilsgeschichtliche Periode der Jesuszeit abschließt. Der liturgische Eindruck kommt nicht von ungefähr. Lukas dürfte die Szene bewußt im Anschluß an Sir 50,20–22 gestaltet haben, wo der Abschluß einer Tempelliturgie geschildert wird. Wie dort der Hohepriester (Simeon) „erhebt" hier Jesus „seine Hände" und „segnet" die Jünger (V. 50), die dann – wie dort die Gemeinde – „niederfallen" (V. 52). Während Jesus „sie segnete, schied er von ihnen und wurde emporgehoben in den Himmel" (V. 51). Die Jünger aber „gehen mit großer Freude nach Jerusalem zurück" (V. 52) und „preisen Gott allezeit im Tempel" (V. 53). Segen und Freude sind die Vorzeichen für die eschatologische Gabe des Geistes, den Jesus als „Verheißung des Vaters" vom Himmel aus senden wird (Lk 24,49), um die Jünger für ihre Aufgabe in der Zeit der Kirche zu befähigen. Davon spricht dann die Apostelgeschichte.

Literaturhinweise

1. Synopsen

Synopse der drei ersten Evangelien mit Beifügung der Johannes-Parallelen, *hrsg. von Josef Schmid*, Regensburg (Pustet) [10]1992.

Vollständige Synopse der Evangelien nach dem Text der Einheitsübersetzung mit wichtigen außerbiblischen Parallelen, *hrsg. von Otto Knoch* unter Mitarb. von Eugen Sitarz, Stuttgart (Kath. Bibelanstalt) [2]1989.

Synopse der vier Evangelien. Griechisch-Deutsche Ausgabe der Synopsis Quattuor Evangeliorum. Auf der Grundlage des Novum Testamentum Graece von Nestle-Aland, 26. Auflage, und des Greek New Testament, 3rd Edition, sowie der Lutherbibel, revidierter Text 1984, und der Einheitsübersetzung 1979, *hrsg. von Kurt Aland*, Stuttgart (Deutsche Bibelgesellschaft) 1989.

2. Kommentare

An erster Stelle werden allgemein verständliche Kommentare genannt. Kommentare, die überwiegend für den wissenschaftlichen Gebrauch bestimmt sind, werden durch * gekennzeichnet.

2.1 zum Markusevangelium

Limbeck, M., Markus-Evangelium (Stuttgarter Kleiner Kommentar, NT 2), Stuttgart (Kath. Bibelwerk) [5]1993.

Schweizer, E., Das Evangelium nach Markus (Das Neue Testament Deutsch 1), Göttingen (Vandenhoeck & Ruprecht) [7]1989.

Ernst, J., Das Evangelium nach Markus (Regensburger NT), Regensburg (Pustet) 1981.

**Lührmann, D.,* Das Markusevangelium (Handbuch zum NT 3), Tübingen (Mohr) 1987.

**Gnilka, J.,* Das Evangelium nach Markus (Evangelisch-Katholischer Kommentar zum NT II), 2 Bde., Zürich (Benziger) – Neukirchen-Vluyn (Neukirchener) [3]1989.

**Pesch, R.,* Das Markusevangelium (Herders theologischer Kommentar zum NT II), 2 Bde., Freiburg i. Br. (Herder) [4]1984/[3]1984.

2.2 zum Matthäusevangelium

Schnackenburg, R., Matthäusevangelium (Neue Echter Bibel, NT 1), 2 Bde., Würzburg (Echter) 1985/1987.

Limbeck, M., Matthäus-Evangelium (Stuttgarter Kleiner Kommentar, NT 1), Stuttgart (Kath. Bibelwerk) ²1988.

Schweizer, E., Das Evangelium nach Matthäus (Das Neue Testament Deutsch 2), Göttingen (Vandenhoeck & Ruprecht) ⁴1986.

Luck, U., Das Evangelium nach Matthäus (Zürcher Bibelkommentare, NT 1), Zürich (Theologischer Verlag) 1993.

Sand, A., Das Evangelium nach Matthäus (Regensburger NT), Regensburg (Pustet) 1986.

Luz, U., Das Evangelium nach Matthäus. Teilband 1. Mt 1-7, Teilband 2. Mt 8-17 (Evangelisch-Katholischer Kommentar zum NT I/1.2), Zürich (Benziger) – Neukirchen-Vluyn (Neukirchener) 1985 (³1992)/1990 (anspruchsvoll, aber lohnend!).

Gnilka, J., Das Matthäusevangelium (Herders theologischer Kommentar zum NT I), 2 Bde., Freiburg i. Br. 1986/1988.

2.3 zum Lukasevangelium

Schneider, G., Das Evangelium nach Lukas (Ökumenischer Taschenbuch-Kommentar zum NT 3), 2 Bde., Gütersloh (Gerd Mohn) – Würzburg (Echter) ²1984.

Kremer, J., Lukasevangelium (Neue Echter Bibel, NT 3), Würzburg 1988.

Schweizer, E., Das Evangelium nach Lukas (Das Neue Testament Deutsch 3), Göttingen (Vandenhoeck & Ruprecht) ³1993.

Ernst, J., Das Evangelium nach Lukas (Regensburger NT), Regensburg (Pustet) 1977.

Schürmann, H., Das Lukasevangelium. I. Teil, Lk 1,1-9,50 (Herders theologischer Kommentar III), Freiburg i. Br. (Herder) ²1982.

Bovon, F., Das Evangelium nach Lukas. 1. Teilband, Lk 1,1-9,50 (Evangelisch-Katholischer Kommentar zum NT III/1), Zürich (Benziger) – Neukirchen-Vluyn (Neukirchener) 1989.

Wiefel, W., Das Evangelium nach Lukas (Theologischer Handkommentar zum NT 3), Berlin (Evangelische Verlagsanstalt) 1988.